后勤与装备人才学概论

Houqin Yu Zhuangbei Rencaixue Gailun

陈盛荣 ◎ 著

版权所有　翻印必究

图书在版编目（CIP）数据

后勤与装备人才学概论/陈盛荣著．—广州：中山大学出版社，2015.6
ISBN 978-7-306-05284-1

Ⅰ. ①后… Ⅱ. ①陈… Ⅲ. ①后勤装备—后勤管理—人才培养—研究—中国 Ⅳ. ①E0-059

中国版本图书馆 CIP 数据核字（2015）第 133100 号

出版人：	徐　劲
策划编辑：	潘　隆
责任编辑：	杨文泉
封面设计：	林绵华
责任校对：	王　璞
责任技编：	何雅涛
出版发行：	中山大学出版社
电　　话：	编辑部 020-84110283，84113349，84111997，84110779
	发行部 020-84111998，84111981，84111160
地　　址：	广州市新港西路 135 号
邮　　编：	510275　　传　真：020-84036565
网　　址：	http://www.zsup.com.cn　E-mail：zdcbs@mail.sysu.edu.cn
印 刷 者：	广州中大印刷有限公司
规　　格：	787mm×1092mm　1/16　20 印张　435 千字
版次印次：	2015 年 6 月第 1 版　2015 年 6 月第 1 次印刷
定　　价：	45.00 元

如发现本书因印装质量影响阅读，请与出版社发行部联系调换

内 容 摘 要

　　本书是我国同类专著的第一本，在国际上也鲜见。本书共有十三章，分别从人才学的基本知识、后勤学的基本内容、后勤发展的历史和现状、后勤人才的基本知识和基本素质、后勤人才的结构、后勤人才的社会承认、后勤人才的成长规律、后勤人才的宏观管理和微观管理、后勤人才与谋略、后勤发展趋势等方面，详细论述了后勤与装备人才的理论问题和比较关注的实际问题。本书可作为各行各业领导者特别是后勤领导者深入了解后勤和后勤人才特点和规律的重要参考书籍，对于服务业的管理者和应用人才学的研究者亦具有重要参考价值。

序 言

在人才学被提升为二级学科不久,陈盛荣同志的专著《后勤与装备人才学概论》就问世了,这是陈盛荣同志在人才学领域研究中又一新成果,我感到非常高兴。

后勤与装备人才学是后勤学、装备学与人才学的交叉学科,后勤人才也是一个很值得深入研究的领域。

后勤是为一线提供保障服务的,是各行各业正常运作的基础,也与千家万户密切相关,后勤的重要性曾被誉为"车之两轮"、"鸟之两翼",现代战争也往往是先打后勤战,我国的现代化建设,教育是基础,科技是关键,故教育和科技人才是最重要的,各行各业的一线人才是最重要的。但"中心任务"的完成是一线工作者和后勤工作者共同努力的结果,如果没有广大后勤工作者的积极配合,"前线"也很难打胜仗。因此,后勤任何时候都不能轻视,一线和后勤必须要协调发展,我们国家才能发展得更快更好。我国的现代化建设不仅需要千千万万的科技人才、教育人才、领导人才等,也需要千千万万的后勤人才。

长期以来,我国广大后勤工作者不仅在为一线提供优质服务和保障力方面作出了巨大贡献,而且也为社会主义精神文明作出了突出贡献,如"张思德精神"、"雷锋精神"等均是社会主义核心价值观的重要内容,而创造这些精神财富的先进人物生前都是后勤工作者。

改革创新是当代中国的主旋律,后勤社会化改革取得了很好的成绩,在努力盘活后勤现有资源的同时,充分利用社会优质服务资源,不仅走出了一条投入较少、效益更高的我国后勤发展的新路子,而且促进了第三产业的发展,一大批新型后勤人才不断涌现,并成为我国服务业人才的重要组成部分。

后勤与社会服务业是有区别又有密切联系的。当今时代,现代服务业已经成了社会发展的"新引擎",现代后勤和现代服务业优势互补、相互交融、共同发展，是我国现代化建设的一道靓丽风景线，而现代后勤和现代服务业的加快发展关键仍然是人才问题。目前，这些领域的人才问题仍然比较突出。《后勤与装备人才学概论》的问世，不仅填补了我国人才学在这方面的空白，也为我国后勤学的发展作出了贡献。尽管《后勤与装备人才学概论》仍有待在实践中进一步完善，但已经迈出了可喜的一步，值得充分肯定。我相信，该书的问世，必将对我国各行各业加强后勤人才队伍建设，加快建设现代后勤的步伐具有促进作用，也必将对现代服务业的人才建设具有参考作用。

我作为陈盛荣同志当年的博士生导师与陈盛荣同志认识已经有多年了。陈盛荣同志不仅经历比较丰富，而且结合工作坚持业余进行研究是他的主要特点。十余年前，他结合工作对高校人才进行了深入研究并出版了《高校人才发展战略》，后又结合工作对酒店人才进行了深入探讨并出版了《酒店人才学》，现又结合工作对后勤人才进行了多方面研究并即将出版《后勤与装备人才学概论》一书，这几本书都是我国这类专著的第一本。结合实际进行研究，是人才学发展的一条重要途径，也是人才学业余研究者的广阔天地，我期待着陈盛荣同志在这条道路上能继续取得更多成果。

党的十八大以来，以习近平同志为总书记的党中央更加重视人才工作并发表了一系列重要讲话。做好人才工作必须要有理论指导才能事半功倍。我们要积极响应党中央的号召，乘风破浪，努力把人才学发展得更好，把人才工作做得更好。为早日实现"中国梦"作出我们更大的贡献。

是为序。

我国著名人才学家、研究员
原国家人事部中国人事科学研究院院长　王通讯
2014 年 9 月 16 日

前　言

后勤与装备是现代社会发展的一个重要内容,在美国等一些西方国家,装备也属于后勤保障范畴。

后勤服务的内容是人类生存发展中不可缺少的一部分,随着生产力发展水平的提高以及社会分工的不同,这"不可缺少"的一部分才逐步由一些专门的人员来完成。对于后勤的重要性,随着时代的发展是越来越突出的。古代有"兵马未到,粮草先行",近代有"战略、战术和后勤"是军事上的三大分支,现代更被誉为"车之两轮"、"鸟之两翼"。传统后勤主要是"物资供应和补给、医疗和维修",现代后勤包括保障"一线"需要和人们生活的方方面面。后勤的主要功能是"管理、服务、保障和经营",后勤牵涉面很广,如餐饮、接待、物业、装备、物资供应、水电气、基本建设、房地产、家政,等等,这些业务的展开都需要专业,都需要人才,后勤其实是一门很重要的学问。

随着后勤社会化改革的深入,后勤经营登上了历史舞台,后勤不仅需要"节流",也需要"开源",后勤服务不仅需要经费,也可以通过有效经营取得可观的经济效益。后勤不仅可以"自办",也可以"购买",更可以企业化发展,甚至成为现代服务业的一部分。新时期的后勤发展更需要人才。

后勤,还是创建和践行社会主义核心价值观的重要阵地。雷锋、白求恩、张思德等著名人物,生前都是后勤工作者。

当今世界,国与国的竞争不仅是科学技术的竞争、教育的竞争,也是后勤的竞争、条件的竞争。美国军队就提出了"聚焦后勤"的战略思想,现代战争往往是先打后勤。邓小平曾说过愿意当科技人员的后勤部长,这些都体现了他们的独到眼光。

然而,由于受消极传统观念的影响,长期以来对后勤产生了一些偏见,如认为后勤是"无技术、无学问、无前途"……这些偏见不仅不利于后勤工作的健康发展,也不利于党和国家各项事业的更快发展。当然,"有为才有位"，要得到广大"一线"人员的更多理解、支持和尊重，也需要广大后勤工作者自立自强、自尊自爱，努力创造一流业绩。

党的十八大以来，党和人民肩负着新的历史使命，无论是政治建设、经济建设、文化建设、社会建设还是生态建设，均离不开后勤工作。后勤只有和"一线"协调走向现代化，"中国梦"才能真正实现，而这些目标的实现，关键还是人才。因此，学一点《后勤与装备人才学概论》的知识，对于加快后勤与装备人才的成长等，均有参考作用。

目 录

第一章 人才学的基本知识 ……………………………………………… (1)
  第一节 人才的含义和本质属性 ………………………………………… (1)
  第二节 人才学的基本理论 ……………………………………………… (7)
  第三节 中外部分人才思想精华 ………………………………………… (8)
  第四节 人才管理与人力资源管理 ……………………………………… (9)
  第五节 科学发展观和科学人才观 ……………………………………… (10)
  第六节 "中国梦"与人才强国战略 …………………………………… (10)
  第七节 大力实施人才兴后勤与装备发展战略 ………………………… (11)

第二章 后勤学的基本内容 …………………………………………… (14)
  第一节 后勤的定义和职能 ……………………………………………… (14)
  第二节 后勤的种类 ……………………………………………………… (15)
  第三节 后勤的地位和特点 ……………………………………………… (18)
  第四节 后勤的作用 ……………………………………………………… (24)
  第五节 后勤的基本原则 ………………………………………………… (27)
  第六节 后勤的主要规律 ………………………………………………… (29)
  第七节 后勤与服务业的异同 …………………………………………… (31)
  第八节 后勤管理的重点内容 …………………………………………… (33)
  第九节 有关后勤的先进思想和文化 …………………………………… (34)
  第十节 后勤学科的发展 ………………………………………………… (41)

第三章 中外后勤发展的历史和现状 ………………………………… (48)
  第一节 后勤工作的历史沿革 …………………………………………… (48)
  第二节 抗美援朝的后勤 ………………………………………………… (49)
  第三节 中国人民解放军后勤学院成立 ………………………………… (51)
  第四节 改革开放前的后勤 ……………………………………………… (53)
  第五节 改革开放初期的中国科学院后勤 ……………………………… (54)
  第六节 高校装备工作 …………………………………………………… (55)
  第七节 后勤管理体制改革 ……………………………………………… (56)

第八节　后勤社会化改革 …………………………………………… (57)
　　第九节　新时期军队后勤系统的改革创新 ……………………… (60)
　　第十节　努力向现代后勤进军 …………………………………… (60)
　　第十一节　全军装备工作会议 …………………………………… (61)
　　第十二节　美国等发达国家的后勤 ……………………………… (62)

第四章　后勤人才的基本知识 ……………………………………… (73)
　　第一节　后勤人才的定义和种类 ………………………………… (73)
　　第二节　后勤人才的层次性和动态性 …………………………… (74)
　　第三节　后勤人才的特点 ………………………………………… (75)
　　第四节　后勤人才的地位和作用 ………………………………… (75)
　　第五节　对后勤人才的基本要求 ………………………………… (76)
　　第六节　影响后勤人才成长的基本因素 ………………………… (77)
　　第七节　后勤人才的基本素质 …………………………………… (79)

第五章　后勤人才的结构 …………………………………………… (88)
　　第一节　人才结构的基本知识 …………………………………… (88)
　　第二节　人才结构的优化 ………………………………………… (89)
　　第三节　知识结构的基本知识 …………………………………… (93)
　　第四节　后勤领导者应有的知识结构 …………………………… (94)
　　第五节　后勤服务人员应有的基本知识 ………………………… (110)
　　第六节　后勤人才应有的广泛知识 ……………………………… (113)
　　第七节　后勤人才应有的基本技能 ……………………………… (113)

第六章　后勤人才的社会承认 ……………………………………… (116)
　　第一节　社会承认的定义和特点 ………………………………… (116)
　　第二节　社会承认的构成要素 …………………………………… (117)
　　第三节　社会承认的作用 ………………………………………… (119)
　　第四节　社会承认的原则和方法 ………………………………… (120)
　　第五节　减少、避免人才埋没的对策 …………………………… (121)
　　第六节　后勤人才承认的主要标准和方法 ……………………… (127)

第七章　后勤人才的主要成长规律 ………………………………… (131)
　　第一节　人才成长规律 …………………………………………… (131)
　　第二节　微观方面的规律（一） ………………………………… (131)

第三节　微观方面的规律（二） ……………………………………… (138)
　　第四节　群体（中观）方面的规律 ……………………………………… (140)
　　第五节　宏观方面的规律 ……………………………………………… (141)
　　第六节　后勤人才的主要成长过程 …………………………………… (144)
　　第七节　普通员工的成长 ……………………………………………… (146)
　　第八节　优秀部门管理人才的成长 …………………………………… (149)
　　第九节　后勤经营型人才的成长 ……………………………………… (153)

第八章　努力成为创新型后勤人才 ………………………………………… (162)
　　第一节　创新是时代的呼唤 …………………………………………… (162)
　　第二节　创新的基本知识 ……………………………………………… (163)
　　第三节　有效地创造实践成才规律 …………………………………… (167)
　　第四节　努力树立后勤事业发展新思维 ……………………………… (167)
　　第五节　走特色发展之路 ……………………………………………… (171)
　　第六节　走品牌发展之路 ……………………………………………… (172)

第九章　后勤人才宏观管理 ………………………………………………… (176)
　　第一节　后勤服务业发展与各行各业发展要协调 …………………… (176)
　　第二节　后勤服务业发展与人才发展要协调 ………………………… (177)
　　第三节　继续深化后勤社会化改革和推动现代服务业的更快发展 … (179)
　　第四节　加强对后勤人才的宏观管理 ………………………………… (181)
　　第五节　充分发挥行业协会的作用 …………………………………… (183)
　　第六节　高度重视后勤队伍建设和后勤研究 ………………………… (184)

第十章　后勤人才微观管理 ………………………………………………… (187)
　　第一节　发现人才 ……………………………………………………… (187)
　　第二节　引进人才 ……………………………………………………… (189)
　　第三节　培养人才 ……………………………………………………… (190)
　　第四节　识别人才 ……………………………………………………… (194)
　　第五节　使用人才 ……………………………………………………… (195)
　　第六节　评价人才 ……………………………………………………… (200)
　　第七节　留住人才 ……………………………………………………… (202)
　　第八节　管理人才 ……………………………………………………… (207)

第十一章　后勤人才与谋略 ………………………………………………… (210)

第一节　谋略的定义、作用和种类 …………………………………………（210）
　　第二节　中外谋略的部分历史 ……………………………………………（211）
　　第三节　谋略的一般规律 …………………………………………………（215）
　　第四节　谋略的原则和运筹 ………………………………………………（218）
　　第五节　《孙子兵法》的主要谋略思想 ……………………………………（222）
　　第六节　《三国演义》的主要谋略思想 ……………………………………（223）
　　第七节　"三十六计"和谋略 ………………………………………………（224）
　　第八节　古今中外部分经典谋略 …………………………………………（225）
　　第九节　谋略在后勤人才中的应用 ………………………………………（228）

第十二章　后勤与装备的著名人物和成长特点 ………………………………（235）
　　第一节　国外部分著名后勤与装备人物 …………………………………（235）
　　第二节　国内部分著名后勤与装备人物 …………………………………（240）
　　第三节　军队后勤部分著名领导人 ………………………………………（246）
　　第四节　高校后勤部分著名领导人 ………………………………………（254）
　　第五节　历史上部分著名器材行家 ………………………………………（262）
　　第六节　部分著名后勤专家或突出人才 …………………………………（264）
　　第七节　部分基层优秀后勤工作者 ………………………………………（266）
　　第八节　部分优秀后勤服务经营者 ………………………………………（269）

第十三章　部分后勤改革先进单位和后勤发展趋势 …………………………（272）
　　第一节　全国部分后勤改革先进单位 ……………………………………（272）
　　第二节　高校系统后勤社会化改革呈现多种模式 ………………………（275）
　　第三节　军队部分后勤改革先进单位 ……………………………………（287）
　　第四节　中国后勤现代化的发展趋势 ……………………………………（288）

结束语 ……………………………………………………………………………（290）
参考文献 …………………………………………………………………………（291）
后记 ………………………………………………………………………………（293）

附录一　国家职业资格证书《后勤管理师》（上海） ……………………………（295）
附录二　国内主要的后勤行业管理组织、协会和联盟 …………………………（298）
附录三　与后勤有关的部分著名大专院校 ………………………………………（300）
附录四　全国职业院校技能大赛 …………………………………………………（303）
附录五　国务院《物流业发展中长期规划（2014—2020年）》的目录内容 ……（304）

第一章 人才学的基本知识

第一节 人才的含义和本质属性

一、人才的地位和作用

人才问题不仅是关系党和国家事业发展的关键问题,也是关系后勤服务业成功发展的第一法则,是每个社会组织核心竞争力的主要内容。人才强国战略是我国实现科学发展、早日实现中华民族伟大复兴的基本战略之一。

二、人才的含义和类别

(一) 人才的含义

人才是指具有一定的专业知识或专业技能,进行创造性劳动并对社会作出贡献的人,是人力资源中能力和素质较高的劳动者。这个定义告诉我们:

第一,人才必须具有良好的素质,它包括人才必须在德智体诸方面具有较高的综合素质或有某种特长、其他素质一般。前者是人才中的多数,后者是人才中的少数。良好的素质是判断人才的内在标准。

第二,人才必须不断地取得创造性劳动成果,这是判断人才劳动性质的客观依据。人类的劳动按其性质或层次来划分,可分为模仿性劳动、重复性劳动和创造性劳动三种类型。前两种劳动都是以继承性劳动为重要特征,其结果只能是将前人创造出来的劳动形式和经验进行重复,劳动者本身没有发明创造,因而无论在劳动经验还是在劳动成果的价值上都没有多大提高。这两类劳动对推动人类社会的进步和增强劳动者自身的素质所起的作用不大。创造性劳动的性质则是开创性和创新性的劳动,它在前人知识、经验的基础上,有所创新,有所突破,有所发展。从事创造性劳动的人,既能够取得比前人更大的成就,同时还能够在创造性劳动的过程中,更好地提高自身的素质。人才不同于一般的劳动者,最本质的一点就在于他能够以自己创造性的劳动超越前人和常人。人才只有向社会提供了创造性的劳动成果,才能证明他的贡献高于一般的劳动者。如果离开了内在标准和外在依据,就不能科学地鉴定人才。

第三，外部条件是人才进行创造性劳动的必要因素，没有必要的物质条件和精神条件，人才就无法施展才华。

第四，人才是通过其创造性劳动为社会做出贡献的人，其创造性劳动成果必须能够推动社会的前进。如果做出的成果被闲置起来没有对社会产生积极贡献或对社会产生的是消极影响，甚至是破坏作用，就谈不上推动社会的进步。

简单地说，人才就是高素质的能推动进步事业向前发展的有业绩的人。综合素质是基础，创造成果是关键，积极贡献是目的。

因此，我们对待人才要坚持德才兼备原则，把品德、知识、能力和业绩作为衡量人才的主要标准，不唯学历，不唯职称，不唯资历，不唯身份。学历和资历是人的素质的重要反映，是成才的重要条件，但不是决定条件。

(二) 人才的类别

(1) 根据人才成长和发展过程进行划分：

准人才、潜人才、显人才、衰人才。

准人才：指基本上具备了人才的许多条件，如具有较好的综合素质但仍缺乏业绩等。

潜人才：主要指已经具有了创造性成果但仍没有被社会承认的那部分人才。

显人才：也叫实人才，是指已经成名并且正在发展的人才。

衰人才：指智能处在衰退着的人才。

(2) 按照人才的层次，可将人才划分为初级人才、中级人才、高级人才、特高级人才，国家级人才和世界级人才称为特高级人才。

(3) 根据人才的特长进行划分，可将人才划分为经验型人才、知识型人才、技能型人才和智能型人才。

经验型人才。这类人才具有丰富的经验，处理日常工作得心应手，但不能作出大的贡献，因为经验缺乏普遍的指导意义。

知识型人才。这类人才具有丰富的知识，他们做知识传播和按部就班的脑力劳动比较合适。

技能型人才。这类人才操作能力强。各行各业都需要大量的这类人才。如酒店的优秀客房服务员等都属于技能型人才。

智能型人才。这类人才适合于做创造性的工作。

(4) 以年龄为标准进行划分，可将人才分为老年人才、中年人才和青年人才。

(5) 按行业或职业来划分。如党政管理人才、企业经营管理人才、专业技术人才、高技能人才、农村实用人才和社会工作人才等。酒店管理人才属于企业经营管理人才，服务人才属于高技能人才。

三、人才的本质属性

本质属性是事物的根本性质。人才之所以和非人才有区别，就在于他有其特有的本质属性。

（一）创新性

人才的创新性，是指人才能够在继承前人优秀成果的基础上，经过艰苦的探索，创造出新的成果。这种成果可能是物质成果，也可能是精神成果。人才的创新性主要表现在以下几点：

一是创新精神是人才最本质的特征。因为创新能够提高工作效率，提高劳动成果的质量和功能。在科学技术飞速发展的今天，创新精神是衡量人才的重要标志。二是人才应该具有一定的专门知识（不仅指书本知识，也指社会实践知识）和较强的能力，特别是创造能力。三是人才能进行创造性劳动。在人类的模仿性劳动、重复性劳动和创造性劳动这三个层次上，一般素质的人只能从事模仿性劳动和重复性劳动，难以进行创造性劳动。人才不仅能进行模仿性劳动和重复性劳动，更主要的是他能够从事创造性劳动。一个人如果只能进行模仿性、重复性劳动，那么，他对社会的贡献就不大。因为这两种劳动最多只是继承前人的成果，将人们认识世界和改造世界的能力限制在现有水平上，不能有所发明、有所创造。因此，他对社会发展的贡献就不大。唯独创造性劳动，既能继承前人成果中的优秀成分，又能有所创新、有所发现、有所发展。只有能够从事创造性劳动的人，才能将人类的认识水平和实践活动的水平推向新的高度。四是人才创造的物质财富或精神财富比一般人多。由于在创新性上人才与一般人有较大的差异，这就决定了一般人是以继承性劳动为主，他们只是循规蹈矩地追逐生活。人才则是以创造性劳动为主，因而他们能用自己创新性的劳动打破常规，能用新的理论取代旧的理论，能用新的思维方式、行为方式去取代旧的思维方式和行为方式，为人类社会的进步作出较大贡献。

（二）先进性

人才的先进性或进步性，是指人才应该走在时代的前列，代表先进的社会生产力和社会发展方向。人才的先进性主要表现在：一是他们走在时代的前列，是人群中的精英。二是他们的素质较高，掌握着现代科学技术知识。三是他们对社会发展的推动力最大。

人们对社会发展所起的作用，归结起来不外乎两种：要么是推动着社会前进，要么是阻碍社会的进步。因此，人的价值可分为正价值和负价值。正价值，是指一个人能够以贡献来满足社会发展的需要。负价值，是指一个人以自己的作用阻碍了社会的进步。正负价值是一对矛盾，在任何人身上都存在这对矛盾。原因在于人存在产生正负价值的主客观因素。从社会条件来看,大量的消极因素存在。从人的主观因素来看,也存在着大量的产生消极作用的因素。由于正价值和负价值可以转化,人才可以转化为非人才,非人才也可以转化为人才。判断一个人是正价值还是负价值,主要看他对社会是贡献大于破坏还是破坏大于贡献。

在正价值中,又分为两种情况,一种是对社会的贡献较大,另一种是贡献较小。作为人才,他应该是第一种人。即他们必须具有较高的价值,能够以自己较大的贡献来推动社会历史的前进。一个有才能的人,如果缺乏道德,没有社会责任感,他的创造性劳动及其成果就会对社会造成破坏,本事越大,造成的破坏性就越大。相反,如果一个人虽然有道德,但本领差,那么,他对社会、对他人的作用小,同样不能成为人才。简言之,人才的作用是推动社会进步。至于那些有知识,也有创造才能的人,如果他们对社会的进步性没有贡献,也不是我们所说的人才。

(三) 时代性

人才的时代性指人才具有一定历史时期的属性。其要点是:

一是人才是社会的人才,要受他所在的时代的限制。任何人才都不可避免地被打上他生活的那个时代的烙印。只能在时代提供的条件下发挥自己的作用。我们要充分利用时代提供的条件,发挥自己的作用。

二是人才必须得到社会的承认才能更好地发挥作用。无论是人才的成长,还是其作用的发挥,都要受到他所生活的那个历史时代的制约。他只能在当时社会所能够提供的条件的范围内活动,创造出那一个时代一般人做不出来的成果。

(四) 层次性

人才的层次性,是指人才的素质和创造的成果存在着高低差别。由于人才成长的经历、环境、教育、自身努力的程度和工作条件的不同,因此人才之间在本领和贡献方面都存在着差别。这些差别,必然使得人才之间存在着等级上的层次。如果不认识到这一点,就无法科学地识别人才。在现实生活中,一些人之所以看不到自己身边的人才,就因为在他们心目中,只有那些知名人物,如科学家、工程师、企业家、领导才是人才,而没有认识到那些既没有职称,也没有职务,但有真才实学,对社会有较大贡献的人也同样是人才。事实上,专家是人才,农村的种植能手也是人才,只不过是两者的层次不同而已。区别一个人是否是人才,根本标准是看他的素质和对社会的贡献,而不是看他的身份和头衔。

在阶级社会中,人才还具有鲜明的阶级性。

(五) 时效性

人才的时效性,是指人才素质的形成和作用的发挥在不同的时间,具有不同的效果。学习知识、培养能力有最佳时间，创造成果也有最佳时间。

以上人才本质属性的特点是：创新性反映了人才的素质和劳动的特点。先进性反映了人才的作用代表着社会发展的方向。时代性反映了人才所起的社会历史作用。层次性表明人才存在着差异。时效性表明人才能量的形成和释放有特定的时间，人才也是动态变化的。这些属性是有机结合在一起而不可分割，它们相辅相成，共同构成一个统一的整体。

它们之间的关系是：创新性是先进性、时代性的基础。先进性是创新性的方向。时代性则制约着创新性、先进性和层次性的发挥程度。而层次性则反映了人才之间的差异。时效性反映人才的变化，它影响到其他属性。所以人才的本质属性就是创新性、先进性、时代性、层次性和时效性的统一。

四、人才的价值

人才之所以不同于一般人，就在于他的价值比后者高。开发人才、使用人才，都是围绕价值进行的。开发人才，能形成价值和提高价值。使用人才能发挥价值作用。

（一）人才价值的含义

价值泛指客体对于主体表现出来的积极意义和有用性，价值在多个学科领域都是一个重要的概念，如在马克思主义政治经济学里，商品是使用价值和价值的统一。而人才价值是指人才在社会实践活动中以自身的属性和功能满足社会和他人发展的需要。人才价值有些是可测的，有些是难以测算的，如孔子的一些精辟思想跨越了 2000 多年时空后仍闪耀着光辉；毛泽东多次在危机中挽救了党和红军等，建立新中国。这些杰出人物的价值是很难测算的。

由于人才价值是在满足社会和他人需要的关系中体现出来的，从价值的角度讲，人才与社会和他人的关系是满足和被满足的关系。因此，人才素质越高，功能越强，发挥出来的作用就越大。即满足社会和其他人需要的程度越高，他的价值就越大。

（二）人才价值的类型

人才价值的类型，从人才价值主题的社会层次来划分，可将人才的价值分为社会价值、集体价值和个体价值。人才的社会价值，是指人才以其属性和功能满足社会主体发展的需要。人才的集体价值，是指人才以其属性和功能对集体或群体主体需要的满足。人才的个体价值，是指人才以其属性和功能对其他个体主体需要的满足。这种划分揭示了人才价值的层次结构，展示了人才价值的立体特点。

以物质和精神为标准，人才价值类型可分为物质价值和精神价值。人才的物质价值是指人才以自己创造的物质成果来满足社会和他人发展的物质需要。人才的精神价值是指人才能够以自己创造的精神成果来满足社会和他人发展的精神需要。

根据人才成长和发展的过程来划分,可将人才价值分为潜在价值、现实价值和未来价值。根据人才作用发挥的程度,可将人才价值分为高价值和低价值。

(三)人才价值的表现形式

人才价值的表现形式主要有:

1. 人才的持有价值

人才的持有价值,是指人才在自身素质处于相对稳定状态下所具有的价值。

人才持有价值的高低,取决于人才内在素质的优劣及其结构形式。人才自身价值的高低,取决于两个因素:一是人才内在素质要好,二是各素质之间必须有一个良好的结构形式。

人才持有价值是人才内在要素及其结构方式的反映。人才内在要素是客观和较稳定的,多数时间处在量变阶段。因此,人才的自身价值也具有明显的客观性和稳定性。它不以评估者认知水平的高低和客观环境的优劣为转移。

2. 人才的发挥价值

人才的发挥价值,是指人才的素质在外化过程中表现出来的价值。

人才发挥价值的大小,通常取决于以下几个方面:一是人才是否有输出价值的积极性。二是社会是否为人才提供价值输出必要条件,也就是社会或单位能否为人尽其才提供必要的活动舞台、工作条件和良好的人际关系。三是人才素质外化的难易程度。难的价值高,易的价值低。

人才的发挥价值可以等于持有价值,也可以小于持有价值,多数情况下是发挥价值小于持有价值。这是因为持有价值在发挥过程中会遇上各种干扰而损失一部分价值。

3. 人才的转化价值

人才的转化价值,是指人才在价值输出后,实际转化为具体成果的那部分有效价值。人才的这种价值形式由于凝结在具体成果中,所以它是以某种具体成果表现出来。

人才在付出转化价值时,如同任何能量在做功时都会白白耗掉一部分能量一样,也会损失一部分价值。

人才的转化价值受以下因素影响:一是思想素质(理想、事业心、责任感、积极性)。二是专业知识和专业能力,尤其是创造能力。三是工作方法。四是环境、他人的合作与支持。

4. 人才的社会价值

人才的社会价值,是指人才被其所处的客观环境和社会所承认的那一部分价值。

以上四方面的价值的关系是,持有价值是基础,发挥价值是中介,转化有效价值是根本,社会价值是关键。

我们讲的人才价值,从广义上来理解,包括上述四种价值;从狭义上理解,专指人才的社会价值。

另外，人才价值除了上述特点之外，还具有可替代性和可测度问题。人才往往与可替代度成反比，可替代度可以理解为人才在这个单位的影响度和贡献度，如果一个人离开了这个单位，对这个单位没有什么影响，单位可以很容易找到一个人替代他，甚至会比他做得更好，那么我们可以说这个人的替代度高。可测度是贡献可以用数字来度量的程度。工人搬运一件货物，加工一个零件，数字都是清清楚楚的，但你能度量出邓小平提出的改革开放思想的实际价值吗？你可以度量爱因斯坦提出的广义相对论的价值吗？所以，越是人才，越是层次高的人才，其贡献的可测度就越低。

第二节　人才学的基本理论

人才学是以人才现象作为自己研究对象的一门学科，具体说来，是一门研究人才运动现象、揭示人才运动规律、促进人才工作科学化、促进人才全面发展的学科。其基本构架由下列几部分构成：

（1）关于人才的基础研究，其中包括对人才的概念、本质、标准、基本要素、类型、结构、作用和价值的研究。

（2）关于人才成长和发展规律的研究，其中包括对人才成长和发展过程及其阶段、人才成长和发展的基本原理、内外因素及其相互作用、个体人才成长和发展规律、群体人才成长和发展规律以及社会人才辈出规律等研究。

（3）关于人才主体的自主开发的研究，其中包括自主开发的战略思想和战术问题研究。

（4）关于人才的组织开发和人才的社会开发的研究，即关于人尽其才的研究，其中包括对人才的预测规划、教育培训、考核评价、选用配置、使用激励、保护，以及人才流动和人才市场等研究。

上述四个方面的研究，又可划分为人才学的基础理论研究和应用理论研究两大部分。前者为后者提供科学依据，后者是前者的应用发展，两者相辅相成，相互促进，共同构成了人才学的框架体系。

人才学的学科特性主要有综合性、人本性、复杂性和实践性等。

人才学博大精深、内容十分丰富，主要有人才历史学、理论人才学、交叉人才学和专门人才学，但最重要最基本的是人才学原理、微观人才学和宏观人才学。后勤既有服务、管理也有经营，后勤企业属于服务企业，后勤经济属于第三产业。因此，后勤与装备人才学归属服务人才学，也与管理人才学、企业人才学交叉。

人才学的发展已形成鲜明的学科特色和人才学科群，已涌现出一批人才学专家群体，已建立了众多的人才研究机构、教学单位和学术团体，并有效开展活动等。人才学的发展得到了党和政府的高度重视。2012年3月人才学被提升为二级学科，学科代码为840.72。

第三节 中外部分人才思想精华

一、部分中国古代人才思想精华

我国对人才的研究有着悠久的历史，早在2500年前的《诗经》中就提出了"人才"概念，关于人才的论述则遍见于经史子集，并形成了一系列的人才思想理论，如国以才兴、政以才治的人才价值论；德才兼备、任人唯贤的用人原则；听言观行、用而见能的察人方法；优厚待贤、礼贤下士的求才方针；循名责实、校之以功的考核法；论功行赏、赏罚分明的奖惩法；圣非天生、习学而成的成才规律。这些人才思想观点，在世界古代文明史上是独一无二的。其中，春秋战国时期是我国历史上第一次人才研究高潮，除了孔子、孟子、墨子等之外，《吕氏春秋》比较系统地总结了先秦的人才思想。三国时期是中国人才研究的第二次高潮，其中汉朝末年的刘劭《人物志》全书分上、中、下3卷，系统全面地阐述了人才本质、人才分类、鉴别人才与用人的标准、原则、方法等问题。刘邦、曹操、诸葛亮、唐太宗、韩愈等都有先进的人才思想和成功的人才实践。宋代时期是我国历史上兴起的第三次人才研究高潮，其中著名人物主要有柳宗元、司马光等。中国古代许多政治家、思想家均对人才的地位和作用、人才的内在素质、人才成长规律、人才的考察和识别、人才的任用以及人才的激励等提出过精辟的思想。如刘邦认为，夫运筹帷幄之中，决胜千里之外，吾不如子房；镇国家，抚百姓，给饷馈，不绝粮道，吾不如萧何；连百万之众，战必胜，攻必取，吾不如韩信。三者皆人杰，吾能用之，此吾所以取天下者也。项羽有一范增不能用，此所以为我所擒也。

二、部分中国近代人才思想精华

从1840年鸦片战争以后，中国逐步沦为半殖民地半封建的国家，中华民族陷于生死存亡的关头，人才问题也成为志士仁人关注的焦点之一。于是先后出现了龚自珍、魏源、曾国藩、李鸿章、康有为、孙中山、潘光旦、陶行知等从不同角度研究人才问题，并把国家的兴衰、政务的成败最后归结为人才问题。如孙中山提出"人尽其才，富强之本"、"学有专长，专才专用"和"强国强种"等重要思想。龚自珍"九州生气恃风雷，万马齐喑究可哀。我劝天公重抖擞，不拘一格降人才"的著名诗句。清华大学教授潘光旦1937年在清华大学开设了《人才学》的讲座课程，陶行知开创创造教育并大力呼吁培养创造型人才等。

三、部分马克思主义人才思想精华

马克思主义的人才思想十分丰富，如马克思主义认为人才的本质是能够作出创造的人民大众中的优秀分子；人才是极其广泛地存在于社会和民众之中。人才的价值是对社会历史发展具有重要推动作用，人才也是一切实际工作的主要推动力量，人才的历史作用受到社会历史条件和社会发展趋势所制约，人才实现社会价值取决于许多主客观条件。时势造就人才，实践产生人才，培养自由、全面而充分发展的新人是建设人类美好社会的必然要求，发现和挑选人才是革命和建设成败的关键，人才决定一切，等等。

马克思主义中国化也有很多人才思想精华，如德才兼备、又红又专、尊重知识、尊重人才，创新驱动实质上就是人才驱动，等等。

四、部分西方人才思想精华

西方国家与人才成长有关的研究很多，如各类教育学研究、心理学研究和社会学研究等，如才能研究、天才研究、杰出成就者研究、科学精英研究、成功学研究和创造学研究等。比较著名的有：英国高尔顿的遗传天才研究、美国推孟的天才儿童追踪研究、美国布鲁姆的才能发展研究、美国艾伯特的天才研究、美国吉尔福特等人关于创造性研究、美国加德纳的多元智能与杰出学研究、美国朱克曼的科学精英社会学研究，美国西蒙顿的天才和创造性的研究、美国希尔等人关于成功学的研究和美国舒尔茨等人关于人力资本的研究以及苏联普列汉诺夫等人关于个人在历史上作用的研究等，并取得了丰硕成果。如艾伯特认为，天才的关键构成是创造性能力。创造能力与行为是做出杰出成就的基础和条件，而杰出成就是创造能力的外在体现。布鲁姆认为，人才的一般特征是：第一，对某一特定才能领域的浓厚兴趣和情绪上的眷念。第二，渴望在该领域达到一种较高水平的造诣。第三，愿意花大量的时间和做出顽强的努力。第四，学得又快又好的能力。即兴趣、目标、努力和能力四要素。

第四节 人才管理与人力资源管理

凡是具有劳动能力的人口都称为人力资源，而人才是高素质的贡献较大的人力资源。对于劳动密集型、技术密集型和感情密集型的后勤行业来说，人才管理和人力资源管理均具有十分重要的作用。人才管理主要是如何促进高素质的员工队伍的形成，如何引进人才、培养人才、使用人才和留住人才，人力资源管理主要指在企业组织中如何实施招聘管理、薪酬管理、培训管理等。我们可以用"二八定律"来比喻这种关系。"二八定律"是19世纪末20世纪初意大利经济学家巴莱多发现的。他认为，在任何一组东西中，最重要的只占其中一小部分，约20%；其余80%尽管是多数，却是相对次要的。

我们可以说，人才是人力资源中的20%左右但其贡献是80%那部分，尽管我们鼓励"人人皆可成才，人人尽展其才"，但真正能成为突出人才也是比较少的；同时，人才也是相对的、动态的。比如，对于许多行业来说，原来本科毕业生是很珍贵的，随着高等教育的普及，现在就不一样了。我们承认人民创造历史，但人才是人民中的先进分子，英雄（人才）引领群众前进。人力资源是第一资源，员工队伍建设对于企业来说更具有重要意义。作为后勤的管理者，既要重视人力资源管理，更要重视人才资源管理。

第五节 科学发展观和科学人才观

科学发展观就是以科学为指导的、全面发展、持续发展与可持续发展相结合的发展观，科学发展观的第一要义是发展，核心是以人为本，基本要求是全面协调可持续性，根本方法是统筹兼顾。科学发展观的贯彻落实，对后勤业的健康和可持续发展有很重要意义。

科学人才观是科学发展观在人才工作中的集中体现和具体运用，是人才工作科学化的行动指南，对后勤人才的发展有很重要的指导作用。

（1）树立和落实人才资源是第一资源的观念，这是科学人才观最基本的观念。

（2）树立和落实人人皆可成才的观念，这是科学人才观的重要内容。

（3）树立和落实培养造就高层次人才队伍的思想，这是科学人才观的重点。

（4）树立和落实"以人为本"的观念，这是科学人才观的主题。

（5）树立和落实为人才创造优越环境的意识，这是科学人才观的重要措施。

（6）人才工作，必须是以实施人才强国战略为根本任务，以促进经济社会发展为根本目的。

（7）树立和落实党管人才的观念，这是人才工作沿着正确方向发展的重要保证。

第六节 "中国梦"与人才强国战略

2003年12月，中共中央、国务院举行了新中国诞生以来第一次人才工作会议，会上明确提出要实施人才强国战略。2010年5月又召开了第二次人才工作会议，会上明确提出到2020年我国人才发展总体目标是：培养造就规模宏大、结构优化、布局合理、素质优良的人才队伍，确立国家人才竞争比较优势，进入世界人才强国行列，为在21世纪中叶基本实现社会主义现代化奠定人才基础。2010年6月6日，国家颁布了我国《国家中长期人才发展规划纲要（2010—2020）》，对我国人才强国战略的加快设施进行了全面部署，人才、科技、教育成为引领我国现代化发展的三个基本引擎。在新的历史时期，实现以国家富强、民族振兴和人民幸福为主要内容的"中国梦"关键也在人才。

我国人才发展的指导方针是："服务发展、人才优先、以用为本、创新机制、高端引领、整体开发"和"四个优先"，即人才资源优先开发、人才结构优先调整、人才投入优先保证、人才制度优先创新。

人才强国战略的核心是"人才兴国"。国家兴盛，人才为本。依靠人才兴邦，走人才强国之路，大力提升国家核心竞争力和综合国力，是人才强国战略的核心要义。

人才强国战略的工作重心是建设"人才资源强国"，充分发挥人才的作用。全面建成小康社会和实现中华民族的伟大复兴，都必须有"人才资源强国"作支撑，并充分发挥人才的作用。

党的十八大以来，为了实现"两个一百年"的奋斗目标，以习近平为总书记的新一届党中央继续高度重视人才工作。习近平总书记对人才工作发表了一系列重要讲话，如"要树立强烈的人才意识，寻人才求贤若渴，发现人才如获至宝，举荐人才不拘一格，使用人才各尽所能"、"广开进贤之路，广纳天下英才"、"择天下英才而用之，关键是要坚持党管人才原则，遵循社会主义市场经济规律和人才成长规律。"大力实施创新驱动战略，必须"用好用活人才，建立更为灵活的人才管理机制，打通人才流动、使用、发挥作用中的体制机制障碍，最大限度支持和帮助科技人员创新创业"。"在全社会大兴识才、爱才、敬才、用才之风，开创人人皆可成才，人人尽展其才的生动局面"，"我们比历史上任何时期都更接近实现中华民族伟大复兴的宏伟目标，我们也比历史上任何时期都更加渴求人才"，"创新驱动实质上是人才驱动"。

第七节　大力实施人才兴后勤与装备发展战略

国以才立，政以才治，业以才兴。尚贤者，政之本也。人才聚，则事业兴，后勤事业也是这样。后勤事业包括系统内"自办后勤"的事业和社会服务业为各单位、各系统提供后勤服务的事业。与中心任务相比，后勤是不可缺少但往往是不显眼的（如舞台的后台），各行各业都需要高水平的后勤。对于后勤企业来说，有需求就有市场，有市场就有商机。但在现实中，"一条腿长一条腿短"的现象仍比较常见甚至有的相当突出，特别是后勤社会化改革以来，对后勤社会化改革的理解有误差，以为后勤服务一交给社会就可以解决所有问题了，许多系统出现了程度不同的轻视后勤的倾向，一些系统的后勤人才甚至面临"青黄不接，人才匮乏"的状况。实践证明，无论是高校后勤、企业后勤还是机关后勤等，一些后勤服务特别是核心后勤服务之所以还不能完全交给社会，是因为社会第三产业目前的发展水平还不能很好满足这些系统对高水平后勤服务的需求和要求，社会优质后勤服务供给资源还比较缺乏，系统内一定比例的自办后勤在一定历史时期内还是必需的,特别是对于核心后勤。同时,就是将来后勤社会化的程度越来越高,但管理后勤的任务仍很艰巨。因此,高水平的后勤人才队伍任何时候都是需要的。而对于后勤企业和后勤经济来说,作为社会服务业的重要组成部分,要努力实现后勤服务的专业化和品牌化,真正成为社会的新引擎,关键也是人才。所以,任何轻视后勤和后勤人才的状况都是危险的,如果不尽快扭转,势必会影响大局。

案例一

岗位成才的突出代表

许振超,出生于1950年,初中毕业,1974年进青岛港工作。曾先后荣获青岛市劳动模范,青岛市优秀共产党员,山东省有突出贡献工人技师,省自学成才先进个人,"全国五一劳动奖章"获得者和全国交通系统劳动模范,全国劳动模范,全国优秀共产党员等称号,被誉为新时期产业工人的杰出代表。2013年还被选为全国人大常委会委员。

许振超原是青岛港桥吊队队长,是"文革"时期毕业的"老三届"。这个年龄层次的群体,受教育少,年龄偏大,相当一部分人成为下岗再就业的"特困户"。国家专门实施了"4050"工程,扶持这部分人再就业。但许振超不但没有下岗,而且成为世界一流的"技术专家",在合资公司里再担重任,连外国合资方都佩服他。许振超踏着时代节拍前进的武器是"学习"。他在日记中写道:"悟性在脚下,路由自己找。"

许振超的先进事迹,是岗位成才者的突出代表,也是许多后勤人才成长的学习榜样。

案例二

中国铁路工人登上国家科技最高领奖台的第一人——郭晋龙

郭晋龙,男,1957年出生,中共党员,高中文化。现为呼和浩特铁路局呼和焊轨段代理高级工程师,先后获全路技术能手、火车头奖章、全国五一劳动奖章、全国劳动模范等多项荣誉。

郭晋龙同志参加工作30多年来,坚持勤奋学习,刻苦钻研,努力破解生产中的技术难题,在平凡的岗位上做出了不平凡的业绩,成为全路知名的焊轨技术专家。他先后开展技术革新和新工艺设计19项,累计为国家和企业创造直接经济效益达1100万元;多次参与国外进口尖端设备电气部分的安装调试工作,屡获外国专家赞誉;应邀为全国铁路11个焊轨单位排除急难故障,挽回因换轨、淬火设备故障停产所造成的经济损失

200 余万元。他研发的"焊轨基地焊接生产线钢轨输送连锁控制系统"等多项技术成果,被国内 10 余家企业 30 多条生产线采用。2011 年 1 月,郭晋龙凭借"钢轨焊缝双频正火设备及工艺",获得国家科学技术进步二等奖,成为中国铁路工人登上国家科技最高领奖台的第一人,并多次受到党和国家领导人的亲切接见。他自学成才的先进事迹,2007 年编入全国中小学生美德教育读本《当代中国著名人物美德故事丛书》。

郭晋龙同志 2006 年、2007 年获全国五一劳动奖章,2008 年被评为全国技术能手,2010 年被评为全国劳动模范。

第二章　后勤学的基本内容

第一节　后勤的定义和职能

一、定义

后勤是通过筹划和运用人力、物力、财力从经费、物资和技术等方面保障组织正常运转和发展的活动和过程，是一个组织内与中心工作相对应的对中心工作起基础、保障和配合作用的工作。

后勤工作本质上是一种保障性工作。保障就是后勤需求有效化和对象化的活动和过程。其中有效化指后勤需求获得支付能力的活动和过程。对象化指后勤需求获得满足的活动和过程，这是经济力转化为后勤保障力，进而作用于组织效率的过程，也是投入产出的过程。

装备指仪器设备、武器、器材、军装和技术力量等，属于技术后勤。由于技术装备的重要性，在我国一些行业往往将装备与其他后勤分开来管理。

与一线工作相比，"后勤"是"后方勤务"的简称，也可理解为"行政事务管理"或"大管家"，但其许多工作必须走在一线工作的前面。如果一旦爆发战争，后方也是战场，而且后勤系统往往是首先被打击的对象之一。

不同类型的社会组织的性质、任务和活动方式不同，其后勤工作的内容、范围和特点也不相同。如：

高校后勤指高校后勤部门为学校的教学科研和师生员工生活提供各种物质条件和服务以及在这一过程中进行的计划、决策、组织、协调和控制的活动，它通过服务、管理、经营对学校各项活动的开展起着先行、保障和配套的作用，这种活动是我国高校管理系统的基础和保障。

军队后勤是运用人力、物力、财力、设施和技术手段，保障军队建设和作战需要的各种工作的统称。军队后勤包括后勤保障、后勤防卫、后勤管理、后勤组织指挥、后勤基地建设、后勤科学研究和后勤教育训练等。

企业后勤是通过为员工、生产和营销等提供物质和技术等多种服务，保障企业生产正常进行以获取最大利润的有关工作的统称。重点是生产后勤和生活后勤。

后勤服务业指与后勤服务有关的社会服务业，不是社会服务业的全部。如餐饮、物业、制衣、酒店、交通、通讯、网络、水电、修缮、医疗、家政等。

后勤企业一般指具有法人资格的后勤服务业，广义的后勤企业包括改制后模拟企业化发展的后勤单位。

二、职能

后勤的职能是"管理、保障、服务、经营"。

服务、保障、管理原是后勤的主要任务，随着后勤社会化改革和后勤经济的发展，后勤管理成为后勤的主要任务，后勤服务更多的是依托社会优质服务资源。其中有的行业的后勤还必须有特殊职能，如高校后勤要有"育人"功能，政府机关后勤要有"保密"功能。

显然，后勤不仅是一种社会分工，也是一个专业，是一种各行各业都不可缺少的重要职业，这种职业的特点是为"一线"提供基础性、保障性服务，这种职业本质上属于服务业，但具体要求与社会服务业有许多不同。

后勤管理是对一定范围的后勤任务、后勤资源等进行决策、计划、组织、指挥、协调和控制。其中经费管理是后勤管理的重要内容。

后勤服务下面可以细分多个工种、多个专业，如餐饮、接待、物业、通讯、网络、水电、园林、资产、修缮、基建等。

后勤保障即对"一线"工作正常进行在基本建设、物资供应、餐饮服务、公务接待、物业管理、交通运输、卫生保健等方面提供基本的或有限的保护、支撑和支持。装备的保障不仅要保障供应，还要保障完好，如遇有故障要及时排除。

后勤经营是企业化发展，充分利用现有后勤资源，积极面向市场，既为本单位服务，也为社会服务，通过提供更优质的服务，不断增加收入，千方百计降低成本，让国有资产尽快增值。

第二节　后勤的种类

（1）按行业来分，后勤有国家后勤、国际后勤、军事后勤、高校后勤、科研院所后勤、政府机关后勤、企业后勤、农业后勤和家庭后勤等。

（2）按技术含量和服务对象来分，后勤有公务后勤、技术后勤、生活后勤。仪器装备、技术物资、通讯服务、网络服务、建筑设计等技术含量更高的属于技术后勤，高校教学科研后勤和政府机关后勤属于公务后勤，餐饮、社区物业、住房等属于生活后勤。

（3）按工种来分，后勤又可分为物业管理（楼宇管理、环境卫生、园林绿化、保安管理、车辆管理、下水道和粪池管理等)、水电气管理、餐饮管理、交通运输、幼儿教育、修缮工程、基本建设、医疗卫生、公务接待、物资供应、市场管理等。另外，不同行业有不同的特点，如医院要有特殊的污水处理等。军队的后勤主要有物资供应、医疗卫生、运输、军械、营房、生产、军药和基础设施等。

(4) 按范围来分，后勤可分为狭义后勤和广义后勤。狭义后勤主要指物资供应（如弹药供应、武器供应、粮食或餐饮供应和军服供应等），广义后勤泛指一切为中心工作起基础性、保障性、条件性和配合性作用的工作。

(5) 从后勤对系统中心任务的影响程度来分，可分为核心后勤和非核心后勤。对于高校来说，水电管理、实验室装备、餐饮、安全保卫、基本建设特别是学生饭堂、学生公寓、校园规划和网络服务等属于核心后勤。

(6) 按地位来分，一个单位的所有业务可以分成主业和辅业，中心工作是主业，后勤可看成辅业。通过改革，使主辅分离，可使主业精干壮大、更快发展，而辅业放开搞活、做强做大，主业辅业相互依赖，相互促进，协同发展。

(7) 按学科来分，后勤学可以分为理论后勤学和应用后勤学。后勤学与其他学科交叉又可分为军事后勤学、军事装备学、企业后勤学、教育后勤学等。后勤产生于战争，军事后勤学是研究军事后勤活动的理论与实践及其规律的综合性学科，是应用后勤学中最重要、最基本的学科，其分支学科很多。

(8) 按功能来分，后勤可分为政治后勤、经济后勤等。在政治后勤方面，如高校后勤必须讲究公益性，讲究"三服务"（为教学科研服务、为师生员工服务、为学校发展服务）、"三育人"（服务育人、管理育人、环境育人）和"三满意"（学校满意、师生员工满意、后勤员工满意）。高校的稳定是政治任务，而高校稳定与后勤密切相关；安全后勤也属于政治后勤。在经济后勤方面，承认后勤服务也是商品，要按经济规律办事，对内实行有偿服务，其服务价格要在社会平均服务成本之上，对外参与市场竞争。

(9) 按工作环节来分，企业后勤又可分为内向后勤和外向后勤，其中内向后勤也称为进货后勤，即原材料供应的后勤，包括采购、仓库和生产线上各种材料供应等；外向后勤也称为出货后勤，是企业产品销售给客户的后勤服务。

也可按工作范围来分，可分为内部后勤和外部后勤，以室内服务为主的是内部后勤，以室外服务为主的是外部后勤。

(10) 按后勤社会化改革的途径和方式，后勤社会化改革可分为"内化"和"外化"两种。"内化"指系统或单位内的原有后勤资源通过体制机制改革和发挥自身优势，不仅形成更有活力、更有效率、更有效益的经济实体，而且其服务具有较强的竞争力，其服务水平接近甚至超过社会的平均水平。这些经济实体不仅为本单位本系统服务，也为社会服务，有的还成为社会优秀企业之一，"内化"与"走出去"相似。"外化"指充分利用社会优质服务资源为高校服务，系统和单位向这些服务企业只是"购买服务"或"委托服务"，这种方式可以较快提高后勤服务水平，节约后勤成本。"外化"也可看作是"请进来"。后勤社会化改革以来，完全的"内化"和"外化"都是很少的，更多的是两者的结合。

我们应该扬长避短，积极主动抓"外化"，努力克服困难，逐步把一部分本单位劣势、社会优势的后勤服务项目交给社会去办。同时，抓"内化"，集中力量努力发展好本单位、本系统能够办好的后勤企业。

（11）按后勤服务单位的性质来分可分为自办后勤和社会引进的后勤，自办后勤可以全部是非法人单位，也可以是部分非法人单位或全部是法人单位。后勤社会化改革以后，本单位的后勤完全是自办的或完全是社会引进的都很少，更多的是两者都有但比例不同。

（12）按后勤服务水平在社会的地位来分，可分为优势后勤和非优势后勤。有的单位通过长期努力，后勤服务的某些方面（如餐饮）与社会同行相比较，已经具有很高的专业水平，这类后勤称为优势后勤；而有些后勤服务水平不如社会的优质服务企业（如物业），这类后勤称为非优势后勤。高校后勤覆盖面很广，按照有所为有所不为的原则，对于本单位的优势后勤可大力扶持并重点发展成品牌后勤，不仅为本单位服务，也积极为社会服务；而对于非优势后勤如果在本单位不属于核心后勤，可尽可能开放市场，引进社会更优质的后勤服务取而代之。

（13）根据后勤的历史长短，可分为传统后勤和现代后勤（非传统后勤）。传统后勤也称为基础后勤，如饭堂、水电、环境卫生、园林绿化、招待所、通讯、修缮、房屋、运输、物资供应等；现代后勤如网络、电脑等信息技术服务，装备、物业、美食、酒店、物流、公寓管理、节能减排、环境保护等服务。

（14）按后勤的具体特点可分为科技后勤、及时后勤、一体化后勤、全球后勤、绿色后勤、节约后勤、文化后勤、技能后勤、法制后勤、幸福后勤、美丽后勤等。

（15）按后勤转制后走向企业化的方式，可分为模拟企业化和真正企业化两种。

（16）按后勤的范围来区分，可将后勤分为小后勤、大后勤。如高校内仅提供后勤服务和经营的后勤集团为小后勤，加上总务处、基建处等后勤管理部门的称为大后勤。也可以将一个单位的后勤称为小后勤，一个地区、一个省甚至全国的后勤称为大后勤。

（17）按后勤的职能来分，后勤又可分为后勤服务、后勤管理、后勤保障、后勤经营。

（18）按后勤工作者的劳动方式来分，又可以分为白领工作者（以脑力劳动、复杂劳动、非重复劳动为主的管理人员、研发人员、技术人员等）和蓝领工作者（以中低技能、体力劳动、简单劳动、重复劳动为主的服务人员）。就是简单劳动，也有使用复杂生产工具的简单劳动（如使用扫地机的清洁工）和使用简单生产工具的简单劳动（使用扫帚的清洁工）。

（19）按后勤管理的职能来分，又可分为财务管理、财产物资管理、基本建设管理、房产管理及维修、水暖气管理、伙食管理、汽车运输管理、医疗卫生管理、接待管理等其他服务管理、后勤服务经营实体管理等十大管理职能。

(20) 后勤建设又可分为物质建设、制度建设和精神建设三大类，具体可分为后勤设施建设（包括后勤物质基础和技术装备建设）、后勤人才建设、后勤组织建设、后勤制度建设和后勤精神文化建设等。在军事上，后勤设施建设又可分为后勤基地建设、后勤仓库建设、医院建设、交通运输基础设施建设、营区等基层后勤设施建设。

(21) 后勤服务的覆盖面很广，涉及的专业多，故种类也很多，如后勤服务大类下面又可分为餐饮、物业、接待、交通、修缮等中类，每中类下面又可分小类，如餐饮又分为中餐、西餐，中餐又可分为饭堂中餐和餐厅中餐等。餐厅的中餐按菜式来分又可分粤菜、湘菜、川菜、沪菜等，按顾客人数多少可分围餐、散客餐等。

第三节　后勤的地位和特点

一、地位

"中心任务"和后勤的关系曾被誉为"车之两轮"、"鸟之两翼"，只有相互协调各项事业才能健康发展。后勤在一定条件下起决定作用。这方面的例子是举不胜举的。如在长征途中，后任中国人民解放军总后勤部部长的杨立三同志带头组成担架队，把已患重病多日的周恩来抬出草地，在危急关头使周恩来脱离了死神；抗美援朝的胜利，很大程度上归功于有坚强有力的后勤保障。在现代战争中，后勤往往成为前线。在"两弹一星"研制过程中，恰遇经济困难时期，食品十分紧缺，许多科研项目都下马了，"两弹一星"项目的许多科研人员得了浮肿病甚至有的饿昏了，聂荣臻下令紧急从部队里调运一批粮食支援，"两弹一星"事业才渡过了难关。就是一个成功的舞台演出，既然离不开剧本、导演和演员，也离不开幕后的许多服务，甚至舞台的搭建、场地的设置本身就是属于后勤的一部分。更明显的是，对于航空航天事业的发展，如果没有大量的后勤服务，飞行员或宇航员也不可能顺利上天……后勤在高校被看作是办学的三大支柱之一（教学科研、管理、后勤）。

技术后勤对于战争的胜败、科技创新和劳动生产率等均有十分重要的意义。如果没有显微镜的发明，就不可能有微生物学、医学的发展，许多诺贝尔科学奖获得者的成功，得益于先进的实验条件或自制独特仪器。一些战争的胜利，得益于先进的武器装备并且装备损坏后能及时维修好。

在现实工作中，因后勤出问题而给全局工作或日常生活造成或大或小损失的例子举不胜举。如一些重大火灾事故的起因却是来自后勤的普通员工，如电工违章烧焊、仓库火灾等。

从国家层面来看，后勤是保证国家正常运转的重要经济支撑和财力物力支撑，也是国家全面深化改革的重点领域，承载着保障全面深化改革顺利实施和完成后勤自身改革的双重历史任务。

二、特点

1. 基础性和保障性

当今社会，如果一个单位没有大楼、没有水电、没有通讯、没有网络等，或有了这些条件但不能有效管理、正常运转，就是有最优秀的人才也是无法工作的。如大楼的电梯出了故障又不能及时排除，工作电脑出了问题不能及时解决，很可能很快引起工作瘫痪。清华大学老校长梅贻琦教授曾提出"在大学里，大师比大楼更重要"的精辟观点，这是很正确的，但不能因此说大楼就不重要了。如果将"大楼"看作是"后勤"的代表，就比较全面了。中山大学原校长马肖云也提出过，办好一所大学要靠"三材"，即人材、器材和教材。如果将"器材"看作包括所有后勤在内，"教材"包括图书馆，那就更准确了。

2. 服务性和主动性

后勤最重要的是服务，是为"一线"服务，不为"一线"服务的后勤就不能算后勤了。服务要热情服务、主动服务，同时服务水平等要适应"一线"的需要，一切为了"一线"打胜仗。想"一线"所想，急"一线"所急，帮"一线"所需。要服务好必须经常了解"一线"的需要，必须经常提高自身素质，必须讲究服务态度、服务能力和服务水平。为了满足"一线"的需求，平时就要做好各项准备，后勤工作就要"先行"。

3. 实在性和细致性

干后勤工作必须服从安排，认真负责，少说多做，扎实有效，来不得半点浮夸。如采购工作如果马虎，很可能会给单位造成很大损失。餐饮卫生如果不细致，很可能会酿成中毒事故。"细节决定成败"、"做一颗永不生锈的螺丝钉"等理念对后勤工作者的要求是很贴切的。

4. 社会性和经济性

后勤服务门类繁杂，几乎无所不包，后勤服务离不开国民经济发展水平所提供的条件，所需要的物资主要依靠国民经济发展水平，依靠社会各类市场上商品经济的发达程度。在计划经济时期，几乎所有工作上所需要的物资都要做计划，"短缺经济"条件下是很难有效保障"前线"需求的。

"一线"所需要的物资，绝大部分是通过货币"购买"过来的，做好后勤服务，必须在一定经费的条件下，在这基础上做到千方百计"少花钱多办事"，甚至"不花钱也办事"（如废物利用或仓库积压物资利用等）。故经费管理是后勤管理的重要内容，"节俭"和"物尽其用"是后勤服务的基本原则之一。

在计划经济时代，各单位"自办后勤"是主要模式。随着后勤社会化改革的不断推进，这种模式已经被打破，不仅各单位向社会服务业"购买后勤服务"的比例越来越高，而且后勤服务要"节流"更可以"开源"，不少单位内部原有后勤系统通过改制逐步走向市场化、集团化，作为社会第三产业重要一员的后勤经济正在不断发展壮大。

经济性还包括后勤部门是管钱管物的部门，也是容易产生腐败的敏感部门。不少经济犯罪来自后勤部门。"廉洁"也是后勤服务的基本原则。

5. 先行性和及时性

后勤服务必须讲究时间性，即必须在规定的时间内完成任务。所以，"先行"和"及时"是对后勤工作的基本要求。"及时后勤"是现代后勤的重要理论。

每天的环卫工作，必须在别人上班前就基本结束；餐饮工作，必须在别人上下班之前就做好准备。每项活动的开展，在筹划时必须考虑后勤问题，如组织一个国际学术研讨会，就必须首先考虑好酒店住宿和餐饮等接待问题。

许多后勤服务往往不一定有很高的技术要求，但一定要及时，如接听电话一定要在三声电铃声之内接听、物业维修一定要在服务对象提出要求后 5 分钟内有回应等。

"兵马未到，粮草先行"说明了后勤工作的先行性和基础性，"先行性"也可以看作主动性。主动性就是要做到千方百计，甚至配角能起到主角的作用（如抗美援朝，彭德怀评价，70% 的功劳应归功于后勤保障）。中国人民解放军原总后勤部部长杨至诚曾说过："我们名为后勤，其实有些工作要做到前面去，只做到'兵马未动，粮草先行'已经是不够了。现在打仗，后勤有时还得起先锋官的作用。"

6. 复杂性和综合性

复杂性表现在后勤服务政策性强、任务繁多、涉及面广、内外关系复杂等诸多方面。如生活后勤中的衣食住行医、吃喝拉撒睡等，物业从园林绿化、安全卫生、交通车辆到楼宇管理，技术后勤的技术物资供应、装备维护维修以及通讯网络维护等。后勤工作往往涵盖了从屋顶到地下、从清晨到深夜、从台前到幕后的多角度、长时间、全覆盖的服务工作。

综合性表现在后勤管理是一门涉及自然科学、社会科学中很多学科的，具有综合性、边缘性和交叉性，但以经济学、物流学等为核心；其作用也是综合性的，如生活后勤大量的工作和群众的切身利益有着密切的关系，技术后勤大量的工作又与中心工作好坏密切相关。如武器装备不良、弹药供应不上，往往影响到战争的胜败。

7. 事务性和技术性

事务性表现在后勤服务工作琐碎事较多，但后勤又无小事。一些后勤服务目前仍是劳动密集型，以体力劳动和简单劳动为主。

技术性表现在后勤服务的技术含量已经明显得到提高，如仪器设备的高科技化、电脑维护、网络维护、餐厅管理的信息化、饭堂结算的电子化、智能客房等。而后勤服务的发展趋势是必须更多地依靠科学技术才能不断提高劳动生产率。同时，后勤服务人员也必须不断提高科学文化水平才能不断适应"一线"的需要。

第二章 后勤学的基本内容

另外，后勤不能被动适应"一线"的需要，后勤也迫切需要品牌、需要科学、需要创新、需要攀登科学技术高峰。如在军队后勤科技创新项目上，已经出现了若干名中国工程院院士的身影等。后勤服务要提高效率效益，必须尽快转型升级，即从劳动密集型服务为主转变为以技术密集型服务为主，由低端服务逐步走向中高端服务。

后勤的科学性还表现在学科建设方面，后勤学、装备学以及有关交叉学科蓬勃发展。后勤建设和后勤社会化改革也迫切需要科学理论指导。

后勤的这个特点要求后勤人才既要能干大事、有战略思维（如后勤社会化改革），也要善于做好每件小事（细节决定成败）；既能从事技术含量高的脑力劳动，也能从事有专业水平但相对比较简单的体力劳动（如为客人倒茶、餐厅传菜、搬运货物等）。既要有丰富的后勤理论知识，也要有高超的服务技能。

8. 突发性不确定性

从事后勤服务，往往工作时间是不稳定的，经常遇有突发性的应急任务，如校园内某段水管突然爆裂，有关员工就要马上出动去抢修；下水道堵塞，往往就要马上去排除，而不能考虑今天是否是法定假日或休息日。许多后勤服务往往是24小时值班，如水电管理、酒店管理等，一些员工要三班倒。

不少后勤服务项目，不仅平时工作时间比较长，往往每天工作时间超过8小时，而且在节假日往往是最忙的。如餐饮服务、安全保卫等。甚至可以说，每天早上最早起来工作的，往往是后勤人员（如饭堂员工和环卫员工）；晚上很晚下班的往往也是后勤员工（如一些餐厅的员工，往往是晚上10点多甚至11点多才能下班）。不少后勤服务人员（如餐饮）的节假日观念是很淡薄的。

9. 不显眼性和繁杂性

（1）不显眼性。后勤很重要、不可缺少但往往是不显眼的。许多单位的后勤部门绝对不会在一个单位内的显眼位置。楼房的美丽在于它的设计和表面的装饰，但内部的地基、钢筋水泥是看不到的。后勤就是属于这种提供基础性、保障性服务的。假如水电、餐饮、物业、公共交通、通讯网络、住房等出了问题，单位内部就可能无法运转，整个社会就容易出乱子。

（2）繁杂事比较多。后勤琐碎、繁杂、事务的事相对比较多。如话务员接听电话，餐厅服务员摆台和收台，下水道疏通，仓管员盘点等。故"后勤"与"事务"几乎是同义词。

人类生存和发展的过程就是不断克服困难的过程，这个过程自然会遇到很多繁杂事，只不过随着生产力的发展和社会的分工，这些繁杂事更多的由后勤专业人员去分担了（如幼儿园、家政公司等的产生）。后勤工作者要正确对待这些繁杂事，一是不怕繁杂，我们多做繁杂事就是让"一线"少做繁杂事，要有"宁可一人脏，换来万家净"的职业道德；二是要通过科学手段，善于化繁为简，不断提高后勤生产率。

10. 重、脏、险、臭、累活往往比较多

后勤工作有许多还是劳动密集型的，其性质决定了其体力上的重活脏活累活往往是比较多的，如实验室报废仪器设备、报废化学试剂和剧毒品的回收处理；水电气一有故障就需要外出检修，往往是不管刮风下雨或是酷暑寒冬；粪池或污水池的清理、下水道的疏通、洗手间的卫生和垃圾的收集、搬运和处理，往往是最脏最臭的；不少工种也往往劳动强度比较大，如许多建筑和修缮工作者、餐厅的洗碗工、酒店客房的服务员、物业方面的清洁工和园林工等。

11. 政治性和配合性

后勤服务具有较强的政治性和全局性。它不仅体现了党和政府的关怀，也是我国早日实现"中国梦"的必要条件。如邓小平要求科研人员必须有六分之五的时间用在工作上，我们要追赶世界最发达的国家，如果后勤保障跟不上，这个要求就很难实现。另外，后勤服务也是民生的重要内容，后勤无小事，如果后勤服务没有做好，也极易产生社会不稳定。有这样的说法："社会的稳定看高校，高校的稳定看后勤。"

近几年来，厦门、杭州和广州等地相继发生了公共汽车着火的案件，不管其原因是什么，公共交通出问题极易产生人心浮动和社会的不稳定。

作为一名合格的统揽全局的领导，他应该有很多工作需要抓，但发展战略、人才和后勤（包括财务）应该是最重要的三项工作。

后勤工作不仅应该与"前线"紧密配合，甚至有的还是中心工作的组成部分，如管理育人、服务育人、环境育人是高校育人的重要环节之一，甚至有高校后勤人员是"不上讲台的教师"的说法。现代战争往往不分前线和后勤。

12. 动态性和相对性

"前线"的需求是变化的，但是有基本规律的。作为后勤一定要与时俱进，并且尽可能主动服务。比如，校园的车辆管理问题在车辆少的情况下并不突出，但车辆明显增加以后，车辆管理特别是停车问题如果没有及时解决就会严重影响系统的中心工作甚至会造成工作瘫痪。

相对性指中心工作和后勤工作是相对的，它们在一定条件下会相互转化。如医生对于医院来说是主业人员，但对于军队来说就是后勤人员；建筑对于建筑业来说是主业，但对于很多行业来说，基本建设又属于后勤范畴。厨师对于餐饮业来说是主业人员，但对于许多行业来说，餐饮又属于后勤；农产品生产对于农业来说是主业，但对于许多行业来说，农产品又属于后勤供应品。陪练运动员属于"配角"，他对于更高层次的运动员是"陪练"，但对于其他方面，他可能就是"主角"了。

13. 委屈性

后勤工作是服务工作，会经常受到服务对象的误解，甚至有干后勤工作"没有批评就是表扬"的说法。故能经受来自领导、同事和顾客的各种委屈，善于把各种批评意见作为改进工作的重要动力并始终认为"客人总是对的"是后勤人应有的修养。而

工作做到位，工作主动了，委屈就会少很多。

14. 范围广

后勤的范围很广，从纵向来看，从国家层面（如储粮仓库、救灾仓库）到每个单位、每个家庭和每个人都有后勤，人体的供应系统（呼吸系统和消化系统）、血液循环系统、储存系统（肝脏）和排泄系统都有后勤功能。从横向来看，各行各业都有后勤部门或后勤工作者。

15. 单位与社会交换的重要接口之一

单位内"人"和"生产资料"所需要的许多物资，是后勤工作者向社会采购并通过交通工具运回单位内的；许多报废物资特别是生活垃圾是通过后勤工作者将其收集并转运到社会某个地点处理。这些交换工作只要一天不正常了，单位工作就会发生紊乱。如军事后勤学认为后勤是国家经济与军队间的桥梁，后勤也是科学技术与军队的纽带等。

16. 入门容易入行难

后勤工作表面看好像简单其实很复杂，后勤是一个大类，这个大类下面有很多小类，如餐饮、接待、交通、物业、修缮，等等。仅是一个餐饮就有"众口难调"的说法。当今的后勤，不仅要做好服务、管理和保障，还要懂经营，善于将许多资源变成财富。光是服务就有主动服务、优质服务、一站式服务等多种。所以，干好后勤并非易事，没有长期积淀不可能熟悉后勤规律并成为行家里手，它要求有更多的既要有实践，又要懂理论的复合型人才。对于教育系统来说，它要求既懂教育规律又懂经济规律和后勤服务规律；对于军队来说，它也要求既懂军事规律又懂保障规律。每个后勤人才还要精于理论总结等。

后勤服务的这些特点，也决定了后勤员工和人才的不同特点。后勤服务工作，不是人人都可以干好，它需要一定的条件。如教师是偏重于学术型、知识型的，但后勤人员的相当部分是偏重于技能型、知识型甚至体力型的。另外，后勤既有以脑力劳动为主的（如院士、医生、管理人员、技术人员、研发人员等），但日常大量的后勤服务虽对文化有一定要求，但更对体力和责任心有一定要求。在文化水平方面的跨度也很大，既有博士毕业的，但大量的还是职业学院（学校）甚至只有中等教育毕业的水平。对于许多后勤普通员工，他的文化水平不一定很高，但一定要身体好，有责任心，勤劳肯干并且安心工作、服从安排、努力学习等。

三、不同行业的后勤具有不同的特点

1. 军队

（1）保障的规模明显增大。

（2）物资供应量明显增多。

（3）物资结构发生显著变化，技术要求更高，保障工作更复杂。

(4) 对后勤的依赖程度更高，要求提供更专业、更及时、更机动的服务。

对于军事后勤来说，它主要负责供应武器、弹药、车辆、船艇、飞机、油料、给养、被服、装具、药品、通信、网络、物资、器材、经费等以及进行卫生防疫、卫生防护、伤病员医疗救护和后送，检修武器、车辆、船艇、飞机等设备，维修和抢建后方道路，组织运输、铺设野战输油管、修建和管理营房、后方工程及其军工生产、军农生产等。

军事后勤包括以下几个部分：一是人员、物资、设施，构成后勤工作的主体；二是通信、网络、补给、运输、维修、道路、建筑工程和其他勤务，构成后勤工作的职能表现；三是组织、计划、协调、执行、监督，构成后勤工作的过程。

军队对后勤管理的原则是：以人为本、服务官兵、平战结合、利于保障，依法管理、按章办事，勤俭节约、讲求效益。

2. 高校

高校的特殊性表现在培养人才是高校的基本任务之一，故高校对后勤服务必须体现一定的公益性，不管市场肉菜价格如何变化，但在校园内，饭堂的饭菜价格必须保持一定的稳定性和微利性。

教学科研是高校的主要任务。由于高校实验室众多，所需要的仪器设备、消耗材料等品种复杂，但每种的数量不一定很多，对质量和时效性等也有更高的要求。

高校对后勤服务的原则是：

(1) 全心全意为教学科研服务，为师生员工服务，为学校发展服务。努力做到"服务育人，管理育人，环境育人"，尽力做到"让学校领导满意，师生员工满意，后勤员工满意"。

(2) 对后勤服务工作要尽心尽力，尽善尽美，做到专业、优质、高效、便捷。

3. 企业

企业后勤包括交通运输、仓库储存、包装、物料搬运、订单处理、客户服务、需求预测、采购、企业和仓库选址、退货处理、售后服务、零部件维护以及废物回收等。物流和供应是企业后勤的主要内容。后勤对企业利润影响很大，是企业最重要的竞争领域之一。

第四节　后勤的作用

后勤尽管不是"一线"工作，但与"一线"工作是相互依存、相互影响的，前线与后方、"一线"和后勤是对立统一关系，即中心工作决定后勤服务需求，后勤水平对中心工作有重要影响，在一定条件下起决定作用。

《孙子兵法》中"军无辎重则亡"这句话言简意赅地说明了后勤的重要性，条件的重要性。西汉王朝开国皇帝刘邦说过，镇国家、抚百姓、给饷馈，不绝粮道，吾不如萧何。而萧何和张良、韩信均为他夺取天下的最重要的"三杰"，刘邦能用之，这是刘邦能以弱胜强并最终打败项羽夺取天下的主要原因。其中，"抚百姓，给饷馈，不绝粮道"等相当部分就是后勤保障工作，这也说明了萧何所主管的后勤等工作对于刘邦夺取天下所起到的举足轻重的作用。毛泽东在领导秋收起义攻打长沙受挫后，果断地把部队引上了井冈山，井冈山不仅易守难攻，同时也能有效解决当时部队的给养、伤病员等后勤问题。抗日战争期间，在敌强我弱的情况下，游击战争成为具有战略意义的主要战争形式，到敌人后方去，破坏敌人的铁路运输线，炸毁军火、粮食等重要物资的仓库等成为当时抗击日寇的重要手段之一，著名的平型关战役就是伏击日寇的辎重部队。解放战争时期，将国民党军队围困在某个城市某个地区，使敌军不能补充给养而逐步丧失了战斗力的事例是很多。在第二次世界大战中，苏联、美国、英国和德国、日本和意大利之间所进行的以投入众多的航空母舰和其他军舰、飞机坦克为主要特征的现代化战争，对后勤补给的依赖程度就更大了。如一度占上风的德军在北非与英军之间所进行的阿拉曼战役的失利并最终成为北非战局的转折点，德军忽视了军需物资的补给造成运输线被封锁甚至油轮被击沉了3艘，从而供养匮乏、坦克部队没有足够的油料来实施大规模的反击是一个主要原因。

在新中国刚成立不久就进行的抗美援朝战争，是我军战史上现代化程度最高的一场战争。战争期间，志愿军所需的粮食弹药和装备，几乎完全靠国内供应。侵朝美军倚仗其空军优势，一直把切断志愿军的交通运输线作为其战略目标。尽管最终我们打败了美国侵略者，但从整个过程来看，我军在最初阶段由于后勤跟不上而吃了大亏。战争与后勤息息相关，后方也是战场，是用鲜血换来的沉痛教训。彭德怀在抗美援朝战争结束后曾总结说："朝鲜战争的经验证明，现代战争如果没有后方充足的物资保证，是不可能进行战争的；后方有充足物资，如果没有强有力的后勤组织和工作，以保证第一线的充分供应，是不能取得战争胜利的。"

通过抗美援朝，也使我们认识到，要把后勤工作作为一门重要的专门科学，并将后勤建设作为我军现代化和正规化建设的一项重大的战略任务。中国人民解放军后勤学院就是在这样的背景下成立的。

现代高技术战争和立体战争等，对后勤的依赖性将更大，信息战、电子战如果没有电和油，或技术维护和维修跟不上，不仅许多装备将陷于瘫痪，而且有可能因此决定战争胜败，如多次中东战争和海湾战争等。甚至现代战争往往是首先打后勤。

军事上是这样，各行各业也是这样。习近平总书记于2014年6月9日在《中国科学院第十七次院士大会、中国工程院第十二次院士大会上的讲话》中向全国人民特别是我国科技工作者提出了"勇于创造引领世界潮流的科技成果"、"我国科技发展的方向就是创新、创新、再创新"的非常重要而紧迫的历史任务，而科学技术的更快发展，没有现代装备、现代后勤的支撑是很难实现的。

随着社会的进步，许多行业对后勤服务的依赖程度将越来越大。如企业的现代化生产线，如果没有零备件的及时供应，就严重影响企业的生产；一幢大楼如果没有设计好、建设好，往往会带来很多后遗症。家庭后勤如买菜、煮饭、洗衣服、搞卫生和带小孩等。如果没有人做好这些工作，一个人就会感到有很多"后顾之忧"，也就不可能有更多的时间用在事业上，保姆就是一部分家庭后勤的重要承担者。可以这样说，每个人每天都可能因为后勤服务不到位而浪费了或多或少的时间。

另外，后勤经济的发展，为第三产业的发展注入了新的活力，也为有效解决我国许多人力资源的就业问题提供了广阔的舞台和重要途径。

对于高校来说，教学、科研、管理和后勤，是高校工作的四个基本方面，这四个方面的工作必须协调发展，高校才能健康发展。尽管随着高校后勤社会化改革的不断深入，高校后勤依托社会资源来满足需求的比例会越来越大，但这并没有降低后勤的重要性，只是实现的途径和形式变了，后勤社会化改革使服务效率更高、成本更低，离一流后勤的目标更近了。随着高校的加快发展，更突出了后勤的重要性。我们知道，作为大学来说，没有教授不能成为大学，大师比大楼更重要。但如果没有水电，没有住房，没有基础设施等，大学同样也是不能正常运作，甚至很容易产生不稳定因素。恩格斯有一个著名论述，人们必须首先解决衣食住行，才能从事科学、文化、宗教等活动。对于教学科研特别是实验科学来说，后勤的重要性更是十分明显，甚至是没有条件就没有科研。

高校后勤还有一个重要的作用，就是与学生、与培养人才息息相关，如"服务育人"、大学生实习基地、勤工俭学岗位、高层次人才的家属安置等。

国家每年都会遇到或大或小的自然灾害，抗灾防灾任务非常重要，故救灾物资储备、粮食储备、战备物资储备等都是必须要有的，而这些物资的储存、妥善保管和及时送到指定地点等就属于后方（后勤）。

随着事业的发展和社会的进步，生活后勤不仅要满足"一线"人员食宿等生理上的需求，而且要满足心理上、文化上更高层次的需求。如餐饮不仅要解决温饱，也要追求健康和美食。一个良好的就餐环境，科学家很可能会更容易产生新的灵感。更不用说是技术后勤了。

按照马克思再生产理论，生产的过程也是消费的过程；生活资料的生产和生产资料的生产必须协调。没有流通就没有商品生产，但生产时间和流通时间又是相互排斥的。而只有生产时间才能创造价值。故流通时间要求更短、成本更低，效率更高。在保证"一线"供应的前提下，非生产部门的人越少越好。而流通往往是由后勤人员所承担的。这正如一个社会，从事工业和服务业的人数越多越好，但其基本前提是农业的稳固和强大。轻视后勤或忽视后勤（后勤还有很多问题却不重视去解决）去搞任何一项事业，是不符合客观规律的。如果"一线"和后勤不协调，就不可能是科学发展。

无数事例都说明，国家实力的竞争，本质上是科学技术的竞争、人才的竞争。而人才竞争的背后，不仅是制度的竞争、教育的竞争，也是装备的竞争、后勤的竞争。

第五节 后勤的基本原则

后勤的职能是服务、保障、管理和经营，后勤的基本原则就是全心全意为一线服务，具体有：

一、后勤服务的基本原则

（1）具有全局意识，急一线之所急，想一线之所想，帮一线之所需，全心全意为一线服务，为服务对象服务尽心尽力，尽善尽美。

（2）主动服务、优质服务、细心服务、热情服务、贴心服务、科学服务、标准化服务、个性化服务等。

（3）勤俭节约，少花钱，多办事，甚至不花钱也办事（如废物利用等）。

（4）人尽其才，物尽其用，财尽其利。

二、后勤管理的基本原则

后勤管理是用决策、计划、指挥和控制等科学方法和手段，通过有目标的组织协调工作，充分利用现有的人财物等条件来提高后勤保障水平。

后勤管理的基本原则是后勤管理活动中必须遵循的行动准则和工作规范的总称。它包括以下几个方面：

一是系统原则，该原则要求从整体出发去研究管理中的问题，通盘筹划，实现最佳效应。

二是整分合原则，即统一领导，分级管理。

三是封闭原则，即形成一个指挥、执行、监控、反馈的封闭回路。

四是反馈原则，指在执行的过程中取得灵敏、准确、有力的反馈，形成新的决策。

五是能级原则，要求管理者根据能量大小、强弱、实行分级管理。达到人尽其才、物尽其用、财尽其利的目的。

六是动态原则，要求管理者要有善于发现、研究、解决问题的能力，以发展、变化的观点，化消极因素为积极因素，并及时了解"一线"的需求。

七是效益原则，是既考虑需要，又考虑可能；既考虑技术的先进性，又考虑合理性和效益性；既要考虑经济效益，更要考虑社会效益等。

八是动力原则，是要充分利用物质动力、精神动力和信息动力，充分调动后勤员工的积极性以出色完成各项任务。如重视积极创造条件不断提高后勤员工的薪酬待遇，并大力弘扬社会主义核心价值观，不断提高后勤员工主人翁精神和做好后勤工作的光荣感和责任感，等等。

九是改革原则，后勤要不断解放后勤生产力，不断释放"改革红利"和"人才红利"，更好地适应"一线"的需要，一定要重视改革特别是体制机制改革，许多后勤服务不仅要"节流"，更可以"开源"。

十是创新原则，创新就是用更好的思路、更好的方式、更好的服务来满足"一线"对后勤服务的需要。后勤服务创新的天地很广，后勤社会化就是一种宏观层面上的创新。

三、后勤经营的原则

后勤经营可以更好地盘活后勤现有资源，促进国有资产的保值增值，实现后勤发展的良性循环。其基本原则是：

（1）积极面向市场，面向客户需求，并以自己优质而有特色的服务产品和合理价格而千方百计满足一定细分市场客户的合理需求。

（2）首先要满足本单位、本系统的需求，并保持一定的公益性。

（3）通过充分盘活后勤现有各种资源，增加服务项目，提高服务质量等，不断提高资源的利用率，不断提高经营收入。

（4）千方百计降低服务成本，不断提高利润率。

（5）不断改革创新。

四、后勤保障的原则

无论是后勤的服务、管理还是经营，其本质就是提高后勤保障水平，千方百计做到保障有力。故后勤服务、管理和经营的原则，也是后勤保障的原则。但要提高后勤保障水平，还需要不断加强后勤建设。后勤建设包括后勤设施建设、后勤人才建设、后勤组织建设、后勤制度建设和后勤精神文化建设。故后勤建设的一些原则，也是后勤保障的原则，这些原则主要有：

（1）后勤人才建设是后勤建设最根本内容的原则。

（2）后勤精神文化建设是后勤基础建设之一的原则。

（3）建设现代后勤必须主要依靠科技和教育。

（4）后勤设施建设必须适应一线需要的原则。

（5）后勤组织建设要坚持精简、统一、效能和专门化的原则。

（6）后勤制度建设要坚持合理和完整的原则。

（7）后勤设施建设要坚持合理布局、突出重点；整体协调、综合配套；规模适当、注重质量；注意内（自办后勤资源）外（利用社会资源）结合等原则。

（8）加强对现有设施的维修、改造，不断提高设施使用效益的原则。

第六节 后勤的主要规律

一、与事业与生俱来规律

后勤与事业与生俱来、与竞争相伴而来，任何单位都有后勤工作者，任何事业都离不开后勤。甚至越是社会进步，对后勤的依赖性就越大。但后勤不能独立存在，后勤是为一线服务的。事业没有了，为这事业服务的后勤也不需要存在了。有的行业后勤还成为一线工作的重要内容，如许多会议是在酒店召开，一些洽谈会或研讨活动是在餐桌上举行。高校后勤有"服务育人，管理育人，环境育人"的要求。至于这些功能是由引进社会优质资源还是自办后勤来实现，各单位根据自己的实际情况来确定。比较可行的是自办后勤和充分利用社会优质资源相结合。

后勤还与竞争密切相关，后勤水平高低对组织的核心竞争力有很重要影响。社会分工是生产力发展的必然要求，任何部门要取得事业发展的新优势，一定要一线人员将六分之五的时间都用在工作上，要做到这一点，就一定要重视后勤建设。

二、适应一线需求规律

后勤的生命力在于它的适应性。无论是先行性、及时性、专业性还是主动性，目的都是适应一线的需要。要适应就要不断提高、与时俱进，一定要以一线的满意作为主要指标。建设现代后勤的目的也是为了更好适应一线的需要。而适应性主要是体制机制的适应性、队伍的适应性、服务设施的适应性、服务手段的适应性和服务内容的适应性，关键是服务意识的适应性。根据这个规律，后勤工作者要牢固树立全局观念，同时，要不断改革创新，努力构建新型后勤保障体制，将队伍建设作为后勤最基本的建设，并不断更新后勤设施，不断采用先进科学技术，不断听取一线对后勤的意见，不断改进工作。

三、以服务为本规律

后勤的职能是服务、管理、保障和经营。后勤首先是服务，就是优质、高效为一线提供服务。服务是后勤的最基本、最重要的职能，后勤服务的本质是保障；经营如果不是建立在优质服务基础上，也不可能取得成功；管理是为了更科学、更有效地为一线服务。服务不仅要优质和及时，有时甚至是无条件的。如医院救治危及病人，不能说病人身上没有钱就不救治了。根据这个规律，无论后勤职能有什么变化，无论后勤企业如何发展壮大，为一线服务是后勤发展的根。

要做好后勤服务，在构建新型后勤保障体系的基础上不断加强后勤建设是主要途径。

四、经济后勤辩证关系规律

经济后勤辩证关系规律有几层含义：

第一，经济条件制约后勤，后勤服务水平离不开国民经济发展水平，在短缺经济时代，很难满足一线的需求。经济和社会发展不仅是后勤发展的基础和决定因素，并从总体上决定后勤发展的方向，而且为后勤发展提供条件和动力。

第二，后勤保障的过程，就是经济力转化为后勤保障力，再转化为组织战斗力的过程。需要与可能的矛盾是后勤领域的主要矛盾，满足日益增长的后勤保障需求必须具备一定的经费和物质技术条件。后勤设施建设和改造必须要有资金投入，后勤保障要有一定的物资储备，经费管理是后勤管理的重要部分。

第三，后勤在一定经费条件下可以充分发挥主观能动性，不断提高服务水平、管理水平和技术水平，用活用好经费，不仅做到少花钱多办事，甚至有时可以做到不花钱也办事。后勤服务的基本原则是勤俭办一切事业，后勤管理人员是"大管家"。

第四，后勤体制改革对提高后勤保障能力具有十分重要的作用，后勤服务是商品，也是使用价值和价值的统一，必须实行有偿服务。后勤服务不仅需要"节流"，也可以"开源"，后勤经济发展具有十分广阔的市场。

第五，企业后勤在企业发展中具有很重要的地位，甚至被誉为"第三利润源泉"。

五、讲究效益规律

后勤不是一线部门或生产部门，既是不可缺少，但也要求人越少越好，成本越低越好，服务水平越高越好。后勤社会化改革，就是追求更高后勤效益的一种探索和改革。时效性是后勤服务的最基本要求之一。要做到这一点，后勤工作者素质要高，后勤服务手段要先进，后勤管理体制要灵活。

六、服务广泛性规律

后勤服务的范围很广，后勤服务的市场很大，如餐饮饭堂、宾馆接待、物业管理、基本建设、修缮工程、水电管理、交通运输、物资供应、环境卫生、园林绿化，等等，甚至与"人"和"生产资料"有关的一切服务（包括家庭），都可以纳入后勤的范畴，但重点是为一线服务的有关后勤项目。故后勤企业在这"广阔天地"里主动增加服务项目，扩大服务范围，在满足需要的同时不断增加收入是大有作为的。

七、不显眼规律

后勤服务在后勤企业看来是主业，但在许多单位被看作辅业。一个仓库，人们需要它时会想到它，不需要它时它也就默默无闻地躲在一个角落里。一场文艺演出，演出前要进行大量的舞台、灯光、道具、服装等先行准备工作；演出开始后，这些均成为后台工作，它继续为维护演出的顺利进行而工作；演出结束后，它又要进行许多结尾工作。一栋大楼建好后，宏伟壮观，人们赞不绝口。但基本建设等后勤管理部门，往往是在一个不显眼的位置。后勤工作的地位和作用，与这类现象相似。即一方面它是不可缺少和十分重要，但他们平时就默默无闻，兢兢业业。如果在实际工作与生活中，人们没有感到什么不方便不顺利，就说明后勤工作做到位了，"不出事"也是对后勤的基本要求之一，胸怀全局的"无名英雄"是对后勤工作者的中肯评价。

八、"有为才有位"规律

一线对后勤的要求是必须工作到位，必须适应一线的要求和时代的要求。如果工作不到位，如果工作不适应一线的要求，就要考虑改革，就有被淘汰的危险。新型后勤保障体系的优越性就在于它可以在全社会甚至全球的范围内择优选择更先进、更专业的后勤服务。因此，无论是自办后勤还是引进社会优质服务资源，都必须勤勉努力，尽快提高更专业的服务水平，在竞争社会中取得主动地位。

第七节　后勤与服务业的异同

后勤与服务业有很多相似之处，如都是服务工作。有些服务在社会上有，在单位内部也有（如餐饮等）。但两者也有一些区别。

（1）后勤是对社会组织内部来说的，服务业是对整个社会来说的。

（2）后勤的职能是服务、保障、管理、经营，最核心的是保障。而服务业只有服务和经营。

（3）后勤可分为两类。

1）单位自办的、为一线提供后勤服务的非法人单位；

2）社会引进的、为一线提供后勤服务的法人单位（交叉）。

（4）服务业按范围也可以分为两类：

1）为某个单位提供后勤服务的法人单位（交叉）；

2）为社会服务的法人单位。

（5）服务业的来源也可分为两类。

1）本身就来自社会的，如餐饮业的"真功夫"、"中快餐饮"等；

2）单位自办后勤转制后发展起来的社会服务业，如北京科住物业管理有限公司是从中国科学院后勤改制后发展起来的具有国家一级物业管理资质的企业。

（6）按服务业性质分类

可分为现代服务业、传统服务业、生产性服务业等。

（7）按服务业的效益分类

可分为高端服务业、中端服务业、低端服务业等。

（8）按服务业的范围分类

可分为后勤服务业、全部服务业等。

（9）按服务业的科技含量分类

可分为一般服务业、科技服务业。

显然，后勤服务业只是所有服务业的一部分，主要是餐饮、物业管理、酒店宾馆、修缮工程、电脑维护、网络维护、空调维护、电梯维护等。同时，后勤与社会服务业是不能等同的，单位内部有些后勤服务项目在社会上是没有或不适合交给社会去管理。如单位内部的资产管理、设备管理，部队的营房、武器弹药储存和供应等。故后勤服务业与社会服务业之间既有交叉又有区别。

简言之，具有法人资格的为社会许多单位提供后勤服务的称为后勤服务业，在行业或单位内部为本行业本单位服务的称为后勤。比如，同是餐饮，在社会上的餐馆称为服务业，在某高校的餐厅就称为后勤服务。后勤服务可以是法人单位提供的，也可以是非法人单位提供的，但服务业肯定是由法人单位组成的。

服务业是社会第三产业的一部分，它可以为社会一定范围的客户提供服务（如物业公司），服务内容按照与需方所签订的合同办事。作为一个企业，它必须追求更好的利润回报。其有些服务内容与系统内的后勤是类似的，如物业、餐饮、酒店、通讯、交通等服务。但如果没有利润回报，它可能不会长期为某类客户服务，甚至随时会在合同期一终止就撤出。目前社会服务业对一些系统的后勤服务，在可靠性、稳定性、专业性等方面仍有待加强。服务业要赚取合理利润，必须适应客户的不同特点，如高校的特殊性决定了服务企业不能以短时间内赢取高额利润为目标。也就是说，这个市场是稳定的，但利润空间也是有限的，服务企业经营要长远考虑，不能短视、低质高价，只有把服务师生作为自己的经营理念，通过提供优质的服务，才能在校园市场中使企业不断成长，获取自己长远的合理利润。

而自办后勤面对一线的需求，在可靠性忠诚度方面目前是比社会一些服务业要优胜。要优质完成一线提出的后勤任务往往是无条件甚至要做出一定的牺牲。例如，某大学接待服务中心一次接受了该校委托的在校内承办海峡两岸有关学术会议的接待任务，最后垫付了100多万元才能完成任务，赢得了学校领导的更多信任，并最终得到了更好的回报。除此之外，还有2003年的"非典"时期等。后勤和社会服务业的区别之一，就是后勤是系统或单位内为保障一线需要而提供的后勤服务，这些服务不仅要求有专业性和及时性，更要有忠诚性、可靠性和一定的灵活性。而不仅仅是简单的合同有要求的才做，合同没有要求的就不做。

多年的后勤社会化改革的实践证明，系统不自办后勤的比例取决于社会服务业的发展水平，随着后勤社会化改革的深入，自办后勤的比例会逐步降低，但过早完全不办后勤对于许多单位和系统来说都是不妥的。这些系统内的主业后勤或称为核心后勤，如一些规模较大的高校学生公寓、学生饭堂和水电管理等，至少在一定时期仍必须由系统自己负责管理和服务。不管是办后勤还是管后勤，要建设现代后勤，要实现后勤的专业化和现代化，系统内最好保持一支最基本的、精干的后勤服务和管理队伍。

第八节 后勤管理的重点内容

按照马克思主义关于生产力是由人和生产资料的有机结合才能形成等原理，后勤服务和管理的重点是提供具有基础性、保障性和条件性的各类物资、装备、设施、技术等，主要分为八类：

（1）人、土地、资金和技术。这是各行各业后勤发展最基本的资源条件。

（2）基础设施建设及其管理，如水、电、气、房屋、道路、通讯网络、园林绿化、环境卫生、停车场等。这些都是人的生存和单位的正常运转所必需的基本条件。如高校的后勤服务包括公寓、餐饮、采暖、财务、基建、运输、房产、物资设备、校园管理、节能、物业、水电、网络、幼教、社区服务、肉菜市场管理等。

对于许多大学和科研单位来说，实验室建设也属于基础设施建设。

（3）为"人"的生存和正常活动提供以满足生理需要为主、心理需求为辅的保障服务，如衣（服装、洗衣、晾衣）、食（粮食、肉菜供应和烹饪等）、住（酒店宾馆、营房等）、行（车辆、交通管理）、拉（垃）和医疗方面的服务等。其中拉（垃）包括卫生间的卫生和畅通，垃圾及时收集、运送和处理，下水道疏通、粪池清理等，是一个循环系统。

（4）为"生产资料"提供保证正常使用的保障服务，如仪器设备、装备（武器等）、消耗材料（试剂、弹药等）、仪器设备维修用的零配件的供应、管理和维修等。

（5）财务管理。后勤条件的满足是在一定经费条件限制下，勤俭节约和"少花钱多办事"是后勤服务的主要原则，问题要解决但力求成本更低是后勤人应有的理念，节能减排、物尽其用、循环经济、生态文明等，是现代后勤的重要职责。

后勤管理不仅是支出业务，也有大量的收入业务，如水电费的收取等。

后勤体制对后勤职能的发挥影响很大，随着后勤管理体制的改革，后勤不仅是服务和管理，在许多行业也可以经营，后勤经济蓬勃发展并且走向大后勤甚至国际后勤。

（6）社会效益。绿色后勤、节能减排等，不仅是节约经费问题，也是为社会作出贡献的问题。当今社会，一些地区或城市灰霾天气比较严重或江河受到严重污染，一个重要的原因是一些企业不符合要求的废气污水长期排放量过大。无论是餐饮服务、各类公寓、物业管理还是酒店宾馆等，其工作水平如何对生态文明建设均具有重要意义。如太阳能热水器、节水装置、节能空调的广泛使用、厨余垃圾科学处理等。

(7) 信息化。信息已经成为后勤保障能力的核心要素。充分利用现代信息技术，提供准确、可靠、实时、充分的信息，可以显著提高后勤科学管理水平和后勤保障效益。

(8) 后勤队伍建设。后勤队伍建设特别是人才建设是最根本的。

只有这些条件满足了"一线"需要了，"一线"才能形成较强的生产力、战斗力，社会才能实现良性循环。所以，有"后勤也是竞争力、生产力"的说法。

后勤的服务面很广，但各类物资供应和管理、医疗服务、环境卫生和安全保障等是后勤管理的重点。要有效解决物资供应和医务问题，又必须解决仓库、采购、运输、财务和医院等问题。同时，相当部分后勤服务是在一定的客观条件限制下的服务，是有成本、有条件的服务。如果我们要求后勤部门是五星级服务，但只有三星级的收费甚至更低，那是不利于后勤可持续发展的。许多物资的来源一靠购买，二靠自己生产或经营。在"短缺经济"时代，就是有经费也不一定能买到所需要的物资。如果没有基本材料，"巧妇难为无米之炊"。延安时期开发南泥湾和新中国成立后军队办农场，都是自己动手解决部分生活资料供应困难的典型之一。

广义的后勤还包括安全保卫、幼儿教育、菜市场、家政等一切被一线人员称作"后顾之忧"的服务。

军队后勤服务的重点：水电、网络、通讯、码头、机场等基础设施、营房、饭堂（炊事员）、医院（卫生员）、车辆运输（驾驶员）、武器装备等器材和各类物资的供应（仓管员）。

高校后勤服务的重点：学生公寓、饭堂、校园环境（园林绿化等）、水电、通讯网络、停车场、医院、交通等基础建设以及管理和服务。实验室用的各种仪器设备和技术物资的供应和管理等。

后勤服务的主要检验标准是不能因后勤问题而耽误了中心任务的完成，让服务对象感到满意。但同时中心任务的确定也要考虑后勤提供保障的可能。

第九节　有关后勤的先进思想和文化

一、马克思主义对后勤的部分直接或间接的论述

马克思主义都对后勤有不少直接或间接的论述，如：

(1) 辩证唯物主义认为客观是第一位的，主观是第二位的。客观事物的变化和发展是有规律的。

(2) 恩格斯认为，人们为了创造历史，首先要解决衣食住行，才能从事科学、宗教、文化等工作。

(3) 马克思主义政治经济学（主要来源于马克思的《资本论》）认为，专业化和

社会分工是历史的进步，是生产力发展的必然要求；生产力是人和生产资料的有机结合，即人、生产工具和劳动对象的有机结合；资本在生产和流通相统一的过程中增殖价值，没有流通就没有商品生产。剩余价值不在流通过程中产生，又不能离开流通过程而产生；物质资料的生产过程同时也是消费过程。

商品增值的过程就是货币资本、生产资本和商品资本不断循环、此起彼伏的过程。影响资本不断增殖的关键是提高资本周转速度和周转次数。

恩格斯对军事与后勤的关系也有精辟的论述。

二、马克思主义中国化对后勤部分直接或间接的论述

毛泽东、邓小平等党和国家历届主要领导人均对后勤工作高度重视并对后勤有许多直接或间接的论述。比如：

（1）"实事求是"就是要求人们按照客观规律办事。而轻视后勤，不重视后勤，是违背客观规律的表现。

（2）后勤工作的好坏，对战争的胜败起着决定性的作用。

（3）武器是战争的重要因素，但不是决定的因素，决定的因素是人不是物，是人心向背。

（4）军事家不能超过物质条件许可的范围外企图战争的胜利，然而军事家可以而且必须在物质条件许可的范围内争取战争的胜利。

（5）重视后勤人才培养和后勤理论建设。

（6）面向现代化、面向世界、面向未来。

（7）尊重知识、尊重人才。

（8）关心群众生活，党委要做好知识分子的后勤部长。

（9）军队做到"政治合格、军事过硬、作风优良、纪律严明、保障有力"。

（10）坚持勤俭建国方针。

（11）积极推动后勤改革社会化，逐步减轻军队办社会的负担，扩大社会化保障的范围。

（12）依靠国家经济、科技发展，推动军队的基础设施建设和科技创新。

（13）全面建设现代后勤。

（14）要高度重视装备工作。随着军事技术不断发展，装备因素的重要性在上升，人的因素、装备因素结合得越来越紧密，人与装备已经高度一体化，重视装备因素也就是重视人的因素。

三、中华传统文化对后勤重要性的部分论述

1.《孙子兵法》等对后勤的部分论述

（1）兵者，国之大事，死生之地，存亡之道，不可不察也。故经之以五事，校之

以计，而索其情：一曰道，二曰天，三曰地，四曰将，五曰法。

（译：战争是国家的头等大事，必须认真加以研究。要取得战争的胜利，必须透彻掌握并灵活运用道、天、地、将、法这五个方面并知己知彼。其中"道"指战争是否正义，是否符合人民的利益；"天"指气候，即四季变化等；"地"指行程、地势等；"将"指将领的素质，"法"指军队的组织编制制度包括军需物资的供应管理制度等。）

（2）凡用兵之法，驰车千驷，革车千乘，带甲十万，千里馈粮。则内外之费，宾客之用，胶漆之材，车甲之奉，日费千金，然后十万之师举矣。

（译：凡战争必须具备一定的人、财、物等条件才能举兵。）

（3）是故军无辎重则亡，无粮食则亡，无委积则亡。

（译：军队没有运输则亡，没有粮食则亡，没有物资储备则亡。）

我国几千年历史特别是春秋战国时期流传下来丰富的军事著作，它们对军事后勤理论也有一定的建树，其中最具代表性的还有《吴子兵法》、《孙膑兵法》等。

国外著名军事家对军事后勤理论有重要贡献的代表人物主要有色诺芬（古希腊）、亚历山大（古希腊）、汉尼拔（北非）、恺撒（古罗马）、拿破仑（法国）、克劳塞维茨（德国）等。

2. 《中外军事名言集——论军事后勤与军事装备》一书对后勤的论述

由国防大学出版社 2007 年出版的《中外军事名言集——论军事后勤与军事装备》一书，集中反映了古今中外许多著名人物对军事后勤的地位和作用、军事后勤建设、军事装备的地位和作用等多方面的精辟论述。这些论述对各行各业的装备建设和后勤建设也有重要的参考作用。如"军队强大的战斗力离不开强有力的后勤保障"；"建立一支高素质的后勤管理人才队伍，是提高后勤管理水平、实现保障有力的决定性因素"；"现代武器和技术兵器是军队所以强大的直接的物质基础"等。

3. 中国传统文化中关于后勤的其他部分论述

（1）兵马未到，粮草先行。

（2）安居才能乐业。

（3）民以食为天，食以安为先。

（4）釜底抽薪（现代战争往往先打后勤）。

（5）未雨绸缪（后勤要先行才能主动）。

四、部分现代后勤管理思想精华综述

1. 在军队方面

长期以来，新中国许多重要领导人均对后勤的地位和作用等有多方面的论述，如在新中国成立前夕，朱德元帅就指出："现代的战争，离开后勤工作是不能取得胜利的，要进一步加强后勤工作，要有计划、有系统地组织大规模的后勤体系，要逐步做到统一集中。"彭德怀元帅 1940 年 12 月 22 日在八路军后勤工作会议上就明确指出："建军的三大任务是政治建设，军事建设和后方勤务工作建设。虽然政治建设是主要的，但后勤工作既成为建军工作中三大任务之一，也可以看出后勤工作在建军中地位的重要。这三大任务是不可分离的，缺一不可，忽视后方勤务工作是不对的。"陈毅元帅曾明确指出："后勤不仅是一个服务保障部门，也是一个经济部门。"原中国人民解放军总后勤部部长洪学智长期主抓军队后勤工作，努力探索新形势下后勤工作的特点和规律，提出后勤工作必须"适应现代战争要求，适应我军革命化现代化正规化建设要求"的指导思想。提出"钱少要把事情办好，人少要把工作做好"等重要后勤思想，其主要论述集中反映在《洪学智后勤文选》上中下卷上。原中国人民解放军另一后勤部部长黄克诚对后勤工作也有多方面的论述，集中反映在《黄克诚军事文选》一书上。

原中国人民解放军总后勤部部长杨至诚曾说过："我们名为后勤，其实有些工作要做到前面去，只做到'兵马未动，粮草先行'已经是不够了。现在打仗，后勤有时还得起先锋官的作用。"因此，他狠抓后勤建设和后方基地的发展，建立了一大批军工企业。他还经常深入前线，进行调查研究，并把自己长期搞后勤工作的经验及留苏学习的理论同战争实际相结合，逐步向后勤工作的现代化、正规化目标迈进。

中国人民解放军在长期的革命军队建设中积累了丰富的后勤经验，这些经验主要有：

（1）部队后勤建设必须始终与部队建设同步发展

只有后勤与作战部队相互配合，才能形成强大的保障力和战斗力。

（2）必须建立健全各项后勤规章制度

后勤部门是军队的"红管家"，要把"家务"管好，必须有章法。

（3）必须努力提高后勤人员专业技术水平

要使后勤工作有效地保障部队的现代化、正规化建设，必须使各级后勤人员掌握现代科学技术知识，提高专业技术水平，不断适应后勤技术装备发展的需要。

（4）必须继承和发扬勤俭建军的优良传统

军队后勤专家还认为，要做好后勤工作，必须树立正确观念：

第一是长远观点。要求后勤工作要时刻放眼战争全局，增强预见性。要开源节流，长期打算，军费预算必须坚持精打细算，量入为出。要加强后勤建设，发展生产，力争物资来源能做到持久供应。

第二是整体观点。要牢固树立"一切为了前线，一切为了胜利"的思想。为夺取胜利，党政军民应团结一致，共同艰苦奋斗，一方有难八方支援。政府和人民全力支援军队作战，军队在考虑自身的开支和待遇时，也必须充分考虑到政府和人民生产和战勤负担的能力，以维护整体利益。

第三是群众观点。人民战争必须依靠人民，有了人民的支援，军队才能打胜仗。军队的一切工作都要处处为人民群众着想，绝不与民争利，尤其是在战争和抗灾中，更要处处为人民群众着想，为民排忧解难。

第四是正确认识后勤。后勤保障是军队制胜之本。现代化战争更离不开后勤工作。后勤要尽快走向现代化、正规化。随着时代的发展，后勤任务将加快、加重、加大。要不断加强后勤建设，要把后勤工作当作终身事业来干，必须安心地做工作。

有计划、有组织、有效率、有检查地做好后勤工作。检查是做好后勤工作的关键。

要加强业务学习，精通业务，掌握科学技术，造就大批思想坚强、工作方法科学、有能力的后勤工作者。

教育后勤人员正确认识后勤工作在整个军队工作中的地位和作用，增强荣誉感和政治责任心。全心全意做好后勤工作。

后勤人员要廉洁奉公、勤俭节约、兢兢业业、勤勤恳恳。

在现代战争的条件下后勤的地位是什么？曾任中国人民解放军总参谋长的傅全有在这方面提出了一些重要思想：

（1）现代战争的联合作战包括观念、指挥、战法、保障、训练五个关键环节。
（2）要重视军事理论研究。

中国人民解放军后勤部部长廖锡龙于 2006 年对军队建设现代后勤等方面谈了自己的看法：

全面建设现代后勤就是要按照时代发展的要求，实现后勤保障理念、保障体制、保障方式、保障手段和后勤管理的全面进步和发展。其主要标志是保障体制一体化、保障方式社会化、保障手段信息化、后勤管理科学化。

2. 在高校方面

在 20 世纪 60 年代，教育部有关领导就把高校后勤比喻为是一辆马车上的两个轮子之一，与教学科研同等重要，只有协调发展，高等教育才能发展得好。

由于种种原因，高校后勤曾是高校快速发展的瓶颈之一，李岚清副总理主抓高等教育工作以后，积极推进高校后勤社会化改革，努力改变"学校办社会"、行政管理机构庞大、后勤服务人员过多、学校负担过重等问题，通过高校后勤社会化改革，在努力盘活高校现有后勤资源的同时，积极引进社会的优质服务资源，从而使高校后勤的整体面貌发生了可喜变化，明显促进了高等教育事业的发展。

许多高校的领导均为高校后勤的重要性提出过不少精辟的思想，比如：

2001 年 7 月，中国人民大学纪宝成校长指出："后勤是事业，是值得为之奋斗的地方，是锻炼人才的地方，锻炼经济头脑的地方"，并希望该校后勤集团朝着社会化的方向继续深化改革，不断提高后勤服务的质量和水平。纪校长于 2006 年 12 月为该校后勤集团揭牌五周年题词："先进理念，先进机制；一流服务，一流事业。"2011 年 12 月又为该校后勤集团揭牌十周年题词："诚心、用心、精心，创办一流后勤。"

2001 年 9 月，中国人民大学程天权书记为后勤集团题词："兵马未动粮草足备谓之先，未雨绸缪有预无废谓之智，慎始善终克事毕功谓之全，得此先智全三者胜焉哉！"程天权书记于 2006 年 12 月为该校后勤集团揭牌五周年题词："后名实先，勤必有为。"

2011年12月又为该校后勤集团揭牌十周年题词："先行、窗口、舞台、保障。"

"先行"，即"兵马未动，粮草先行"，后勤是"先行官"甚至是先锋队，是大学事业发展的基础保障；"窗口"，即后勤服务是展现后勤员工精神状态、服务态度和对学校忠诚、对大学后勤事业负责的窗口，也是检验后勤服务品质和大学管理品质的窗口；"舞台"，即后勤领域是广大后勤员工展示本领、创造力和爱岗敬业精神的舞台，是每一名员工可以施展才华、大有作为的舞台；"保障"，即后勤是学校创办一流大学必不可少的重要保障，后勤队伍和教师队伍、行政管理队伍同等重要，是保障学校建设发展的三支重要力量之一。

中国人民大学新一任校长陈雨露也指出，对于任何一项事业、任何一个机构，后勤保障都具有重要作用。中国人民大学后勤事业在过去十年取得的成绩可圈可点，成绩的取得主要得益于制度改革与创新。希望后勤集团进一步推进制度改革与创新，打造出一支名副其实的世界一流大学的后勤队伍，展现出昂扬向上的后勤精神，构建起具有影响力的后勤模式。

2004年12月，该校主管后勤工作的陈一兵副校长也向后勤殷殷寄语："为师生服务，责任重大；为师生服务，尽心竭力；为师生服务，无上光荣；为师生服务，乐在其中。"

原中山大学党委书记李延保教授在2001年为该校后勤集团的成立题词："创建一流品牌，牢固占领市场；服务中大师生，确保资产增值"；原中山大学校长黄达人教授也同时题了词："一流大学，一流后勤，一流管理，一流服务。"

中山大学现任党委书记郑德涛教授不仅亲自为中山大学后勤集团题词："服务至上，质量优先"，而且亲自为该校后勤干部培训班授课。他认为，后勤工作不仅是学校各方面工作的基础和保障，也是学校建设世界一流大学的重要组成部分。他勉励高校后勤管理干部要自觉将个人的人生追求与国家需要及学校发展结合起来，将组织培养与个人努力结合起来，将增强专业技能与提高综合素质结合起来，牢固树立全局观念，善于学习，勇于担当，努力做到自觉增强服务意识，自觉改进工作作风，自觉提升服务水平，自觉做到廉洁自律。

中山大学原主管后勤副校长之一的李善民教授也明确提出要抓紧构建适应建设世界一流大学的后勤保障体系，努力建设适应这个目标的专业化后勤保障队伍。他要求中山大学后勤集团牢固树立积极主动、用心做事的服务意识，甘当配角、服务一线的大局意识，科学管理、勇于创新的现代意识等，做到以服务求认同，以认同求支持，以支持求发展。

李善民教授认为，后勤是高校不可缺少的重要组成部分，建设世界一流大学对高校后勤提出了更高的要求，高校后勤要出专家，出权威。他要求后勤工作者要有强烈事业心和责任感，要有高标准做好工作的自觉性和主动性，要有大公无私、廉洁奉公的工作作风，同时要有丰富的后勤管理专业知识。要确立"三维"知识结构，即知识要有深度、广度并及时更新（时间）。要特别注意在"勤"、"细"、"实"这三方面下功夫。

3. 部分现代后勤专家的真知灼见

在新的历史时期，全面建设现代化后勤、努力构建新型后勤保障体系成为时代的召唤。全国许多后勤领导或专家，均对如何实现这个历史任务提出了许多真知灼见，如：

中央党校后勤服务部副主任刘志刚认为，后勤要努力做到后勤服务社会化，后勤管理企业化，后勤保障规范化，后勤队伍专业化。

要实现后勤又好又快发展，必须着力把握后勤的发展规律，创新后勤的发展理念，转变后勤的发展方式，破解后勤的发展难题，提高后勤发展的质量和效益。

甘肃省机关事务工作协会董尉勤教授认为，要推进后勤"四化"即管理科学化、保障法制化、服务社会化、经营市场化。并增强学习意识、政治意识、管理意识、服务意识、改革意识、成本意识、协作意识、奉献意识、廉洁意识和法制意识。

董教授还提出，要不断深化保障体制改革，创新后勤保障方式，发展先进保障手段，提高后勤管理水平。

中国教学仪器设备行业协会会长王富认为，后勤要抓好八方面的建设：理论建设、标准建设、规范建设、体制建设、机制建设、制度建设、队伍建设、能力建设。

湖南省政府机关事务管理局谢明德认为，后勤现代化是以人为本的现代化。实现后勤群体素质的现代化、观念和知识的现代化，既是后勤现代化的重要内容，又是实现后勤现代化目标的可靠保证。

中国人民解放军总后勤部副部长秦银河认为，全面建设现代后勤是党的军事后勤指导理论的最新成果，要整体推进全面建设现代后勤，保障多样化军事任务的完成。

《必由之路——中国军队十年改革回眸》政论片明确提出，"把应该而且能够由社会办的事情交给社会，把担负非军事职能的保障机构搞得很精干、很充实，形成与我军质量建设要求相适应、与社会主义市场经济相适应的新型保障体系"。"能利用民用资源的就不自己铺摊子，能纳入国家经济社会发展体系的就不另起炉灶，能依托社会保障资源办的事都要实行社会化保障"。

华中科技大学后勤集团提出，后勤工作要做到"严、细、实、勤"。

中石化机关服务中心提出对后勤服务保障工作要做到：

（1）五个一流：建设一流的班子，打造一流的队伍，实施一流的管理，创造一流的业绩，树立一流的形象。

（2）四个满意：让领导满意，让员工满意，让客人满意，让自己满意。

（3）三个100%的工作目标：服务及时率、服务质量合格率、服务满意率100%。

对于后勤职业经理人的培养，苏州大学教学服务集团毛波杰博士提出后勤职业经理人应该具有"三宽四有"和"四事"的特点。"三宽"即"眼界宽、思路宽、胸襟宽"，"四有"即"有信念、有本领、有担当、有正气"；"四事"即"想干事、能干事、干成事、不出事"。

关于"美丽后勤",毛波杰博士等人还认为,"美丽后勤"包括美丽后勤人、美丽后勤事和美丽后勤物。这三者如并驾齐驱的三匹宝马,共同拉起"美丽后勤"的追梦车厢。

其中后勤美不美,关键在于人。培育一批以从事后勤工作为荣、以服务客户为本、敬业爱岗、具备时代气息的现代职业后勤人,是实现"美丽后勤"的根本。美丽后勤人应该是心灵美、行为美、语言美和服务效度美等综合一体的现代后勤服务共同体。要努力建设"有文化、有学历、有技能、有水平"的四有新型后勤队伍。

"美丽后勤"要通过文化之美、素养之美、品质之美、温馨(温暖)之美等途径去实现。

4. 后勤文化的主要内容

广义的文化是人类在社会历史发展过程中所创造的物质财富和精神财富的总和。狭义的文化特指社会意识形态,如信仰、价值观、思想、知识、道德、文学艺术等。

一定文化是一定社会的政治和经济的反映,又影响和作用于一定社会的政治和经济。先进文化对社会发展起促进作用,落后文化对社会发展起阻碍作用。

后勤文化主要指在长期的后勤事业发展中所形成的具有共同的理想信念、价值观念和行为准则,是外显于后勤业、内显于后勤员工心灵中的以价值观为核心的一种服务意识。后勤文化也包括寓于后勤服务产品中的理念、艺术等,如美食文化、公寓文化、园艺文化、服务文化、酒店文化、品牌文化和创新文化等,其核心是服务文化。如"宁可一人脏,换来万家净"就是一种先进的后勤文化。"后勤人之间不需要相互道谢"体现了后勤人之间的心灵相通。

2013年11月,由中国行政管理学会后勤管理工作委员会主办的"最美后勤"演讲比赛,不仅也是后勤文化的生动体现,其中还有许多来自普通后勤工作者的闪光思想。

第十节 后勤学科的发展

一、后勤学科的发展

"后勤"的内容从中国古代开始就有了,但称呼不一样。如"兵马未到,粮草先行"中的"粮草"就是"后勤"的内容之一。

"后勤"一词源出希腊文 Logistikos,意为"计算的科学"。19世纪30年代,拿破仑·波拿巴的政史官 A. H. 若米尼在总结征俄失败的经验教训时最先使用"后勤"概念,并作为军事术语。他在《战争艺术》一书中认为后勤是"一种综合性科学",是"调动军队的实际艺术",是"成为战争艺术中的重要部分之一"。

1882年，美国海军历史学家A.T.马汉将这一术语解释为：通过国家经济动员，对武装力量提供保障。美军在1911年将"后勤"使用到军队语言中。

美国海军陆战队中校乔治·赛勒斯·索普于1917年著的《理论后勤学——战争准备的科学》一书认为，后勤与战略、战术一起构成战争科学的三大分支，现代战争的准备和实施必须有相关的后勤保障。后勤保障制约着战略、战术目标的达成。索普生动地描绘："战略之于战争，犹如情节之于戏剧，战术比之为演员扮演的角色；后勤则相当于舞台管理，置办道具及提供演出的种种维护工作。"它虽然默默无闻，但为成功的演出所必不可少，就战争而言，"任何战略问题和战术问题都要从后勤的角度加以解决"，忽视后勤的结果，付出的代价更高。他强调后勤"应被承认是一门科学"，并批评只谈战争科学而"闭口不谈后勤"的军事家是对战争的实际和后勤"一无所知"。在他看来，拿破仑侵俄战争的失败原因在于没有认识到后勤工作是战争活动的"一大独立方面"，没有组织好后勤协调工作，这就是忽视后勤工作所付出的代价。如果能防患于未然，预先把后勤工作搞好，可以减少很多损失。

索普还认为，后勤必须像商业部门那样，建立合理分工协作的组织体制，采用科学的经济管理方法，培养有知识的专业人才，精打细算，注重效率，避免重复和浪费。

美国著名后勤学家亨利·艾克尔斯在《国防后勤学》（1959年版）一书中称索普这本"写得很出色的小册子"，是"研究后勤理论和原则的首次尝试"，并指出："如果索普的意见能及时地得到应有的重视，那就可以在战争中节约数十亿甚至数百亿美元。"

《理论后勤学》一书是目前见到的西方最早的开拓性后勤理论专著。西方的军事和后勤学术界对该书的评价甚高。英国1980年版《不列颠百科全书》认为，该书提出"战略、战术、后勤三位一体的结构"，强调"后勤当然的职能就是提供战争的一切手段，即人力手段和物力手段"，打破传统的后勤狭窄概念，使后勤的含义扩大到"包括战争财政、舰船建造、军备生产以及战争经济的其他方面在内"。

国民党军队国防研究院张载宇在他著的《国防后勤概论》一书中说，后勤一词是从英文Logistics翻译过来的，本意并无"前""后"之分。

中国人民解放军的"后勤"一词是从俄文翻译过来的，是"后方勤务"的意思，具有"后勤"与"后方"的双重含义。后勤学在俄国称为后方勤务学。

随着资本主义的发展和社会生产力的大幅度提高，社会分工和专业化成为一种必然发展趋势。后勤原来作为一种军事活动，有它特定的后勤机构和后勤保障内容。随着资本主义经济发展和工业革命带来的武器装备的进步，后勤机构和后勤任务量急剧膨胀。主要表现在：

（1）物资消耗数量增多，品种、结构也发生了极大变化，除了粮食和被服之外，弹药、油料和工程器材也成为主要物资。

（2）卫生保障随着医疗科学技术和交通运输工具的发展，逐步成为系列化的工作。

（3）交通运输也成为军队的一项专门勤务。

（4）军队武器装备逐渐由机器产品代替了手工制品。

因此，在第二次世界大战期间，"后勤"一词逐步成为一个通用名词。

"后勤"作为一个名词，在我国出现较晚。原来称为"总务"、"基建"、"设备"、"器材"、"条件"、"物资"等。改革开放以后，"后勤"在我国已从军事用语逐步广泛应用于各行各业，许多行业、单位和部门都有负责后勤的领导和具体工作人员，以高教系统为例，全国有教育部发展规划司后勤改革处，各大学有主管后勤的副校长，具体机构有后勤管理处或总务处、基建处、房地产管理处、资产管理处，各学院有主管后勤的副院长等。改革开放以来，我国许多行业都更加重视对后勤的研究，不仅成立后勤研究领导机构，如中国行政学会后勤工作委员会、中国高教学会后勤工作委员会等。而且出版了一批有关后勤管理方面的专著和杂志，如《洪学智后勤文选》、《中国后勤》、《高校后勤研究》等；设立了一些网站，如中国后勤网、中国高校后勤信息网等。军队中还成立了多个后勤学院，如中国人民解放军后勤学院、后勤工程学院等。其中军队后勤学院是我国目前后勤学科发展的最高学府，有许多著名的学科带头人，如军事物流专家王宗喜，后勤管理专家李祝文，后勤建设研究专家王东明等。

后勤不仅是社会的一个重要行业和职业，后勤学科也是一个仍亟待深入研究的交叉学科。

后勤学和装备学方面的专著目前主要有：

1. 国外的主要有

《理论后勤学》（美）、《国防后勤学》（美）、《伟大卫国战争中的苏联武装力量后方勤务》（原苏联）、《后勤概论》（日）、《军事后勤——战争的第三维》（印）、《战争与后勤》（以色列）。

2. 国内的主要有

《后勤学引论》、《军事后勤学》、《军事物流学》、《军事后勤建设学》、《军队后勤军事训练学》、《武器装备概论》、《军事装备维修保障学》、《物流学》、《高校后勤管理学》和《企业后勤学》等。

尽管后勤学有了长足发展，但后勤学从总体来看还不是一门精确的科学。它具体分为理论后勤学和应用后勤学，其中应用后勤学就很广泛，后勤学的交叉学科发展前景非常广阔。

二、后勤与其他学科的关系

后勤学是一门独立的综合性学科,它与其他学科有密切联系,主要有:

1. 后勤学与经济学

后勤与经济的关系非常密切。后勤保障要依托经济发展水平,后勤保障也要有经费和物资作为基础。战争是"日费千金"的事,后勤保障一定要考虑需要和可能,后勤管理要考虑成本问题。"后勤"一词源于战场上的物资供应,"物流"是后勤的主要内容之一。

市场学是经济学的一大分支。后勤不仅要"节流",也可以"开源","开源"就要面向市场。后勤经济正在蓬勃发展,并成为社会第三产业的一部分。

2. 后勤学与管理学

后勤与管理的关系也很密切。后勤的职能是"服务、管理、保障和经营"。如何做到少花钱、多办事,将经费用到刀刃上,如何能做到物尽其用等,是有许多讲究的。后勤的许多问题往往是如何对现有的后勤资源进行有效计划、组织、指挥、协调和控制的问题。"及时后勤"、"一体化后勤"、"全球后勤"等都是现代后勤在管理方面提出的一些重要观点。

3. 后勤学与军事学

后勤学与军事学关系十分密切,"后勤"一词的创立,就是军事人员提出的,"军事经济"几乎是"军事后勤"的同义词。军事后勤学有很多分支学科,如军事后勤历史学、后勤与军事联姻学、后勤基础学、后勤管理学、后勤指挥学、后勤发展学、后勤机构与职能学。其中,后勤机构与职能学又可分为后勤指挥理论、后勤专业勤务理论、防御战后勤理论、运动战后勤理论、游击战后勤理论、海军后勤理论、空军后勤理论等。后勤专业勤务理论又可分为军械勤务理论、卫生勤务理论、交通运输勤务理论、财务勤务理论、军需给养勤务理论等。

4. 后勤学与人才学

后勤学与人才学关系也很密切。后勤是任何事业不可分割的一部分。要做好后勤工作,关键是人才。后勤学与人才学的交叉又可产生许多边缘学科,如后勤人才学、军队后勤人才学、高校后勤人才学、企业后勤人才学等。

5. 后勤学与教育学

后勤学与教育学的关系很密切。教育后勤是后勤的重要方面,没有条件就没有教育特别是实验教育,服务商人是后勤服务对教育的直接贡献。对于科研院所等也一样。后勤学与教育学的交叉又可产生一些边缘学科,如高校后勤学、教育后勤学、职业院校后勤学等。

另外,后勤工作要做好,必须加强对管理人员和普通员工的教育,力争将培训放在第一位。

6. 后勤学与餐饮学

餐饮是后勤的基本内容之一，要维持一个单位的正常运转，吃饭是第一件大事。餐饮如何能做到更卫生、更安全、更有营养，更美食，是需要餐饮学的指导。

7. 后勤学与物业管理学

物业管理是后勤的基本内容之一。物业管理的范围很广，楼宇管理、环境卫生、保安管理、园林绿化、车辆管理等。仅物业管理就涉及许多学科。

8. 后勤学与建筑学

基本建设是后勤的重要职能，基本建设又与建筑学很有关系。

9. 后勤学与酒店管理学

接待是后勤服务的基本内容之一。酒店、宾馆又是接待的主要内容。

10. 后勤学与服务学

服务是后勤的最基本职能。如何为一线服务得更主动、更优质，是需要服务学的指导。

11. 后勤学与工程学

后勤与很多工程关系很密切，如房屋修缮、道路修缮、楼宇工程等。

12. 后勤学与交通学

交通运输是后勤的重要方面。

13. 后勤学与公共卫生学

环境卫生是后勤的重要方面，特别是垃圾的及时收集、清理和运送对保持公共卫生非常重要。以消灭"四害"为主要内容的爱国卫生运动，也是后勤的重要职责之一。

14. 后勤学与气象学

后勤服务与气象关系十分密切。许多仓储物资就是由于天气太潮湿而发霉变质。国家许多物资，也是由于遇到了较大的自然灾害才调拨的。餐饮与气象的关系就更密切了，如应时食品最受欢迎等。

15. 后勤学与环境学

环境美是后勤服务的一大职能。环境美包括空气美、绿化美、卫生美等。

16. 后勤学与园林园艺学

园林绿化是后勤服务的一个重要方面。有些高校的植物，甚至成了植物学科的实习基地之一。就是一个重要的学术会议，插花技术和如何摆放就很讲究。

17. 后勤学与土木工程学

无论是修缮还是建筑，土木工程学都是重要的学科基础。

18. 后勤学与生物化学

"废物"的处理，往往是后勤的职责，但如何"化废为宝"，也是后勤的职责。如垃圾如何分类，如何充分利用等是一个社会大课题，它需要用到许多生物、化学方面的知识和技术。

19. 后勤学与医学

在战争期间，伤病员的救治是一个基本条件。在和平时期，医院也是重要的后方基地，故医学与后勤学关系十分密切。

20. 后勤学与其他现代科学技术和管理

后勤与现代科学技术的关系十分密切，信息化是后勤现代化的重要方面。技术装备更是高科技的载体。后勤要适应"一线"的要求，一定要尽快提高后勤科技水平。另外，维修和补给是后勤的重要职能，而现代装备的科技含量越来越高。一个维修人员要掌握更多的维修本领，一定要懂得更多的科技知识。

案例一

从"想"到"做"的距离

一次，美国通用电器公司首席执行官杰克·韦尔奇应邀来我国讲课。一些企业管理人员听完课后，感到有些失望，便问："你讲的这些内容，我们也都知道，可为什么我们之间的差距有这么大呢？"杰克·韦尔奇听后回答说："那是因为你们是知道，而我是做到了，这就是我们的差别。"

是的，很多道理很简单，很多道理我们都知道，但这些简单易知的道理我们却没有去做到。蔽日，我们都知道"聚沙成塔"的道理，但我们却常常忽视了哪些成功的细沙，不愿做细小的事情，自然也就无法构筑起事业成功的高塔。再比如，我们都清楚"滴水穿石"的道理，但我们却缺少水滴那样心系一处的定力，三心二意，浅尝辄止，结果总是在半途而废中与成功失之交臂。

知道得再多，想得再好，如果不去做、不去行动，那永远都不会有超越，永远都只能在原地踏步。

正是行动，使人与人之间拉开了距离；正是行动，使人与人之间分出了高低；正是行动，使人与人之间产生了差别。

案例二

珍惜你的岗位

曾控制美国90%石油的洛克菲勒，一直在全世界享有盛名。然而，出身贫穷的洛克菲勒年轻时，所在的工作岗位极其平凡，工作内容十分乏味。他每天要做的事，就是盯着一只只石油罐从眼前经过，检查并确认石油罐盖是不是焊接好了。

当石油罐通过输送带到达旋转台后，就会有39滴焊接剂自动滴下，沿整个罐盖旋转一周，焊接作业就顺利结束。就是这样令人生厌的检查工作，却激发了洛克菲勒的创新意识，并让他萌生了改善焊接工序的念头。通过反复试验，洛克菲勒最终研制出了每

第二章　后勤学的基本内容

焊接一只石油罐就能节约一滴焊接剂的"38型"焊接机，此举每年竟为公司增加了5亿美元的利润。洛克菲勒也因此获得了公司高层的重视，开始踏上他辉煌事业的起点，并最终创建了享誉全球的石油帝国。

　　在现实生活中，因工作岗位平凡，自认为大材小用而牢骚满腹的人不少。殊不知，无论在哪个工作岗位，无论从事何种性质的工作，只要调整好心态，用心去做，都一样大有可为，一样可以创造辉煌。如果不珍惜自己的工作岗位，总是好高骛远、朝三暮四，又怎能取得成功？

第三章 中外后勤发展的历史和现状

第一节 后勤工作的历史沿革

"后勤"一词起源于第二次世界大战。随着社会不断的发展,"后勤"的使用已从军队扩展到各行各业包括家庭,并且要求后勤服务更加专业化和现代化。以机关后勤为例。

从历史的发展来看机关后勤工作经历了奴隶社会、半殖民地和半封建的社会和社会主义社会三个社会阶段。在漫长的历史发展中,后勤工作机构的名称、建制、级别、规模、制度、方式等也经历了一个不断发展的过程。夏代,就设有管理车辆的车正,管理畜牧的牧正,管理饮食的庖正;商代和周代,后勤官吏增多且分工明确;春秋时代,设太仆,为九卿之一,掌皇帝的舆马和马政;秦首行"三公九卿制",以太仆掌管宫廷车马、仪仗,将作少府掌管宫廷建筑,宗正掌皇族事务等;汉承秦制,至三国两晋南北朝以后,三省两部制渐趋形成,行政机关中设有专门管理后勤事务的机构。如唐代中央政府中以殿中省掌衣食车乘,以光禄寺掌酒醋膳食,以太仆寺掌厩牧马舆;至于清代,后勤管理机构更趋分化,如工部掌土木、水利工程,太仆寺掌牧马,先禄寺掌饮食荐饷之事,内务府掌理帝室事务,銮仪卫掌帝室仪卫之事,并管理乘舆、供奉、秩序等。在漫长的封建社会演变中,由于长期实行自给自足的自然经济,商品经济极不发达,物资供应的方法主要是封闭式的供给式服务。

民国以来,军事部门的后勤机构称为军需处(署),行政机关也有后勤服务的机构。新中国的机关后勤工作和后勤保障制度也经历了一个漫长的发展过程。早在1931年中央工农民主政府就设有总务处管理后勤事务,并且规定在省、县、区的工农民主政府里都要设立总务科。延安时期,中共中央和中央军委直属机关(包括警卫部队)的后勤部门,不仅未严格区分,而且后期是合并在一起的。抗日战争初期,党中央机关设中央管理局;中央军委机关设军委后勤部,1942年与中央机关后勤部门合并为中央管理局,1945年又改称军委供给部。1949年改称中直供给部,1954年改称中直机关事务管理局。新中国成立初期,在管理体制上,后勤工作仍隶属于秘书部门。1951年,在《政务院关于各级政府机关秘书长和不设秘书长的办公厅主任的工作任务和秘书工作机构的决定》中规定:"秘书长和办公厅主任工作的性质,既要参与政务,又要管理事

第三章　中外后勤发展的历史和现状

务。条件许可时，可把秘书业务研究工作、机关事务管理工作划分开来。"随着秘书部门职能的发展，工作日益复杂，在 20 世纪 50 年代中期，省级以上机关成立秘书长领导下的相对独立的后勤事务管理机构。新中国的后勤保障制度也经历了一个从供给制和津贴制再到工资制（或称薪金制）的演变过程。

第二节　抗美援朝的后勤

　　历经两年零九个月的抗美援朝时期的后勤工作是新中国后勤的重要历史事件之一。当时以美国为首的多国部队是 17 个国家（美、英、法、韩国以及荷兰、新西兰、加拿大、澳大利亚、菲律宾、土耳其、泰国、南非、希腊、比利时、卢森堡、哥伦比亚、埃塞俄比亚）的百万大军参战，此战争美国派出其全部陆军的三分之一，空军的五分之一，海军的近二分之一。当时诞生不久的新中国敢于出兵不易，出兵后能打胜仗更不易。

　　早在 1950 年中央军委研究出兵朝鲜的决策过程中，就认为与美军作战有四大有利条件，其中之一就是供应线我近敌远，我们在后勤保障上占优势。但战争的实际情况恰恰是志愿军的后勤保障遇到了前所未有的巨大挑战。因为虽然解放军之前已经经历了 20 多年的战争，但后勤保障的水准一直非常低下，很长时间里武器装备靠缴获，被服粮食则依靠从民间征集。而 1949 年新中国成立后，解放军只有各大军区才有正规的后勤机构，很多部队甚至连军、师级的后勤机构都已经取消了，正是在这种情况下，志愿军进入了朝鲜。

　　一入朝才知后勤是如此重要。首先武器装备再也不能取之于敌，即使在战场上缴获了大量物资，但美军会在几小时内就出动大批飞机对遗留在战场的装备和物资进行轰炸。最典型的是在第二次战役中，虽然缴获了数千辆汽车，但随即遭到美军飞机的轰炸，最后十不存一。其次被服粮食也难以从民间征集。这样一来，志愿军数十万大军的作战和生活物资需要，全部都要由国内供应。

　　1950 年 10 月第一次战役，作战地区距离国境仅数十公里，但到战役进行到第十天，部队推进到距离国境 170 公里时，就因为弹药和粮食供应不上而被迫停止了进攻。

　　而在第二次战役期间，后勤问题更是严重影响了战役的发展，东线第 9 兵团粮食、弹药甚至连棉衣都供应不上，结果冻饿减员就高达 3 万人，严重影响了战斗力的发挥。西线则因为粮食供应不上而被迫取消了 40 军向敌深远后方迂回的计划。

　　到第三次战役时，粮食供应困难的问题达到了最高峰，运输量仅能满足前线最低需求的三分之一左右，很多部队是靠挖当地百姓窖藏粮食才勉强能喝粥维持。加之因美军掌握了制空权，不断侦察和轰炸，部队难以生火做饭，实在饿时只好吞食生米，因此要求国内供应熟食。周恩来批示多做炒面，还亲自带头制作炒面，一时在全国掀起了家家户户炒炒面的局面。于是一把炒面一把雪成为志愿军当时的真实写照。虽然一把炒面一把雪确实艰苦,但完全可以这么说,如果没有炒面,就根本不能解决部队最低限度的粮食需求。

在第一阶段运动战期间,志愿军中流传着三怕:"怕吃不上饭,怕没有弹药,怕负伤后抬不下",全是担心的后勤,可见此时后勤供应已经严重影响到了部队的士气。志愿军入朝作战以来,后勤工作都一直由东北军区后勤部负责,力量单薄,根本适应不了现代化大规模战争的需要。有鉴于此,1951年6月中央军委决定在东北军区后勤部前方后勤指挥所的基础上成立志愿军后方勤务部,由志愿军副司令洪学智兼任司令员,而且洪学智担任这个职务一直到停战。

志愿军后勤部编制很大,除了铁道兵部队外,其余在后方的后勤、高炮、公安、通信、运输等部队都归后勤部领导,至1951年秋,志愿军后勤部所属部队已高达22万人,而且各军都成立后勤部,下辖担架团、运输团、医院,各军的后勤部人员也都在4000人以上。

1951年秋朝鲜北部发生40年未遇的特大洪水,美军乘机发动"绞杀战",对朝鲜北部的后方桥梁和铁路运输线进行密集轰炸,在这种双重打击下,志愿军的粮食供应确实到了最危险的地步,尤其是东线第20兵团已接近断粮,二线部队省下口粮支援前线,二线部队存粮数量几乎到达最低点,已经有部队吃了上顿就没下顿。经过40天的艰苦奋斗,终于度过了最困难的9月,粮食供应得到保障,10月以后冬装也陆续运抵前线,当10月下旬在板门店的美方谈判代表看到志愿军已穿上新棉衣时,大感惊讶,认为"虽然联军的空军和海军尽了一切力量,企图阻断共产党的供应,然而共产党仍然以令人难以置信的顽强毅力,把物资运到了前线,创造了惊人的奇迹"。

志愿军的后勤能够顺利保障供应,主要有两点,一是兵站建设,二是铁路运输,三是公路运输。

再看看美军的后勤,其差距就很大了。通过距离万里之遥的补给线,保障了部队的各种需求,无论是数量,还是种类,都大大超过了志愿军。

在抗美援朝战争中,以毛泽东为首的中央军委长期将后勤工作作为日常所要处理的第一位的工作,周恩来直接领导了志愿军的后勤供应工作,还将其作为日常工作的第一要务。根据毛泽东的指示,人民解放军加强与健全了后勤部门,在历史上第一次建立了专门的后勤院校,志愿军党委和后勤部门也对现代战争中的后勤工作进行了全面认真的研究。

朝鲜停战后,彭德怀在全国军事系统党的高级干部会议上又详细总结和论述了我军后勤工作发展的历史,从理论上阐述了现代战争中后勤工作的重大作用。他指出:"我军在过去三个历史阶段的战争过程中,在战略上是采取分散的持久的游击战和运动战,战役上是采取速决战,战争所需要的物资,主要的取之于当地的人民以及从敌人手中夺取,统一的后勤工作尚未显出它重要的作用,因而没有用很大力量去建设统一的后勤组

第三章 中外后勤发展的历史和现状

织和工作。朝鲜战争的经验证明，必须根本改变这种情况，积极加强后勤组织和工作，才能应付未来的战争。"同时他还强调："建设后勤的组织和工作，应成为我军建设的重要环节之一。"通过抗美援朝战争，我军的高级干部深刻地认识到，在现代战争中，后勤保障占有极其重要的战略地位，物资供应的多少和及时与否，直接影响甚至决定战役的规模和持续时间，成为指挥员确定决心和实施部署的主要依据之一。这些认识，为我军后勤建设在现代化的道路上进一步发展，奠定了重要的思想基础。

聂荣臻元帅曾说过："严格地说，我们是从抗美援朝战争中，才充分认识到后勤工作在现代战争中的重要性。"彭德怀元帅也曾说过："抗美援朝战争的胜利，60%～70%应归功于后勤。"

抗美援朝战争堪称我军进行现代战争的一部百科全书。在同世界强手的实战较量中学会了如何打现代化战争。

第三节　中国人民解放军后勤学院成立

1952年5月16日，中国人民解放军后勤学院正式成立，这标志着我军后勤人才的培养走向正规化。

在整个人民军队发展历程中，后勤建设始终是薄弱环节。那年，因朝鲜战场的经验教训而深感我军后勤建设现代化、正规化重要性的共和国将帅们，敏锐地洞察到了我军建设转型初期的一块"短板"——军事后勤工作，看到后勤工作的极端重要性。

在当时条件下，军队后勤干部队伍，整体数量少、专业水平低，已完全不能满足军队正规化建设的发展需求，通过院校培养提高后勤队伍的数量和质量，成为当务之急。时任总后勤部部长杨立三上将，提出"创办高层次、正规化后勤院校，培养高层次、专业化后勤指挥人才"的办学思路，而这一思路很快得到中央领导和军委首长的认同。治军必先治校，强军必先兴校。建设一支强大的正规化军队，特别是通过院校培养高素质的后勤人才，成为当务之急。

1952年5月16日正是这一天，毛泽东主席签署命令，正式批准创建"中国人民解放军后勤学院"。

60年来，全军后勤最高学府中国人民解放军后勤学院，先后为我军后勤现代化建设输送了8万余名英才栋梁，其中成长为军以上干部的达370多人。

新创建的后勤学院直属中央军委领导，在建制上行使大军区级权限，与军事学院、政治学院并称为三大军事院校。

时隔半年之后，毛泽东主席在为后勤学院亲自题写的训词中，对后勤学院的定位作出了明确指示："对于现代的军队，组织良好的后方勤务工作具有极其重大的意义。任何轻视后勤工作，以为后勤工作不是重要的专门科学，不需要有系统的学习、不需要精通业务的观点是完全错误的。"

战功卓著的英雄、矢志报国的进步青年、国民党起义军官以及苏联的军事专家，纷纷走进学院，担任教官；当年驰骋战场、出生入死的子弟兵，带着保家卫国和建设强大国防的梦想，到这里学习深造。中央军委当时还要求，"把学校办好，让多一点人进学校"。

1985年10月，中央军委决定合并军事、政治、后勤三大院校，组建国防大学。同时，确定另组建一所中级后勤指挥学院，仍定名为后勤学院。1986年，后勤学院重新组建。

1993年初，随着新时期我军军事战略方针调整，中央军委决定将学院更名为"后勤指挥学院"，隶属总后勤部，行使正军级权限。2011年初，"后勤指挥学院"更名为"后勤学院"。这对于加快培养新型军事后勤人才，整体推进全面建设现代后勤具有极其重要的意义。

作为"战争艺术"的重要组成部分，后勤的重要性早已被兵家所知。2500多年前的《孙子兵法》，便已提出了"军无辎重则亡，无粮食则亡，无委积则亡"的著名格言。

然而，"运用之妙，存乎一心"。后勤人才的培养和后勤理论的形成，则始于新中国成立之后"后勤学院"的创建。

随着20世纪80年代中期国家军事战略的转变，学院把办学方向调整到培养和平时期现代化建设人才上，使人才培养的层次和质量得以提升；同时，后勤学术基础理论研究也被提到重要的议事日程，军事后勤学等10项学科性研究课题，被列入国家哲学社会科学"七五"规划军事学重点项目。

1991年海湾战争以来的几场局部战争，将高技术局部战争推向了世界新军事变革的前台。紧跟世界军事理论前沿、向现代战争进发，成为后勤学院教学科研的"主阵地"。全军联合训练、联勤体制改革、应急培训、高新科技等培训班先后在后勤学院圆满完成。

着眼新的使命任务，后勤学院提出了"适应军事训练转变，适应院校教育转型，紧贴现代作战后勤保障，紧贴部队后勤建设实际，紧贴学员岗位任职需要，为打赢信息化战争提供后勤人才保证和理论支撑"的办学思路，创建了以复合型人才目标、专题型内容体系、研练型教学模式、聚优型治理机制为主要特征的后勤指挥军官任职培训教学体系。

军事斗争准备、抗震救灾、国际维和、亚丁湾护航……在执行历次重大军事任务和非战争军事行动中，毕业于后勤学院的学员，成为军队后勤保障的中坚。2008年汶川抗震救灾中，86%的军队团以上后勤指挥干部，都曾在后勤学院学习过。

60余年来，后勤学院始终秉承"博学、敬业、垂范"的教风和"尚德、勤学、奋进"的学风，培养了大量后勤人才，为全面建设我军现代后勤做出了显著成绩和重要贡献。全面建设现代后勤、后勤编制体制改革、后勤社会化改革、医疗卫生改革、保险制度改革、物资采购改革等一系列研究报告和决策咨询意见，均得到军委总部的高度肯定。

作为军队"2110 工程"整体条件重点建设院校，1978 年以来，学院共取得军队级以上教学科研成果奖 435 项。其中，学院参研的"一体化指挥平台"获国家科技进步特等奖；2009 年申报的利用新技术在特殊物资物流管理应用的项目，被列入国家"863 计划"。

为进一步改进教员结构，提升综合素质，学院还在国家部委、总部机关、科研院所及各军兵种部队聘请了一大批特聘教授、兼职导师和部队教官，使学院真正成为传播后勤科学的高层讲坛。

中国人民解放军后勤学院，作为全军中级后勤指挥军官培训基地、全军后勤学术研究中心、军委总部后勤决策咨询的"智囊"，正在努力建设特色鲜明的一流军事名校而奋斗。

第四节　改革开放前的后勤

后勤事业与国民经济息息相关。新中国成立以后，党领导全国人民走上了社会主义道路，并积极探索如何建设社会主义。在这过程中，既取得了伟大成就，也经受了严重挫折，如"大跃进"和"文化大革命"等。在这过程中曾出现了粮食和农副产品供给严重不足，甚至有些地方发生了比较严重的饿死人的现象。"两弹一星"等国家重大科技项目也因生活物资供给困难而几乎要下马。"短缺经济"成了那个时代的真实写照。为了克服严峻的困难，毛泽东曾带头多个月不吃肉，并因此使自己的下肢浮肿。党中央也采取了许多有力措施尽快扭转局面，如实行"调整、巩固、充实、巩固"等政策，大力发展农业，精简城市人口，动员城市应届初、高中毕业生上山下乡等，并取得了明显的成效。

"文革"前，政府机关、高校等是很重视后勤的，并选派了很优秀的领导干部主抓后勤。许多干部服从党的需要，走向高校后勤战线，为不断改善知识分子的工作条件和生活条件倾注了许多心血，为我国高等教育的发展做出了不可磨灭的贡献。20 世纪 60 年代，高校后勤曾被比作高校这驾马车的两个轮子之一，同另一个轮子教学科研相提并论，当时教育部的领导曾形象地讲到，两个轮子只有均衡地转动，学校这辆马车才能平稳地前进。

"文革"前，政府机关、高校等的后勤是福利型，高校办社会是当时高校后勤的现状。三分之一的编制是后勤人员，三分之一的事业经费用于后勤等。

"文化大革命"期间，物资供应更加紧张，粮、油、肉等生活必需品不仅要凭票供应，而且经常要排长队才能买到，甚至有一段时间要凌晨去排队。教育战线也成了重灾区，知识分子被视为"臭老九"，高校内许多教授被看成是"反动学术权威"，不少老干部也被戴上"走资派"、"叛徒"的帽子，美化校园被看成是"封资修"，用"保姆"被看成是资产阶级生活方式等，而许多后勤工人却被看成是"领导阶级"，为知识分子服务被批判。如当年国家领导人之一的陶铸同志为国学大师之一的当时眼睛已经完全失明的中山大学陈寅恪教授配了4名护士轮流照顾，但被批判为资产阶级反动学术权威服务。不少后勤岗位，成了"改造"的具体场所，如在大学校园或"五七"干校，一些名教授被安排到饭堂工作或从事"洗厕所"等简单体力劳动等。

另外，社会上的"公共汽车"被更名为"人民汽车"（其意思是只有属于"人民"的人才有资格乘坐汽车），甚至国家乒乓球运动员比赛前要自己搬抬乒乓球桌并被誉为"文化大革命"以后涌现出来的崭新精神风貌（限制资产阶级法权），等等。

第五节　改革开放初期的中国科学院后勤

1978年3月18日，全国科学大会召开，迎来了我国"科学的春天"。

当时，由于"文革"十年浩劫，沦陷为"重灾区"的科技界百废待兴，落后的基础设施远远不能满足科技发展的需求，科研人员的工作和生活条件亟待改善。

那时，摆在科学院面前的后勤工作非常艰巨，各方面欠债很多。首先是科研人员的工作和生活环境差。当时中关村和北郊917大楼两个地区的环境都十分糟糕，违章建筑到处可见，道路两侧是明沟排放雨水，晴天时道路尘土飞扬，被称为"扬灰路"，下雨时污水和雨水排泄不畅，道路泥泞，又被称为"水泥路"；而北郊917大楼周边也是脏乱差。两个地区的交通都非常不便，在中关村地区当时只有从动物园开往颐和园的332路公交车，距北郊917大楼最近的公交车站就是现在的北沙滩路口了。其次是供电不足、供水困难。由于电站容量不足和管理上的问题，中关村电站经常拉闸限电，有时科研人员的实验正在关键时刻，突然停电，严重影响了他们的工作，也带来了不少损失。在供水方面，因20世纪50年代建的自来水管道过细，许多楼房在集中做饭的时间段，三层以上接不到水，职工家属只能提着小桶到一楼去接水。再次是科技人员的住房特别困难。许多中青年科学家住在简易楼和地震时临时搭建的房屋里，物理所还有不少科技人员就住在简陋的"鸡窝"（物理所在三年困难时期为饲养家禽搭建的临时建筑）里。还有部分新建的高层楼房因工程质量问题，顶层大面积漏水，严重影响了科技人员的生活。

为了改善科研工作的条件以及研究人员的生活条件，中国科学院领导采取了一些有力措施，如精简机构，加强专业技术队伍的建设，在供暖等问题上实行承包责任制等。在解决新建高层建筑大面积漏雨的问题上，成立防水公司，采用新技术，逐栋楼房进行

第三章 中外后勤发展的历史和现状

维修，实行企业管理，独立核算，自负盈亏。这是中国科学院的后勤工作开始向社会化服务迈出了重要的一步。

针对中关村地区供电不足、给排水困难等一系列问题，中国科学院主管后勤的领导决定加大基础设施的建设，从根本上解决这些问题。一是在充实电站的专业技术人员的基础上，加强中关村电站的管理和维修工作；二是扩大电站的容量，将电站的电容量从3万千瓦增至10万千瓦。在解决供水不足的问题上，主要是扩建自来水管道工程。

在解决中关村道路两侧是明沟排放雨水、交通困难以及脏、乱、差等问题以及解决中国科学院职工住房与子女就学、就业等问题上，院主管领导也采用了许多有力措施，如与海淀区政府共建的方式解决中关村的脏乱差等问题；争取院长对有关工程的高度重视，使院计划局划拨专款；完成了几项较大的住房建设工程，并新建了中关村中学和新建扩建了多间小学，建立了中国科学院技术劳动服务公司等，从而使中国科学院的后勤工作跃上了一个新台阶，受到了科技人员的欢迎，也有力促进了中国科学院的工作。

第六节 高校装备工作

装备即广义的生产工具，不仅是社会进步的指示器，也是人们认识客观世界的重要手段，科技的竞争往往也是装备的竞争，高校装备工作主要是实验室装备。对于理、工、农、军事等众多学科来说，没有实验室和仪器设备根本无法从事正常的教学科研工作，更无法进行科技创新。随着各行各业现代化水平的提高特别是计算机的普及，高校行政管理、后勤服务等部门的装备也急剧增多。

许多高校都有专门的设备和实验室管理部门。在计划经济时期，高校设备处属下的设备科主要负责技术物资供应，不仅采购仪器设备的经费十分有限，而且所有仪器设备、金属材料、贵金属以及电子元器件等都需要通过计划向国家有关主管部门申报，每年申报2次。经教育部生产供应局（后更名为条件装备司）在订货会议上会同国家有关部门综合平衡后才能知道计划是否能落实，这种体制机制的工作效率很低，远不能满足教学科研对仪器设备的需求。由于物资供应匮乏，许多高校不仅有相当阵容的采购队伍，而且同时配有庞大的技术物资仓库群。随着改革开放的深入特别是后勤社会化改革以后，这种状况得到了根本改变，不仅技术物资供应仪器设备的采购可以通过年度计划、月度计划和临时计划等进行采购，通过网上竞价和审批后就可进行采购，而且经费管理也呈现多种模式，库存技术物资明显减少，许多技术物资也可通过选择社会优质服务资源提供服务，高校设备处的工作重点也转移到实验室管理和仪器设备特别是大型精密仪器的管理上。为了提高仪器设备的利用率，许多高校将多个同类实验室进行合并成立中心实验室或实验中心。

随着国家建设世界一流大学和众多高水平大学发展战略的先后启动，装备在建设世

55

界一流实验室、培养更多的创新型人才、促进创新驱动等方面的重要性越来越凸显，国家在这方面的投入也越来越大。不断加强对高校实验室建设和装备的经费投入，不断提高有关仪器设备的研制、供应、管理、使用、维护和更新以及与之相配套的技术物资供应和管理的水平，以适应大学发展的需要，是高校永恒的课题。

第七节　后勤管理体制改革

新中国成立后至改革开放前，党领导全国人民走上了社会主义道路，并在探索中前进。改革开放前，我国经济属于"短缺经济"，人们的生活用品供应经常比较紧张，我国机关、高校等后勤系统所具有的特点一是自办的，二是几乎无所不包，三是福利型的无偿服务。这种管理体制很不适应国家现代化发展的需要。

以党的十一届三中全会为标志，我国进入了改革开放和社会主义现代化建设的历史新时期。伴随国家政治、经济体制的改革，我国各行各业后勤也进行了改革，并经历了一个由探索、目标推进和逐步深化到全面系统推进的过程。

（1）1978年到1982年，后勤系统进入以各种形式的经营承包责任制为主要内容的、局部的、探索性的改革阶段。

（2）1983年到2001年。机关后勤改革进入了有目标推进的阶段。其标志是1983年6月第十二届中央书记处第70次会议明确指出："服务工作社会化的问题，要逐步解决"，并提出了分三步走的具体构想。

1989年，国家机构编制委员会印发了国管局《关于中央国家机关后勤体制改革的意见》（7号文件）。《意见》提出：把后勤服务人员的编制同机关行政编制分开，实行不同形式的承包经营责任制，加强经济管理机制，增强后勤服务单位的活力，提高管理水平、服务质量和经济效益，更好地为机关工作和职工生活服务。

国家加快发展第三产业的战略部署有力推动了后勤服务社会化改革。中发〔1992〕5号文件《中共中央、国务院关于加快发展第三产业的决定》中明确指出："以社会化为方向，积极推动有条件的机关和企事业单位在不影响保密和安全的前提下，将现有的信息、咨询机构、内部服务设施和交通工具向社会开放，开展有偿服务，并创造条件使其与原单位脱钩，自主经营，独立核算。同时，鼓励社会服务组织承揽机关和企事业单位的后勤服务、退休人员管理和其他事务性工作。打破'大而全'、'小而全'的封闭式自我服务体系，使上述工作逐步实现社会化。"

在这期间，高校后勤改革、企业后勤改革先后提上改革日程。

1985年，《中共中央关于教育体制改革的决定》提出："高等学校后勤服务工作的改革，对于保证教育改革的顺利进行，极为重要。改革的方向是实行社会化。学校所在的党政领导机关要把解决好这个问题责任担当起来。"高校后勤改革开始启动。

1995年9月，党的十四届五中全会通过的《中共中央关于制定国民经济和社会发展"九五"计划和2010年远景目标的建议》明确提出，以建立现代企业制度为目标，把国有企业的改革同改组、改造和加强管理结合起来，构建产业结构优化和经济高效运行的微观基础。要搞好配套改革，把企业非生产性的后勤单位和所承担的社会服务职能逐步分离出去，形成社会化服务体系。在中国后勤改革的舞台上，围绕建立现代企业制度的改革目标，企业后勤改革采取了多种形式，实行主辅分离辅业改制，取得了明显成效。

2000年，国务院办公厅转发了《关于进一步加快高等学校后勤社会化改革意见的通知》，后勤社会化改革工作成为当时高校最重要的工作之一。

（3）2002年至2012年，是全面系统推进阶段。2002年11月，以党的十六大胜利召开为标志，中国进入了"全面建设小康社会，加快推进社会主义现代化"的改革开放和现代化建设新阶段，围绕管理、保障、服务的基本职能，坚持"管理科学化、保障法制化、服务社会化"的方向，加快建立集中统一、权责明确的管理体制，科学规范、系统完善的保障制度，市场导向、多元并存的服务机制，中国后勤改革进入了全面系统推进的新阶段。

（4）2012年11月党的十八召开以后，以习近平为总书记的新的党中央再次强调改革开放是发展当代中国的关键一着，改革开放只有进行时，没有完成时，在党的十八届三中全会上，还通过了《中共中央关于全面深化改革若干重大问题的决定》，不断推动包括后勤社会化改革在内的全面深化改革。

第八节 后勤社会化改革

一、重大意义

国与国之间的竞争，不仅是科学技术的竞争，也是后勤的竞争。但我国现代化后勤建设水平低与现代社会保障要求高、后勤经费少与后勤建设需求量大这两大矛盾长期成为制约后勤发展的瓶颈。在旧的管理体制下，虽然各单位后勤工作者很尽责，后勤几乎无所不包，但拖后腿的现象仍时有发生，后勤成了事业发展的瓶颈问题之一。这个瓶颈问题不解决，国家难以更快发展。借鉴美国等发达国家的成熟经验和我国改革开放以后许多地区的成功探索，并在理论上有多方面突破，从1985年党中央提出后勤改革的方向是实行社会化，到1999年在全国高校全面推动并陆续在政府机关、科研院所、国有企业、军队等行业全面展开。各单位在后勤社会化改革的道路上不断探索并形成了多种新型后勤保障体系的模式，从而打破了后勤这个发展瓶颈，适应了各行各业更快发展的需要，后勤社会化改革取得了巨大的成效。更为重要的是，通过后勤社会化改革的实践，不仅构建了新型的后勤保障体系，而且使人们更新了观念，后勤不仅应该节流，而且也可以开源，并走出了一条投入较少、效益更高的具有中国特色的现代后勤发展之路。

二、主要内涵

（1）后勤社会化是指政府机关、企事业等组织的后勤服务尽可能纳入社会主义市场经济体系，建立由政府主导、社会承办、组织选择的更好满足组织需要的新型后勤保障体系。

（2）通过后勤服务与后勤管理剥离等形式，改革传统的"小而全"、"大而全"的封闭的后勤管理体制，发展规模经济，更快提高后勤效益。

（3）充分利用社会优质的服务资源为"我"服务，达到降低后勤成本、提高服务质量的目的，能利用社会更优资源的就不自己铺摊子。

（4）充分盘活自己原有的后勤服务资源，许多单位原来都有庞大的后勤资源，按照主辅业分离、辅业改制的思路，努力解放和发展后勤生产力，积极鼓励走专业化、企业化、市场化的发展道路，服务标准与社会接轨，在与社会优质服务企业的竞争中加快进步，成为"市场提供服务"的一部分，既为本单位服务，也为社会服务，从而实现提高后勤效益、降低后勤成本并实现良性发展的目的。如中国科学院属下的北京科住物业管理有限公司年营业收入已超过亿元，是具有国家一级物业管理资质的综合型、专业化的大型物业管理企业。

（5）通过"比较优势"的对比，对自办后勤和社会优秀服务资源给予全面比较和权衡，择优选择。

（6）各行各业的后勤服务水平，特别是政府机关、高校、科研院所等后勤系统的服务水平，一定要动态地达到社会同类服务的中上水平，以适应一线发展的需要。其中军队后勤还要成为现代后勤的先锋和楷模，但其服务成本要明显下降，具体模式可多种多样，尊重各单位根据自己实际情况的选择。但"优胜劣汰"已经是各单位后勤不可逆转的发展趋势。

（7）后勤社会化改革的目的不是不要后勤，而是要把后勤搞得更好。各单位通过后勤社会化改革以后，自办后勤的比例下降多少主要取决于社会第三产业的发展水平，也取决于具体后勤项目的性质、人们的思想观念和所在单位领导改革的勇气。鉴于社会第三产业目前的发展水平和后勤不仅具有经济性，更具有政治性等特点，一些行业和组织在一定时期内仍保持一定比例的自办后勤特别是核心后勤。

（8）后勤社会化改革只是途径而不是目的，目的是走出一条尽可能投入较少、效益更高、保障更好的建设现代后勤的新路子，建立一种更开放、更有活力的新型后勤保障体系，更好适应组织现代化发展要求，"一线"的满意度是后勤服务的基本衡量标准之一。

（9）后勤服务社会化是世界发展进步潮流之一，也是世界发达国家在后勤方面的主要做法，并且有充分的理论根据。

三、基本情况

从1985年党中央提出后勤改革的方向是实行社会化，1998年机关后勤社会化改革就开始启动，到1999年国务院亲自领导和推动高校后勤社会化改革至今，后勤社会化改革在许多行业全面展开，并取得了明显成效。

后勤服务社会化，是机关后勤改革、高校后勤改革和企业后勤改革等的共同方向，并成为我国建设现代后勤的主要内容。在这个过程中，机关后勤、高校后勤和企业后勤的改革处在先进的行列。

高校后勤社会化，在多方面取得了巨大成就：

（1）后勤管理体制和运行机制发生了根本性转变。

（2）打破了高等教育发展的重要"瓶颈"，明显促进了高校的发展。后勤社会化已经成为高校后勤服务不可逆转的发展潮流，现在没有哪所高校的后勤服务是完全自办的。

（3）在服务水平不断提高的前提下，高校在后勤方面的负担明显减轻，如在后勤方面的事业编制人员明显减少，一些企业化发展比较成功的高校后勤，不仅可以"后勤养后勤"，而且可以取得更可喜的经济效益，并承担了高校中小型后勤设施的投入甚至部分大型后勤设施的投入。

（4）社会形成了一支庞大的后勤产业大军。

2007年，高校提出了早日建成以"市场提供服务，学校自主选择，政府宏观调控，行业自律管理，部门依法监督"为主要特征的新型高校后勤保障体系。

2010年3月，国家公布的《国家中长期教育改革和发展规划纲要（2010—2020）》明确指出，要坚持高校后勤社会化改革的方向。教育部也先后出台了《高校后勤中长期改革发展规划纲要》等重要文件，并要求各高校继续坚持后勤社会化改革的方向不动摇，努力攻坚克难，还陆续成立了中国教育行业协会和地方教育行业协会等。

经过了十几年的实践，其他事业单位后勤服务社会化改革也取得了明显成效，并实现了六个转变：

（1）后勤服务体制从机关型、事业型向实体型、企业型转变。

（2）后勤服务机制从行政型、福利型向市场型、商品型转变。

（3）后勤服务方式从封闭型、自我型向开放型、社会型转变。

（4）后勤服务管理从粗放型、经验型向科学型、现代型转变。

（5）后勤服务自我发展能力从依赖型、弱小型向自立型、发展型转变。

（6）后勤服务队伍从老化型、弱小型向专业型、优化型转变。

尽管后勤社会化改革取得了很大成绩，但仍存在不少问题，主要还是思想认识问题和政策问题。后勤的现状与建设现代后勤的总体要求还有相当的差距，后勤社会化改革仍然任重道远。

第九节　新时期军队后勤系统的改革创新

党中央和中央军委高度重视军队后勤建设，并多次召开全军后勤工作会议。如2000年8月，全军后勤工作会议在北京举行，会议的主题是推动后勤改革攻坚，会议提出要努力建设高素质的后勤队伍，以更高的标准、务实的态度和勇于创新的精神，推进我军后勤现代化建设的跨越式发展。2006年1月又召开了一次全军后勤工作会议，会议的主题是全面建设现代后勤。2011年又召开了"全军加快全面建设现代后勤步伐工作会议"，2013年11月又召开了"全军军事斗争后勤准备工作会议"。这次会议的主要任务是围绕实现全面建设现代后勤总体目标和建设保障打赢现代化战争的后勤、服务部队现代化建设的后勤、向信息化转型的后勤，开展重大理论与现实问题研究。按照"能打仗、打胜仗"的要求，研究部署拓展深化军事斗争后勤准备工作任务。

在"九五"期间，全军后勤顾全大局，不折不扣地执行军委的指示命令，精简战略、战役后勤机构数百个，向地方整体移交后勤院校四所，精简后勤干部7.4万名，高标准高质量地完成了后勤体制编制调整改革任务。在驻大中城市军以上机关和非作战部队推行生活保障社会化改革，全军共撤销食堂、军人服务社、营房维修队等保障机构1982个，减少各类保障人员6.1万人。

后勤装备机械化方面投入力度加大，发展步伐很快。目前已基本形成了由上百种骨干装备组成的第一代后勤装备体系，特别是海上伤员救治、岸滩保障、野战机场保障、空投物资保障和导弹部队机动保障等装备体系建设取得较大进展。全军基本完成了总部、大单位两级后勤信息基础设施建设，初步构建一体化后勤软件平台和综合数据库，后方仓库和各专业系统信息化建设取得阶段性进展，为改善后勤指挥手段提供了技术支撑。后勤系统在过去五年中完成科研项目3000多个，获得国家级科技奖励66项，军队科技进步奖2751项，特别是吴孟超院士获得国家最高科学技术奖，标志着我军后勤科研发展达到一个新阶段。

第十节　努力向现代后勤进军

2006年1月10日，中央军委召开了全军后勤工作会议，会议提出了"全面建设现代后勤"的历史任务。

努力向现代后勤进军，是新时期军队后勤的新的历史任务。全面建设现代后勤就是要按照时代发展的要求，实现后勤保障理念、保障体制、保障方式、保障手段和后勤管理的全面进步和发展。其主要标志是保障体制一体化、保障方式社会化、保障手段信息化、后勤管理科学化。

保障体制一体化，就是海陆空三军联勤的保障体制一体化。

保障方式社会化，就是军队后勤保障尽可能社会化。后勤保障社会化的潜力还很大。军队要强化"军民结合、寓军于民"意识，能利用民用资源的就不自己铺摊子，能纳入国家经济科技发展体系的就不另起炉灶，能依托社会保障资源办的事就要依托社会保障。军队要继续拓展后勤保障社会化改革内容，完善各项配套措施。

在后勤科技发展方面，军队启动后勤科技创新工程，增强自主创新能力，突出抓好后勤信息化、物资保障、军事医学、野战生存、国防工程和节能环保六个领域的技术创新。在后勤装备建设方面，抓紧构建具有较高机械化程度和一定信息化水平的第二代后勤装备体系，争取早日配备到重点部队。要广泛组织军地科研力量，积极借鉴国内外先进技术，对海上医疗救护与护送、岸海衔接保障、生物防护和工程设施抢修等关键技术进行攻关。

军队后勤建设将一保战备、二保生活、统筹兼顾、综合平衡，努力推动后勤建设又快又好地发展，提高保障打赢信息化条件下局部战争的能力，为全面建设现代后勤奠定坚实基础。

努力建设现代化后勤，不仅是军队后勤的迫切需要，也是各行各业后勤发展的紧迫任务。

第十一节　全军装备工作会议

军队高度重视装备工作，多次召开过全军装备工作会议。2014 年 12 月 3 日至 4 日，又在北京召开了一次全军装备工作会议，中共中央总书记、国家主席、中央军委主席习近平在会上发表重要讲话强调，要贯彻总体国家安全观，牢牢把握党在新形势下的强军目标，坚持信息主导、体系建设，坚持自主创新、持续发展，坚持统筹兼顾、突出重点，加快构建适应履行使命要求的装备体系，为实现强军梦提供强大物质技术支撑。

习近平总书记在讲话中充分肯定了我军装备事业发展取得的历史性成就。他指出，武器装备是军队现代化的重要标志，是国家安全和民族复兴的重要支撑。建设一支掌握先进装备的人民军队，是我们党孜孜以求的目标。在战争制胜问题上，人是决定因素。同时也要看到，随着军事技术不断发展，装备因素的重要性在上升，人的因素、装备因素结合得越来越紧密，人与装备已经高度一体化，重视装备因素也就是重视人的因素。

习近平总书记强调，必须把装备建设放在国际战略格局和国家安全形势深刻变化的大背景下来认识和筹划，放在实现"两个一百年"奋斗目标、实现中华民族伟大复兴中国梦的历史进程中来认识和筹划，放在国防和军队现代化建设优先发展的战略位置来抓。当前和今后一个时期是我军装备建设的战略机遇期，也是实现跨越式发展的关键时期。一定要增强使命意识，抓住机遇，鼓足干劲，把装备建设搞得更好一些、更快一些。

习近平总书记指出，面对新形势新任务，装备建设战略指导必须应时而变、顺势而为。要坚持作战需求的根本牵引，建立健全具有我军特色的作战需求生成机制，增强装备发展的科学性、针对性、前瞻性。要坚持体系建设思想，统筹各军兵种装备发展，统筹各类装备发展，加强标准化、系列化、通用化建设，不断完善和优化装备体系结构，在填补体系空白、补齐短板弱项上下功夫，以网络信息体系为抓手，推动我军信息化建设实现跨越式发展。要坚持创新驱动发展，紧跟世界军事革命特别是军事科技发展方向，超前规划布局，加速发展步伐。要坚持质量至上，把质量问题摆在关系官兵生命、关系战争胜负的高度来认识，贯彻质量就是生命、质量就是胜算的理念，建立质量责任终身追究制度，着力构建先进实用的试验鉴定体系，确保装备实战适用性。要坚持实战化运用，各级指挥员要带头学装、知装、用装，教育引导官兵大胆操作和使用装备，真正让装备活起来、动起来，在体系运用中检验性能、发掘潜能，推动新装备成建制成体系形成作战能力和保障能力。要坚持军民融合深度发展，结合深化改革，加快建立推动军民融合发展的统一领导、军地协调、需求对接、资源共享机制，扎实推动国防科技和装备领域军民融合深度发展。要坚持人才队伍建设优先，放开视野选人才、不拘一格用人才，把国防科技和装备领域打造成国家创新人才的高地、人才成长兴业的沃土，形成各类人才创造活力竞相迸发的生动局面。

习近平总书记对当前装备战线需要重点关注并抓好的工作提出要求，强调要搞好装备建设顶层设计，切实把规划计划制定好，努力形成科学完备的发展规划体系。要稳妥推进装备领域改革，坚定深化改革的决心和信心，通过调整改革加强集中统一领导，着力激发创新活力，大力提高建设发展效益。要持续抓好作风建设，树立持续整改、长期整改的思想，坚持问题导向，强化源头治理，做到既去病灶、又去病根，让新风正气充盈起来。要加强思想政治建设，教育引导广大官兵坚定理想信念，加强党性修养，提高能力素质，强化责任担当，谱写我军武器装备发展新篇章。

第十二节　美国等发达国家的后勤

一、政府后勤的主要特点

1. 政府重视后勤

美国、日本、德国等国家的政府等都有专门的后勤管理机构。美国一些大学还专门开设有"后勤系"，研究经济部门和行政部门后勤工作的规律，培养这方面的专门人才。

2. 后勤服务社会化程度高

政府机关社会化后勤服务的基本特点是政府不办自我服务系统，"花钱买服务"是美国、日本机关后勤的共同特点。

机关后勤服务，如办公厅的环境卫生、建筑修缮、安全警备、办公设施、设备的维修服务等，以及为机关办公和职工生活提供的各种服务设施的运营管理，主要采取的是社会化服务和管理方式，服务工作基本上都是委托社会上的有关企业和专业化服务公司来承担，机关内基本上不配置专门的后勤服务人员，机关后勤部门的主要职责是负责资产管理和后勤服务保障的计划、预算、招标、签约和监督管理。美国政府系统没有用于内部接待的宾馆、招待所。总务署与国家商务旅行服务机构签有合同，并与全国及世界2000多个城市的数千家酒店建立了业务联系，为近百万雇员办理了联邦旅行卡，以方便雇员的公务旅行，保证最低的机、车票价和住宿费用。

3. 区分公务后勤与生活后勤服务

美国政府机关为工作人员个人生活提供的服务很少，工作人员的住房、就餐、上下班交通、子女入托等问题，基本上是由社会服务业解决的。日本政府机关为职工生活提供的各种服务设施，如饭堂、医务室等，具有一定的福利性，大都是由机关提供场地，由民间企业经营，为机关提供优惠服务，这些设施都对外开放。

这些国家的机关后勤工作对于公务后勤服务和生活后勤服务是有所区分的。为公务人员生活服务的内容少，政府机关办公所需的后勤服务是通过市场行为来完成的，即通过市场交换"花钱买服务"，后勤工作主要是管理工作，服务性工作的工作量比较小，主要是采购供应。

后勤服务社会化程度高和后勤职能事项相对"净化"与以下条件有关：

（1）社会服务业发达，社会服务业能满足政府机关所需要的各种服务。

（2）后勤保障有足够的财政供给规模作为基础和后盾。行政经费预算能满足政府机关正常运转的要求，使政府有能力按等价交换的原则获得服务，公务员个人的工资福利待遇比较优厚，具有商品化服务的承受能力。

后勤服务社会化程度高，有利于净化政府职能，减少后勤机构和人员，节约行政经费。

4. 注重管理的效益和效率

美国联邦政府总务署的宗旨是，以用户为中心，提供高效率、高质量的服务。并以经费预算管理作为基本控制手段。

5. 管理手段比较先进

包括广泛使用计算机管理系统。后勤管理人员的素质也较高，一般都具有大学以上的学历，有许多是管理方面的专家和高级技术人员，有较高的专业水平和较强的业务能力。

二、美国等大学后勤管理

1. 美国大学后勤管理

美国大学分为私立大学、公立大学（州立大学）两类，每类大学又分为研究型大学、教学型大学和社区大学三类。研究型大学又分为世界一流大学、国立一流大学等。美国大学的性质和地位决定了其对后勤保障的不同模式和要求。

美国大学的后勤系统是随着大学的发展而相应形成的一个较为完整的管理服务体系。这个管理服务体系与社会、经济发展的大环境有着紧密的联系，大学后勤社会化的程度，也以社会上第三产业的发展现状为前提。

重视后勤人员的招聘和录用，重视后勤人力资源的考核，重视营造良好的工作氛围，重视对员工进行培训。

实行后勤社会化，节省管理开支，增加学校收入，提高工作效率，公司提供全部更新后勤设备的费用和技术。

解决人力资源问题，精减人员，更高的劳动生产率，更好的待遇，更有积极性的良性循环。

尽可能充分利用社会力量来承担后勤服务，办好后勤。

不拘一格，形式多样。

美国大学认为，只有后勤设施完备、条件优良，才能保证教学科研和学生生活的顺利进行，学校才能持续发展。

依靠社会力量到学校办后勤是一种非常合理和有利于学校发展的选择。

在美国，大多数高校少自办甚至基本不自办后勤，而是尽可能利用社会企业提供的后勤服务。其后勤管理模式多样化，后勤管理制度化、规范化和科学化，后勤服务多元化。

在美国的高校后勤管理中，人员的素质是较高的。如高校食堂的管理人员一般均有较高的学历和相对应的专业知识，如商业、管理、经济类的博士、硕士研究生或毕业生，有不少都是食堂的管理者。他们有较高的文化素养，又是经营的内行，还有较强的服务意识，这些都是办好后勤的关键。也是容易与管理者沟通的原因之一。

负责设备运行管理和维修的必须是工程师，负责膳食和住宿管理的必须是旅馆管理专业的毕业生，负责园艺的必须是有本科以上学历的技术人员，部门经理均需有学士以上学历和五年以上的管理经验。

美国高校后勤管理各式各样、五花八门，除了管理的制度化、科学化、民主化和追求高效率的服务之外，美国高校后勤管理的服务意识、现代意识、和市场经营意识都是非常突出的。

充分挖掘潜力，将后勤管理的效率抓上去，变负担为动力，自觉地融入社会，与市场需求接轨。

2. 饭堂的特点

许多大学的饭堂品种多种多样，尽力满足不同对象的不同需求。营业时间从上午7点一直到晚上。

饭堂经营有多种模式，如学校自营、引入社会企业经营等。

饭堂环境舒适、功能多元。不仅可以在饭堂就餐,也可以在饭堂休息、讨论和做功课。

3. 图书馆的特点

每天 24 小时、每周 7 天均开放,许多大学的图书馆内设有讨论区、咖啡厅、电子资料区,可以开办各式讲座和培训。可以提供跨校借书活动。

4. 后勤员工文化

提倡员工之间的团队协助精神,建立尊重、感谢的工作氛围,包括上级对下级的尊重,教授对员工的尊重,对后勤员工的付出表示感谢。

大学通过举办体育赛事等作为纽带,把师生员工组成一个大家庭,教学科研人员和后勤人员之间的关系很融洽。

5. 注重培训

美国大学注重提高后勤员工的专业素养和创新意识,追求高效率的服务,如何将高科技运用到后勤,如何创新性开展工作等。

美国大学努力为后勤员工创造发展机会,学校为员工开办各种讲座,开办各种午餐会。员工可以在上班时间进修。

员工努力为一线工作服务,促进学校发展,自己也在这过程中得到发展。

美国大学在网络服务、安保服务和卫生服务等也有自己的特色。

另外,在哈佛大学的餐厅,很难听到说话的声音,每个学生端着比萨可乐坐下后,往往边吃边看书或是边做笔记。没见过哪个学生光吃不读的,更没见过哪个学生边吃边闲聊的。感觉哈佛的餐厅不过是一个可以吃东西的图书馆,是哈佛正宗 100 个图书馆之外的另类图书馆。哈佛的医院,同样的宁静,同样的不管有多少在候诊的人也无一人说话,无一人不在阅读或记录。医院仍是图书馆的延伸。于是,哈佛产生的诺贝尔奖得主有 33 位,美国总统有 7 位。

三、澳大利亚大学的后勤

大学有专门的后勤管理机构,但对大学师生的生活后勤基本不管,大学校园内只有少量学生公寓,重点是管公务后勤和技术后勤,生活后勤委托社会企业提供。

澳大利亚每所大学都有一定面积的停车场,既有利用一片空地的,也有专门建一栋到多栋停车楼。由于人们的自觉性都很高,一般停车都根据管理部门的提示去停车,车辆不会乱停放。

澳大利亚大学的校门和许多大楼几乎没有人管理,大门和校园内的保安都很少。

澳大利亚大学的行政机构很精简,有的甚至没有专门的行政办公大楼。对于后勤服务设施,相当部分都是引进社会优质企业。同时,后勤服务的机械化程度高,仅仅是一个木工,就有多种电动机械。

四、美国等国家的军事后勤

早在朝鲜战争期间，美军是 13 名后勤人员为一个战斗人员服务，志愿军是 1 个后勤人员为 6 个前线士兵服务。在弹药、战地伙食、被服以及伤员的救治等后勤服务水平都远远超过志愿军。如美军对伤员审核及后送也有着严格完善的制度，并不是所有受伤就后送，一般轻微的小伤，通常由医护兵包扎，只有伤势较重才会送到野战医疗站（营团级），更重一点用直升机或飞机空运到后方医院，甚至直送日本。一般所谓负伤的数字，指的是送到野战医疗站以上的数字。美军重伤员后送，主要是空运后送，从战场由飞机送到后方医院或是停泊在海面上的医院船，少数伤势严重的则被直接送到日本。两者相比，可以看到中美两军在后勤供应上的巨大差距，志愿军能在如此悬殊的后勤供应情况下，打败了美国侵略者，确实是非常不容易。

在现代，后勤已经成为世界新军事变革的重要内容，美军早在 20 世纪 90 年代初制定的《2020 年联合构想》中就提出了"聚焦后勤"的概念，他们积极加速后勤转型，提高保障效率和效能，以强有力的战略运输能力为基础，从本土向海外战场投送作战力量和装备物资，准确预测部队作战需求，建立军地联合的保障体系。俄军也把后勤改革作为军事变革最重要的内容之一。普京在俄联邦武装力量 2003 年度工作总结讲话中，曾以四分之一的篇幅，提出要建立现代、统一、符合平时和战时要求的后勤保障体系。

后勤保障力是战斗力的有机组成部分，是聚集和释放战斗力的重要支撑。在正确的时间、正确的地点，把正确数量的物资送达正确的用户，是美军对后勤部队保障力提出的最高要求，也是美军"聚焦后勤"和"感知与响应后勤"的灵魂之所在。在新一轮军事转型中，美军也认识到，没有后勤的转型就没有军队的整体转型。

所谓"感知与响应后勤"，是指以商业的感知与响应理念为基础，吸取各种先进经营管理技术的新型保障系统。其精确灵敏的适应性保障，使基于效果的联合作战得以实施，从根本上弥补传统保障的不足之处。"感知与响应后勤"认为，一个单位的战斗效能不仅要靠拥有足够的弹药、油料、给养、水以及维持军事能力的其他物资装备，而且要避免累赘的剩余物资。太多的弹药、油料、给养或水会影响效能，因为物资太多，单位的速度就会减慢，敏捷性就会降低，维持高战斗节奏的时间就会缩短。

在这一理念指导下，美军认为，后勤指挥控制能力、快速反应能力和精确保障能力等，是后勤部队的核心保障能力，其基础是后勤人员和装备达到既定满编率和训练水平。美军人员整体战勤比长期保持在 1:0.8 的水平。在整体操作层面，美军强调打破体系壁垒，把联勤、军种后勤、民间社会化和动员力量，乃至友国盟军后勤纳入一个大"蓄水池"，按需灵活调用。

美军"精确保障"的理念贯穿于保障目标设定的方方面面。战略投送方面，美军要求能在 96 小时内向世界任何地方部署 1 个旅、120 小时内部署 1 个师、30 日内部署 5 个师，据此筹备兵力输送、物资运输和预置等能力。

美军的"黄金1小时"法则，即从申请到伤员后送至适宜的救治机构，必须在1小时内完成，据此配置和调用战场卫勤资源与后送力量。

保障力的生成，需要多种要素共同作用。为了尽快提高后勤的保障力，美军高度重视网络建设，并重视实战训练与技术创新，借鉴企业管理方法进行科学评估。

在训练层面，美军认为，训练是连接打仗与准备打仗，提升战斗保障力的重要环节。后勤训练必须按战施训、按训施战，确保从实战中来到实战中去。

在实战演习中，美军会按照战时装备损坏数量和人员伤病规模，派出全部损坏装备和"伤病员"到达演练现场，增加实战训练效果。美军野战救护训练中保留着一个传统课目，就是将担架伤员举过头顶涉水渡河。之所以保留这一传统课目，是因为美军认为，在大规模演习中，应塑造最接近实战的环境，把激烈性、突然性和风险性因素纳入其中，完全按照可能出现的极端和紧急情况进行操练。美军演习中要求必须配齐参训系统要素，如实数派遣卫勤人员、展开医疗方舱、配备救护直升机和车辆，进行分类、手术、后送等情况处置。

在装备层面，美军注重研发先进后勤装备，以节省人力、提升效能。

第一，以信息化手段为保障行动提速增效。近年来，美军将500多个后勤信息系统逐步整合纳入全球作战保障系统，并推进末端要素入网。例如，补给物资加贴射频识别标签，运输车辆加装定位通信系统，陆海空联运集装箱内设报警装置，嵌入式微电子系统监控装备运行状态，腕带装置感知伤病员体征，保障分队配发"蓝军跟踪器"和"甚小口径终端"等无线通联设备，着力实现后勤在"战术最后一英里"的及时可见可控，为透明高效保障提供手段支撑。

第二，注重将新材料新技术转化成保障力。战场形势和行动需求的发展，对保障能力提出了新的要求，美军尤为注重将新材料、新能源、新技术植入后勤保障实践。比如，现代化武器装备的普及导致电能消耗越来越大，阿富汗战场上美军士兵需带70多块电池，重量占携行负荷的20%。为提升电能保障效益，美军研发了单兵集成供电系统，重量与陶瓷式防弹服相当，穿戴在身上即可满足光学瞄准仪、电台、应急定位信标等各类单兵装备的电能需求。为降低风险、增强效能，美军近年来还加快发展无人化智能化保障装备。与战斗小队同行的机器骡，可负重100多公斤在复杂地形环境中使用，减轻了伴随保障负担；无人驾驶运输直升机，可弥补车辆和有人驾驶飞机运输的不足，增强战术补给的灵活适应性。

第三，以模块拼装方式促进保障力有效聚释。美军充分运用模块构建、积木拼装、即插即用等方式，确保快速高效聚集和释放保障能力。为确保保障行动结合部顺畅衔接，美军从各军种抽组联编精干特遣力量，大力加强海空港口的物资转运与伤病员后送能力。美军各类新型旅战斗队保障营统一掌控全旅大部后勤力量，编1100至600人不等，根据需要向各作战营连派出量身定制的前方分队，保障能力较以往提高了2倍多。

评估是保障力建设承上启下的重要环节。美军注重将后勤训练评估考核系统嵌入指挥信息系统，保证对后勤实战化演练全程监控、客观评估。评估中，美军注重借鉴企业先进管理方法组织评估改进工作。

以美军安尼斯顿陆军维修基地为例，该基地采用精益六西格玛方法来衡量和改进自身效能，在保障质量提升和经费成本节约等方面取得显著成效。精益（Lean）和六西格玛（Six Sigma）作为世界上具有代表性的、先进的管理理念与管理方法，二者优势互补，通过消除浪费、减少缺陷、改进流程等手段实现了生产的高品质、低成本、低库存。

安尼斯顿陆军基地位于亚拉巴马州，是美陆军5个大型修理保障基地之一，享有"坦克再制造中心"的美誉。安尼斯顿基地是美陆军唯一能对重型和轻型履带式战车及其部件进行维修的基地，被指定为"M1艾布拉姆斯坦克技术中心"。基地于2002年起引入"精益"的概念，在对包括M1艾布拉姆斯坦克、M2机枪等的再制造和维修中采取精益六西格玛管理。

在操作中，安尼斯顿基地首先确定了能用于实施精益六西格玛的资源。基地从用户角度出发，定义了需求价值：陆军物资司令部常规的订单，用户看重的是产品和服务的性价比；相比之下，作战部队对于费用并不十分在意，对于装备的质量可靠性要求较高。

不同的用户需求，对基地生产安排、质量控制等均会造成影响。接下来，安尼斯顿基地将测量、分析和改进步骤进行了综合。首先，进行"价值流分析"，这一阶段，管理人员制定了"现在过程图"，并确认该过程中的浪费和无效工作；之后开发"理想状态图"，显示出在没有约束的情况下最完美的过程；然后开发一个"未来改善过程图"，介于现在和理想状态之间。这个未来过程图确认了未来6至12个月将要实现的目标。

在控制阶段，基地将改进成果确定下来，形成新的生产方式。在这之后，持续改进工作还在进行，并遵循"七星期循环"实施。通过实施精益六西格玛转变，安尼斯顿基地实现了飞跃。单架M2机枪组装时间从2.5工时减少到1个工时，所需人员由18人减少到15人，生产量从过去每月50架增加到每月超过100架；M1艾布拉姆斯坦克的拆卸生产线单位拆卸时间从260小时降低为230小时。通过实施精益六西格玛管理，基地一年减少了90万个直接工时，大幅提升了保障能力。

五、美国重视后勤理论研究和创新

美国特别是美国军队很重视后勤理论研究，不断提出许多新概念、新观点和新理论，并指导着后勤建设和保障的实践。

1. 提出"后勤平等论"

认为在战争中，后勤与战略、战术是平等的。"后勤平等论"从理论上将后勤的地位与作用提高到了一个新高度。

2. 提出了"指挥后勤观"

后勤是协调指挥官建立和保障战斗力的战斗职能之一，也是各级战争中的一个主要作战系统。在较高级别的战争中，作战和后勤日益融合，必须统一予以考虑，在一定意义上，作战就是后勤，后勤也就是作战。后勤是重要的威慑力量。

3. 提出了"精确化后勤"的理念

精确化后勤即要求提供适时、适地和适量的后勤保障。后勤保障在时间、空间、品种、数量及力量使用上的精确度成为保障有力的标志。

4. 配送式保障

配送式保障就是后勤不是被动为一线服务，而是主动服务，主动干预一线。

5. 直达式保障

直达式保障是通过综合运用陆海空立体化输送手段，超越数个保障环节，对作战部队直接实施保障或支援的一种后勤保障方式，对提高后勤保障速度和效益具有重大作用。

6. 承包保障

承包保障就是利用社会公司通过承包方式解决军队的后勤服务问题，如运兵送货、征兵培训、翻译保镖、后勤供给、技术保障等。

除此之外，还有联盟保障、海上预置保障等。

六、国外（境外）后勤的点滴

1. 苏联曾拍摄了一部名为《最高的奖赏》的故事片，反映广大公安人员如何为维护国家的安全和社会的稳定而辛勤工作（公安保卫人员属于广义上的后勤人员）

2. 重视停车场建设

当今社会，汽车是很普通的交通工具，许多国家特别是发达国家的汽车拥有量都比较多，故停车场建设是社会的基本建设之一，每家每户都有停车房，每所高校都有面积不小的停车楼或停车场，商场如果没有面积相当的停车场几乎无法经营。在马来西亚吉隆坡，许多住宅楼的地下层或地上1~3层都用于停车，在吉隆坡附近的政府机构所在地，几乎在地面上看不到停放的车辆。

3. 重视洗手间建设

美国等发达国家以及我国台湾、香港和澳门等地区，都很重视洗手间的建设，让人感到这些洗手间很干净、很文明、自动化程度高。如香港一些商场的洗手间，墙壁都用大理石装饰，灯光很明亮，还有电子显示屏显示可用的洗手间数量。便后马桶冲水和便后洗手的水龙头出水是自动化的。洲际酒店内的洗手间还放有沙发，人们可以在那里聊天、休息。澳门一些商场的洗手间，自动化程度也比较高。

4. 文明出行

文明出行包括不乱丢垃圾，不乱过马路，不乱停放车辆，不乱吐痰，自觉遵守有关规定，讲究文明礼貌等。这些在西方国家是很常见的。

5. 讲究建筑艺术

许多国家都很讲究建筑艺术，如俄罗斯的建筑有欧亚风格，泰国和新加坡等东南亚国家有南洋风格。同样的建筑，讲究不讲究建筑艺术其建筑效果大不相同。

七、发达国家先进的职业教育

发达国家先进的职业教育比较突出的有德国的双元制、澳大利亚的培训包、英国的现代学徒制等。

在英国，每年约有 50 万名完成职业教育的学生走上工作岗位。与学位文凭一样，职业资格证书在英国企业也广受欢迎。特别是在英国经济加速向再工业化转型之时，现代职业教育显得更为重要。

近年来，英国政府对职业教育进行大刀阔斧的改革，完善现代职业教育体系，以适应当前国家经济发展的需要。去年底，英国政府推出新种类 A 级职业资格证书，包括摩托车维修证和法式糕点烘焙证等，共 142 个。英国政府希望这项举措能够切实提升年轻求职者的竞争力，为其争取工作机会添油加力。同时，英国政府还宣布推行 87 个业务范围更广的通用应用资格证书，作为职业教育改革的一部分。专家指出，高质量和高性价比的资格证书是所有优秀职业教育系统的核心，这项改革使英国在建立有效的职业教育机制上迈出了坚实的一步。

与此同时，英国政府还注重加强对青少年专业技能的培训，不仅让年轻人拥有丰富的理论知识，而且要注重提高他们的动手能力。英国政府推出的新措施包括，自 2015 年 9 月起，14 岁至 16 岁的青少年除学习普通中等教育考试有关课程外，还可选读最多 3 门新技术课程，新技术课程和新普通中等教育考试课程级别相同，加强对学生实际训练，有助于帮助青少年适应职业需求。

在薪酬方面，技术工人的工资有时并不逊于公司白领。目前，拥有国家职业资格证书 3 级的技术工作，平均年薪在 25000 英镑左右，与英国大学本科毕业生的平均年薪基本相当。在一些国际知名的大公司里，一些特殊技术工人的工资则远远超过大学毕业生。

英国政府不遗余力地采取各种措施鼓励青少年掌握技术本领，缘于本国对技术工人的巨大市场需求。英国公共政策研究中心最新报告指出，到 2022 年，英国将新增 360 万个中级技术职能的就业机会，而受雇的对象将会是有证书或者是经过职业训练的人员，其中医疗服务和护理方面将有 40% 的空缺需要专业人员来填补。这家教育智囊机构呼吁，如果英国不加强职业教育，未来经济将无法与其他国家竞争。

八、世界四大饭堂

1. 古里饭堂

位于委内瑞拉卡罗尼河的巨型电站里，这座食堂的厨房和餐厅的总面积约有 25000

平方米,每天可供应 40000 份饭菜,厨房里安装了现代设备,烤炉由电子设备自动控制,采用电力作热源,厨师可以一次同时烤上 5000 份牛排而丝毫不用担心哪块牛排会烤糊。这里的锅可以任意轻巧的翻转,一次就可做供 5000 人吃的饭或 12000 份鲜美可口的汤。

2. 多特蒙德饭堂

位于德国多特蒙德大学里,这所大学每天中午有 12000 多人进餐,却很少有人排队,餐厅里有 40 个硕大的多层转盘在不停地转动。转盘的一半在厨房内,另一半在厨房外的餐厅里,厨师将盛好的食肴不停地放在转盘上,就餐者根据所买餐券的等级,自觉地从不同的转盘上选取饭菜。用好餐,把餐具放在传送带上,由食堂统一收回洗刷。

3. 川崎饭堂

位于日本川崎钢铁公司东京总部,每天中午有 18000 多名职工在铃声中乘电梯去食堂,他们凭带有磁带的用餐卡就餐,饭菜供应处配有 80 台穿孔读出器。用餐者将自己的用餐卡插入穿孔片读出器后就可挑选饭菜。一套装置能保证 20000 多名就餐者在 45 分钟内用餐完毕。

4. 樟宜饭堂

新加坡航空公司耗资 4350 万美元建于樟宜机场内。该食堂每天为 27 家航空公司的班机供应 30000 份餐点,收藏了世界各地 1000 多种食谱,烹饪过程采用电脑控制。有 1700 名经验丰富的厨师负责这间饭堂工作。

案例一

朱宝铜——高校后勤社会化改革的卓越领导者

朱宝铜是教育部发展规划司后勤改革处处长,长期从事高校后勤领导工作,为高校后勤建设特别是为推进高校后勤社会化改革作出了突出贡献。

朱宝铜名言之一:我们面对的高校后勤社会化改革极其复杂,这项改革对我们每个人来说,既是一个挑战,也是一个考验,要搞好这项的改革,不但要有清晰的头脑,还要具备无私的精神、博大的胸怀和顽强的毅力。追求做官、追求名利的人,可能可以做很大的官,也可能会得到名利,但不可能做成大事。我希望同志们能够抓住机遇,以无私无畏的精神投入到改革中去,团结一心共同努力,追求做成高校后勤社会化改革这件大事,为全国的高校后勤社会化改革和高等教育事业发展做出突出贡献,在为国家事业的贡献中体现个人价值。

案例二

向"大国工匠"学习

长征火箭焊接发动机的高级技师高凤林、港珠澳大桥工程钳工管延安等8位技师,在平凡的岗位上追求职业技能的完美和极致,技艺精湛,最终脱颖而出,跻身"国宝级"技工行列,成为一个领域不可或缺的人才,2015年5月被誉为"大国工匠"。

他们的成功来自爱岗敬业,来自长期坚守和一丝不苟,来自执着专注和不断钻研,事实再次说明,只有那些热爱本职,脚踏实地,勤勤恳恳,兢兢业业,尽职尽责,精益求精的人,才可能成就一番事业,才可望拓展人生价值,制造业的员工是这样,各行各业的员工也是这样。

第四章　后勤人才的基本知识

第一节　后勤人才的定义和种类

一、后勤人才的定义

人才是指具有一定的专业知识或专门技能，进行创造性劳动并对社会作出贡献的人，是人力资源中能力和素质较高的劳动者。人才是我国经济社会发展的第一资源。

后勤人才就是在一定的社会条件下，以其良好的品德、知识和能力，通过不断取得创新性劳动成果，为后勤的发展做出了积极贡献甚至是较大贡献。

后勤人才的定义告诉我们，要成为一名后勤人才，一定要有良好的综合素质，包括品德、知识、能力和体魄等，在这基础上取得了创新性劳动成果，并通过这些成果，为后勤业的发展做出贡献。人才的基础是素质，关键是创新和贡献。

关于创新性成果的问题。人才对后勤业的贡献不是一般的贡献，而是有创新性成果的贡献，只有创新性成果才能为后勤业作出较大贡献。什么是创新性成果？创新性成果就是有新颖性、创造性、突破性的成果。创新性成果是有层次性的，大的方面分为根本的创新性成果和渐进式的创新性成果。后勤社会化改革是创新。把一个亏损严重的后勤企业扭亏为盈了，这是创新。就是在大体相同的条件下，使后勤企业的营业额和利润获得了明显提高，这也是创新。

二、后勤人才的种类

（1）按直接与间接从事后勤工作来分，后勤人才可分为狭义后勤人才和广义后勤人才。其中狭义的后勤人才主要指直接从事后勤和装备服务、管理、保障、经营的人才。广义的后勤人才包括一切为后勤业发展做出积极贡献的各类人才，如更先进的仪器设备、材料的研制者、后勤设施投资商、培训师、后勤用品供应商、后勤人才培养等。

（2）按行业来分，后勤人才可分为高校后勤人才、政府机关后勤人才、科研院所后勤人才、企业后勤人才、军队后勤人才等。

每个行业又有不同特点的后勤人才，如从军队行业来看，后勤人才又可分为后勤指挥人才、后勤管理人才、后勤科学家人才、后勤专业技术人才和后勤科研教育人才等。

（3）按工作性质来分，可分为领导型人才、服务型人才、管理型人才、技术型人才、经营型人才、党务型人才等。

（4）按具体工种来分，后勤服务人才又可分为餐饮服务人才、物业管理人才、接待服务人才、商贸服务人才、交通运输人才、园林绿化人才、房屋修缮人才、水电专业人才、幼儿教育人才、基本建设人才、房地产管理人才、财务管理人才、技术物资供应和管理人才等。

（5）按专业来分，后勤又可分为装备人才、总务人才、基建人才、房地产人才、机关事务服务人才等。

（6）按技术层面来看，又可分为专业技术人才、软件开发人才、节能减排人才、新产品开发人才等。

（7）仅仅是装备维修人才，军队就可分为各级装备保障指挥机关的指挥人才、复合型的管理人员，专家型的装备维修保障人员，行家型的装备技术士官和应用型的装备维修士兵等五类。高校可分为通用仪器设备维修人才，专用仪器设备维修人才，也可分为实验室仪器设备维修人才，其他仪器设备维修人才。仅是实验室仪器设备就有很多类，如各种类型计算机、光学仪器、分析仪器、电子仪器等。后勤本身也需要不少装备维修人才，如电气维修、汽车维修、厨房设备维修等。随着我国现代化水平的不断提高，装备维修人才的作用将越来越凸显。

第二节　后勤人才的层次性和动态性

一、人才的层次性

后勤人才不仅有初级、中级、高级这些层次，而且就像运动员一样，有本系统运动员、省队运动员、国家队运动员和世界级运动员。仅是在本单位做出突出贡献的，就是本单位层次的人才。如果是在本系统后勤业（如高校系统、军队系统）做出突出贡献的，就是本系统后勤业的人才。如果在全国范围内为后勤业做出突出贡献的，往往就是全国范围内的突出人才，如教育部发展规划司后勤改革处朱宝铜处长和原华中科技大学后勤集团总经理龚守相等。

二、人才的动态性

人才的动态性，表现在多方面：

（1）人才是变化的，由于个人的努力，外部环境的配合，个体今天不是人才，不等于明天不是人才。从正向发展趋势来看，人才发展是由非人才向人才转化，由低层次人才向高层次人才发展。但是，矛盾的双方在一定的条件下会向对方转化。如果后勤人才放松了对自己的要求,甚至走上违法犯罪的道路,人才也就会转变为非人才。

(2)人才的特点是适用性。如在战争年代,军事人才是最急需、最重要的人才;但在经济建设时期,经济人才就是最急需最重要的人才。后勤的发展也是这样。如7天连锁酒店将信息化技术应用到酒店,明显提高了酒店的经营水平和管理水平,甚至达到了"从不竞争"的境界,信息化人才就成为后勤的急需人才。后勤人才的培养不仅要满足后勤今天的需要,还要满足后勤明天的需要。

第三节 后勤人才的特点

(1)后勤人才的面很广,既有大量的专家,也有不少是"杂家"型的。由于许多后勤服务的繁杂性,后勤人才往往是"一专多能"的复合型人才。"杂"中有"专"。同时,我们的"杂"是为了一线更好的"专"。后勤的创新,往往可以在"化繁为简"和精细化方面入手。

(2)后勤人才的技能固然重要,但服务精神、服务态度和廉洁奉公的品德更重要。各行各业都离不开后勤,但后勤却往往又是贪腐案的易发地。对后勤人才,还要求具有奉献精神和创新精神等。

(3)后勤需要战略型、学术型人才,也需要科学家、发明家和企业家,但大量的还是技能型、实干型的服务管理型人才。如军队培养高素质后勤人才,要求努力建设一支通晓信息化战争后勤理论,能够组织领导后勤信息化建设、驾驭信息化战争后勤保障的指挥军官队伍;一支精通军事后勤保障理论及相关业务知识、善于出谋划策的参谋队伍;一支站在科技发展前沿、覆盖重要学科专业领域,能够赶超世界先进水平、领衔组织军事后期重大课题的科学家队伍;一支能够为信息化战争后勤保障提供强有力技术支撑的技术专家队伍;一支文化基础好、专业技能精、身心素质强,适应后勤装备更新换代和作战保障任务需要的士官队伍;等等。

第四节 后勤人才的地位和作用

"千军易得,一将难求。"当钱学森还没有回到中国并作出贡献时,美国人就说钱学森可以顶他们五个师。这说明人才的关键作用,人才在后勤事业发展中同样具有这样的作用。如中山大学蒲园餐厅经理张永革几年前在接管该餐厅时,该餐厅是亏损70万,但他接管后一年该餐厅就盈利了70万元(即扭亏70万,盈利70万,共140万),以后其经济效益和社会效益更是节节攀高……这就是后勤人才的作用。

后勤人才主要分为后勤服务、管理和经营人才,其中后勤服务和管理人才是为本单位（系统）发展战略的实现提供后勤服务的，后勤经营人才即后勤企业人才，是为社会有关系统或单位提供后勤服务的（如物业公司）。一些企事业单位改制后发展起来的后勤企业既为本单位服务，也为社会服务。后勤企业必须首先制定正确的发展战略。"人无远虑，必有近忧"，制定正确的发展战略非常重要。如果没有人才，不可能正确分析单位所处的市场环境，不可能为单位正确定位并制定好发展战略。另一方面，要使单位发展战略的早日实现，关键还是靠人才。

尽管我国服务业的发展取得了很大进步，但与国际先进水平相比还有很大差距，最大的差距是软件，是服务水平和获取利润的能力，我们必须努力迎头赶上。而实现赶超需要很多条件，关键还是人才。特别是我们仍很缺乏中高级服务、管理和经营人才。相当部分后勤人员是由别的行业转过来，没有系统接受过后勤服务、管理或经营的正规培训，对什么是后勤服务的成功要素和世界服务业发展的趋势并不了解，离后勤职业化、专业化发展还有很大距离。我国许多大中专院校，这几年培养了不少与后勤服务有关的专业人才，如酒店管理、园林绿化、物业管理等。但有的大学毕业生并不热爱自己的专业，因多种原因跳槽转行的不少。同时，由于"用工荒"等多种原因，一部分工种的后勤员工（如餐饮、酒店等）流动率较高，甚至个别地区还出现了"一线员工奇缺"的现象。现有服务人员中，一般的服务人员以初、高中学历的为主，年龄偏大的员工也不少，特别是在物业等行业。一些沿海城市要高星级以上的酒店才能吸引到旅游职校毕业生。部分后勤服务人员不稳定的直接原因是价值观的问题，同时也存在待遇偏低和单位不能善待员工等问题，而待遇又跟收入和分配制度密切相关。人员的不稳定和综合素质不能较快提高，直接影响到服务质量的提高和优秀员工的成长，并与后勤服务业发展形成了恶性循环。

为了促进我国后勤服务业的更健康的发展，我们要继续高度重视后勤服务业的人才问题，我国后勤服务业的发展十分需要众多有学历、有眼光、有创新、有突出业绩的优秀人才。我们要像培养国家万人计划那样去培养后勤杰出人才甚至是世界级人才，要有更多的大中专院校开设与服务业有关的专业和培养与后勤服务业有关的技能人才，要营造良好的后勤人才成长的环境，人才竞争的背后往往就是制度的竞争。另外，后勤人才特别是后勤企业人才更重要的是在实践中锻炼成长。酒店是服务业的重要组成部分。一些酒店公司成为世界性最大的酒店集团只用了30多年，我们更要有"三十年磨一剑"甚至是"一生只做一件事"的专注精神。

第五节 对后勤人才的基本要求

后勤人才主要有服务人才、技术人才、管理人才和经营人才，其基本要求是：
（1）热爱后勤事业，为了"一线"的胜利甘当配角，全心全意为客户服务。

(2) 忠诚精干、贴心可靠，特别能战斗。

(3) 有较强的工作责任心，用心服务，勤勤恳恳，任劳任怨。

(4) 知识结构合理，懂经营，善管理，勤服务。

(5) 有一定学历、有专业特长甚至有多个专业特长、熟悉现代企业管理，能为后勤服务业发展作出积极贡献甚至是较大贡献。

(6) 身体素质好，既能从事脑力劳动，也能从事体力劳动。既重视复杂劳动和创新，也不轻视简单劳动和重复劳动。后勤工作不仅需要高科技，也需要一定的体力和较强的吃苦耐劳精神。

第六节　影响后勤人才成长的基本因素

影响后勤人才成长的基本因素有素质、教育、环境、实践和主观能动性这五个方面。

一、素质

素质包括先天素质和后天素质。后天素质主要是"德、智、体"或"德、识、才、学、体"五个方面。

先天素质是相对于后天习得素质而言的，俗称禀赋、天资、天赋，主要是由遗传因素决定，并受环境、教育等因素影响。先天素质具有基础性、差异性和潜在性的特点。先天素质与成才密切相关，是人才成长和发展的前提和基础，是施加后天影响的载体和条件，如一些著名运动员、歌唱家、语言家的天赋等。我国北方人和南方人在身材上的差别主要是遗传因素造成的，我们既反对遗传决定论，也反对完全否定遗传的作用。而是先天素质和后天素质的养成共同作用推动人才成长和发展。

先天素质在形成过程中，影响因素很多，主要有遗传因素、环境因素（主要指母体子宫内环境）和胎教因素。

注意先天素质对人才成长的影响，就要积极预防遗传病，同时做到科学胎教、注意营养，在怀孕期间防止外伤，防治先天缺陷等（如一些口吃是先天造成的，一些心脏病也是先天造成的），避免高龄怀孕风险等。

二、教育

教育就是使自然人变成社会人的培育过程。婴儿出生后，就开始受到父母和周围环境的影响。教育主要分为家庭教育、学校教育、社会教育和自我教育。其中父母（包括直接带小孩的人）是子女的第一任老师，0～3岁是很重要的教育阶段；学校教育分为普通教育（学前教育、幼儿园教育、小学教育和中学教育）、高等教育（包括大专、本科、硕士和博士层次）、职业教育（包括中专和职业技术学院等）和终身教育。接受教育不仅要掌握知识，更重要的是懂得做人的道理，具备基本能力，掌握就业的基本技能，要注意德智体全面发展、智力因素和非智力因素协调发展。在人才成长中，志向、学习（自学）和创新在成才过程中具有决定性意义。是否有志向，对人才的成长具有十分重要的作用。志向远大，加上能扎扎实实做出努力，成就就会大些。在人的一生中，文凭是重要的，但真正起作用的还是自己所养成的学习习惯和自学能力。原来学历较低但通过自学而成才的人大有人在。创新在人的成长中具有决定性意义。有的人学历很高，但一生无任何创造，这不能说是人才。接受教育，一定要在巨人的肩膀上有所前进。站在前人的肩膀上是继承，有所前进是创造。我们不仅要掌握知识，而且要应用知识和创造知识。

目前在后勤服务业，高学历的人仍不多，有也是主要集中在管理层或研发技术人才。如宾馆接待是后勤服务的重要组成部分，但有些酒店管理专业毕业的大学生不很安心在酒店工作，流动率比较高。这对接待业和本人的发展都会产生不利的影响。但也有不少后勤人坚持在职学习，甚至到国内大学或香港澳门等地攻读与后勤管理有关专业的硕士学位或博士学位，他们的方向代表了现代后勤人才的发展方向。

三、环境

环境是相对于某个主体而言的，指主体之外的一切事物，它既包括物质的也包括非物质的，既包括自然的也包括社会的。环境有小环境、中环境和大环境。家庭属于小环境，学校和社区等属于中环境，社会是大环境。环境也包括自然环境和社会环境。"文革"对人才的摧残主要是社会环境造成，肺癌等肿瘤疾病的明显增加主要是空气、水、食物等自然环境受污染严重所造成的。餐饮业患职业病的比例比较高，这与餐饮特别是厨房的特殊环境有关。古有"孟母三迁"，今有"择校择居"，都是对良好环境的选择。

在众多环境因素中，父母的影响特别是母亲的影响以及家庭条件的好坏等对人才成长具有特别重要的作用。如酒店业希尔顿的成长，其母亲的作用就很大。我国"钱"家族中出了不少杰出人才，与这个家族的价值观和文化氛围很有关系。有些后勤工作者，一家几代人都从事后勤工作。当今年轻人是否热爱后勤服务业，父母的价值观和家庭的引导也很重要。有些人才的成长，如果没有一定的经济条件，很难坚持下去（如出国留学）。人才成长需要长期奋斗，如果没有家庭的理解和支持，往往会中途夭折。

机遇也属于外因环境，如很多成功人士抓住改革开放的机遇发展起来等。

四、实践

实践是人类改造客观世界的一切活动，生产劳动是人类最基本的实践活动，实践也是人才成长的必由之路。从哲学上来看，实践是主观认识和客观真理之间的桥梁和中介，实践是检验真理的唯一标准。只有积极参加实践，才能有效地改造客观世界和主观世界。哥伦布发现了新大陆,这是靠实践。莱特兄弟发明了飞机,这是靠实践。邓小平开辟了改革开放的道路也是靠实践。只有通过实践,才能使知识变成财富,只有通过实践,才能检验我们的理论、我们的观念是否符合客观规律,是否达到我们的预期目标,是否正确。如果我们有远大的志向,有丰富的知识,但不去实践,那就没有任何意义,也只能是空想。世界许多著名人才,哪个不是靠实践才能成功?

五、主观能动性

在一定的客观条件下,是主观能动性决定一切。如红军当年的"劣势"是通过主观能动性的发挥而战胜"强敌"的;我国"两弹一星"也是在极其艰苦的条件下开始起步,没有革命精神和主观能动性的发挥,是无法取得众所周知的成就的。"勤奋"和"谋略"就是主观能动性有效发挥的良好状态。毛泽东曾精辟指出,战争的舞台必须建立在客观许可的基础上,但指挥员凭借这个舞台,可以导演出许多威武雄壮的活剧来。本来红军最初是弱方,但可以通过扬长避短而牵着蒋介石的"鼻子"走。这就是充分发挥主观能动性的典范之一。今天,我国的后勤服务业要尽快实现专业化、现代化,并追上发达国家的先进水平,也一定要充分发挥主观能动性,笨鸟先飞、迎头赶上。

成才是素质、教育、环境、实践和主观能动性这五个方面共同产生合力的结果,关键是后天素质、实践和主观能动性这几方面。

第七节 后勤人才的基本素质

一、后勤人才的品德

品德即道德品质(moral trait),是指个体依据一定的社会道德准则和规范行动时,对社会、对他人、对周围事物所表现出来的稳定的心理特征或倾向。品德主要有思想政治品德、社会公德、职业道德、家庭美德和生活道德。"德不优者,不能怀远",古人也认为,有德无才是庸者,有才无德是小人。德智体全面发展是我国对每个公民的基本要求。"德才兼备"是党对干部的基本标准,自然也是对后勤人才的基本要求,而且品德对后勤工作者有更高的要求。愿意从事"甘当配角"的后勤服务,这本身就是品德高尚的表现。而后勤战线一些有才华、有能力的人或主管领导相继落马,相当部分是道德品质方面出了问题。如化公为私、权钱交易、权色交易等,有的甚至很触目惊心,严重败坏了后勤的声誉。这种现象在军队、高校等都存在,有的职位还是很高的。后勤是与钱物打交道比较多的部门,也是经济犯罪的易发生地之一,思想品德建设具有更重要、更现实的意义。后勤工作者不仅要为一线提供优质高效服务,而且能否始终做到严守纪律,公私分明,"常在河边走,就是不湿脚",做一个始终让人民放心的可靠后勤人，这是对每个后勤人才的严峻考验。要做到这一点，制度固然很重要，但最基本最重要的还是自律，是自己应该把握好人生的"底线"和"红线"。

(一) 思想政治品德

思想政治品德决定人才的政治方向和立场。政治方向，是指一个人在社会生活、经济生活和思想文化生活中对待重大问题的立场、观点和态度，而这立场、观点和态度则是一个人的思想政治品德的直接反映。人才是通过创造性劳动对社会发展做出贡献的人，其政治方向必须和社会发展方向相一致。如坚持中国特色社会主义道路等。

良好的思想政治品德是成才的重要保障。首先，科学的思想观念能够帮助人才正确认识客观世界和主观世界，提高认识世界和改造世界的能力。其次，良好的政治品质有助于人才将自身的命运与社会的发展紧密联系在一起，从而激发人才实现自我价值和社会价值的动力。

良好的道德品质有助于人才正确处理自己与他人、个人与家庭、集体与社会的关系，是维系成才的重要保证。

社会主义核心价值观是思想政治品德的重要内容之一。主要由坚持马克思主义指导思想，坚持中国特色社会主义共同理想，坚持以爱国主义为核心的民族精神和以改革创新为核心的时代精神和坚持社会主义荣辱观组成，其主要内容共24字，即倡导"富强、民主、文明、和谐；自由、平等、公正、法治；爱国、敬业、诚信、友善"。

雷锋、罗阳等先进人物，他们能为国家做出很大贡献，首先是因为他们那种热爱党、热爱社会主义的政治立场、观点和态度非常坚定。思想政治品德的牢固树立，不仅要靠书本学习、靠课堂学习，主要还是要通过实际锻炼。"博学、审问、慎思、明辨、笃行"是孙中山先生为中山大学（原广东大学）题写的校训，其中"笃行"是非常重要的。近几年来，在校大学生甚至博士生自杀的现象时有所闻，这不仅有损有知识有文化人的形象，对生命的态度，这也是"德"的范畴。另外，轻视体力劳动、轻视平凡工作，看不起后勤服务工作，也不是良好的道德品质。

(二) 社会公德

社会公德简称"公德"。是指在人类长期社会实践中逐渐形成的、要求每个社会公民在履行社会义务或涉及社会公众利益的活动中应当遵循的道德准则。在本质上是一个国家、一个民族或者一个群体，在历史长河中、在社会实践活动中积淀下来的道德准则，文化观念和思想传统。它对维系社会公共生活和调整人与人之间的关系具有重要作用。社会公德的主要内容是文明礼貌、助人为乐、爱护公物、保护环境和遵纪守法。而随便丢垃圾、随便抽烟和丢烟头、随便过马路等不讲社会公德的现象，这也成了严重影响中国人在世界上文明形象的顽疾之一。

（三）职业道德

职业道德，就是同人们的职业活动紧密联系的符合职业特点所要求的道德准则、道德情操与道德品质的总和。

良好的职业道德包括：爱岗敬业、乐于奉献、实事求是、诚实守信、办事公道、服务群众、奉献社会、素质修养。其中爱岗敬业，就是认真对待自己的岗位，对自己的岗位职责负责到底，尽心尽力做好本职工作。爱岗敬业是人类社会最为普遍的奉献精神，它看似平凡，实则伟大。

目前，在我国市场经济条件下，实行的是求职者与用人单位的双向选择，这种就业方式的好处，就是能使更多的人从事自己所感兴趣的工作，用人单位也能挑选自己所需要的合适人选。在社会主义市场经济条件下，双向选择的就业方式为更好地发挥人的积极性创造了条件。这一改革与社会主义职业道德基本规范要求的爱岗敬业并不矛盾。

首先，提倡爱岗敬业，热爱本职，并不是要求人们终身只能干一行，爱一行，也不排斥人的全面发展、特色发展和扬长发展。它要求工作者通过本职活动，在一定程度上和范围内做到全面发展，不断增长知识，增长才干，努力成为多面手。我们不能把忠于职守、爱岗敬业片面地理解为绝对地、终身地只能从事某个职业。而是选定一行就应爱一行。合理的人才流动，双向选择可以增强人们优胜劣汰的人才竞争意识，促使大多数人更加自觉地忠于职守，爱岗敬业。实行双向选择，开展人才的合理流动，使用人单位有用人的自主权，可以择优录用，实现劳动力、生产资源的最佳配置，劳动者又可以根据社会的需要和个人的专业、特长、兴趣和爱好选择职业，真正做到人尽其才，充分发挥积极性和创造性。这与我们所强调的爱岗敬业的根本目的是一致的。

其次，求职者是不是具有爱岗敬业的精神，是用人单位挑选人才的一项非常重要的条件。用人单位往往录用那些具有爱岗敬业精神的人。因为只有那些"干一行，爱一行"的人，才能专心致志地搞好工作。如果只从个人兴趣出发，见异思迁，"干一行，厌一行"，不但自己的聪明才智得不到充分发挥，甚至会给工作带来损失。

另外，现实生活中能够找到理想职业人必定是少数的，对于多数人来说，岗位成才是最好的成才之路。他们必须面对现实，去从事社会所需要，而自己内心开始不太愿意干或对这项工作的意义认识不足的工作。在这种情况下，如果没有"干一行，爱一行"的精神，那么你就很难干好工作，很难做到爱岗敬业。特别是对于后勤业来说，从小就热爱后勤的人估计很少，绝大部分是通过工作实践逐步提高认识并产生浓厚兴趣。唯物主义认为，客观是第一位的，主观是第二位的。选择职业也是如此。不是让社会适应个人，而是个人要适应社会。"这山望那山高"、兴趣和志向的不稳定，这是不少人往往一事无成的重要原因。

有专家指出，成功的经营者必须具备职业意识、职业道德、职业生涯和专业能力等素质。其中职业道德包括忠于企业，也忠于自己的职业，职业道德不会因为待遇的变化和市场的变化而变化。职业生涯包括以自己所从事的专业为毕业追求，不会为了盲目地追求"人往高处走"而轻易丢掉自己的专业。

二、后勤人才的精神

后勤人才的精神是后勤文化的体现。任何人、任何企业和任何民族，如果没有始终保持一种积极向上的精神，就无法做到不断进步和与世界并驾齐驱，社会主义精神文明也是中国特色社会主义的一大特征。

（一）后勤人才要为后勤做出较大贡献，应该具备的精神主要有：

（1）胸怀全局和全心全意为人民服务的精神。

（2）吃苦耐劳、顽强奋斗的精神。

（3）踏实肯干、认真负责的精神。

（4）勤奋工作和专注的精神。

（5）改革创新精神。

（6）宽容共事精神。

（7）追求卓越精神。

（8）诚信精神。

（9）甘做配角甘当"绿叶"的精神。

（10）主人翁精神。

（二）世界部分著名后勤服务业人物的精神

1. 恺撒·里兹的精神

恺撒·里兹是里兹·卡尔顿饭店的创始人，他的名字和带有他的名字的饭店已成为"时髦"与"豪华"的象征。强烈的对客服务精神、精良的服务质量、不断革新的服务意识、科学的用人方式以及注重工作效率等是其创业精神的主要内容。

2. 斯塔特勒的精神

埃尔斯沃思·密尔顿·斯塔特勒是商业饭店的创始人，被誉为世界饭店标准化之父。斯塔特勒的精神，就是敢于创新、不断创新的精神。

3. 希尔顿的精神

希尔顿饭店集团是世界上公认的饭店业中的佼佼者，同时也是饭店业中"优秀"的代名词，其创始人康拉德·希尔顿是一位优秀的饭店经营者。他之所以能将希尔顿饭店从一幢红色砖楼的小旅馆经营成为一个世界知名的饭店集团，与他身上强烈的企业家精神有密切关系。

希尔顿的精神就是怀有梦想并脚踏实地、坚定不移地经营他的饭店业、一步一步登上事业巅峰的精神，就是敢于冒险、敢于创新、敢于改革、敢于创业的精神，就是追求卓越的精神和宽容共事的精神。一句话，希尔顿精神就是优秀企业家的精神。

4. 雷锋精神

雷锋精神是社会主义核心价值观的重要内容。全心全意为人民服务，干一行、爱一行、专一行、精一行。有了这种精神，不仅可以将后勤工作做好，而且可以有所创新有所突破。

5. 时传祥精神

时传祥精神主要是"工作无贵贱，行业无尊卑；宁愿一人脏，换来万人净"的为人民服务精神。

三、后勤人才的见识

见识指明智地、正确地作出判断及认识的能力。见识是人才的基本结构"德、识、才、学、体"中的重要部分，见识在人才成长和为社会所做出的贡献中具有十分重要的作用。选择干后勤工作并将其作为自己的事业，是需要见识的。因为在一些人的传统观念中，后勤服务工作是"伺候人"、"低人一等"的工作，甚至是"没有前途"的工作。有些人是服从组织安排而被迫干后勤的，有些是找不到更合适的工作而不得不干后勤的。真正学历较高、能力较强而主动选择干后勤的人目前还不是很多。实际上，后勤是各单位正常运转不可缺少的重要组成部分，这里有许多难题需要攻克，这里也有成才的广阔天地。如后勤战线已经涌现出多个全国著名的英雄人物和劳动模范；著名的"价值工程"理论是一个采购工程师发明的；后勤经济的蓬勃发展，更为后勤人才的发展开辟了崭新的道路，社会对优质后勤服务的需求很大，后勤企业的发展前景很广阔，甚至可以涌现出中国 500 强企业。

见识还包括远见、预测能力和超前意识等。后勤工作如果没有一叶知秋的眼光和水平，就难以做到工作主动。

中国人民大学充分利用社会优质资源，将教工住房问题全部交由社会来解决，这是很有远见的。

华中科技大学仅是 20 世纪 50 年代才成立的大学，但该校的第一任校长以"多砌墙"为其办学的重要发展战略，故该校的校园面积至今仍比较适应学校的发展。

军队面向未来加强对联合作战人才和高新技术人才的培养，就是一种超前意识的人才培养。

四、后勤人才的知识

什么是知识？目前还没有一个统一的定义，但知识的概念是哲学中认识论领域最为重要的一个概念。认识论认为，知识是对客观事物表象和内在规律的认识程度。认识有感性认识和理性认识，知识有直接知识和间接知识，实践在获得直接知识、创造知识方面具有关键作用。

当今社会，知识泛指人们对客观事物的真实记载或对客观事物认识的归纳总结和对客观事物内在规律的正确认识程度并可以用于指导解决实践问题的理论、观点、经验和程序等信息。这种认识应该是被实践检验过并且证明是正确的。比较系统的知识以书籍等文字形式保存和传播。知识的内容可能是关于理论的，也可能是关于实践的；知识的来源可能是有字的，也可能是无字的；广义的知识也包括所有文化。

知识也可以看成构成人类智慧的最根本的因素。但知识不等于智慧，智慧是对知识的灵活运用并且在实践中产生了积极效果。在现实生活中，有学历有知识但没有成果没有创造的人并不少见。

要成为后勤人才，知识是基础，没有丰富的知识就不可能有独到的见识，也不可能有更大的贡献。许多为后勤业发展做出突出贡献的人才，不一定学历很高，但一定是好学的。同时学习不能泛泛而学，要早日形成良好的知识结构，围绕创造目标的学习才是最有效的学习。人生精力有限，一生挖几口浅井不如挖一口有突破性成果的深井。

五、后勤人才的能力

能力，指顺利完成某一活动所必需的主观条件，是直接影响活动效率、并使活动顺利完成的个性心理特征。能力总是和人完成一定的活动相联系，离开了具体活动既不能表现人的能力，也不能发展人的能力。

能力在人才成长中具有重要意义。"德、识、才、学、体"的"才"就是指才能才干。在实际工作中，能力比学历更重要，许多企业家更看重一个人的实际能力，宁要一个虽然学历不高但能力强的人，西方国家有"能力至上"的理论，严重冲击了陈旧的"学历主义"。

（一）优秀后勤企业家的基本能力

根据美国哈佛商学院的总结，一般优秀的企业家应该具备如下基本能力：
(1) 创造性思考问题的能力。
(2) 解决问题的能力。
(3) 综合能力。
(4) 严密推理的能力。
(5) 表达能力和谈判能力。
(6) 领导能力。
(7) 经营能力。
(8) 超越自我的能力。

（二）后勤人才的能力

后勤人才需要具备一般能力、特殊能力。

（1）一般能力指为完成工作任务所必需的主观条件和个性心理特征，如口头和书面表达能力、服务态度、服务技巧、业务能力等。

（2）特殊能力指组织能力、创新能力等。对不同岗位、不同层次的人才会提出不同的特殊能力要求。对于后勤企业来说，经营能力、获利能力、创新能力属于特殊能力。

六、后勤人才的健康和体魄

健康第一，这是无数人才成长和成功的最基本条件之一。强壮的体魄，也是"德、识、才、学、体"人才基本结构的要素之一。追求健康长寿和人生成就的统一，应该也是后勤人才的共同追求。毛泽东1917年在其著名的《体育之研究》一文中，就全面阐述了体育在强国强民中的重要作用，认为"体是载知识之车，寓道德之舍"，无"体"就无所谓的"智"和"德"了。他所提出的德智体全面发展，一直都是党的教育方针的主要内容。健康包括生理健康和心理健康。生理健康包括少患病，不患或少患大病。心理健康包括无论遇到什么艰难困苦，都要乐观向上。要有吃苦耐劳的精神和体魄，能长时间经受住后勤业的艰辛，这是后勤人才能有所作为的基础。奥运金牌获得者、我国著名跳水运动员陈肖霞曾说过，只有超人的努力才能有超人的成绩。体育是这样，后勤人才的成长同样是这样。能做出超人的努力的前提是要有一个强壮的身体。因此，后勤人才平时一定要养成良好的工作习惯和生活习惯，注意营养、注意卫生、注意锻炼，注意定期检查和预防疾病，注意自我保护等。

案例一

毛泽东酷爱读书

毛泽东是一个农民的儿子，9岁到16岁还在家乡湖南韶山六所私塾读书，17岁才到湖南湘乡县一高等小学堂读小学高年级，不久就到长沙一中学读中学，21岁才在湖南省立第一师范学校读书，1918年6月（近25岁）在该校毕业。同年8月为组织湖南赴法勤工俭学运动到了北京，在李大钊等人的帮助下，他在北京大学图书馆做过几个月的管理员，利用这个便利，他阅读了不少书籍并通过听讲座等形式接触了一些新理论新思潮，在李大钊等人的影响下开始接受了俄国十月革命的影响……从学历来看，他与中国共产党许多领导人相比，并不占有优势，但他后来却成为中国人民的伟大领袖和现代世界历史中最重要的人物之一，这与他一生酷爱学习很有关系。

对毛泽东来说，读书是他的一种精神存在和思想升华的必要方式，是一种基本的生活常态，是一种"别无选择"的选择。毛泽东读的书，并不一定比一些终生治学的人少，甚至比一些学问家还要多。难能可贵的是，毛泽东酷爱读书的习惯一直坚持到他逝世前一两个小时。

新中国诞生以后，毛泽东住在中南海颐年堂里面的一个院子，叫菊香书屋。他逝世以后，保存在菊香书屋的书，有9万多册。不能说所有的藏书他都读过，但这些书是他进城后逐步积累起来的，用得上的，其中有不少书籍上留下他的批注和圈画。而毛泽东读而未藏的书籍，或读过藏过但丢失的书籍，就更不知几何了。

毛泽东读书，是发自内心地对知识的一种渴望，用心用脑去真读、真学、真思考，并讲究学习方法。他对经典和重要书反复读，同题不同观点的书对照读。他强调无论是革命还是建设都必须要有理论指导同时理论要紧密联系实际，他强调"既要读有字之书，又要读无字之书"，他强调正确的调查研究的极端重要性。

大革命和土地革命时期，毛泽东作为宣传家和实践家，感到精神非常"饥渴"，其读书主要是为了实践的需要。特别是大革命失败后，主要在偏远农村开辟根据地，常常是无书可读。于是，他给当时上海的党中央写信说，无论如何给他搞一些书，说"我知识饥荒到十分"，"我们望得书报如饥似渴，务请勿以小事弃置。"

在延安时期，是毛泽东读书的一个高峰期。毛泽东在丰富的实践基础上，通过真读真学，在哲学上写出《实践论》、《矛盾论》，军事上写出《中国革命战争的战略问题》、《论持久战》等，政治上写出《新民主主义论》，文化上还有《在延安文艺座谈会上的讲话》。这些理论创造，全党上下都服气。正是在延安的窑洞里，他完成了从军事领袖到政治领袖，从政治领袖到理论权威这两大跨越。并确立了"实事求是"和"对立统一"这两个根本方法以及"马克思主义中国化"这一根本主张，从而引导中国革命和建设从胜利走向胜利。

但在探索社会主义道路的过程中，主要是由于我国政治制度的不完善，使毛泽东在晚年深入实际调查研究少了，民主作风差了，逐渐背离了自己提出的正确思想路线，在理论联系实际方面出现了偏差，主观上认为是坚持马克思主义而实际上造成了许多不幸，这是我们要引以为鉴的。

从他一生的主流来看，毛泽东不仅是全国人民学习的榜样，更是农民子弟学习的榜样。

案例二

做事贵在有恒

有一天，一个学生在课堂上问苏格拉底："怎样才能成为像您那样学识渊博的学者呢？"苏格拉底没有直接作答，只是说："今天我们只做一件最简单也是最容易的事，每个人把胳膊尽量往前甩，然后再尽量往后甩。"苏格拉底示范了一遍，说："从今天开始，大家每天做300下，能做到吗？"学生们都笑了：这么简单的事，有什么做不到的？

过了一个月，苏格拉底问学生："哪些同学坚持了？"教室里有90%的学生举起了手。

一年过后,苏格拉底再次问学生:"请告诉我,最简单的甩手动作,有哪几位同学坚持做到了今天?"这是,整个教室里只有一个学生举起了手,这个学生就是后来成为著名哲学家的柏拉图。

由此可见,事不分难和易,能够轻易答应的不一定能轻易完成。做事贵在持之以恒,能够在小事上用心,坚持说到做到。

第五章 后勤人才的结构

第一节 人才结构的基本知识

人才结构是指组成人才系统各要素的排列组合方式，它包含了以下两层意思，第一，组成人才结构的要素是两个以上，并且是按照一定规则的方式组合而成的有机整体。第二，构成人才结构的要素是相互作用、相互联系的。人才系统的各要素的排列组合方式不同就形成了不同的人才结构类型。如人才的性别、年龄、专业、层次等都是人才结构的重要内容。

人才结构是人才学研究的重要内容，也是人才成长规律的重要特点之一。人才结构决定人才功能和人才价值，人才结构理论对于优化人才素质、提升人才价值、充分发挥人才作用等都具有十分重要的意义。如德智体全面发展是个体比较合理的人才结构，也是人才成长规律的基本要求之一。努力追求合理的人才结构，不断优化人才结构，也是后勤人才发展的必由之路。

人才结构因具体要素和组合方式不同而有多种类型。主要是人才个体结构和人才群体结构。人才群体结构又分为人才微观群体结构和人才宏观群体结构。

人才个体结构是指人才个体内部的各种素质的组合方式，主要是人才思想政治品德结构、知识结构、能力结构和身心素质结构。

人才的思想品德结构由人才的思想观念、政治品质和道德品质所构成。

人才个体的知识结构是由一般科学文化知识、专业知识以及相关学科知识等构成。从人才个体的发展来看，人才必须既有精深的专门知识，又有广博的知识面，才能形成最合理、最优化的知识体系。同时，应注重培养科学的思维方式，提高自己的实用技能，以适应在社会上不同职业不同岗位的要求。

人才个体的能力结构是由认识能力、实践能力和创造能力构成。认识能力则包括了感知力、观察力、记忆力、思维力、想象力等。实践能力主要包括了操作、协调、控制等能力以及专业所要求的特殊工作能力。创造能力则是一种综合了认知能力和实践能力的更高级能力，并贯穿于认知和实践中。

人才个体的身心素质结构由生理素质和心理素质构成。

合理的人才个体结构对人才的发展具有提升功能、协调功能和发展功能，决定了人才的生存能力、学习能力和竞争力。

人才群体结构是指构成人才群体的各种要素的比例和排列组合方式。人才群体结构包括知识、能力、年龄等子结构，这些子结构反映着一定社会经济、政治和文化水平，良好的人才群体结构能够使人才资源充分发挥智力支持功能，从而促进社会进步。

宏观的人才群体结构是指一个地区或国家的人才比例和组合形式，它不仅反映了构成人才群体的人才类型、比例等，而且还反映了人才的地区、产业、部门分布，因此是衡量人才资源的重要指标。

微观的人才群体结构是指后勤人才的比例和组合形式，它反映了构成后勤人才群体的类型、比例、功能等。

人才群体的知识结构，是指掌握着不同知识的人才的排列组合方式。如酒店既有掌握全面酒店管理知识的人，也要有较多营销知识、前台知识、客房知识、餐饮知识的人。

人才群体的能力结构，是指具备不同能力的人才的组合方式。根据构成人才群体能力因素的不同，可以划分为不同的人才群体。如餐厅既有熟悉厨房技能的人，也有掌握楼面服务技能的人等。

人才群体的年龄结构，是指人才群体中不同年龄人才的比例构成及组合方式。年龄不仅是人才生理和心理素质的重要标志，也是人才知识和能力评价的重要参数，它关系到人才群体的创造力和活力。人才群体的年龄结构情况制约人才队伍的整体素质和人才队伍的可持续发展。合理的年龄群体结构，应该是一个具有老、中、青合理比例的梯形模式。后勤的青年人才群体应该占多数，中年人才群体次之。

无论是人才的个体结构还是群体结构，后勤业都有不少不合理的现象，如从微观上来看，一些员工文化水平偏低或年龄偏大，对一些管理岗位的人员重才轻德等。从宏观上来看，不同行业、不同地区、不同工种的后勤人员在素质、管理水平等方面的差距较大。

第二节　人才结构的优化

研究人才结构，关键是使人才结构得到优化，各类人才充分发挥作用，从而实现最佳整体功能。

一、人才结构优化的含义

人才结构优化，是指按照一定的原则对人才系统的诸要素实行科学组合和配置，使人才结构的功能增强。它主要包括人才个体结构优化和人才群体结构优化。前者的优化关系人才个体的层次和价值，而后者直接影响到人才资源的功能和使用效益。应注意的是，人才个体结构优化是为了实现人才个体结构平衡发展，人才群体的效能并不是每个人才智慧的简单相加。要做到科学使用人才，获得最佳人才效益，就不仅要实现人才个体结构的优化，还必须优化人才群体结构。

二、人才结构优化的原则

人才结构优化原则，是指在人才结构优化过程中应遵循的基本要求和准则。它主要包括以下基本原则：

1. 系统性和互补性原则

系统性原则就是把人才结构的诸要素作为一个有机系统，从整体上进行优化组合和配置，如德智体是一个系统。互补性原则就是使人才个体和群体的知识、能力、年龄、气质、性格等结构和谐互补，形成知识互用、智能互补的"多能"系统，发挥人才功能最大效应。我们不仅要发挥人才个体的功能，促进人才之间相互配合和支持，也需要把不同性格、性别、年龄、专业、智能的人才，按照一定的比例合理匹配。在人才结构优化过程中，系统性和互补性是相辅相成的。

2. 实事求是原则和动态调节原则

实事求是原则就是要求在人才结构优化中根据客观事实决定工作方针，遵循客观规律。动态调节原则是指要根据实际情况变化对人才结构进行跟踪调节，使之逐步达到优化的目的。只有坚持实事求是，才能认真进行调查和分析，找出存在的问题和解决的方式，从而根据人才结构存在的具体问题进行有针对性的优化和调整，并与时俱进，不断根据实际情况的变化而不断完善。只有贯彻动态调节原则，不断通过预测、反馈和调整，达到不断完善和提高，使人才群体保持旺盛鲜活的生命力。

3. 时代性和超前性原则

时代性原则是指人才结构的调整和配置要符合社会发展和时代发展的要求。超前性原则是指人才结构调整要根据时代和社会的发展规律，做好人才结构的预测和规划，制定出优化人才结构发展的目标。随着知识经济和创新经济的到来，要求人才具有国际战略眼光，同时要及时更新知识结构和能力结构等。人才结构的优化要反映这些时代特征并掌握未来的主动权，争取走在时代的前列。

4. 能级能质原则和高能晶核原则

能级是反映人才能力的水平，能质是反映人才素质的类型。能级能质对应原则就是把不同能力和素质类型的人才放在相对应的工作层次和岗位上。高能晶核原则是指由德才兼备的高势能人才如有学历、有丰富实践经验的带头人组成业务或管理领导核心，然后由这个领导核心制定人才群体发展目标、建立合理的人才群体结构的原则。在人才结构优化中，能级能质原则的运用就是"知人善任"、"量才录用"，这样才能调动人才个体的积极性，促进各尽所能、团结协作的良好氛围的形成，才能使人才群体结构既高效又稳定。组建优化的人才群体结构，单靠和谐一致的目标是不够的，选好群体核心人才至关重要，关系整个群体的稳定和发展大计。坚持高能晶核原则，就要让核心人才充分发挥才能，以其独特的人格魅力、业务水平和决策能力使人才之间关系融洽、配合默契，使各成员都觉得有安全感和满足感，愿为集体事业发展贡献力量。群体核心增强了群体合力，带动和促进整个群体的发展，有利于在复杂的环境下，根据人才群体自身目标的调整及时作出反应，提高工作效率。

三、人才结构优化的途径

1. 树立科学观念，指导人才结构的优化

（1）树立人才资源是第一资源的观念。做好后勤人才工作，首先要确立人才资源是第一资源的思想。后勤的发展，关键还是人才，后勤的发展不仅需要大量业务熟悉的人才，更需要能提出创新理念、发明新技术、引导后勤"以智取胜"、"以奇制胜"的创新型人才。

（2）树立厚德尚才、量才施用的观念。"厚德尚才"就是要把人才道德放在首要位置，选拔政治坚定、道德修养高、有真才实学、成绩突出的人才，形成以德领才、以德服众、德才兼备的用人导向，促进人才个体结构和群体结构的优化发展。"量才施用"就是要人岗相适，用其所长，避其所短，让不同层次不同类型的人才各得其所，相得益彰。"德"是各级各类人才的立身之本，是引领才智发挥之魂，是不断增长才干之源。个体人才不是完人，再伟大的人才也不可能无所不知，无所不能。应正确看待人才的不足，根据人才自身的优点和长处来进行合理的安排，真正做到人尽其才，才尽其用。同时，将个体人才与群体人才有机结合起来。

2. 进行制度创新，保障人才结构优化

（1）完善人才市场体系，促进人才合理流动。随着社会主义市场经济体制的不断完善和人事制度改革的不断深化，人才市场在后勤人力资源配置中的基础性作用更加凸显。后勤许多员工的补充都是通过人才市场招聘的。但目前有不少后勤单位仍不能通过人才市场招聘到素质更高、能满足后勤发展需求的员工。我们要不断完善人才市场体系，使人才市场在优化人才群体中发挥更大的作用。

促进人才合理流动是优化人才群体的重要内容。人才不能合理流动，是难以使人才结构趋于优化的。优胜劣汰，能者上，庸者下，是一种人才流动。人才的共享也是一种流动，在一定范围内把有关人才统一组织起来，集中力量打歼灭战，这也是人才流动。目前后勤业出现的人才偏少，普通员工偏多，人才流动难、员工流动却过于频繁的现象，甚至是"青黄不接，人才匮乏"。这些都说明了在后勤业仍存在不少不利于人才流动的不合理现象。

（2）建立和完善人才的竞争激励机制，推动人才结构优化。竞争和激励能够激发人才的创新欲望，激活人才的创新潜能。竞争可以实现人才的优胜劣汰，保持人才队伍的良性循环。要建立健全鼓励人才创新的分配制度和激励机制，坚持向关键岗位和优秀人才倾斜的政策。对作出突出贡献的给予重奖，真正形成岗位靠竞争、报酬靠贡献的激励机制，让优秀人才得到优厚报酬。

人才竞争激励机制的核心在于适当拉开不同层次人才的收入差距，克服事实上存在的平均主义。这要求主要以岗位和工作业绩为依据，建立灵活、多元的分配机制。可通过实行人才的优质优价，做到一流人才，一流业绩，一流报酬。除了分配机制之外，专业技术职务评聘制度的改革也是重要方面，专业技术职务对于后勤人才来说是十分重要的，但又是门槛较多的。我们要真正做到评定职称时不唯学历、不唯职称、不唯资历、不唯身份，而以主要硬件和业绩作为主要依据。同时，将评聘分开，才能促进后勤人才的发展和优化。

3. 重视队伍建设，统筹人才结构优化

队伍建设是后勤的基本建设之一。队伍建设包括人才队伍建设和员工队伍建设。

（1）把高层次人才队伍建设摆在重要位置。发展以人为本，人才以用为本。而后勤业综合实力竞争中，人才队伍的质量是重要影响因素。后勤人才队伍质量的提升必须以高层次人才队伍建设特别是培养对世界后勤业有重大影响的重大人才工程为着力点，坚持不懈地抓下去，切实抓出成效。

（2）推进各类人才队伍建设，统筹人才结构优化。后勤业基本人才队伍主要有管理人才队伍、经营人才队伍、专业技术人才队伍、技能型人才队伍、服务人才队伍等。随着时代的发展，还应该增加产品研发人才队伍，高新技术和后勤产品研发将越来越重要，如节能降耗产品等。对每类人才队伍都有不同的专业要求，可以兼职但都需要稳定、专注、高水平和善于创新。后勤人才需要丰富的知识和一定的理论基础，但也需要更多更熟悉的高技能。是知识和技能紧密结合的复合型人才。而高技能人才队伍，要本着"以用为本"原则，增强专业素质，适应走现代服务业道路和产业结构优化升级的要求。我们只有坚持统筹兼顾的思想，坚持不懈不断加强这几方面人才队伍的建设，才能适应后勤业发展的需要。

4. 加强人才资源开发，促进人才结构优化

人才资源开发有利于人才结构优化，促进人才个体成长和人才群体发展。所谓人才资源开发，是指通过自我教育、继续教育、实践锻炼、环境影响等途径，将蕴藏在人身上的潜能挖掘出来，不断提高其综合素质，使人具有从事劳动、创造财富的本领。

（1）个体人才开发是后勤人才资源开发的基础。个体人才开发，就是根据人才成长的规律，通过环境、教育、实践等因素，促进人的内在素质从一般状态向优化状态转化。人的内在素质进入优化状态，其外在活动能量就增大，创造的财富就增多。个体人才开发的目的，就是优化素质，早日成才。人才的个体结构中，知识结构和能力结构居于重要地位。人才个体结构的开发，就是要通过教育、实践等形式，对其传授书本知识和社会实践知识，在掌握知识的基础上培养学习能力和工作能力。生理结构是其他结构的载体，生理结构状况直接影响着人的能力的发挥。开发人的生理结构，提高生理素质，要从营养、保健、锻炼等方面入手。总之，个体人才开发需要个体在家庭、学校、社会的帮助下，通过个体自身努力和实践进而充分发掘个体的生理潜能、智力潜能、人格潜能，最大化实现个体人才资源的开发。

（2）群体人才开发是人才资源开发的重要途径。群体人才的开发是指对在校学生、后勤行业内人员的培养，前者是培养性开发，后者是使用性培养。培养性开发要引导学生认识后勤和服务业，并热爱后勤和服务业甚至立志终身为后勤服务业服务。在这基础上及早掌握、扎实掌握后勤服务业所必需的知识和技能。使用性培养就是要坚持"以用为本"的原则，通过大胆使用人才来培养人才。实践是培养人才的基本途径之一。要及时了解人才的兴趣和特长，把人才安排到合适的工作岗位上，让他们充分发挥作用。人才只有大胆使用，才能培养出来。

人才群体开发的重要性不仅要从思想上认识，还需要在制度上、政策上积极创造有利于杰出人才不断涌现的必要条件。在使用的过程中，要积极创造条件让人才通过不断学习和深造，使之在理论和实践的紧密结合中不断进步。

第三节 知识结构的基本知识

人才的知识结构是指组成人才知识系统各要素的排列组合方式。知识结构主要由核心知识、一般知识和广泛知识等方面所组成。

人才的知识结构是否合理是人才能为社会作出更大贡献的基本条件。如石墨和金刚石，其碳原子的数量都是一样的，只是分子结构不同，但其硬度就相差很远。爱因斯坦就认为，他的大脑没有必要记下所有东西，有些知识如果需要可以通过查阅资料获得。毛泽东没有进过军校，也不大会用枪，但他却成为伟大的军事家。牛顿不是什么都懂，但他很精通数学和物理，故发现了"万有引力定律"。

后勤人才的成长首先要职业化、专业化，要实现职业化、专业化就要有合理的知识结构，对于一个物理学家来说，他不一定要懂得财务知识，但作为一个后勤企业总经理这类人才来说，他必须很熟悉财务知识，并且要牢固树立市场意识、竞争意识等。这就是行业不同，知识结构也不同。人生有限，知识无涯，在人生的道路上没有知识不行，但知识很丰富但没有创造性成果也不行。后勤人才如何能在有限的人生中取得突破性的成果，为后勤业的发展做出更大贡献，就必须讲究策略，必须建立合理的知识结构，必须有所为有所不为，集中精力去做最重要的事情，才能为社会作出最大的贡献。

善于用人和借势、善于吸取别人的智慧、善于利用先进的设备等，也是节约时间和精力的有效途径，也应该是知识结构的一部分。

（1）人的一生要有所成就，个人奋斗很重要，但个人奋斗必须和团队力量结合起来，才能如虎添翼。如当今诺贝尔奖的获得，更多的是多人合作的结果。如果作为一个领导者,更应该懂得用人。

(2) 人的一生要有所作为,借势很重要。借势就是依靠组织的力量,依靠家庭的力量,依靠外部的力量。善于利用各种机会、各种关系都是一种借势。曹操"挟天子以令诸侯"是一种借势,当今许多企业家利用家族或"人脉关系"的力量是一种借势。

(3) 人的一生要有所作为,一定要善于吸取别人的智慧,做到个人独立思考和群体智慧结合起来。一个人再勤奋学习还是一个人的脑袋,但如果能善于利用众人的脑袋特别是智囊团的力量,虚心学习他人的智慧,无疑就是增长了自己的知识面。

(4) 知识不仅在书本里,也在实践中。"既要读有字之书,也要读无字之书"、"读万卷书,行万里路",是前人给我们的忠告。如果仅有书本知识,不了解客观实际,往往容易犯教条主义的错误。无论是 X 光线的发现,还是飞机的发明等,都是知识和实践、动脑和动手紧密结合的结果。善于调查研究,也是领导者的一个基本功。

(5) 善于利用先进的设备,对于人生有所作为也很重要。没有显微镜,不可能有生命科学的发展。当今社会的信息技术和网络等已经越来越发达,我们都要善于充分利用这些条件。

第四节　后勤领导者应有的知识结构

后勤领导者包括后勤管理部门的领导者、后勤服务部门的管理者和后勤企业的决策者。

后勤领导者应该具有的知识结构是:

一、核心知识

1. 马克思主义基本观点的知识

马克思主义不是空头政治,而确确实实是指导我们各项工作的指南。

马克思主义主要有三大部分,一是辩证唯物主义和历史唯物主义,二是政治经济学,三是科学社会主义。其中唯物主义要求人们看问题一定要坚持客观是第一位的,主观是第二位的。正确意识是客观规律在人们头脑中的正确反映。毛泽东认为,他的许多著作中最重要的是《反对本本主义》这一本。他多次提出,没有正确的调查研究就没有发言权。调查研究就是了解客观实际。如果不了解客观实际,就会犯主观主义的错误,就会在实践中遭受挫折和失败。陈云同志也认为,作为一个领导者要用 80% 的时间去调查研究,用 20% 的时间去解决问题。实事求是,一切从实际出发,主观符合客观,理论联系实际,不仅是中国共产党的思想路线,也应该成为后勤工作者的基本思想方法和工作方法。

生产关系一定要适应生产力发展的需要,才能促进生产力的发展,这是马克思主义政治经济学的重要内容之一。后勤服务是形成一线生产力战斗力的重要组成部分,后勤社会化改革就是解放和发展后勤生产力的重大改革。

另外,后勤不仅具有经济属性,也具有政治属性,这些都可以从马克思主义理论中找到依据。所以,对于后勤服务,不仅要从经济上看问题,也要从政治上看问题。如餐饮、环卫、学生公寓、营房等后勤服务,就有很明显的政治性。

历史唯物主义有很丰富的内容。党的群众路线的理论来源就是历史唯物主义。共产党为了人民又依靠人民。倾听群众呼声就是倾听实践的呼声。

以对立统一规律为主要内容的辩证法,对我们的工作也具有很重要的指导意义。如化"危"为"机"、"办法总比困难多"等,就是体现了辩证思想。

2. 后勤学和后勤社会化基本知识

详见本书第二章、第三章。

3. 服务对象(中心任务)的知识

中心任务即系统或单位的主要任务和功能,如教育系统是教学(培养人才);企业是生产某方面的产品,军队是为了保障国家和人民的安全和在战争中打胜仗等。全心全意为一线服务,这是后勤的根本。要为一线服务好,必须了解服务对象对后勤的要求,了解一线的特点。如对于高校来说,教学科研就是中心任务,有寒暑假是高校的主要特点。要了解国家发展高等教育的意义,了解各院(系)的有关学科,了解学校机关的主要部处,了解高校以及具体服务对象对后勤服务的基本要求,等等。

4. 服务学基本知识

后勤的核心就是服务,后勤企业的竞争首先是服务的竞争。但服务有什么基本要求、种类和标准等作为后勤人才必须清楚。服务就是为他人而工作,就是为了满足他人的合理需求而工作,服务的标准主要是服务对象的满意度。如光是酒店就有标准化服务、个性化服务、精细化服务、金钥匙服务、一站式服务等。还有微笑服务、主动服务、周到服务、超值服务等。安全、卫生、舒适、方便、美观、热情、高效(及时)、价适是酒店服务的8大要素。酒店不仅有硬件和有形服务,但更重要的是软件和无形服务。

国际旅游界有关人士认为,"服务"这一概念的含义可以用构成英语 service(服务)这个单词的每一个字母所代表的含义来理解,其中每一字母的含义实际上都是对服务人员的行为语言的一种要求。

第一个字母 S,即 Smile(微笑),其含义是服务员应该对每一位宾客提供微笑服务。

第二个字母 E,即 Excellent(出色),其含义是服务员应该将每一个程序、每一次微小的服务工作都做得很出色。

第三个字母 R,即 Ready(准备好),其含义是服务员应该随时准备好为宾客服务。

第四个字母 V,即 Viewing(看待),其含义是服务员应该将每一位宾客都看作需要提供优质服务的贵宾。

第五个字母 I，即 Inviting（邀请），其含义是服务员在每一次接待服务结束时，都应该显示出诚意和敬意，主动邀请宾客再次光临。

第六个字母 C，即 Creating（创造），其含义是每一位服务员应该想方设法精心创造出使宾客能享受其热情服务的氛围。

第七个字母 E，即 Eye（眼光），其含义是每一位服务员始终应该以热情友好的眼光关注宾客，适应宾客心理，预测宾客要求，及时提供有效的服务，使宾客时刻感受到服务员在关心自己。

与服务有关的重要概念是，服务意识、服务理念、服务质量、服务效率、服务技能等。统称是服务水平。

广东省珠海市有一个著名的御温泉，有典故说"御温泉"即皇帝享受的温泉，故可以把"御"理解为享受皇帝级别的服务，即后勤的服务理念也应以"御"为精粹，以客为尊，提供多元化、高品位的服务。

中国共产党是倡导并践行"全心全意为人民服务"的，社会主义道德之一就是助人为乐，雷锋同志也有名言："对待同志要像春天般的温暖，对待工作要像夏天般的火热"、"人民的困难就是我们的困难"。这些思想用在后勤服务上，服务应该是很到位的。如"对待顾客要像春天般的温暖"、"服务对象的需要就是后勤的责任"等。

酒店应有的服务理念还有：做酒店就是做服务、做顾客满意度、做顾客回头率。"千人来一次，不如一人来千次"。

做酒店要达到"三个凡是"——凡是客人看到的，必须是整洁美观的；凡是提供给客人使用的，必须是安全有效的；凡是酒店员工对待宾客，必须是亲切礼貌的。

做酒店要做到"四个之前"——预测宾客需求，要在宾客来店之前；满足宾客需求，要在宾客开口之前；化解宾客抱怨，要在宾客不悦之前；送给宾客惊喜，要在宾客离店之前。即服务要及时和主动。

做酒店要做到"五心服务"——对重点客人精心服务，对普通客人全心服务，对特殊客人贴心服务，对挑剔客人耐心服务，对有难客人细心服务。

要让客人回头，就要记住"送客比迎客更重要"；要留住客人的心，就要做到"不但我要认识客人，更要让客人认识我"；要把客人留住，就要知道"店内营销比店外营销更重要"。

这些服务理念，对于其他后勤服务都是适用的。

服务不仅要标准化、专业化，还要做到个性化、精细化。

个性化服务模式的基本特征是：

第一，充分理解客人的需求，即以客人的需求作为服务的起点和终点，既要掌握客人共性的、基本的需求，又要分析研究不同客人的个性需求。既要注意客人的静态需求，又要在服务过程中随时注意观察客人的动态需求。既要把握客人的显性需求，又要努力发现客人的隐性需求。既要满足客人的当前需求，又要挖掘客人的潜在需求。

第二，人性化。即强调用心服务，真正体现一种真诚的人文关怀精神。

第三，极致化。即在服务结果上追求尽善尽美，要求做到尽心和精心。

切实贯彻个性化服务模式，就要求后勤企业通过建立科学的客史档案，灵活提供各种"恰到好处"的服务，强化客源管理，并以独特的主题形象深入人心，在充分理解顾客需求、顾客心态的基础上，追求用心极致的服务，和顾客建立一种稳定的、亲近的关系。

5. 服务业基本知识

后勤服务是现代服务业的重要组成部分。

一般认为服务业即指生产和销售服务产品的生产部门和企业的集合。服务产品与其他产业产品相比，具有非实物性、不可储存性和生产与消费同时性等特征。在我国国民经济核算中，将服务业归为第三产业，即将服务业定义为除了农业、工业之外的其他所有产业部门。住宿业、餐饮业和物业等均属于服务业。

而现代服务业指以现代科学技术特别是信息网络技术为主要支撑，建立在新的商业模式、服务方式和管理方法基础上的服务产业。它既包括随着技术发展而产生的新兴服务业态，也包括运用现代技术对传统服务业的改造和提升。它有别于商贸、住宿、餐饮、仓储、交通运输等传统服务业，以金融保险业、信息传输和计算机软件业、娱乐业、房地产业、居民社区服务业等为代表。

现代服务业的理念告诉我们，必须要有现代科学技术去改造和提高传统服务业。传统服务业必须提升到现代服务业是历史发展的趋势。

伴随着信息技术和知识经济的发展产生，用现代化的新技术、新业态和新服务方式改造传统服务业，创造需求，引导消费，向社会提供高附加值、高层次、知识型的生产服务和生活服务的服务业，是历史发展的必然。

现代服务业的发展本质上来自于社会进步、经济发展、社会分工的专业化等需求。具有智力要素密集度高、产出附加值高、资源消耗少、环境污染少等特点。

6. 管理学知识

后勤服务企业对外是经营，对内是管理。我们要做一个有效的管理者，就要熟悉管理学的基本知识。

管理是通过决策、计划、组织、指挥、协调和控制等，有效利用人、财、物、信息等资源，以实现所确定目标的过程。

无论是后勤管理、后勤服务还是后勤企业都有很多管理，如战略管理、人力资源管理、财务管理、营销管理、成本管理、工程管理、安全管理、时间管理等。最重要的是战略管理和人力资源管理。最有效的管理方法是制度管理、走动式管理等。

自我管理是后勤工作者的重要管理。每个人每天都是 24 小时，但每个人一生所取得的成就可能会有天壤之别。关键是要努力管理好自己的时间，集中自己的时间用在所追求的目标上。

要做一个有效的管理者,努力培养自己的高效习惯,做到要事第一,要务优于急务,根据紧迫性和重要性,合理高效地解决各种重要而且紧迫的事情。要抓准主要矛盾,以结果为导向,以业绩为根本,一切为了创造最佳业绩,做最有生产力、效益回报最高的事情。

管理学中的价值分析法、ABC分析法、第二象限工作法、盈亏平衡点分析法等,对于后勤管理来说都是很有用的。

成本管理对于后勤具有十分重要的意义。后勤机构、后勤人员、后勤投入等都是一个单位的重要成本。另外,后勤所提供的许多服务,对于一个单位来说也是一个很重要的成本,如水电管理、采购仓库管理等。如何降低一个单位的成本,后勤潜力很大。

7. 经济学知识

酒店、餐饮、物业等后勤服务企业是企业性质的,它是通过提供住宿、餐饮等服务产品来满足客户需求,并在这基础上获得收入和利润,从而实现企业的生存和发展。要办好一个后勤企业,必须了解什么是市场,什么是商品,商品有什么特点,什么是客户需求,什么是市场经济,等等,这些都是经济学的内容。

市场是由一切具有特定需求和欲望、并且愿意和能够通过交换的方式来满足需求和欲望的顾客构成。狭义上的市场是买卖双方进行商品交换的场所。市场的规模即市场的大小,是购买者的人数。

市场经济是市场在资源配置中起基础性作用的经济。在这种体系下,商品的生产和销售完全由市场的自由价格机制所引导,而自由价格机制又由商品社会平均成本和供求关系所自动调节和平衡。市场经济被英国经济学家亚当·斯密比喻为"看不见的手"。市场经济有它的优点,也有它的弊病。美国等国家历史上发生的多次经济危机或金融危机,证明了自由市场经济不是最好的经济体系。比较完善的应该是有政府宏观调节下的市场经济,就是"看不见的手"与"看得见的手"共同作用的经济体系,社会主义市场经济就是这样一种体系。我国后勤服务企业的发展也证明了没有政府指导和调控是不行的。

社会主义市场经济规律也是政治经济学所揭示的,它包括价值规律、供求规律和竞争规律等。

客户需求就是客户有特定需求和欲望,并且愿意和能够通过交换的方式来满足这种需求。客户需求包括需求和购买能力。

商品就是为了交换而生产的产品。商品是使用价值和价值的统一。商品的价格是由生产这个商品的社会必要劳动时间和供求关系所决定。商品只有在市场交换成功,商品的个人劳动才能转化为社会劳动,商品的价值才能实现并不断增值。商品生产讲究不断提高周转率,即尽快地由货币阶段转为生产阶段和产品阶段,又由产品阶段转化为货币阶段,并在这过程中实现增值。

后勤服务的产品（如酒店、餐饮、物业等）是商品，对于企业化后勤来说，它是为满足顾客需求而提供服务的，不是为自己享用的，况且后勤服务的商品有许多是不能储存的，它每天都有千方百计将商品卖出去的需求和欲望，并且愿意和能够通过与顾客交换的方式（顾客支付货币）来满足这种需求。顾客的出差、旅游、休闲、会议等有解决住宿、餐饮等问题的需求和欲望，并且愿意和能够通过与后勤企业交换的方式来满足这种需求。

作为后勤企业所提供的产品，必须考虑一线的需求、特点和购买能力，即后勤企业所提供的商品是否符合客户需求，并且价格适应顾客的消费水平。客户需求是有结构的，而且是动态变化的。如酒店，从纵向来看，分为经济型、中档型和豪华型，从横向来看，有商务型、会议型、旅游型、培训型、休闲型等。餐饮也有经济型和中高档型。经济型酒店就是满足有在异地住宿的需求但消费水平还不高的这部分人群的需求。养生酒店则是满足一部分客户对养生的需求，这是温饱问题解决后人们的更高需求。对于有这种需求的顾客来说，其购买水平肯定是比较高的，故价格也可以同时提高（新的卖点）。酒店不同的产品结构和价格结构就是为了满足不同消费群体的不同需求。现代营销理论告诉我们，不是我们有什么产品就卖什么产品，而是客户需要什么产品我们才卖什么产品。客户的需求是变化的，我们的产品也要跟着变（如原来没有上网，现在需要上网等）。只有这样来设计产品，我们的产品才能更好地适应客户的需求，才能更容易实现良性循环和有效发展。

8. 人力资源管理知识

人力资源管理是后勤管理中最重要的管理。没有一支高素质、结构合理的员工队伍，就不可能做好后勤的任何服务工作，$100-1=0$ 这个公式告诉我们，一个员工在服务中的一个小失误，往往会影响后勤服务企业的全局。$99+1=1$ 这个公式也告诉我们，后勤服务只有不断从 1 开始，才能不断取得新业绩，不断攀登新的高峰。人才是高素质的人力资源，人才在数量上往往是少数，但贡献往往是较大的（二八定则），如一个理念、一个主意，往往可以拯救一个濒于破产的企业。牢固树立人才是关键，尊重人才，发现人才，培养人才，知人善任，合理使用人才，海纳百川，后勤服务、管理和经营才可以得心应手并取得事半功倍的业绩。

员工也是后勤企业的主要成本，特别是后勤服务企业还是劳动密集型企业和感情密集型企业。

薪酬知识是人力资源管理的重要方面。科学合理的薪酬分配制度具有保障作用和激励作用。要制定科学合理的后勤各类人员的薪酬分配制度，坚持按劳分配、按质分配等。后勤企业薪酬结构一般有基本薪酬、岗位薪酬、学历薪酬、工龄薪酬、效益薪酬几个部分。

要熟悉《劳动合同法》等法律，依法用工，及时为员工签订劳动合同，参加社会保险。减少和杜绝恶性劳动纠纷的发生。

加强员工培训是提高员工综合素质、适应后勤企业发展的基本途径之一。要努力建设一支特别能战斗的管理队伍和员工队伍，其中员工队伍偏重工作态度、服务意识、文明礼仪和工作技能等方面的培训。

如何合理组织员工、努力降低用工成本但又不降低服务质量是后勤企业负责人的重要管理艺术。如一些酒店的客房服务员的整理客房采取专职人员和兼职人员相结合。

交叉培训，努力让每个员工都能做到一专多能，并充分调动他们多为后勤企业作贡献的积极性。

广义的后勤企业人力资源管理也包括客人，如何对待客人这个"人"并不断提高客人的满意度和回头率，直接影响到后勤企业的生存和发展，客人还是后勤企业经营的合作者和参与者。

客源和员工的不稳定，这是后勤服务企业的重要特点，也跟我们是否善待"人"有关。如果我们的工作做得好，客人的回头率就高，甚至可以做到淡季不淡。如果员工心情舒畅并看到企业的前途，员工的流失率就会降低，甚至真正做到同心同德。

9. 战略知识

战略思想对于一个领导者来说是很重要的，甚至是第一位的。战略就是对于事物的全局性、长远性的谋划。战略上胜人一筹往往可以捷足先登。"人无远虑必有近忧"、"不谋全局者不足以谋一域"。当今许多高校都在为校园面积过小、很难发展而苦恼，而清华大学和华中科技大学等高校却没有这种苦恼，因为他们在20世纪50年代时就有这种远见。当今不少大学的校园内车辆比较拥挤、交通很不便，但国外许多高校就没有这种苦恼，因为他们均把停车问题作为校园规划、大楼设计时必须要考虑的重要因素之一。一些行业的后勤设施因缺乏远见而造成遗憾的事情并不少见。

中国人民大学在后勤社会化改革的过程中，充分利用社会条件将教工住宅问题全部通过社会来解决，从而腾出了校园面积，这是很有战略远见的举措。同济大学在后勤社会化改革过程中实行"一体两翼"也是很明智的。

10. 物资管理知识

物资管理知识是后勤领导者必须要掌握的主要知识之一。俗话说，后勤就是管钱管物，物资供应和管理是后勤服务的核心内容之一。后勤物资管理就是对后勤范围内和服务对象范围内固定资产、低值易耗品和消耗材料等进行有效管理。其中，固定资产和低值品是单位资产的主要组成部分。管理的目标是满足一线对物资的需求，并在这过程中让资产保值增值。

物资分为生活资料和生产资料两大类。其中粮食、蔬菜、肉类等为生活资料，餐厅的冰库、物业的各种机械、酒店的各种床上用品、清洁机械等都是生产资料。

物资管理和财务管理密切相关，许多物资是资金转化过来的。

按照经济学的观点，有效生产力的形成是人和生产资料的有机结合，即有一定素质的劳动者、劳动工具和劳动对象（后二者统称为生产资料）的有机结合。没有物资，不仅人无法生存，也无法形成生产力。要获得物资，一是要有资金购买，二是自己生产。所以，经费在物资管理中起着基础作用。

物资管理分为一线的物资管理和后勤本身使用的物资管理，前者如高校的资产管理、设备管理和房地产管理等，部队的军械管理、营房管理等；后者如后勤本身使用的固定资产等资产的管理等。至于消耗材料就更多了。

生产过程也是物资消耗过程，故物资消耗也是后勤服务的主要成本。

（1）固定资产。对固定资产的管理是后勤各部门最重要的物资管理。

（2）低值品。低值品指能单独使用、使用年限在一年以上，单价在国家主管部门所规定的金额以下的物资，如计算器、电风扇、排气扇等。

对这些物资的管理，尽管没有像固定资产那么严格，但也要建立严格的管理制度，并在申购、采购、管理、使用和报废等方面都有明确的规定。所有低值品都要建账。

（3）消耗材料。维持任何一个单位的正常运行都要消耗不少的材料，仅仅是酒店的客房，就有布草的更换，牙刷、肥皂等一次性用品的更换，卫生洗涤用品的使用等。餐饮上多种食材的消耗。另外，员工的工作服也是后勤重要的消耗材料。

消耗材料是一个单位的重要成本。尽管其单件金额不大，但总值很大，是一个单位主要的变动成本。要加强管理，重点控制。要建立健全有关规章制度，积极推行定额管理。在申购、采购、验收、入仓（或直发）、使用、回收、报废等环节都有明确的规定，尽量减少漏洞。

除了建立严格的规章制度之外，更重要的是教育员工发扬主人翁精神，牢固树立节约的意识，处处为单位着想。

采购和仓库管理是物资管理的两个重要环节。

采购要坚持货比三家，多对比信誉、质量和价格（性价比）。同时许多用品尽量到专业市场去采购。采购要坚持审批制度，可买可不买的坚决不买，仓库有的先用库存。要善于用价值分析法来指导采购（价值分析法就是功能和成本的比值，我们采购物资主要是采购物资的功能，只要满足了这个功能，成本尽量减少，如手机我只需要通讯功能，那就没有必要购买功能很多但价格贵多了的手机）。对于重要物资的采购或批量大的采购，一定要两人同行，共同参谋、相互监督。

采购了物资要及时提货（送货）、验收，有关经办人和证明人要在该业务发票上签字认可后经有关负责人确认后及时到财务部门报账。

仓库管理要科学、整齐、规范、方便，所管理的物资要分类摆放并用数字化管理，便于领用和盘点。要注意防潮、防蛀、防霉等，仓库管理要尽量采用计算机管理。仓库管理一定要注意用电、用水安全，要设立电闸总开关，下班时一定要关掉电源总开关并注意检查水龙头是否有关好才能离开。

对于库存期超过一年的物资要及时统计和上报，防止积压和变质。对于已经积压的物资，要及时给予处理。

仓库是消防安全的重点之一，仓库一定要设在符合消防要求的合适位置上，一定要有严格的规章制度，要按规定配备好消防器材，同时要定期检查，及时发现和排除诸如杂物堆放等容易引起火灾的隐患。

11. 技术装备基本知识

技术装备也称为技术后勤。

马克思认为，生产工具在生产资料中起主导作用，生产工具不仅是社会控制自然的尺度，也是社会进步的指示器。马克思所讲的"生产工具"主要就是现在的仪器设备或装备，它既是生产力发展水平的重要标志，也是生产力发展的必要条件。无论是军队、高校还是企业等，仪器设备历来都是管理的重点。我国军队中还设立了总装备部并与总后勤部并列，充分体现了装备的极端重要性。在军队中，人与先进武器的有机结合才能形成较强的战斗力，如坦克、汽车、军舰、雷达、飞机等。仪器设备又分为一线使用的仪器设备和后勤使用的仪器设备。在高校，一线使用的仪器设备主要指各类实验室内使用的大量仪器设备，没有这些仪器设备，就不可能进行实验教学和实验科学。科技创新的一个重要条件是要有先进的实验室或先进的仪器设备。管理机关和后勤单位使用的仪器设备也不少，如公务用的各类车辆、厨房设备等。企业的设备也不少，没有这些仪器设备，企业就无法进行生产。特别是当今时代，没有电子计算机和网络几乎是无法工作。因此，仪器设备是一个单位的核心后勤的重要部分，计划、采购、管理、维修等各类仪器设备人才是很重要的后勤保障人才。

军事装备学告诉我们，装备建设是军队建设的最重要的组成部分之一。从战斗力观点出发，装备的质量、人员掌握装备的熟悉程度和保障装备能执行战斗任务的资源是装备作战能力的决定因素。

保障力也是战斗力，装备是否能真正起到应有的保障作用，必须树立装备建设大保障观，即不仅要考虑经费、计划、采购、运输、管理、使用和维修等方面的问题，而且还要从装备的需求出发，从论证、研制、生产、试验等方面，从装备整个寿命周期出发进行综合研究，协调实现，使装备既具有先进性、可靠性，又具有实用性和低成本性，真正起到应有的作用。

仪器设备有很多类别，如按使用范围来分，可分为通用仪器设备和专用仪器设备。从原理应用和用途来分，又可分为电子仪器、光学仪器、分析仪器、机械设备、电子计算机、冷冻设备、电子计算机等。

对仪器设备管理的要点是：

（1）计划和采购。仪器设备的金额都比较大，特别是大型仪器设备或批量采购的仪器设备（如空调器等），故一般单位都要事先根据需要和经费的可能先制定购置计划。购置计划一定要有仪器设备的名称、型号、规格、数量、单价、生产厂家、用途、货款支付方式、货物运输方式和经费来源等。其中名称、型号、规格和生产厂家等一定要先进、适用，单价也要相对比较准确。仪器设备的采购一定要尽量货比三家，同时，尽可能通过全国订货会或中介公司直接与厂家批量订购，这不仅保证供货期，而且价格会有所优惠。有的单位还要通过网上竞价等。

对于进口仪器设备，还要通过专门的部门办理有关订购手续。

对于大型仪器设备，还要申报设备的使用率（每年大概使用多少次），并经专家小组的审定。

采购是一个敏感岗位，对仪器设备的订购一定要公私分明，自觉抵制社会的"回扣"风。

计划（设计）所造成的损失是最大的损失。仪器设备申购计划一定要体现先进性、可靠性和适用性等，使用单位提出的仪器设备申购计划应该经过有关主管部门的审批，要积极预防错购、重购等现象的发生，并通过不断改革管理体制等途径（如高校建立实验中心等），不断提高大型、贵重仪器设备的利用率。

（2）管理和使用。仪器设备订购后，要管理好与供货商或厂家签订的供货合同，最好给财务部门一份备案，以利于厂家供货后财务部门及时支付厂家通过银行托收的货款。

厂家根据合同的约定发货后，通过铁路、公路、航空、船运等途径将货物运输到需求单位后，单位要组织人员及时进行验收，验收合格后才能支付货款。仪器设备验收合格后，还要尽快办理固定资产增值手续，包括建立固定资产卡片、固定资产账登记并在固定资产醒目的位置上贴上标签等，以便于以后核对。同时完成购物发票的报销手续。

对于大型仪器设备（如雷达、电子显微镜等），还要填写《大型仪器设备验收报告》。货物到达之前，要做好配套设施的准备工作（如电源、空调、抽湿机等），使主要设备到达后，在尽可能短的时间内就可以投入使用。

对于装备采购人员，必须懂得常用装备的基本使用，一是便于验收；二是亲身体验产品质量，便于不断改进采购工作。

仪器设备购买后，就进入了仪器设备的使用寿命周期，其中企业还要计算折旧。故对仪器设备的使用，关键是保证仪器设备的使用率和完好率。

使用单位要建立和不断完善仪器设备管理的规章制度，每年一般要进行一次固定资产核对，保证固定资产的账卡物相符，及时发现和解决管理中存在的问题，规模较大的单位最好每三到五年进行一次全面的清产核资工作。

（3）维护维修。要提高仪器设备的使用率和完好率，一是要按照仪器设备的使用说明书正确使用仪器设备，二是出现了故障要及时排除。因此，维护保养和维修力量以及常用的零配件一定要具备。

固定资产的折旧分为自然折旧和技术折旧。也就是说，仪器设备等固定资产购买后如果不使用都会自然贬值。提高仪器设备的完好率和使用率就是要正确使用和保养，如车辆应尽量避免经常在烈日下暴晒，尽量少走凹凸不平的道路，及时维护保养，等等。

军事装备学认为，军事力量的构成一般包括作战力量和保障力量。现代武器装备具有技术密集、结构复杂、系统性强、价格昂贵等特点，军事装备不仅对作战方式、作战指挥乃至战争进程与结局的影响越来越大，而且对装备维修保障的依赖性越来越大。而现代战争装备战损率高、损坏机理复杂，装备维修保障任务更重，要求更高，难度更大。军事装备维修保障是军队建设的一项重要的基础性工程，对保持军事装备状态完好，保证损伤装备"再生"，促使装备作战能力增强，满足战争需要，降低成本具有很重要的保证作用。其他行业对装备维修的要求也大同小异。

（4）报废。仪器设备到了一定年限就要报废。其中汽车的年限在20年左右。一般仪器设备的维修费用超过了其本身购买价格的三分之一就可考虑报废了。报废要按照有关规定处理，其残值的收入要归公入账。仪器设备的报废要慎重，特别是大型、贵重的仪器设备的报废要经过专家组审定，并且要有一定的审批程序。

作为装备工作者，要做好装备工作，必须注意如下几点：

（1）充分认识到仪器设备工作的重要性，尽快熟悉业务，主动将工作做好做活，争取早日成为这方面的行家。

（2）仪器设备人才是为一线服务的，必须要熟悉一线的工作性质和工作任务，及时倾听一线的呼声，不断改进工作。

（3）仪器设备是现代科学技术的产物，要做好仪器设备工作，一定要有比较扎实的数理化基础知识和信息技术等知识。

（4）要懂得常用仪器设备的验收方法和基本使用方法。如电子仪器、微型电子计算机和空气调节器等。

（5）熟悉《经济合同法》和仪器设备订购、验收、管理、使用、维护和报废的有关程序和环节，绝对避免因签订合同有误所造成的错购等（如型号写错等）。

（6）要了解本单位主要仪器设备在兄弟单位的使用情况、在市场的供应情况，知道全国范围内有哪些较好的厂家生产这些产品。

（7）要通过不断提高业务水平，做到能看出各使用单位仪器设备申购计划中所存在的问题（如厂家选择和型号选择等有误）并及时向使用单位提出建议，而不是使用单位申购什么就购买什么。

（8）注意有关资料的搜集和积累，及时将市场上新的有关仪器设备介绍到本单位来，使仪器设备的申购人能及时更新申购计划，用有限的经费采购到更先进、更合适的仪器设备。

（9）不仅要熟悉国内仪器设备，也最好能了解甚至熟悉国际有关仪器设备的基本情况，如光学仪器最好在哪个国家等。

（10）能掌握一些常用仪器的简单故障排除，如电脑和网络常用故障排除等。

12. 财务管理知识

无论是后勤管理还是后勤企业经营，其管理水平的最终结果都会集中反映在财务报表的各项指标上。对于后勤企业来说，主要是资产负债表、利润表和现金流量表。财务指标的主要数据是收入、成本、税费和利润。要清楚企业总收入的结构分布和明细结构、总成本的结构分布和明细结构，要了解什么是资产占用，什么是资产负债，通过这些分析，找到工作的薄弱环节和改进工作的关键点。

要建立健全比较完善的财务规章制度特别是内部控制制度以及工作流程等，堵塞各种漏洞。

无论是后勤管理还是后勤经营，少花钱多办事、精打细算是基本功。作为后勤负责人，不仅要成为善于用人的高手，也要成为善于理财的专家。

13. 全面质量管理知识

服务质量是后勤企业生存和发展的生命线。服务质量的高低也是后勤经营管理水平的综合反映。要提高服务质量，必须有一支高素质的员工队伍，同时要建立和不断完善有关的规章制度并切实给予落实。

14. 法律知识

后勤管理者特别是后勤企业经营者一定要熟悉法律并且要依法经营。后勤企业经营要"开源节流防风险"，不依法办事就是最大的风险。

与后勤服务有关的国家法律法规很多，如：《中华人民共和国劳动合同法》、《中华人民共和国消费者权益保护法》、《中华人民共和国民法通则》、《中华人民共和国劳动法》、《中国旅游饭店行业规范》、《旅店业卫生标准》、《中华人民共和国食品卫生法》等。

15. 创新知识

详见本书第八章。

二、一般知识

1. 艺术知识

艺术有多种含义。主要有：第一，是通过塑造形象以反映社会生活而比现实更有典型性的一种社会意识形态，如文学、绘画、雕塑、音乐、舞蹈、戏剧、电影、曲艺、建筑等。第二，比喻富有创造性的语言、方式、方法及事物，如管理艺术、战争艺术等。第三，比喻形象独特优美，内容丰富多彩。

艺术的种类繁多，根据不同艺术分类标准，可将艺术分为美术（绘画、设计、雕塑、建筑）、音乐（声乐、器乐、舞蹈、合唱等）、播音主持、表演、戏剧等类型。在形态上艺术主要分为静态艺术和动态艺术两大类别。

依据艺术形象的存在方式，艺术可分为时间艺术、空间艺术和时空艺术三种形式。美术是一种空间艺术。

艺术是一种很重要、很普遍的文化形式，有着非常复杂而丰富的内容，与人的实际生活密切相关。艺术作为一种精神产品，具有无限发展的趋势，并在整个社会产品中占有越来越大的比重。艺术价值是很重要的精神价值，其客观作用在于调节、改善、丰富和发展人的精神生活，提高人的精神素质（包括认知能力、情感能力和意志水平）。艺术的欣赏就是人对艺术品的价值进行发现和寻找，是欣赏者、创作者及表演者之间的情感交流与情感共鸣。

艺术在后勤服务中也扮演着越来越重要的作用。音乐（钢琴、乐曲）、美术（名画、优美线条）、雕塑等在许多酒店都可以看到，许多著名建筑物也有不少艺术元素。餐厅艺术、园林艺术、烹饪艺术、美食雕刻艺术等都属于后勤艺术。

灯饰、色彩等也是艺术的表现形式。后勤服务不仅要满足客人物质上的需求，也要满足客人精神上的需求。随着后勤业的发展，满足客人精神上的需求的比重将越来越大。主题文化和丰富的艺术表现形式，也是吸引客人的重要条件。

后勤服务的核心是高质量、高水平的为一线服务，后勤经营的核心就是吸引客人和不断提高服务对象的满意度，在不违法的前提下，吸引客人的艺术许多后勤工作者是八仙过海，各显神通。这就是管理艺术和经营艺术，也是"眼球经济"的突出特点之一。"以奇制胜"，这个"奇"可以解释为创新，也可以看作艺术。"运用之妙，存乎一心"，作为后勤工作者，也应该很好领会这其中的奥妙，在日常工作中，不仅要掌握丰富的知识，也靠运用知识的艺术。

2. 心理学知识

心理学（英文名称 Psychology）是研究人的心理现象和心理规律的一门科学。服务心理学是专门的学问。

海尔 CEO 张瑞敏说过，海尔核心竞争力是"对消费者心理的深刻理解"。

后勤服务是为一线服务的，后勤服务不仅是劳动密集型企业，没有满意的员工就没有满意的客户。后勤服务中有许多服务也是情感密集型的场所，是否满足客人的心理需求，也是后勤服务的重要内容。因此，掌握一点心理学知识，对于后勤建立良好的客户关系和构建和谐的员工关系均有十分重要的作用。

对于客人来说，良好的心理沟通，不仅可以及时了解客人的许多需求，而且可以减少客人的很多投诉，甚至可以"化险为夷"。后勤要做到主动服务，都要掌握一点心理学知识。另外，宾客的购买决定过程，往往也是一种心理活动过程。

对于员工来说，没有满意的员工就没有满意的客人。员工到后勤单位工作不仅仅是为了薪酬，还要寻求快乐和幸福。单位与员工之间如果平时注意心理沟通，真正做到同心同德，很多矛盾可以解决在萌芽状态，员工的工作积极性也会明显提高。

3. 了解大局和行业变化趋势

了解大局的变化，包括了解国家发展的大局，服务对象所在行业发展的大局和后勤行业发展的大局。比如，2012 年 11 月召开的党的十八大明确提出要大力发展现代服务业，之后党和国家主要领导人又陆续在不同场合提出了许多重要思想，如"把服务业打造成经济社会可持续发展的新引擎"、"经济发展新常态"、"突出创新驱动"等重要思想。

第五章 后勤人才的结构

后勤服务的覆盖面很广，如餐饮、酒店、物业、交通、修缮等。要了解这些行业在国内外的发展趋势，并以全国先进或世界先进为榜样，努力学习和赶超，早日实现提供国内一流或世界一流的后勤服务。

作为后勤企业的负责人，还应增加有关知识。

1. 经营的基本知识

经营即在新的机制下通过积极面向市场，努力盘活现有资源，促使尽快保值增值。随着后勤社会化改革的不断深入，"后勤服务也是商品"的理念已经为越来越多的人所接受，许多单位也由"自办后勤"转为以"择优购买后勤服务"为主，后勤企业能否在优质高效为一线提供服务的同时，充分利用现有后勤资源，千方百计获得收入最大化和合理的利润，并不断发展壮大，这必须靠善于经营。

后勤企业是服务型企业，是通过提供优质的产品，满足客户的需要，并在这过程中获得合理的收入和利润。追求收入最大化和利润最大化是企业永恒的主题。创利能力较低，这是我国服务业与国外发达国家服务业的最大差距之一。

后勤企业的发展战略是否正确对后勤企业发展具有关键作用。决策、计划、组织、指挥、协调和控制是管理的基本要素。作为企业的领导者，首先应该做领导应该做的最重要的工作，决策正确就是最重要的工作。

后勤企业与社会其他企业不同之处还在于，这些企业所提供的服务必须与服务对象"心连心"，如高校以"育人"为主，高校后勤服务市场很大，也比较稳定，还会有很好的"广告效应"，但必须讲究一定的公益性，即以微利为主。作为社会优质后勤企业要适应高校这个特点才能在高校后勤服务市场上站稳脚跟。对于高校是这样，对于政府机关、科研院所、军队等也应该是这样，即适应这些单位的特点，不仅要提供优质服务，而且要提供"贴心服务"和"可靠服务"。只有这样，才能真正获取收入最大化和利润最大化。

要发展战略决策正确必须要做到知己知彼，做到比较充分地了解市场（客户需求）、了解竞争对手，也了解自己的优势和劣势。在这基础上扬长避短、避实击虚，制定正确的发展战略。

作为一个后勤企业，不可能面面俱到、满足所有客户的需要，要细分市场，科学定位，突出特色，满足市场上一定范围、一定层次的客户的需求，有所为有所不为。

常用的发展战略有成本优先发展战略、集中发展战略和多元化发展战略等。

要做好后勤企业经营，还要有"开源节流防风险"的意识和"特色创新"的意识。"开源"就是千方百计增加收入，"节流"就是想方设法降低成本。"风险"就是最大的成本，大的风险甚至会导致企业破产，风险包括火灾风险、恶性劳动纠纷风险和信誉风险等。特色经营是作为后勤企业总经理应该树立的基本理念。"创新"是企业发展的关键。创新贯穿在企业工作的方方面面。

后勤企业是服务型企业，要依法经营，必须要有当地工商部门颁发的有效的营业执照和合法的税务登记证等。同时要与当地公安部门、特种营业管理部门、税务部门、卫生监督部门、银行、街道办事处等建立良好的关系。

2. 营销管理知识

营销是企业发展的龙头。营销就是用自己的产品和服务满足客户的合理需求。这个合理需求包括：

(1) 顾客认为产品应具备的基本属性（如餐饮产品中安全、卫生、口味、品种等）。

(2) 顾客明确表达出对属性的更高要求（如尊重等心理需求、上网等）。

(3) 顾客难以表达的对属性的更高要求（如个性化服务）。

(4) 顾客未预期到的需求（物超所值、意外惊喜）。

营销的四大基本要素是产品、价格、渠道和促销。营销的第一要素是产品。产品满足一定细分市场客人合理需求的水平越高，企业竞争力就越强。后勤服务产品不能多年一贯制，而要不断根据客户的需求开发新的产品，不断创新。

营销的特点是：营销是加速商品交换的过程，营销是卖方寻找买主的过程，营销是企业经营的一种方法，营销是企业经营的整个过程。如充分利用后勤现有资源是后勤企业经营成败的关键。

营销部是企业的龙头。如何获得企业的最大收入，营销部的工作成效如何往往具有关键作用。营销的难点是淡季不淡和不能只靠降低价格来吸引客户。做好营销工作除了要建立精干的营销队伍之外，要实行专职营销和兼职营销相结合，传统营销和信息化营销相结合，甚至是全员营销。同时，店内营销和店外营销相结合。没有优质的后勤服务产品和其他综合性服务，仅靠营销部的人员，他们再努力也是很难取得明显成效的。

要建设一支特别能战斗的营销队伍是不容易的，特别是对于一些位置不好或营销基础不好的后勤企业来说，营销队伍的建设更具有十分重要的意义。

底薪加业绩提成，这是很多企业营销部门激励专职营销人员和兼职营销人员的有效方法。

后勤企业要给予营销人员一定的自主权。营销人员不仅要把企业产品介绍给客户，把客源吸引过来，而且要及时把客户对企业服务的意见和新的需求反馈给企业负责人。

3. 企业文化知识

后勤企业虽然是一个经济组织，但没有文化作为支柱的经济组织是不能持久和做强做大的。有专家指出，企业文化是当今世界最先进的管理理论。广义的企业文化包括物质文化、制度文化和精神文化，狭义的企业文化特指精神文化。后勤文化的核心是服务文化。后勤企业文化指后勤企业员工在从事经营活动中所共同具有的理想信念、价值观念和行为准则，是外显于外界风貌、内显于员工心灵中的以价值观为核心的一种服务意识。后勤企业文化的内容很丰富，如美食文化、酒店文化、物业文化、公寓文化、社区文化等，其中酒店文化又包括经营文化、管理文化、产品文化、景观文化、品牌文化和创新文化等。后勤企业文化与服务对象特有文化结合起来，又衍生出交叉文化，如学生公寓文化、校园文化、营房文化等。

4. 企业经营失败的教训

后勤企业人才和其他人才一样，都要经历正反两方面的磨练才能成熟起来。我们要求挫折越少越好，要预防为主，少犯主观主义的错误，尊重后勤企业运行的客观规律，力求主观和客观相符合。因此，注意吸取别人经受挫折和失败的教训是很重要的。

5. 扭亏为盈的知识

亏损主要就是收入小于成本支出。后勤企业在我国总体上还是新生事物，容易产生亏损并不奇怪，但一个不是政策原因的亏损企业就不是一个成功的企业。后勤经济能否成功，很大程度上看后勤企业是否盈利。故如何扭亏为盈是后勤企业领导应该了解的。如酒店是资本密集型服务型企业，折旧成本很大，如果只有较低的客房入住率，则很容易亏本。一般认为客房入住率在65%左右是盈亏平衡点。经营水平很高的酒店在出租率超过42%时就能保本，相当部分酒店能在3年内收回全部投资。客房出租率一般受地理位置、交通条件、质量档次、品牌声望、酒店性质、客源构成、硬件设施等的影响。

后勤企业的扭亏为盈，就是对企业进行"诊脉"和"治疗"，就是要理顺各种关系，千方百计增加业务收入和降低成本。增加收入主要靠有吸引力的产品、价格和良好的服务；降低成本主要是降低人工成本、能耗成本和主要物料成本。而后勤企业的人力成本往往主要是正式工（事业编制人员）和外聘工（企业编制人员）的工资成本。

后勤企业产生亏损，会有客观原因，但主要是主观原因。作为领导者，必须有清醒的认识。其中"人和"与"内行"是很重要的。

6. 中高端产品知识

后勤服务也是商品，这是没有疑问了。但后勤服务也应该转型升级，早日提供中高端产品和服务，这就不是每个人都意识到。

中高端产品和服务就是技术含量更高的产品和服务，就是附加值和利润更大的产品和服务。农产品在没有技术加工前，其价值是很低的（如番薯等），加工后其价值可以提升几倍、几十倍。光碟和光纤的材料成本是很低的，但一旦与信息技术联系起来，其价值又是很大的。

后勤服务是必不可少的，但其服务一定要尽快走向中高端，只有走向中高端，才能适应一线的需求，也才能更好地发展后勤经济。

第五节 后勤服务人员应有的基本知识

一、礼仪礼貌知识

酒店、交通、物业、餐饮、保安、环境卫生等后勤服务窗口,往往代表了一个单位、一座城市甚至一个国家的文明形象,讲究文明礼貌具有十分重要的意义。讲究热情服务、周到服务、高效服务和礼貌服务是后勤服务的基本内容,礼仪礼貌礼节也是后勤企业软实力的重要内容,其本质是表示对别人的尊重和友善。其中礼貌是一个人在待人接物时的外在表现,这种表现是通过仪表、仪容、仪态以及语言和动作来体现的。礼貌是文明行为的起码要求,是人与人之间在交往接触中,相互表示敬重和友好的行为规范。它体现了时代的风尚与人们的道德品质,体现了人们的文化层次和文明程度。

礼貌修养的基本准则是,遵守社会公德、遵时守信、真诚谦虚、热情适度、理解宽容、互尊互助。

服务人员要真正做到礼待宾客,就必须努力做到尊重服务对象、关心服务对象、热爱服务对象、理解服务对象等。

礼貌服务的基本要求是:

1. 端庄、得体的仪表、仪容和仪态

仪表即人的外表,一般来说,它包括人的容貌、服饰、个人卫生和姿态等方面,是一个人精神面貌的外观体现。仪容主要指人的容貌。后勤服务员工必须注重个人的仪表仪容。其仪表仪容也在一定程度上反映了后勤的管理水平和服务水平。

仪态是指人的行为中的姿势和风度。姿势通常指身体在站立、就座、行走的样子以及各种手势、面部表情等。对后勤员工的总要求是恰当、正确、美、感人。具体是挺拔的站姿、端正的坐姿、稳健优美的走姿、得体大方的动作习惯等。

2. 语言

服务语言是后勤服务主体与服务对象之间基本联系的纽带,是后勤员工与服务对象之间沟通的最常用工具。"良言一句三冬暖,恶语伤人六月寒"。热情服务离不开语言的灵活运用,周到服务离不开及时与宾客进行沟通。

语言不仅要发音准确、用词准确、用语准确之外,还要有感情色彩,要提倡具有特色化的语言服务。

所谓特色化的服务语言是无法用一种既定标准或规则去概括与描述,它要求服务人员在简单重复的表达中显示出自己的基本素质与内涵,即不但能满足客人提出的需求,还能挖掘客人未想到或虽然想到但尚未提出的领域,从而在服务的深度和广度上给客人带来愉悦,有时还可以在服务过程中"化险为夷"。也就是说,特色化服务语言,要求服务人员不仅满足于在服务过程中"该说的说过了"、"该说的说到了"、"没有说错，没有违规"等，而且要说得甜，说得美，说得巧，说到宾客的心坎上，甚至说到宾客心花怒放。服务语言要文雅，要讲究语言艺术。

要做到这一点，一定要更新服务人员的表达意识，提高服务人员的表达技巧，提高服务人员的素质和修养。

3. 树立良好的服务态度

态度是一种内心的心理历程，包括人们比较稳定的一套思想、兴趣或目的，往往表现在人的举止神情方面。服务态度可以表现为服务人员按规定向客人提供的服务内容和服务人员的态度，服务态度是使客人在感官上、精神上感受到的亲切感。这种亲切情绪的体验，往往要通过服务人员以礼节、礼仪作为媒介，通过面部表情、语言和神态等来表达。良好的服务态度具体体现了酒店的管理水平和服务人员个人的修养，使客人真正体会到"宾客至上"的感受。良好的服务态度来自于后勤服务员工对所从事的服务工作的正确认识和热爱，来自于对客人的理解和尊重。服务态度的核心是谦恭与有效关心的程度。客人所期望的是热情的富于人情味的服务。

服务往往是有成本的，但良好的服务态度和服务语言等是成本很低、效果很好的服务，微笑服务就是其中突出的例子。英格兰有一名言，"微笑的成本比电便宜，微笑的效果却比电灯更明亮"。著名的希尔顿酒店业的发展，其成功的秘诀之一就是服务人员"微笑的影响力"。而在后勤服务业的发展中，因不能善待客人而因小失大的例子举不胜举。

二、卫生知识

卫生是服务对象对后勤服务的基本要求之一，也是后勤服务实行标准化、规范化、精细化管理的重要方面，卫生状况还代表了一个单位的文明程度。作为从事后勤服务的每个员工，都要了解卫生的基本要求。如酒店的客房卫生主要包括床上用品的卫生、洗手间的卫生、茶杯的卫生、空调器的卫生、拖鞋的卫生（有些酒店没有使用一次性拖鞋）等。茶杯消毒有高温消毒、化学消毒、紫外线消毒等方式。无论采取什么方式消毒，都要严格按照卫生监督部门的有关操作规程去做。

公共洗手间的卫生是最容易忽视、最不容易搞好也是最具代表性的卫生。

三、安全知识

许多后勤服务单位不仅是文明之窗，而且也是公共场所之一，安全是后勤服务最重要、最基础的工作之一。如果安全出了问题，轻则影响到单位的声誉，重则给单位造成重大损失。安全包括服务对象的人身安全和财产安全，员工的人身安全和财产安全，单位的财产安全。安全最重要的是防火、防盗、防毒、防传染疾病、防打架斗殴和"黄赌毒"等违法现象、防各种安全事故。如滑倒是酒店的常见事故，如顾客在走廊、在客房洗手间内滑倒等。卫生不符合要求，也会带来很大安全隐患。加强安全，要预防为主、防治结合、责任到人。要人防、技防、制度防有机结合起来。除了建设一支精干的、高素质的保安队伍之外，要加强对所有员工的培训，提高他们的安全意识和应付突发事件的能力，做到专业队伍和全员队伍相结合。同时要建立健全先进的、可操作性强的规章制度。另外，要配备好先进的监控系统和火灾自动控制报警系统，并保证任何时候的消防通道（安全出口）都是畅通的。

许多后勤单位（包括员工宿舍）是火灾的易发地，几乎每年都有发生火灾的案例。而火灾事故是单位最严重的安全事故，一定要警钟长鸣。

后勤员工要经常举行一些文体活动，锻炼身体，预防疾病。员工要养成良好的生活习惯和工作习惯。如尽可能做到不抽烟，少喝烈性酒，出行注意遵守交通规则，不乱丢垃圾等。

后勤领导要注意关心员工生活，不断改善员工住宿的条件，目前这方面的问题有些地方相当突出。同时，要加强安全方面的培训，要规范用工。

后勤服务范围很广，每天所消耗的材料也很多。一些消耗性材料很容易流失，要注意堵塞这方面的漏洞。要加强对员工的教育，做到洁身自爱。单位要加强对物资的管理，如物资消耗定额管理等。员工上下班要走员工通道，并要有必要的安全检查或抽检。

安全还包括后勤企业（特别是酒店）还要积极配合公安部门做好有关社会治安工作。

常见的安全警句有：
（1）事故出于麻痹，安全来自警惕。
（2）千里大堤毁于蚁穴。
（3）安全是最大的财富。
（4）小心能驶万年船。
（5）小洞不补大洞难补。
（6）细节决定成败。
（7）多做未雨绸缪之事，少做亡羊补牢之事，不做痛心疾首、悔恨终身之事。
（8）隐患险于明火，防范胜于救灾，责任重于泰山。
（9）规章制度是安全之母，人的素质是安全之父。
（10）警钟长鸣。
（11）小小一星火，可毁万亩林。
（12）严守纪律，尊重科学，才是真正的幸福之源。
（13）不怕一万，最怕万一。

另外，与本职工作有关的业务知识、开源节流知识、创新知识等都是必须掌握的。

第六节　后勤人才应有的广泛知识

后勤所有人才在掌握核心知识的同时，知识面越广越好，如公共关系知识、建筑知识、旅游知识、园林绿化和花卉知识、天文地理知识和信息技术知识等，都是作为后勤人才应该了解的。因为后勤管理者特别是后勤经营者要善于与各种各样的客人打交道，要喜迎天下客，必须要有丰富的知识。另外，后勤企业总经理不仅仅是后勤企业发展的带头人、决策者和引导者，而且也是一名培训师。

在众多知识中，实践所得来的直接经验和知识以及别人的知识和经验也是很重要的。毛泽东有句名言："既要读有字之书，也要读无字之书"，善于吸取别人智慧的人才是最聪明的人。这就是要求我们的理论要紧密联系实际，要了解实际情况，要虚心向行家学习，向经验丰富的实践者学习，向群众学习，尤其要注意了解一些行业的潜规则。

可以说，如果用飞机来比喻后勤人才的知识结构的话，那么，核心知识就是飞机的机头，重要知识和其他知识就是飞机的两翼，基本技能和广泛知识就是飞机的机身和尾翼，根深才能叶茂。

人才学家很推崇"T"字型的复合型人才，即"↓"代表核心知识和主攻方向，"—"代表知识面越广越好。立体的"T"字型复合型人才还包括寿命。

广义的知识结构包括能力结构。基本能力结构包括组织管理能力、学习能力、表达能力、决策能力等，特殊能力包括创造能力，这是人才超越普通人的最重要的能力。

现代生产力的形成不仅要高素质的人与生产资料的有机结合，也要个人和群体的有机融合。后勤领导人才不仅自己要具有丰富的知识和技能，也要形成良好的团队并使个人和团队有机结合起来，同时把各类人才团结在自己周围和充分发挥好他们的作用。没有一个人是"完人"，但一个领导班子成员的搭配是可以做到优势互补，相对完美。作为领导，关键是善于决策和用好人。不要犯战略性的错误。

第七节　后勤人才应有的基本技能

后勤人才特别是后勤服务人才相当部分不需要掌握很高深的理论，但一定要掌握一项或多项服务技能。注重基本技能是后勤人才的主要特点之一，掌握更多的与工作有关的技能是后勤人才的立身之本。大力培养技能型人才对于后勤人才的发展具有战略意义。后勤服务的水平高低，不仅要看服务意识和服务态度，更重要的是看服务技能。同时，后勤服务的面很广，我们引导后勤员工走岗位成才的道路，走一专多能的道路。这不仅对于提高后勤服务专业水平很有必要，对于降低后勤服务成本具有重要意义，而且对于后勤员工提高就业竞争力也有很大帮助。

后勤人才需要掌握的技能分为基本技能、专业技能和广泛技能。其中基本技能如使用计算机的技能、外语口语技能、礼仪礼貌技能、沟通技能与人际关系技能等。专业技能根据不同工种而不同，如酒店中客房的铺床技能、餐厅中折花摆台的技能、餐饮中厨房的刀工技能、炒多种名菜的技能等。北京师范大学珠海学院国际学术交流中心（京华苑宾馆）的总经理，能掌握酒店客房和餐饮所需的多项技能，他们不仅是酒店的负责人，而且也是专业培训师。除此之外，要通过交叉培训，要求普通员工尽量多掌握一些更广泛的技能，这些技能有些是与工作有直接关系的，如一些酒店也要求餐厅服务员懂得铺床技能，前台服务员懂得客房技能等；要求电工不仅要懂得维修与电有关的设施设备，而且要懂得与本单位水工、木工、下水道等有关的维修。有些技能是与当前工作没有直接联系的，如摄影、演唱、舞蹈、美术、写作等技能和体育技能等。

如果我们的后勤服务员工，不仅有良好的服务态度和服务意识，有多作贡献的思想觉悟，而且有"一专多能"并胜任一人多岗，我们就可以真正为后勤事业做出较大贡献。

后勤的面很广，仅服务人才的种类就很多，如餐饮人才、酒店人才、物流人才、物业人才、修缮人才、装备人才等。这些人才，各有专攻，要求有不同的知识结构和技能结构。总的要求一是要胜任工作；二是要稳定专注；三是面向现代化水平、面向世界一流水平，结合自己单位的实际，高标准、高效率地做好本部门的工作并争取有所创新，努力缩小与国际先进水平的差距。

案例一

杰出与付出

大家都羡慕香港首富李嘉诚，可谁知道他背后付出了多少？那是1943年冬天，李嘉诚的父亲去世，为了减轻母亲的生活压力，14岁的他便来到一家茶楼当跑堂的伙计。这里规定清晨5时上班，而它却把自己家的闹钟拨快10分钟。他利用这10分钟提前到茶楼，为的是做两门"功课"：一是对茶客察言观色，了解茶客的不同需求；二是摩茶客心理，服务见机行事。由于他比别人肯于付出，所以总能胜人一筹，因此也是茶楼加薪最快的伙计。听说即使已经贵为香港首富以后，但李嘉诚的手表仍然保持要比别人快10分钟……

鲁迅先生小的时候在课桌上刻下一个大大的"早"字，时刻地叮嘱自己凡事都要"早"做。正是因为肯于付出，这位以"小跑走完一生"的作家，才在中国以至世界文学史上留下了辉煌的业绩。

有首歌唱得好："没有谁能随随便便成功"。任何杰出的人士都有感人的付出故事。

第五章 后勤人才的结构

虽然付出不一定就可以杰出，但杰出没有一个不依赖于付出。

案例二

勤于积累　善于积累

常言道，积沙成塔，积土成丘。对工作而言，勤于积累，不仅是知识的升华，更是素质的跨越。

积累是有目标的积累，是围绕工作、围绕事业的积累。没有积累，没有量变，就不可能有质变。

我有一位战友，很善于积累。每当工作之余，很喜欢阅读报纸与杂志，每当有重要参考价值的资料，就细心地剪下来，贴到一个大号的画报上，有空就翻一翻受受启发。同时，他还随身带一个笔记本，上面记录着既有上级的工作要点、相关单位的经验做法，又有名人名言及自己的一些感受体会等，并进行分类，每年写下的笔记就有20多本。常年的日积月累，使他的语言表达能力与写作能力，都达到了很高的层次，单位领导的一些重要讲话与调研报告，多出自他之手；一些研究文章经常刊登在国家级刊物上。多年以后，这名战友已成为一名较高级别的领导干部，但他仍然保持着善于积累的好习惯。他说，每一次积累，都有不同的收获，如同跨上了一个新的台阶。

受战友的影响，我也养成了善于积累的习惯。

由此可见，成功，既要靠不懈的进取与拼搏，也需要靠勤奋的积累。

第六章 后勤人才的社会承认

人才的成长与发展都必然经历一个由潜人才向显人才、由低层次人才向高层次人才转化的过程。而实现这种转化的可能性以及实现程度则取决于人才成长过程中的一个重要环节——社会承认。经过社会承认，人才的价值才得以实现并获得继续发展的资源和条件，而整个后勤服务业和社会也将增加更多的高素质劳动者。

第一节 社会承认的定义和特点

一、社会承认的定义

社会承认，是指在人才成长与发展过程中，社会对成才者或人才素质和成果表示肯定和认可的活动。

我们应从以下几方面来把握社会承认的基本内涵：

第一，人才的社会承认是一种社会承认主体（组织、权威等）和客体（成才者）之间通过一定中介发生的交互作用。

第二，人才的社会承认包括社会承认主体、社会承认客体以及社会承认标准、社会承认方法四个基本要素，它们的交互作用构成了社会承认的全过程。

第三，社会承认的客体是成才者或人才的素质和成果。从社会承认的基本内涵来看，社会承认是一项对成才者或人才是否能够胜任某项工作的客观评判。

二、社会承认的特点

人才的社会承认是一项系统工程，不是某一个人或某一些人主观臆断的结果。人才的社会承认具有以下四方面的特点：

(1) 客观性。人才社会承认的客观性，是指社会承认主体对成才者或人才认可是不依赖于主观意识存在的活动。它区别于一般的个体之间的主观认可，社会承认体现的是一种集体意志的合力，它的主体、客体、标准和方法四要素具有客观性。

社会承认主体是客观存在的。社会承认的主体有：组织、权威、公众。组织是由一定规章制度严格约束的集体，其社会承认必然按照该组织的具体制度客观执行。权威是在某一领域、某一行业具有较高威望、地位和较大影响的高级人才，其能力和水平在该领域、行业有重大影响。因此，他们所作出的社会承认的结论具有客观性，反之会损害权威的公信力和影响力。作为社会承认主体的公众作出的社会承认则更具普遍性和公正性，他们代表的公共意见对人才的素质和成果进行综合认定，作出客观的社会承认。

（2）层次性。人才社会承认的层次性，是指由于社会承认主体、客体、标准和方法具有不同的等级，从而使社会承认结果的等级不同。社会承认主体具有层次性，如国家级、省级和行业级，因此产生的社会承认其效力范围就有大小之别。权威、公众因其生活经历、文化背景、社会地位和知识水平等方面的不同而具有差异。同时，社会承认客体也因其自身不同的素质和成果呈现出相应的层次归属。如同是物业公司总经理，三级资质的和一级资质的总经理的层次是不同的。而社会承认的标准则更是以其具有层次性的规定才可以将人才区分为若干层次，社会承认的标准有不同的适应层次和适应范围，有些标准具有普遍性而有些标准具有层次性和行业特殊性。可见层次性也是社会承认的固有属性，社会承认方法则是对不同层次成才者或人才适用，进行有针对性的认定和判断。

（3）阶级性。人才社会承认的阶级性，是社会承认主体对成才者或人才的认可需符合一定阶级的意志和利益。在阶级社会中，社会承认必然要体现统治阶级的意志。统治阶级按照自身阶级利益需要制定相应的人才社会承认的标准，通过控制人才选拔，为本阶级利益服务。自从人类进入阶级社会以来，每个阶段的人才社会承认都具有浓厚的阶级色彩，如封建社会的科举制度，在一段历史时期为选拔人才作出了贡献并促进了社会的进步，但这一人才社会承认的方式始终服从当时统治阶级的需要。

（4）时代性。人才社会承认的时代性，是指社会对成才者或人才的认可会体现出一定历史时期的要求。不同历史时期社会对人才的承认总是根据当时社会的经济、政治和文化发展的要求而进行和开展的。比如，随着当今世界经济的全球化和我国社会主义现代化的不断发展，诸多的时代要求对人才的社会承认指明了方向。那些具备扎实的专业知识，同时又涉猎其他领域的复合型人才、创新型人才无疑将成为社会承认的人才的首选。这就要求我们必须坚持以一种动态发展的眼光来看待和实施社会承认，不断根据具体时代发展的需要而对后勤人才进行相应的社会承认，以期实现后勤服务业发展与人才成长的良性互动。

第二节　社会承认的构成要素

社会承认是由四大基本要素——社会承认主体、社会承认客体、社会承认标准和社会承认方法构成。正确认识和分析这四个基本构成要素是我们掌握社会承认类型、作用以及优化社会承认、减免人才埋没等一系列问题的重要前提条件。

1. 社会承认的主体

社会承认主体，是指对成才者或人才的素质和成果进行评判的组织或个人。社会承认主体有组织、权威和公众之分，三者各有特色、互为补充，共同对社会各类人才发挥着社会承认作用。

（1）组织是指为了有效地实现目标，通过建立组织机构和调配各种资源，从而将组织内部各要素联结成一个系统，使人、财、物等得到合理的使用。在人才社会承认中，主体为了使社会各类人才能顺利成长与发展，在明确自身责权范围的前提下，努力优化组织结构、完善组织章程，从而为各级各类人才创造出更为积极、民主、公平和公正的外部环境，形成推动人才成长与发展的激励和促进力量。

（2）权威是指在某一领域、某一行业或专业取得了较大成就，并且已经被社会承认的高级显人才。权威在组织当中具有重要的地位，权威的意见在社会承认中占据相当的分量。

（3）在现代社会，公众是指那些以某种社会现象为共同话题，参与社会议论过程的个人、团体和组织。公众之所以能够成为人才社会承认的主体，其原因就在于公众在达到一定数量之后就具有代表性了。他们可以运用科学手段对人才素质和成果进行分析，并围绕着这一话题进行意见表达和社会议论，对人才的价值和成果做出肯定性或否定性的评价。公众承认对人才的成长与发展产生不可低估的作用。

综观人才社会承认主体的三大类型，可以看出，三者相互交叉、互为补充，组织内部就存在着权威和公众，而权威又对整个组织的运行和公众的承认活动起一定引导作用，而公众则同样因其代表着大多数人的意志，在人才社会承认主体中占据重要地位。

2. 社会承认的客体

社会承认客体，是指被社会承认主体认识和评价的成才者或人才具有的素质和已取得的创造性成果。这里的素质，既包括成才主体的先天素质，也包括后天通过学习和实践获得的后天素质，不仅包括成才主体当时的素质状况，还包括成才主体潜在的素质状况。创造性成果是人才社会承认的主要对象，它是判断成才者是否为合格人才的重要标志和基本"硬件"。素质和成果之间是紧密相连的，素质是取得一定成果的前提和基础，而成果则是素质在成才过程中的外化和最终表现，二者呈现一种逻辑的因果关系。但是，成才者或人才将其自身内在素质转化为相应的外在成果并非一蹴而就，需要具备充分的相应的社会条件才能实现。在人才发展与发展的过程中，外部环境的影响不可忽视，一个良好的外部环境会对人才成长与发展起推动促进作用，反之则起阻碍、抑制作用。因此，社会承认的客体不仅指成才者或人才的创造性成果，而且指成才者或人才本身具有的能够取得创造性成果的素质，它是一个综合性概念。

3. 社会承认的标准

任何一项完整的人才社会承认实践活动，都必须依据一定的社会承认标准评价、认可社会承认客体。社会承认标准，是指用于认定和判断成才者或人才素质和成果是否具有价值的准则。掌握社会承认标准，必须注意理解其具体涵义。

首先，社会承认标准是社会承认主体依据社会发展形势及其需要而制定和认可的，因而该社会承认主体的成熟程度决定着其对当时社会发展形势及本身需要自觉意识的程度，即决定着社会承认标准的科学程度。

其次，社会承认标准具有潜状态和显状态之分。一般而言，组织承认标准是通过规范、条例、政策等理性形式表现出来的，具有明确的存在载体。而权威承认和公众承认的社会承认标准则具有潜在性，往往根据社会承认主体长期的实践经验和知识积累而自觉或不自觉地表现出对某类人才的倾向性认可。此外，权威的社会承认标准则更多地受权威个体的知识体系、人格特征和行业领域等限制，其标准具有很大程度上的个体性。公众的社会承认标准往往通过传统、惯例、社会风尚等非理性形式表现出来。

最后，人才的社会承认标准是一种对社会承认主、客体的外在强制力量。一方面，一定的社会承认标准一经产生和运用，就对社会承认主体形成一种客观制约，使其必须遵循该标准来对成才者素质和成果进行认可和肯定。另一方面，一定的社会承认标准对广大的成才者产生约束和导向作用，只有达到社会承认标准所要求的人才类型等规定内容，成才者才能由潜人才转变为显人才，由低级人才转变为高级人才。

4. 社会承认方法

社会承认方法是指社会承认主体对成才者或人才素质和成果进行科学认定和判断的方式、程序和手段的总和。社会承认方法就是社会承认主体要根据社会承认标准，对成才者或人才素质和成果进行科学的认定和判断。社会承认方法科学、合理，会提高社会承认的效率，增强社会承认的公信力。

第三节　社会承认的作用

社会承认在人才成长过程中是一个至关重要的环节，只有获得社会承认，潜人才才可转化为显人才，低层次人才才可转化为高层次人才。否则，人才便会被忽视以至被埋没，人才的价值便难以实现。具体地，社会承认具有以下四方面的作用。

一、评价作用

评价是评估价值，是对事物有用性的综合评判。评价的过程就是通过运用综合方法对评价对象进行综合判断的过程。社会承认的评价作用，是指社会承认通过对成才者或人才的素质和成果进行认可和肯定，对成才者或人才产生的影响。

二、导向作用

导向，是发挥引导的作用，使客体的行为按照主体的要求发展。社会承认的导向作用，是指一定时期社会承认活动在社会对人才的重视、对人才的评价方面有着引领作用，同时还会指引成才者积极按照社会承认的标准来塑造自己以成为社会所需要的人才。这些导向作用主要有政治导向、业务导向和层次导向方面的作用。

三、激励作用

激励，是指主体采取一定的措施激发个体行为的动机，使个体产生一种内在的动力，朝着所期望的目标前进的过程。社会承认的激励作用，是指社会承认对成才者素质与成果作出了肯定与认可，表明成才者为了创造成果所付出的努力和劳动是有价值和意义的，从而对成才者或人才起到激发和推动作用。激励作用主要有精神激励和物质激励。

四、提升作用

提升，是一个不断发展的过程，对个人而言，意味着某些方面取得了进步，对工作而言意味着层次的提高和范围的扩大。社会承认的提升作用，是指通过社会承认对成才者或人才以及对社会人才发展所起的推动作用。

五、负面作用

社会承认在一定的条件下也有负面作用，当社会承认的科学体系不完善时，社会承认的失误或缺失会导致人才的埋没，成为人才发展过程中的阻抗因素，进而影响和阻碍社会发展。如毛泽东和邓小平，在历史上都曾被压制甚至几乎被埋没。"文革"中的张志新等人，因发现真理、坚持真理而被打成"现行反革命"并被判处死刑……为此，我们在充分肯定社会承认重要性的同时，一方面社会承认的主体应当尊重知识、尊重人才，充分认识和尊重社会承认标准，公平、公正、公开评价人才的素质和成果。另一方面，社会承认的客体不能恃才傲物，应当熟悉社会承认的标准，使自己达到、符合乃至超过社会承认标准。

第四节　社会承认的原则和方法

一、社会承认的原则

社会承认的原则主要有：
（1）主导性与民主性相结合。
（2）公平性与效率性相结合。
（3）实效性与超前性相结合。

（4）统一性与层次性相结合。

二、社会承认的方法

1. 传播式承认法

传播式承认法，是指通过报纸、杂志、书籍、广播、电视及网络等大众传播媒介肯定成才者的素质和创造性成果，使其得到社会承认的一种方式。

2. 认定式承认法

认定承认法，是指由社会承认主体的代表（个人或组织）经过鉴别、评判而作出结论性意见的一种社会承认方式。其常见形式有：名人作序与权威赏识、成果鉴定、职称评审和职务任命等。

3. 颁奖式承认法

颁奖式承认法，是指一定社会组织或机构对那些取得突出成绩、为社会作出较大贡献的人才进行表彰和鼓励的社会承认方式。

4. 评判式承认法

评判式承认法，是指一定的社会承认主体依据现存的规范性的评判标准、程序对成才者进行社会承认的方式。这一承认方式的突出优点就是评判标准确切而具体，操作性极强。只要社会承认主体按照规范性的标准和程序所列定的步骤进行评判并做出公正结论，成才者就可以获得公正的社会承认。评判式承认赋予参与者同等的机会，根据参与者在规范性程序、标准、评判方式中取得的成绩衡量人才的素质和成果。例如，各种专业技术等级考试或从业资格考试。

5. 选举式承认法

选举法承认法，是指由一定范围的人对成才者或人才素质和成果通过表决方式予以认可的社会承认方式。

第五节　减少、避免人才埋没的对策

任何人才的成长与发展都不会一帆风顺，或多或少都会经历一些坎坷和磨炼。其中，社会承认对人才素质和成果的考察失误就在很大程度上导致了一些优秀人才的埋没。

一、人才埋没的含义、类型和后果

1. 含义

人才埋没，是指对成才者或人才的素质和创造性成果予以否定，使其作用发挥不出来。古往今来，任何社会都普遍存在着人才埋没现象。只要有社会承认，就会发生人才埋没。每个社会都有人才埋没问题存在，不同社会的区别主要在于社会承认主体是否遵循社会承认的原则和客观造成的人才埋没的多与少的现象。人才埋没的结果是人才被浪费，甚至被扼杀。无论是对成才者本人还是对整个社会，人才埋没现象的存在无疑都是一种遗憾和损失。

人才埋没现象不仅具有客观性，而且具有普遍性。

2. 类型

人才埋没按不同的标准可划分为以下不同的类型：

（1）以埋没时间为标准来分类，人才埋没可以划分为短时埋没、长时埋没和永久埋没。短时埋没即人才被埋没时间较短，几年或几十年；长时埋没时间可达百年或几百年；而永久埋没则指人才最终未被社会承认。

（2）以埋没原因为标准，人才埋没可以划分为社会埋没和自我埋没。社会埋没是指人才因种种社会原因而未被承认，这种埋没比较容易被人们观察和发现，也称为人才的有形埋没。自我埋没则是指成才者对其自身素质和成果加以自我否定，这种埋没极具隐蔽性，也称人才的无形埋没。

（3）以人才个体埋没的程度为标准，人才埋没可以划分为部分埋没和完全埋没。部分埋没是指成才者的素质和成果只有部分被社会承认的现象；而完全埋没则指社会对成才者的素质和成果完全不予认可的现象，这种人才埋没必然导致社会和人才自身的巨大损失。

3. 后果

人才埋没不仅是对人才自身的巨大损失，也会造成社会的巨大损失。

（1）造成人才资源的浪费。人才埋没使人才的本领无法施展，造成人才资源的浪费。人才遭到埋没后，其自我实现感无法得到满足，使人才产生对于社会制度的消极认识和对自我才能的否定和放弃。同时，人才埋没还会引起多米诺骨牌效应，人才承认中对人才的不公平评价导致人才埋没，以至于社会中不公平现象的增加和蔓延。同样人才的社会埋没不仅对当事者造成身心伤害，同样也对整体人才的发展产生负面影响，使人才受到错误的社会承认因素的影响，放弃自身擅长的领域或隐瞒自己的真实才能。

（2）导致国家和社会培养成本的浪费。国家和社会为培养人才投入了巨大的物力、人力和财力，如果因为人才埋没导致人才无法从潜人才转化为显人才，人才就失去回馈国家和社会的机会。

（3）产生社会不良风尚。如果人才埋没成为一种普遍的社会现象，并出现"不尊重人才"的思潮，那么社会的发展将失去强有力的智力支撑，高精尖人才无法脱颖而出，基础性人才不能发挥有效作用，国家整体的文化素质发展落后，进而阻碍社会的发展和进步，其后果是很严重的。

二、产生人才埋没的原因

要减少和避免人才埋没的现象，必须认真分析产生人才埋没现象的原因，主要有外因和内因,外因是人才社会承认的失误所造成的,内因是成才者因放弃努力而自我埋没造成的。

1. 产生人才埋没的社会原因

(1) 社会大环境中的消极因素造成社会承认失误。社会环境既包括社会精神环境,也包括社会物质环境。

消极的社会精神环境造成人才社会承认失误主要表现在三个方面:一是传统文化中消极因素的负面效应。传统文化的负面效应是导致社会承认失误的重要原因,如提倡中庸、反对冒尖的传统观念对人才的束缚和埋没。二是社会统治阶级对人才的否定。人才发展史表明,当社会统治阶级重视人才、鼓励创新时,其社会对人才的承认程度就高,各类人才相应就拥有更多的发展机会。三是错误社会思潮或错误思想路线的导向。陈云同志曾说过,不要唯书、唯上,要唯实。如何判断什么是真理?在新中国成立后相当长一段时间内,是以毛泽东的话作为判断是非的标准,从而禁锢了很多人的思想,并造成了不少冤假错案。

先进的社会物质条件是人才成长与发展的"硬条件",也为人才的社会承认提供手段和方法。人才成果是具有超前意义的创造性劳动的结晶,对其进行社会承认往往需要运用一定的科技手段和先进仪器,这就需要一定社会物质生产力作为基础。当年哥白尼所提出的日心说被宣判为异端邪说,其根本的物质原因还是社会生产力落后。

(2) 管理的非科学化会造成社会承认失误。管理的非科学化存在三个方面的问题,一是人才与人才配置不科学导致人才结构不合理。这表明在人才未按其能力水平安排在最能发挥其作用的结构点上,导致人才配合不好,人才之间不能形成合作。二是未用人之长。用人不当难以发挥人才真正的能力和作用,进而导致人才安排的混乱。三是人才工作所需要的物质条件和精神条件不具备。如公平合理的报酬、良好的人际关系、积极向上追求卓越的氛围等,都会影响到人才能力的发挥。管理者个人和管理部门必须认识到自身行为可能对人才产生的影响,努力使自身行为科学合理。

(3) 社会承认主体的错误会导致社会承认失误。社会承认主体在社会承认过程中出现的错误,主要表现在以下几方面:

第一,少数权威压制人才。权威对人才成长与发展有双重作用,或者扶持人才、推动人才前进,或者挫伤人才、遏制人才发展。有的权威把自己的地位绝对化、神秘化,过分迷信自己的才能,因而忽视甚至阻挠年轻人才的成长与发展。有的权威思想僵化,不能开放地吸收新成果,落后于成才主体的成果水平,则必然地不能恰当评价人才,导致社会承认失误。权威主体的嫉妒心理也会使社会承认主体不能正确评价人才。这种情形一般发生在同一行业、专业或关系较近的人之间。嫉妒是处于劣势者在一些直接或间接与自己利益相关问题上对优胜者采取戒备的反抗性心理体验。嫉妒心理可能转化为奋起直追的压力和动力,也可能转化为给人才制造陷阱以达到削弱人才实力、歪曲人才形象的不良行为,而后者就直接引起社会承认失误的产生。

第二，情感障碍使社会承认主体不能客观评价人才。具有主观能动性是社会承认主体的重要特点，这就容易导致其对人才进行评价时以自身情感、意志为标准，从而引发承认失误。情感障碍通畅表现为以个人好恶取才、以貌取人、求全责备等。这些都与社会承认标准的科学精神相违背。

第三，权力的滥用导致社会承认主体不能公正评价人才。社会承认主体超越社会承认的客观标准，按照主观意志自由进行人才评价。这种没有得到制约的权力就必然会导致权力的滥用，没有相应的监督机制导致社会承认主体没有按照社会承认标准去评判成才者，而是任人唯亲、任人唯利。

2. 产生人才埋没的人才自身原因

内因是事物变化的根据。人才被埋没的原因还应从成才者自身去找。

（1）人才素质变差。这里的素质着重指身体素质和心理素质两方面。就身体素质而言，良好的身体条件和健康状况是成才者不断发展的基本前提。但在成才队伍中，"英年早逝"的悲剧时有发生。如果人才在从潜人才到显人才的转换过程中由于遭受挫折或失败，出现身体素质下降、心理素质变差的情况，就很难再发挥自身的才能，从而自暴自弃造成自我埋没。社会承认是对人才素质和成果的综合考察，如果身体素质相对较差，则极容易引起社会承认失误。就心理素质而言，一个人的气质、性格都成为影响其成功的重要因素，持乐观心态的人比较容易化解心理负面情绪，而持悲观情绪的则容易积累负面情绪。同时，自卑心理是引起社会承认失误的又一原因。自卑是心理上的一种消极的自我暗示，是一种惭愧、畏缩或灰心的心理体验。自卑的人在同等的竞争条件下缺乏信心，在遇到困难险阻时更会表现出心灰意冷，甚至是自暴自弃，不敢迎接挑战。自卑心理对于潜人才向显人才转化的成才者的阻碍作用尤其明显，他们往往因自卑而缺乏争取社会承认的信心和勇气，从而导致丧失获得社会承认的机会。

（2）人才主体性意识较弱。人才的主体性即独立性。主体性意识是人才创新精神的重要内容，是推动人才不断超越现状的基本动力。而主体意识较弱的人则被动、消极且盲目退让，其主要表现为迷信权威、没有目标、思想僵化和安于现状等。一是迷信权威。主体意识较弱的人过分抬高权威的地位和价值，对于权威认定的结论不敢超越，对于自己尚未公开的成果缺乏信心，导致成才过程的中途夭折；二是没有目标。没有目标的成才主体对自己和社会没有确切的认识和体会，对前进目标也不能准确把握，因而在成长与发展的关键时刻往往陷入不知所措的困境；三是思想僵化。这类成才者过分固执于本身的思维方式和习惯，排斥新信息、新观点，更缺乏科学探索精神，最终扼杀了创造才能而引起社会承认失误；四是安于现状。这主要是针对那些已经获得社会承认的人才而言。由于已经拥有了相应的物质待遇和精神鼓励，这些人才的惰性便逐渐滋生，满足于已有成就而不思进取，失去创新的动力。

三、减少和避免人才埋没的对策

社会承认应当尽可能达到没有人才埋没的理想境界，而由于种种原因，在现实生活中社会承认难以完全正确，在实现理想境界的过程中必须建立具体的对策以减少和避免人才埋没。

1. 营造"尊重知识，尊重人才"的良好风气

后勤服务业的竞争也是人才的竞争，人才一靠发现，二靠培养，三靠使用，四靠引进。无论是人才队伍建设还是员工队伍建设，营造良好的成才环境都是十分重要的。而营造"尊重劳动、尊重知识、尊重人才、尊重创造"的良好风气，则是营造良好成才环境的重要方面。要树立科学人才观，激励员工积极向上，多作贡献，努力成才。并在待遇等方面有所体现。

2. 提高社会承认主体的素质

社会承认是以社会承认主体为主导的与社会承认客体之间的互动过程，社会承认主体的素质如何在很大程度上决定着对人才素质和成果的综合评定是否科学全面，即社会承认作用发挥的大与小。

具体地讲，社会承认能否取得预期的作用效果与社会承认主体在社会承认客体心目中的信任度呈正比关系。就组织而言，组织的级别越高，评审规则越严密，操作程序越明晰，则成才者对其越信任，它所作出的社会承认发挥作用就越大；就权威和公众而言，成才者对其信任程度则较多地包含了个体情感因素。对于成才者崇敬佩服的权威、熟悉了解的公众所作出的社会承认，成才者往往更乐于接受，从而在成长过程中有意地作出相应的调整，相反如果社会承认主体在成才者心目中处于无足轻重的地位，则其作出的社会承认很难对成才者产生激励作用，甚至会引起逆反心理和产生负面影响。

因此，减少和避免社会承认失误需要加强社会承认主体建设，树立社会承认主体的威信。具体而言，首先，社会承认主体应当制定社会承认的标准，建立社会承认标准体系，各级组织必须制定一套科学严密的评审制度与规章，从根本上杜绝徇私舞弊。确立标准的权威性，在进行人才评价的过程中，社会承认主体才能有客观的依据，才能以理服人，才能公平、公正。其次，社会承认主体应当加强学习，具备社会承认所需的政治素质、专业素质。权威应具有终身学习的意识，不断吸取最新知识，不断提高自身专业水平，不保守，不刻板，努力使自己成为全面客观公正的"裁判"。公众也应该坚持实事求是的原则，以科学合理的态度来对成才者的素质与成果给予名副其实的舆论承认。

3. 完善社会承认制度

社会承认制度主要包括两个方面，一是人才评价制度，二是社会承认的监督制度。人才评价制度重在社会承认的活动过程应当有统一的标准，尤其是同一层次、同一行业和同一岗位的社会承认应当严格按照人才评价制度对人才的素质和成果进行公平、公

正、公开的评判。人才评价制度应当结合现代科学技术对人的知识结构、工作技能、心理素质、职业倾向和个性特征等进行多方面的结构化评价,综合考察人才的德能才学体。一种科学严谨又不失活力的人才评价制度才能使人才得到客观、公正的社会承认,才能使各种人才在评价体制下脱颖而出得到重视和使用。

社会承认的监督制度是社会承认主体以外的社会舆论对社会承认活动过程的监察和督促。

4. 实行人才的合理流动

随着时代的发展,人才的跨行业、跨地域甚至跨国流动已经成为一种广泛而普遍的社会现象,这不仅激发了人才成长和发展的活力,而且对于减少和避免社会承认的失误产生具有极为重要的意义。

（1）找到能发挥作用的岗位。人才埋没中的一个原因就是未用人之长,通过岗位的流动,可以让人才选择合适自己的岗位,充分发挥人才的能力和作用。另外一种情况是,在原来的岗位上,人才没有得到重视,或者受到单位的压制,难以发挥作用。通过更换岗位,在新的单位里人才可以充分展示才能、发挥作用和激发潜力。

（2）更换环境。从对社会承认失误原因的分析来看,人才外部环境、社会承认主体方面的不利影响是导致社会承认失误的主要原因。而人才进行合理流动,则恰好可以对这两方面因素加以改变,在新的工作地域和新的工作岗位上,人才便能够以崭新的精神面貌和心理状态开始全新的创造过程,其获得社会承认的时机也会对应地增多,有利于人才的健康成长。

从国家人才需求来看,实行人才的合理流动还需要国家的政策指导,而不仅仅是人才的自然流动。

5. 鼓励人才积极参与竞争

要想减少和避免社会承认的失误,人才充分发挥自身主观能动性,在激烈的人才竞争中脱颖而出以争取顺利实现社会承认已成为当今时代的显著特征和迫切要求。

（1）培养良好的非智力因素。人才必须培养良好的非智力素质,为人才竞争奠定坚实基础。人才成长的过程往往就是一个智力因素与非智力因素相互影响、以非智力因素起决定作用的过程。一般来讲,人的非智力素质包括兴趣、动机、意志、情感、信念等。其中,兴趣是成才的起点,兴趣越浓,钻研动机就越强,情感也越持久,成才希望也就越大。意志是成才的关键,能帮助成才者克服各种困难。任何人的成才之路都不会一帆风顺,随时会遇到外界干扰。此时,良好的心理素质就使成才者能够始终保持积极向上的态度,以百折不挠、乐观自信的姿态迎接挑战。

（2）善于利用各种机会展示自身素质与成果。现代社会是竞争社会,人才应当学会公平参与竞争,展示自身素质和成果。比如,人才可以充分利用自身掌握的信息,来与人交流,达到宣传展示的效果。人才可以主动进行自我推荐,或拜访名家、申请任务、提交成果等。此外,人才还可以参加各类公开考试,在激烈的竞争中脱颖而出,最终获得社会承认。人才的主观能动性能更好地引起社会承认主体的注意，展示最大优势的素质和成果。总之，通过鼓励人才竞争，更好地发挥人才主观能动性，对于人才获得社会承认具有催化、促进作用。

人才从潜人才到显人才，从低层次人才到高层次人才，都需要经过社会承认，得到组织、权威和公众的肯定。社会承认的失误导致人才埋没的现象，既是人才自身的损失，也是国家和社会的损失。鼓励人才、支持人才，让人才做到人尽其才、才尽其用就必须做好社会承认工作，并使社会承认成为一项科学化的工作。

第六节 后勤人才承认的主要标准和方法

后勤人才有其特殊性，其承认的条件应该与一线人才的条件有所不同，我们既要坚持标准的先进性，也要坚持标准的合理性和可行性。许多后勤人才更重要、对实际工作更有意义的是在服务、管理、经营以及技能技术方面的成果，如厨师等。

一、主要标准

后勤人才的面很广，有服务人才、技术人才、管理人才和经营人才，每类人才也分为高级、中级和初级人才。以物业为例，物业主要有高、中、初级的物业管理师、工程师、园艺师、经济师、会计师、技师和技术工人等。

对物业人才承认的主要标准应该是：

（1）有一定的学历要求。初级物业管理人才必须具有中专（含）毕业以上学历，物业服务人才至少应该是高中（含）毕业以上。中级人才必须具有大专毕业以上学历，高级人才必须具有本科毕业以上。

（2）专业上最好是物业管理专业或与物业有关的专业，如物业管理、计算机专业、园艺专业、土木工程专业、建筑专业、会计专业等。

（3）考取了与物业管理有关的职业资格证书或专业技术证书，如物业管理师专业技术证书、中级电工证书等。

（4）在物业管理业至少有两年以上的工作经历并在正式刊物（最好是与物业管理有关的刊物）上发表过论文。

（5）有与物业有关的创造性成果并在实际工作中取得比较显著的成效。

二、对创造性成果的鉴定

创造性成果指新颖性、独特性和进步性的成果。如取得了与物业有关的专利，出版了与物业管理有关的书籍，发表了与物业管理有关的有创新观点的论文，参加了省市或行业层次的技能比赛中获得奖项，因改善了劳动组织使物业管理效益明显提高，改进了工作方法或操作规程使工作效率明显提高,等等。如在本地创办了特别是第一个创办了物业管理公司,这是创新;因采用了新的合作方法使物业公司经济效益明显提高,这也是创新。

三、物业人才承认的途径和方法

物业人才分为服务人才、技术人才、管理人才和经营人才。物业管理人才承认的途径和方法应是考评相结合。"考"是参加有关物业管理执业资格考试和物业管理师(专业技术)考试,"评"应该由当地物业管理行业协会和当地人事部门共同组织评定,高级职称的评定结果报中国物业管理行业协会备案。

物业管理人才承认评定可每年举行一到二次。评委由物业管理行业协会和人事部门共同确定。当地没有物业管理行业协会的由上一级物业管理行业协会来组织。评定结果的级别物业管理人才参照初级工程师、中级工程师和高级工程师等工程技术人才系列的级别,即初级物业管理师相当于初级工程师的级别。评定后其工资待遇参照同级别的工资待遇。

后勤人才的评定要坚持有学历但不唯学历、重在专业水平和实际业绩的原则。实际业绩主要是创新成果,如使后勤企业扭亏为盈、良好的经济指标不断刷新、可持续发展能力提高、酒店硬件软件水平明显改善和顾客评价高等。中、高级职称要考虑论文甚至是专著的因素。后勤行业的人才中目前有专著的不多,有些还是口述的。实际上许多后勤人才都有丰富的实践经验和令人佩服的业绩,但最好也要善于总结并形成文字。"留德、留业、留言"也是人生的更高境界。

对于评定出来的后勤人才,不仅要给待遇、给荣誉,还要充分发挥他们的作用特别是高级人才如高级厨师、高级酒店管理师、高级物业管理师等。

对于后勤来说,大量的是服务员,如餐厅服务员和酒店客房服务员等。服务人才主要是技能型人才,对服务人才的认可也可像社会对工业技工的管理一样,设立多个级别,并通过考试(笔试和技能考试)来晋升级别,如三级酒店服务员、二级餐饮服务员等。有关级别的服务员相当于有关级别的技工,级别应该与相应的福利待遇挂钩。从而让服务员不仅从道理上清楚干服务业的意义,而且确确实实从实际感受中也感到很有奔头。

晋升是激励员工不断进步的一个重要手段,不仅教师系列需要晋升,工程技术系列需要晋升,而且服务行业的人员也需晋升。如果服务员一辈子就是服务员,仅是工龄上的晋升,没有其他任何晋升的机会(因他们不可能都往管理岗位晋升),对这类人员的成长是不利的,也会在实际工作中产生明显的负作用。

对于晋升后的服务员,要合理使用,比如酒店客房服务员,初级服务员只能每天铺床12间,中级服务员就要有更高的要求。

如果我们能抓住学历证、专业技能证、培训、成果、晋升、使用和待遇这几个环节,后勤服务人才队伍的综合素质一定会明显提高,后勤服务人才队伍的数量一定会源源不断。

由于后勤人才特别是服务人才的需求巨大,有条件的系统应该建立后勤人才培训基地(如装备人才培养基地、餐饮人才培养基地、物业人才培养基地等),主要解决在职人员专业化培训问题。形成学校教育和在职人员培训有机结合的后勤人才培养系统。另外,可定期不定期地举办不同层次、不同类型的后勤技能比赛活动,这也是发现人才、培养人才、选拔人才的有效途径。

案例一

"海尔"的服务理念

先卖信誉后卖产品:质量是产品的生命,信誉是企业的根本,产品合格不是标准,用户满意才是目的。营销不是"卖"而是"买",是通过销售产品的环节树立产品美誉度,"买"到用户忠诚的心。

浮船法:只要比竞争对手高一筹,"半筹"也行,只要保持高于竞争对手的水平,就能掌握市场主动权。

只有淡季的思想,没有淡季的市场:海尔认为企业的经营目标应紧贴市场,最重要的是开发市场,创造新市场,从而引导消费来领先市场。

市场不变的法则是永远在变:我们要根据永远在变的市场不断提高目标。

创造未来:创造感动,就是对工作充满激情;就是不断满足用户个性化需求;就是用"心"工作,对产品用心,对用户用心。海尔人一直在创造感动,正如国际著名咨询公司兰德公司专家所言:"在海尔国际化进程中,一定会以一个不断创造感动、极具凝聚力和创新变革的品牌形象,启动美好未来!"

用户永远是对的:1995年,海尔提出"星级服务",宗旨是:用户永远是对的。即用户就是衣食父母,只要能够不断给用户提供最满意的产品和服务,用户就会给企业带来最好的效益。

市场的难题就是我们创新的课题:"创造市场"的内涵是并不局限于在现有的市场中争份额,而是以自己的优势另外创造新的市场。企业要善于重做"一块蛋糕",通过创造新市场,引导消费来领先市场。

紧盯市场创美誉:紧盯市场的变化,甚至要在市场变化之前发现用户的需求,用最快的速度满足甚至超出用户的需求,创造美誉。

行业专家表示,在中央空调服务领域,海尔中央空调正发挥着越来越重要的作用。服务只有"从客户需求出发不断创新,才能做到每一步都走在同行前面"。

案例二

一个电工的计算失误烧掉了 4000 万元

2013年12月15日傍晚,位于广州市越秀区起义路的建业大厦发生大火,火烧了19个小时,25层高的大厦被烧通顶,周边上百户居民疏散,当时消防部门一共出动了58辆消防车,约380名消防队员参与救援。直接损失达4000多万元。造成这重大事故有多方面原因,如该大厦虽设置了火灾自动报警系统、自动喷水灭火系统、防火分隔系统等消防设施但由于该大厦一直未能办理市政永久用电手续,致使整栋大厦安装的建筑消防设施无法正常运转。尽管该大厦消防验收未能通过,但仍被一些公司用于经营和出租给50多名商户作为存放鞋类等货物的仓库,而有关公安消防部门发现并责令停用但却被拒绝执行。而最直接的原因是该大厦电工金某某在改造该大厦的用电线路时,由于计算错误,导致该大厦总电源线短路引燃可燃物从而发生火灾。

(摘自《广州日报》2014年8月1日A9版)

第七章 后勤人才的主要成长规律

第一节 人才成长规律

人才成长规律（以下简称人才规律），是人才学的理论核心、特色和重点。所谓人才规律，是指人才成长过程中在一定条件下可重复的一一对应及多一对应的变换关系或概率性重复的变换关系。即人才规律是指人才成长过程中所具有的可重复的必然关系或概率性重复的概然关系，前者表现为因果性规律，如有效的创造实践规律，人才过程转化规律，竞争择优成才规律等；后者表现为统计性规律，如最佳年龄成才规律，成才周期规律等。

人才规律包含着自然规律性、社会规律性和思维规律性，具有综合性的特点。人才与人的生理、身体及自然环境有关，因而要遵循自然规律；人才是社会性的，与社会和人群密不可分，因而又要遵循社会的规律；人才核心是创造性思维和创新能力，因而还要遵循思维的规律。但本质上说，人才规律主要是社会性的规律。

人才规律是一个复杂的体系，从研究对象的范围看，有人才辈出规律、人尽其才规律和人成其才规律。政府更多关注总体规律，组织更多关注群体规律，个人更多关注个体规律；从规律作用和适用的范围看，人才规律分为一般规律和特殊规律，一般规律适合各类人才，特殊规律只适合于某类人才；从人才规律的内容和次序看，人才规律可分为人才结构规律、人才功能发挥规律和人才发展规律。

认识规律的目的在于应用，遵循人才成长规律，才能做到事半功倍，促使各类人才大量涌现出来。

第二节 微观方面的规律（一）

一、综合效应成才规律

综合效应是人才成长的基本规律。

人才成长是以创造实践为中介、内外诸因素相互作用的综合效应。其中内在因素是人才成长的根据。外部因素是人才成长的必要条件。创造性实践在人才成长中起决定作用。没有创造性实践，就没有人才及其发展，人的发展则永远停留在一般人群的发展水平上。

在人才成长过程中，内在因素和外部条件在其中的地位和作用是不相同的。内部因素是第一位的，外部因素是第二位的，但两者都不可缺少。

人才成长是内外诸因素通过成才主体活动进行交互作用而引起的。如世界酒店著名人物希尔顿的母亲对希尔顿的成长影响就很大。

许多后勤人才，一些是从本系统党政系统服从组织需要转行过来从事后勤工作的，也有一些是从部队退伍后到地方从事后勤工作的。尽管是半路出家，但他们能在新的起点上干一行爱一行专一行，早立志、早起步、早专一，终于在新的战线有所成就。

二、聚焦成才规律

聚焦成才规律是指在依据自己的最佳才能，选准成才目标的前提下，需要过滤信息，集中精力，目标始终如一，才能形成突破性的成才能量。

聚焦成才规律即立志成才者一生只专注一两件事，通过坚持不懈的努力，终于取得突破性的成果。如孙中山一生专注于救中国和振兴中华，袁隆平一生专注于水稻育种，等等。美国著名作家马克·吐温所说："人的思维是了不起的，只要专注于某项事业，那就一定会做出使自己都感到吃惊的成就来。"鲁迅也说过："什么是天才？我只不过是将别人喝咖啡的时间都用在工作上。"汉庭酒店创始人季琦先生认为酒店业是一辈子的事业（后勤业也应该是一辈子的事业），这些都是专注精神的体现。"滴水穿石"这句成语充分说明了专注的巨大作用。"长期积累，偶然得之"，说明了成功往往是优势累积的结果，是熟能生巧的结果。许多成功人士都有同感，人的差别主要在于八小时以外，有成就的人将八小时以外都投入到他的事业，把事业当作他的生命，终于取得了显著的成绩。每个人每天的时间是一样的，都是24小时，但如何运用你一生的时间，结果就大不相同了。

聚焦成才，一是要有兴趣，热爱是最好的老师；二是目标要选准；三是要肯钻研；四是有坚持不懈的毅力。就是立志长期甚至一辈子从事后勤服务业，但如果只是应付工作，不肯钻研，同样不会有所突破有所成就。后勤成才的舞台很大，仅是专业技术技能如烹饪师、酒店管理师、园艺师、物业管理师等，都可以做到全国领先和世界有影响。为什么物业管理是美国的创造而不是中国的创造；为什么德国等工业发达国家的产品质量就特别好，这就要很好反思我们的文化传统。普通员工都对平凡工作很认真、很用心，这是重要原因之一。

三、"根深叶茂"规律

"根深叶茂"是一句成语，也反映了人才成长的规律。人才成长与树木生长有许多相似之处，"顺木之天，以致其性"。如果我们将"叶茂"比喻成人一生事业的成就的话，那它的前提是"根深"。而只有志向坚定，"用心"工作，"扎根"事业，不断钻研，才能做到"根深"。

"安、专、迷"是许多人才成功的重要途径，它告诉我们，要成就一番事业，首先要安心，其次是专注并逐步达到痴迷的程度，这样才能容易出成绩；只有"安、专、迷"，才能更好更快地做到"根深"。后勤是一个有机系统内不可缺少的重要组成部分，后勤经济是一个朝阳产业，很需要更多有志气、有才华的人的加盟。对于后勤人的成才之路来说，路就在脚下，重要的是要安心后勤，专注专业，痴迷工作，才能早日走上专业化道路并有所成就。许多名厨师都是在烹饪这一行里连续干了至少十几二十年。

根深才能叶茂，志坚方有作为。"根深"的反面是见异思迁、这山望着那山高、轻视平凡、轻视简单或一遇困难就退缩。到最后往往是一事无成。从多种角度来看，如果仅是根据待遇高低和兴趣大小作为自己人生的指挥棒，那就难以做到"根深"，难以做到安心、专心，很难早日走上成才之路。追求有更好的经济待遇这是可以理解的，但更好的待遇主要是通过自己的智慧和实力、通过艰苦创业来获得才更有意义，我们更多的应该是追求事业，待遇是事业成功的回报。如马克思当年写《资本论》牺牲了他的许多幸福，马云当年创办阿里巴巴也是历尽艰辛，等等，但最后他们都得到了很好的回报。对于后勤服务业来说，通过后勤经济的更快发展成为中国优秀企业甚至成为世界著名企业，这也是一种创业，成功了也必将有很好的回报。

四、勤奋成才规律

勤奋成才规律是最基本的成才规律之一。勤奋指做事尽力，不偷懒，就是一个人用更多的时间于某一个目标，如勤学、勤思、勤练等。人才学认为，影响人才成长的主要因素是遗传、环境、教育、实践和主观能动性。其中主观能动性的一个重要表现就是勤奋。

中外许多有成就的杰出人才均对勤奋有许多论述，如著名数学家华罗庚认为，"勤能补拙是良训，一分辛劳一分才"、"聪明在于积累，天才在于勤奋"；我国著名跳水运动员陈肖霞曾说过，只有超人的努力才能有超人的成就。著名俄国化学家门捷列夫说过，什么是天才？终身努力便是天才！

在哈佛大学的图书馆，经常凌晨四点还是灯火通明，该大学学生的学习是不分白天黑夜。餐厅和医院成了图书馆的延伸，足见哈佛大学的学生是多么勤奋。

许多学历偏低的著名人才，经过长期努力在事业上取得杰出成就，主要就是靠勤奋，如毛泽东、华罗庚、许振超、张海迪等。

笨鸟先飞，卧薪尝胆等，均是鼓励人们勤奋努力、奋发图强的。

勤奋与时间密切相关。勤奋就是将更多的时间、更高的时间利用率用在工作学习上，用在事业上。如鲁迅说过，什么是天才，我是把别人喝咖啡的时间都用在了工作上。在科研上只有勤奋加上注意力高度集中，甚至达到入迷的程度，才能容易有所突破。

勤奋是成才的基础和最重要的条件之一。但成功除了勤奋，还要注意方法，注意团队，注意早日进入创新等。

（1）勤奋要讲究方法，讲究事半功倍。比如，如果儿童时期错过了语言发展的最佳时期，以后再勤奋在语言发展方面也会事倍功半。年轻时错过了最佳的学习时期，中年再学习往往也是效率明显降低。

勤奋是有目标的勤奋，学海无涯，人生有限。要在有限的人生取得成就，一定要有所不为才能有所为，奋斗目标一定要根据自己的具体条件。结合工作需要，瞄准后勤业的空白点和薄弱点去努力，往往更容易成才。对于后勤服务业来说，高技能人才和经营型人才都是紧缺人才。

勤奋的基础是身体条件。勤奋要讲究科学，即不管如何勤奋，都要保证每天基本的睡眠时间和体育锻炼时间。如果身体素质差，太勤奋往往容易适得其反，如日本过劳死的人比较多，与他们工作压力大有关。故不管如何勤奋，保证每天有半个小时以上的体育锻炼时间，保证有适当的休息，保证定期检查身体等，都是很有必要的。其中休息方式可以人体的不同部位交替进行，如脑力劳动累了，适当进行一些体力劳动。这种脑力劳动方式累了，更换另外一种脑力劳动方式。做到"勤劳一天，可得一日安眠，勤劳一生，可得幸福长眠"。同时，业余勤奋以不影响本职工作为限度。

婚姻家庭对一个人一生的影响很大。许多人往往可以勤奋一时，但难以勤奋一生。其重要条件之一就是是否有一个良好的婚姻家庭。在成才的道路上，家庭的支持也是很重要的。只有将身体、家庭和事业的关系处理好了，勤奋才有坚实的基础。

（2）勤奋一定要将个人与团队结合起来，即不仅自己要勤奋，也要团队每个人都积极向上。

（3）人才的根本属性是创新。勤奋不一定成才，指有的人虽勤奋一生但由于目标分散，浅尝辄止，最终没有取得什么创新成果。只有创新成果并被社会所承认才是真正成才。故成才者必须要勤奋，并尽快取得创造性成果。

勤奋成才对于后勤人才的成长具有很重要意义。在后勤工作的员工文化水平不一定很高，后勤企业的发展也具有许多挑战性，但如果能笨鸟先飞，抓紧时间提高自己，勤能补拙，专心致志，就可以早日成才。

五、核心竞争力成才规律

核心竞争力是一个国家、一个企业或一个人能够长期获得竞争优势的能力。是他们所特有的、能够经得起时间考验的、具有延展性，并且是竞争对手难以模仿的技术或能力。一个人的核心竞争力是什么？主要是胜任工作的能力、学习力、创新力和贡献力。胜任工作能力是取得竞争优势的最基本能力，学习力指你掌握更多更深知识或掌握更多更高超技能的能力。学习不能泛泛而学，一定要坚持一专多能的方向。作为许多后勤服务人才，掌握一技之长很重要；创新力指你取得更多创新成果的能力，这是第一竞争力。贡献力即你为单位、为社会做出贡献的"生产力"，这个贡献是被组织承认、被社会承认的贡献，贡献力最基本的条件是肯干。学习力和创新力最终都要体现在贡献力上。你比别人更能适应工作需要，你比别人更肯干，你的学习比别人更快，你的创新比别人更多，你的贡献比别人更大，你就可以早日成才甚至成为行业的领跑者。

六、最佳年龄成才规律

研究发现，由创造而成才有一个最佳的年龄段。人才最佳成才年龄区是相对稳定的，各个领域的人才都有一个最佳的成才期。如在自然科学领域取得重要成果的最佳年龄区是 25～45 岁，峰值为 37 岁。当然，依专业领域的不同，最佳年龄区也有所不同，特别是随着人类知识的进步，最佳年龄区也会发生前移或后推的变化。但总体来看，人才的成长都要经过继承期、创造期、成熟期和衰老期四个阶段。创造期是贡献于社会的最为重要的时期。后勤人才的成才也应该有一个最佳年龄区，在 35～55 岁之间。由于后勤人才有不少是半路出家、中途转行的，从小就热爱后勤、钻研后勤的不多，而人才都有一个知识积累过程和经验积累过程，故后勤人才在后勤领域产生最重要成果的最佳年龄期一般都可能比别的行业要晚些。

七、扬长成才规律

扬长成才规律告诉我们，人的才能幼芽，具有质的多样性与量（长度）的差异性。这种差别是由天赋素质、后天实践与主观兴趣爱好不同而产生的。一般而论，成才者是在最佳或次佳才能得到较充分发展的条件下，扬长避短或扬长克短走向成功的。

扬长，首先需要认准自己才能的长处，即最佳才能。才能是在实践中增长的，也只有在实践中才能得到认识。

根据这个规律，人各有所长，也各有所短，这种差别是由人的天赋素质、后天实践和兴趣爱好所形成的。成才者大多是扬其长而避其短的结果。对于领导者来说，扬长避短，是让其下属做他最擅长最喜欢的事，有利于提高其工作效率，能在相同时段、相同投入的条件下取得最大成效。

后勤不仅是服务，需要良好的服务态度、服务技能和实干精神，需要体力劳动和脑力劳动的紧密配合。但后勤也是管理，需要决策、计划、组织、协调等。后勤企业还是经营，需要有很好的把握商机的头脑，需要有一定的知识基础和技能基础。这个"长"，有的是从小就形成的，如世界酒店著名人物威尔逊在年轻时就经营电影院了，北京师范大学珠海学院京华苑酒店总经理申彦毕业于扬州商学院，等等。但许多才能主要是在工作实践中所形成的，如毛泽东没有进过军校，但后来却成为伟大的军事家，因为在革命实践中，他深深感到枪杆子对党的事业的重要性，并由此积极实践和善于总结。钱伟长在中学阶段的考试中本来数理化并不怎么好，如数学只有 2 分，但由于他目睹了日本侵略中国，深刻认识到科学技术的重要性，从此转而在自然科学方面发奋图强，后来成为全国著名的科学家。所以，后勤的服务精神和才能也更多的是在后天培养中逐步形成的。

经济学和国际贸易中有"比较优势"的理论，人的成长和发挥作用也需要"比较优势"，个人要做自己最擅长、最有效益的工作，领导者要善于"知人善任"，发挥下属的最大才能。

八、兴趣成才规律

兴趣是人的一种具有浓厚情感的心理活动。兴趣对成才关系很大，许多科学家都认为，他们能走上科学道路并且能做出成绩，对科学的兴趣是关键因素之一。如日本诺贝尔化学奖获得者田中耕一就说过："学问的源头就是兴趣。"美国著名华人学者丁肇中教授就曾经深有感触地说："任何科学研究，最重要的是要看对自己所从事的工作有没有兴趣，换句话说，也就是有没有事业心，这不能有任何强迫。"兴趣对科学事业的作用是这样，对任何一项事业也是这样，一个人如果想在某领域有所成就，一定要首先对该领域有浓厚兴趣，否则很难在该领域做出成绩。

兴趣以需要为基础，具有倾向性、广度性、稳定性和效能性等特点。人们若对某件事物或某项活动感到需要，他就会热心于接触、观察这件事物，积极从事这项活动，并注意探索其奥秘。兴趣又与认识和情感相联系。若对某件事物或某项活动没有认识，也就不会对它有情感，因而不会对它有兴趣。反之，认识越深刻，情感越炽烈，兴趣也就会越浓厚。聚焦成才往往是指聚焦于某种目标、某种兴趣而成才。

兴趣有很多种类，如物质兴趣和精神兴趣、直接兴趣和间接兴趣、个人兴趣和社会兴趣、低级兴趣和高级兴趣，等等。

兴趣只是成才的重要条件，而不是唯一条件，兴趣能否最终走向成功，还要看客观条件和是否能持之以恒的努力，许多有作为的人往往是"以兴趣始，以毅力终"。

如何对待兴趣对于一个人成才与否关系很大。我们既要反对否认兴趣重要作用的倾向，也要防止唯兴趣论的倾向。要正确处理好个人兴趣与社会需求、专业选择、就业单位和本职工作的关系。兴趣是可以培养和转移。兴趣以需要为基础，也与价值观有密切联系。根据社会需求、客观条件变化和本人长短适当调整职业兴趣或中心兴趣而走上成功之路的人大有人在，如孙中山弃医从政是出于对拯救中华的担当，雷锋同志对待工作以党的需要作为选择的原则，邱少云为了全局的胜利可以牺牲自己，许多优秀党员和干部能自觉做到将个人兴趣和党和国家的需要相统一，无条件服从组织安排等。只有进步和稳定专注的兴趣才能真正引导人们走上成才之路。

九、岗位成才规律

岗位成才是大多数人比较现实的成才之路。岗位成才就是干一行、爱一行、钻一行、精一行，就是在工作中培养新的兴趣、新的特长，把工作看作事业，安心本职，专注本职，甚至痴迷本职，努力在本职岗位上有所作为。做到安心本职，忠于职守；专注工作，勤于钻研；沉迷事业，乐于干事。

本职工作是组织这部大"机器"所需要的一颗"螺丝钉"，这颗"螺丝钉"是否能闪闪发光，这个环节是否能有效率，取决于在这个岗位上工作的每个人的工作态度、工作能力等。每个岗位都有需要解决的问题，行行出状元，将组织发展目标和个人成才目标结合起来，是最容易得到领导支持，也最容易对社会作出贡献并实现成才的目标，因为是解决了组织或社会所急需的问题。成才之路就在脚下，在本职岗位上也可以大有作为的事例举不胜举，如天津码头工人许振超、许多大学生村官等。

无数事例说明，人的兴趣是可以转移、可以培养的。工作经历是人的一生中的主要经历，无论一个人小时候产生了什么兴趣，真正的兴趣应该是在工作中培养和巩固。你对某个事物真正有兴趣并且热爱它，你才能安心干、专注干并深入钻研，从而早日取得成绩。

十、毅力成才规律

毅力在人才成长中具有十分重要的意义。毅力即朝着一个既定正确目标不懈努力的坚持力。"古之立大事者，不惟有超世之才，亦必有坚韧不拔之志"，说明了在取得成就的道路上，毅力比才能更重要。毛泽东也说过，"一个人做点好事并不难，难的是一辈子做好事，不做坏事"。应该说，在青年时代，很多人都有这样或那样的理想，但真正坚持下来并取得突出成就的，往往是少数。对创立中国共产党有功的陈独秀和张国焘等党的"一大"代表，相当部分最终没有革命到底甚至走向了反面。举世闻名的二万五千里长征，是中国共产党从屡遭挫折到走向成功的转折点。参加长征的人不都是很有才干的人，甚至有不少还是文盲，但由于他们坚定地跟着党走，最终成为一代英雄。我国著名企业家马云当年不仅敏锐地看到了互联网的发展前途，而且不管遇到多大困难都坚持不懈，这才有阿里巴巴后来的成就。今天，中央有关主管部门所组织的"最美乡村教师"等活动，所获奖的人物不仅其开头好，而且能长期坚持并取得可喜成绩。而在当今社会，有学历有才干但因种种原因而翻车落马的仍大有人在，这些人应该肯定在他们的人生起步阶段和一定的发展阶段是好的，但后来价值观发生了扭曲，不再坚持原来选择的正确价值观，这再次说明了毅力的极端重要性。

"龟兔赛跑"的寓言，也说明了尽管自己在一些方面不如别人，但只要有毅力并谦虚谨慎，最终也可以胜过能力虽强但过于自信的人。人生往往也像马拉松比赛那样，"谁笑得最后，谁笑得最好"。马和骆驼谁走得更远？往往是后者而不是前者，成功的关键不仅在于能力，更为重要的是坚持不懈。正如荀子所说："锲而舍之，朽木不折；锲而不舍，金石可镂。"

缺乏毅力的人，往往有这样的特征：心不专一，缺乏自信，独立性差，自制力弱，不能忍受挫折，遇到困难就退缩。

后勤人才的成长也同样是这样，文化水平和技能等是重要的，但更重要的是脚踏实地干好后勤工作的毅力。干好后勤工作会遇到很多困难，也会遇到很多繁杂的事务，对自己的体力、智力也有许多考验，如果没有"知难而上"的精神，往往就会一事无成。

毅力必须在正确目标指引下，目标不正确的毅力，越坚持损失越大。如红军时期"打得赢就打，打不赢就走"，不能说没有毅力。中国革命的胜利是"坚定正确的政治方向"和"灵活机动的战略战术"的有机结合。

第三节 微观方面的规律（二）

一、协调成才规律

人才的成长，处在一个受多因素制约和影响的开放系统中，需要主观与客观的协调一致，即在锤炼内在成才因素的同时，不断认识环境，反馈调节，适应环境，改造环境，才能作出创造。

协调的宗旨在于达到成才目标。

协调分为"内协调"和"外协调"两大基本领域。

内协调包括品德协调、知识结构协调和健康协调（德智体协调）。

外协调包括时代协调、职业协调和家庭协调等（大、中、小环境协调）。

以调节类型来划分，又可分为常态调节、顺境调节和逆境调节。常态调节的中心环节是通过优势积累，早日取得被社会承认的突破性成果，早日由潜人才变为显人才。

协调贯穿于成才的全过程。

二、师承效应规律

师承效应是指在人才教育培养过程中，徒弟一方的德识才学得到师傅一方的指点，从而使前者在继承与创造过程中与同行相比，少走弯路，达到事半功倍的效果，有的还形成"师徒型人才链"。如何让师承效应取得成功，这里有一个"双边对称选择"的原理。双边对称指的是师徒双方在道德人品、学识学力、与治学方略三个方面是对称的。根据这个规律，培养人才特别是培养高层次人才一是要重视发挥师承作用，二是要强调双方的自主选择和相互对称。只有导师和学生之间建立起良好的相互尊重、相互促进和青出于蓝而胜于蓝的互动关系，更多的优秀人才才能脱颖而出。在后勤战线，这方面的例子也是很多的，如时传祥和他的儿子、孙女都是从事环卫工作。开国上将张宗逊曾任中国人民解放军总后勤部部长，他的儿子张之侠后来不仅也获得了上将军衔，还曾出任过中国人民解放军总装备部部长。

三、共生效应规律

共生效应指人才的成长和涌现通常具有在某一领域、单位和群体相对集中的倾向，具体表现为"人才团"现象，就是在一个较小的空间和时间内，人才不是单个出现，而是成团或成批出现。其特征是：高能为核，人才团聚，形成众星捧月之势。主要包括三种情况：一是地域效应，二是时代效应，三是团队效应。目标科学、结构合理、功能互补、人际关系融洽的团队，有利于一大批成员取得良好的成就。

在一些餐饮人才中，不仅自己是厨师（或是餐厅经理），而且爱人也是从事餐饮工作，亲朋好友中也有多人从事餐饮工作。在这样的环境下是很容易提高烹饪业务水平的。也有的一家两代人甚至三代人都从事后勤工作。在这样的环境下，是很容易产生对后勤的兴趣和更深的认识，也很容易通过他们的朋友圈找到合适的人才。

根据共生效应规律，在人才培养和造就上应注意探索共生效应的内在机制，以利于大批培养和大批发现人才。

四、优势积累和发挥成才效应规律

优势积累指有目标的积累是最有效的积累，没有一定的量变是不可能有质变的，重要成果的取得都是优势累积的结果。要成才一定要注意选准目标，瞄准目标，为实现该目标累积自己的优势。聚焦成才是一种优势累积的主要途径。

发挥优势是成才的关键。成才主体要取得成功，仅仅积累优势是不够的，必须在创造实践中发挥已积累的优势，转化为创造优势，才能取得创造成功。

积累优势，是发挥优势的前提和基础；发挥优势，又能在更高层次上积累优势。两者相互促进、相互制约、相辅相成。

五、冷门成才规律

"冷门"指社会不大注意的或比较薄弱的领域，如学科、专业、市场、社会需求等。冷门成才规律，指选择在这些领域有所作为会更容易做出成绩。如当年红军长征时毛泽东面对蒋介石几十万大军的围追堵截，采取了避实击虚的战略战术取得了成功。抗日战争中八路军、新四军不与日寇正面打阵地战而以打游击战、运动战为主也是一种避实击虚；日本岛津公司工程师田中耕一没有研究生学历，没有出国经历但能获得诺贝尔化学奖也是一种"避实击虚"，这方面的例子举不胜举。当今社会薄弱环节仍然很多，如后勤服务业就是薄弱领域之一，有志气、有才干的人如果能在这些领域充分发挥聪明才智，会比在其他领域更容易成才。

六、期望效应规律

现代管理激励理论告诉我们，人们从事某项工作，采取某种行动的行为动力，来自个人对行为结果和工作成效的预期判断，包括：

(1) 工作（事业）吸引力。
(2) 成效和报酬的关系。
(3) 努力和成效的关系。

根据这个规律，应注意在后勤业加强成就意识的教育，使每个员工都能具有发展后勤事业、做好后勤工作的使命感和危机感。同时，对于各类人才的努力，作为领导者一定要注意通过多种方式及时激励，使人才在奋斗的过程中不断得到物质和精神上的满足（至少是多劳多得），这样人才才能不断获得奋斗的动力，并争取最终获得成功。

七、实践成长规律

人才在实践中成长，这是人才成长最根本、最管用的规律。

实践的观点是马克思主义最为基本的观点。只有在社会实践过程中，人们达到了思想中所预想的结果时，人们的认识才被证实了。人们要想得到工作的胜利即得到预想的结果，一定要使自己的思想合于客观外界的规律性，如果不合，就会在实践中失败。人才工作的根本任务就是在实际工作中发现人才，在使用过程中评价人才，在干事创业中培养人才。把以用为本的理念贯穿人才工作的方方面面，坚持用当适任、用当其时、用当其才。在实践中发现人才、培育人才、锻炼人才、使用人才、造就人才。

许多从事后勤服务的人才，学历往往都不一定很高，但他们能积极参加实践，肯动脑筋，全心全意为一线服务，为客户服务，其中后勤企业不仅为一线服务，也为社会服务，甚至积极向外扩张并取得了明显的经济效益和社会效益，从而为后勤业发展做出了较大贡献。

"猪圈岂生千里马，花盆难养万年松"，艰苦的经历也是一种重要实践，而且往往更有利于人才的成长。人才往往都是特别能吃苦的人。有志气的人往往都愿意主动吃苦，有意识锻炼自己吃苦耐劳的精神，具有吃苦耐劳精神和能力对于做好后勤服务工作也具有十分重要的意义。

实践分为一般性实践和创造性实践，只是有效的创造性实践才对成才具有关键作用。

八、有效地创造实践成才规律

详见第八章第三节。

第四节 群体（中观）方面的规律

群体人才是指一个组织的人才，是许多人才个体围绕一定的目标而组织起来的群体。这种组织既包括正式的组织，也包括非正式的组织。

一、高端引领效应律

高端引领效应律，指在一个人才群体中，通过高端人才引领作用，从而使该人才群体成长和发展达到整体较高的水平。反之，缺乏高端人才，则群体就处于整体较低的水平。俗话说，"兵差差一个，将差差一窝"，"一头狮子带一群绵羊的队伍，可以打败一只绵羊带一群狮子的队伍"，都说明了高端引领的作用。

高端人才指具有卓越素质、在社会某个领域或某方面作出卓越贡献、处于群体中一定的领导地位，具有突出影响力的人才。高端人才有三个突出特点：一是素质的高水平；二是已作出卓越贡献并处于领先地位；三是处于群体核心的位置，能够产生影响力。高端人才的引领作用包括方向的引领、观念的引领、目标的引领、核心技术的引领、组织管理的引领等。

二、共同愿景凝聚效应律

该规律指人才群体一旦形成共同愿景，就会产生强大的向心力和凝聚力，聚焦于目标实现，从而使该群体得以成长和发展。实践证明，组织的共同目标与共同愿景具有凝聚力，能够把群体中人才的力量集中于目标之下，产生强大的人才能量并进而产生显著的创造成效。如海尔集团等许多优秀企业的员工都在该企业共同愿景和价值观下努力工作。

三、互补优化效应律

该规律指人才群体内组成该群体结构诸要素处于互补状态，从而使群体结构优化，则有利于人才群体成长和发展。实践证明，群体各维度的结构状态，决定着人才群体创造的功能和效果。如果结构呈现互补合理的状态，决定着人才群体创造的功能和效果。如果结构呈现互补合理的状态，则群体的功能最大；否则，结构单一偏颇不合理，则群体的功能会降低。这是系统论中结构决定功能的基本原理的具体体现。

第五节 宏观方面的规律

一、时势造就人才规律

该规律指一定时代的社会需要和社会发展条件综合作用，必然造就出一定量和质的人才，并且人才出现的数量和质量由社会需要度和社会条件发展度决定，并与之成正比。这个规律反映了社会的人才总体同社会发展之间的必然联系。如唐宋时期，我国出现了不少著名诗人和文学家；西方文艺复兴时期成为一个需要巨人也产生巨人的时代；

新民主主义革命时期，我国产生了众多的军事家；在"大众创业，万众创新"的今天，也必将涌现出更多的创新型人才。

二、人才发展与经济发展相互促进规律

该规律指在一定的历史阶段，人才发展与经济发展之间是互动协调，相互制约、相互促进、共同发展的内在关系。如人才聚集与产业聚集相互带动，创新驱动实质上是人才驱动，高科技产业与高技术人才之间的相互促进等。后勤经济与后勤人才也是相辅相成的，没有人才，后勤经济无法有效发展，而后勤经济发展起来了，又能吸引更多的人才。

三、人才空间位移和分布规律

人才空间位移是一种人才地理现象，指人才由于某种原因而离开自己的工作区域和生活区域，从而形成不同区域的人才流动。而人才空间分布是人才空间位移的结果。人才空间位移有多种类型：政治性、经济性、文化性和自然灾害性等，根本原因是生产力发展的要求。如古代中原地区的人口因战乱等原因大批迁移到江西、广东等地并形成独特的客家人；唐宋朝时期中国文化中心的逐步南移，浙江省和江苏省成为中国文人学者最大源地是文化原因；新中国成立以来近两千万知识青年上山下乡主要是政治原因和经济原因；改革开放以后不仅大部分知青返城就业，而且众多农民工进城务工，专业人才"孔雀东南飞"的同时又形成了"出国就业潮"等，又主要是经济原因。今天，创新驱动和"一带一路"建设也会形成新的人才空间位移。人才的空间位移又形成了人才点、轴、网、面等人才聚集现象。如当今广东省一些系统的后勤员工相当部分都是农民工出身，并且来自省内外，他们有的远离家乡到大城市工作，我们要尊重他们，欢迎他们，并引导他们早日走上成才之路。

四、人才供求规律

从宏观上说，人才供求规律是最基本的人才规律，人才供给和需求的动态平衡是决定经济社会又好又快发展的重要因素。保持人才供求的动态平衡，一方面需要培养大量的掌握一定知识和技能的人才，满足经济社会发展对人才的需求；另一方面需要加快经济结构调整和社会事业发展，深化用人制度改革，为人才发挥作用创造更大的空间和良好的社会条件。

改革开放以来，我国人才资源总量不断增加，人才素质明显提高，人才结构进一步优化，人才使用效能逐渐提高，但人才的培养与使用脱节、紧缺与浪费并存的现象还很严重，人才资源与经济社会发展需求不相适应的问题还很突出。如大学生就业难的问题日趋突出，但后勤服务业人才匮乏的现象并不少见。

五、人才竞争规律

人才的创造活力本质上是社会竞争的产物，竞争择优规律是推动社会创新发展的基本动力。形成一个公平、公正、公开的人才竞争环境，鼓励创新，支持创新，是许多国家实现赶超发展的成功经验，也是发达国家长期保持科技领先、竞争优势的重要原因，后勤人才的成长特别是后勤企业人才的成长同样要通过竞争。因此，人才工作要鼓励创新、爱护创新，使一切创新想法得到尊重、一切创新举措得到支持、一切创新才能得到发挥、一切创新成果得到肯定。

六、环境造就人才规律

环境对人才成长的影响作用非常大，许多人才的外流，环境因素是主要因素之一。人才所需要的环境，是尊重人才、见贤思齐的社会环境，是鼓励创新、宽容失败的工作环境，是待遇适当、无后顾之忧的生活环境，是公开平等、竞争择优的制度环境。领导对人才的重视和关心，主要是从改善环境入手，努力创造"万类霜天竞自由"的环境。

在市场经济条件下，市场对资源配置起决定性作用，资源配置自然包括人才，故人才成长发展，离不开市场驱动和市场激励等外部环境条件。作为人才的成长，要适应市场经济这个大环境，并充分利用这个外因条件。

七、人才流动规律

人才流动是市场经济条件下人才资源配置的基本规律。促进人才合理流动是优化人才队伍结构、实现人才与其他生产要素优化组合的重要条件。

人才流动的基本前提是确立人才的自主择业权和单位用人自主权。通过深化改革，以人才自主择业和单位自主用人为特征的双向选择机制已逐步形成。同时，人才流动中还存在着一些体制性障碍尚未破除、一些地区和行业的人才需求未能满足等问题，

要继续通过建立政府部门宏观调控、市场主体公平竞争、中介组织提供服务、人才自主择业的人才流动配置机制，促进人才资源合理有效的配置。

八、人才价值规律

价值是主客体之间的效用关系。人才的价值就是人才在社会活动中的评价或意义，是人才社会关系的重要体现。人才价值包括潜在价值和现实价值、自我价值和社会价值。人才价值的实现过程就是人才的潜在价值向现实价值的转化过程，人才的自我价值与社会价值相统一的过程。这是人才价值规律的基本内涵。遵循人才价值规律，是对人才工作的基本要求。人才工作应努力为人才实现价值创造有利条件，重点是健全人才激励保障机制和维护人才合法权益。

遵循人才价值规律，需要发挥激励机制作用，做好人才的收入分配和奖励工作，构

建既公平合理又鼓励竞争的薪酬体系，使人才的贡献与报酬相符合。同时，坚持精神奖励与物质奖励相结合、以精神奖励为主的原则，建立健全国家荣誉和奖励制度。

遵循人才价值规律，需要维护人才合法权益。如给予合理的工资待遇，签订劳动合同，参加社会保险，工作上给予信任、尊重和支持等。国家高度重视人才合法权益的保护工作，先后制定了与后勤人才密切相关的劳动合同法、劳动争议调解仲裁法等一系列法律，明确了各类人才所享有的合法权益。

作为人才个体，不能将待遇高低作为人生事业的主要指挥棒，但作为用人单位和社会，要将薪酬待遇问题作为引进人才、留住人才的主要因素之一，切实尊重人才的价值和贡献。

九、人才成团规律

古语说，"物以类聚，人以群分"，"同声相求，同类相聚"，这种人才成团现象是一个重要的人才规律，如大学某学院肯定集聚了有关学科的人才，有关学科的人才肯定对该学科的发展状况最熟悉；有关协会集聚了许多相应人才等。因此，作为人才本身，一定要早日进入这些"人才团"才能更好地提高；作为社会，要寻找有关人才，最有效的途径就是与这些"人才团"取得联系。

十、社会承认规律

潜人才向显人才转化、低层次人才向高层次人才发展，一是要有自己的创造性成果并为社会做出积极贡献；二是这些成果和贡献必须得到社会的承认。如专利必须要经过专利主管部门的鉴定，职称的评定必须经过职称评定委员会的认可，等等。如果人才有创造性成果但未被社会所承认，发现了真理、坚持了真理但暂未被社会所认可甚至被压制，这种现象称为人才埋没，这类人才称为潜人才。社会承认容易发生偏差并造成人才的埋没，我们需要不断改进社会承认的科学性，但只有社会承认的人才才是真正的人才。

习近平总书记最近指出，择天下英才而用之，关键是要坚持党管人才原则，遵循社会主义市场经济规律和人才成长规律。遵循"两个规律"是人才工作的行动指南，我们只有自觉遵循人才成长规律，才能早日使人才辈出。

第六节　后勤人才的主要成长过程

人才成长的五个基本要素是素质、教育、环境、实践和主观努力，其中创造性实践具有决定性意义。任何人才的成长与发展都是一个循序渐进的逐步展开的过程，是成才者凭借自身综合素质，在充分利用外部条件与环境的基础上取得创造性成果并获得社会承认，在这基础上使潜人才转为显人才、低层次人才转为高层次人才的过程。人才成长

第七章 后勤人才的主要成长规律

有其自身的规律。一般来看，人才成长规律至少包含三个方面的内容：首先，人才需要通过学习获得知识和技能，了解和掌握前人所创造的一切文明成果，不断提高综合素质。其次，人才需要通过实践活动开发自身能力并取得创造性成果。最后，人才发挥作用有一个最佳年龄段。作为后勤人才，其具体的成才步骤是：

一、学历条件

传统的后勤对学历的要求不高，相当部分是劳动密集型的，以体力劳动为主。但作为现代后勤服务业要走职业化、专业化的道路，特别是要用先进的科学技术来武装后勤，甚至要赶超世界先进水平，必须对学历有一定的要求。同时，人才的成长需要通过学习获得知识和技能并提高自己的综合素质，才能在前人所创造的一切成果的基础上继续前进。因此，一定的学历、相关专业知识和能力等的要求是必需的。如当今从事后勤工作的一般服务员应该至少有高中毕业的文化水平，管理人才、技术人才至少是大专毕业，硕士毕业和以上的也越来越多。美国的大学后勤业，拥有博士学位的也不少。

二、胜任工作

后勤人才成长的第一步是胜任现有工作。如果工作都不能胜任，很难在这基础上有所作为。创造性劳动的基础是重复性劳动。

三、精通业务

一个人胜任本职工作后，如果有决心早日成才，就应该不断向精通业务的目标迈进。只有精通业务，才能在这基础上熟能生巧，做出创新成果。精通业务必须要有一定的硬件，比如餐饮的厨师、酒店宾馆的酒店管理师等专业资格证书，在省市级行业比赛中获奖等，并有一定的实践经验。

四、早日确立奋斗目标

早日确立奋斗目标就是早日进入后勤人才行列的目标，就是早日取得创造性成果并被社会所承认的目标。一切学习和实践必须围绕这个目标来展开。如果你要当酒店总经理，你必须熟悉酒店各部门的运作规律，你必须有多个岗位工作的经历。

五、取得创造性成果并取得社会承认

成才的主要标志是从事创造性劳动和取得创造性成果，同时这个成果被社会所承认，从而为后勤发展做出了积极贡献。创造性成果是超越前人的成果，要取得创造性成果一定要敢于冒险，一定要独立思考、实事求是和有独到的见识和远见。

六、从低级向高级发展

跨入了人才的行列之后，要继续努力，不断取得更多的创造性成果，从低级人才向高级人才发展。

七、几个关键要素

在成才的过程中，最重要的不是智力因素而是非智力因素，这就是志气、目标、毅力和方法等，就是要做到安、钻、迷，即安心、钻研、入迷。志气就是要立志在后勤业干大事、有大作为，成才的路就在脚下，行行出状元。就是要立志创造一流后勤，后勤事看似平凡简单，实际上很不平凡，如何能真正做到少花钱多办事，真正做到节约型经济，真正做到保障有力，确实有许多文章可做，如可以通过成功兴办后勤企业赚很多钱再回报后勤投入等。任何人才的成长，理想对于他们的成就都是非常重要的；目标就是正确选择前进方向，它以见识为基础，"跛脚而不迷路的人，快过疾步如飞但误入歧途的人"；毅力就是在前进的道路上能做到专心不二、百折不挠；方法就是要积极参加多种岗位、多种后勤服务业（如物业、餐饮、酒店等）的实践，多动脑筋，及时注意总结，注意事半功倍，注意早日进入创造争取在最佳年龄阶段有所作为。如果错过了这个阶段也不要灰心，大器晚成也大有人才。只要不懈努力，终会有所成就。

第七节　普通员工的成长

普通员工是后勤事业的基础，没有优秀的员工就不会有一流的后勤事业。后勤优秀员工也是后勤人才的重要组成部分，并且是后勤管理人才的重要来源。按照科学人才观的要求，人人都可以成才，人人都要尽展其才。只要具有良好的品德、知识、能力和业绩，就是党和人民所需要的人才。况且很多著名人才都是从最基层的工作做起的。

普通员工的来源主要有以下三种。

一、大、中专毕业后从事后勤服务业最基层工作的

这类员工，优点是有理想、有学历、有文化基础和专业理论基础，并且专业对口，起点较高。只要安心在后勤工作，并且扎扎实实掌握好有关工作技能，努力培养自己的吃苦耐劳精神和脚踏实地精神，经过了多方面的锻炼以后，可以承担更重的担子，为后勤做出更大的贡献。对于这类员工，要注意引导他们热爱专业、热爱后勤事业，克服浮躁心理和害怕艰苦的心理，努力使个人奋斗目标和酒店发展目标相一致。"不想当将军的士兵不是好士兵"这话固然不错，但当不好士兵的人也不可能当好将军。人生道路是一步一步走出来的，"眼高手低"、"志大才疏"、"这山望那山高"，是青年人最容易犯的错误，最后往往会导致一事无成、悔恨终身。每个人都希望自己有更好的待遇是可以理解的，但立志为国家和人民做出更大贡献、努力实现自己更好人生价值的人才是不能以待遇高低作为唯一向导的，况且待遇也是根据贡献和岗位而定的。我国后勤服务业

是一项光荣的事业，大有前途的事业，很需要许多有志青年能在这个行业有所作为，但要成就大事业，必须从小事做起，从最平凡、最基层的工作做起。知识是重要的，但书本知识如果不能很好与实际相结合就不会变成财富。后勤是很需要高学历的员工，但是需要真正有本事并且愿意为后勤发展做出贡献的员工。

从后勤人才的成长来说，没有一个后勤突出人才不是经过多个岗位锻炼并有多种后勤服务的经历。

对于不少后勤企业来说，宁可用文化水平低些但比较稳定、敬业、肯干、服从安排并且具有吃苦耐劳精神而不用一些文化水平虽高些但挑肥拣瘦、不愿意踏踏实实干事的员工。

二、人才市场等渠道招聘进来的员工

由于大中专学校的毕业生十分有限，况且这类人员的相当部分不是很稳定，故从人才市场招聘新员工是后勤员工的主要来源。但这类员工往往没有档案，学历也参差不齐，对他们的了解往往仅凭应聘人自己填写的简历和面试的印象，真正的品德、知识和能力等也需要有一定的考察期才能比较了解。有的有一定的酒店工作的经验；有的虽然没有在后勤服务业工作的经历，但有其他行业工作的经历，况且工作态度较好，愿意适应新的工作。

三、亲朋好友介绍或自己找上门的

由于"用工荒"、队伍不稳定和有的工种年轻人不愿意干等原因，不少用人单位"饥不择食"，用人的门槛比较低。如从事餐饮、物业等行业的部分工种的员工相当部分是年龄偏大、学历偏低的。

不管是那类员工，要成为后勤优秀人才，必须具备以下条件。

一、首先成为一名合格员工

如工作态度好、遵守纪律、服从安排、努力工作、吃苦耐劳、业务熟悉、团结协作、完成任务好。了解后勤和具体专业的基本知识，熟悉所在单位的《员工守则》的主要部分条例等。

良好的工作态度，就是对工作认真负责、对客人满腔热情的态度，就是以主人翁的精神从事工作，在平凡岗位上做出不平凡业绩的态度。

二、更有志气和理想

优秀员工与普通员工不同之处，应该首先是其更有志气和理想。"三百六十行，行行出状元"，工作没有贵贱之分，关键是要有追求卓越的理想、早日确定合适的奋斗目标并且不懈去努力，逐步积小胜为大胜。我们提倡"干一行、爱一行、专一行"的就

业态度，往往成功之路就在脚下。现代后勤服务业具有广阔的发展前景。当今我国后勤业尽管有很大发展，但离世界先进水平相比还有很大差距。努力缩小这个差距甚至超越他们，这就是我们应承担的历史责任。我们要热爱后勤工作并立志成为后勤所最需要的人，成为后勤最优秀的人。

伟大的目标会产生伟大的毅力，一个人的理想越高，他的才华发展得就越快，他的成就也可能越大。内心驱动力是人才成长的决定性因素。世界酒店杰出人物凯蒙斯·威尔逊认为，那些尽量只愿按酬付劳，从来不愿多做工作的人除了工作报酬外，永远也得不到一点别的报酬。

三、更严格要求自己

做一个优秀员工，不能只有良好的工作态度，还必须在各方面严格要求自己。包括努力学习本职工作所需要的知识和技能，甚至逐步全面掌握后勤具体工作所需要的知识和技能等，努力使自己成为知识型、技能型、创新型和专家型的职工，如北京师范大学珠海学院京华苑酒店的申彦总经理是餐饮出身，但他在工作之余注意学习本职工作的上游岗位和下游岗位的知识，甚至是酒店管理的全部知识，故很快提拔为酒店管理负责人并做出了成绩。我国著名数学家华罗庚只有初中学历，山东青岛港吊车司机许振超也只有初中学历，但后来他们都为国家做出了突出贡献。一个人是否有成就，关键不是学历，而是要有上进心，甘愿为社会做出贡献，并扎扎实实掌握更多的本领。根深才能叶茂，志坚才有作为。

身体条件是事业有成的基础，也是人生幸福的基础。德智体全面发展是优秀员工对自己应有的要求。

四、有更好的业绩

不论你的上进心有多么强烈，主观愿望有多么好，关键要看业绩和效果。后勤优秀员工就是为后勤做出更大贡献的员工。什么是更大贡献？就是你的工作效率比别人明显提高，你的工作质量比别人都好，你所费的成本比别人都低。如一般酒店客房服务员每天只可以做房12间，你可以通过改进方法使工作效率明显提高。优秀餐厅服务员的摆台技术、服务技巧也能明显超过别人，甚至受到客人的好评，成为酒店的品牌和亮点之一等。后勤企业的总收入、总利润和总成本是由各岗位各部门的工作所共同汇集而成的。如果各实体的工作效率不高，那后勤的总业绩也是不会好的。我们提倡雷锋同志"做一颗永不生锈的螺丝钉"精神，就是努力做好本职工作，在平凡的工作岗位上做出不平凡的业绩。

要有业绩一定要有知识，并且一定要多动脑筋，想想如何提高工作效率？如何节省一些不必要的环节和工序？如何降低成本等。酒店管理的"六常管理"法（即常分类、常整理、常清洁、常维护、常规范、常教育）很容易掌握，值得我们很好去学习和应用。

创新是明显提高业绩的主要途径，也是人才的重要特征。

另外，积极提合理化建议是员工做出积极贡献的重要渠道。由于普通员工处在服务第一线，对后勤有关实体需要改进的地方和客人的需求比较了解。积极提合理化建议，也可能会为后勤发展作出重要贡献。

后勤领导要为优秀员工的成长营造良好的环境氛围，关心员工，培养员工，不断激励员工朝着正确的方向前进。只要后勤服务业不仅有更多的优秀的经理，还有许多优秀的团队。我国的后勤服务业一定可以更好更快地发展。

第八节　优秀部门管理人才的成长

后勤是一种各行各业都不可缺少的服务和管理，也是一种职业的大类，后勤下面有很多单位也与很多行业都有联系，如餐饮、物业等。每个单位下面又有很多部门，如光是酒店就有营销部、前台部、客房部、餐饮部、工程部等，部门管理人才是后勤人才的重要组成部分。如何早日成为部门管理人才？现以酒店营销部经理为例进行讨论。

一、要有一定的学历要求

作为新时代的营销部经理，一定要有一定的学历要求，如大专以上等。而且专业上最好是比较对口的专业毕业的。有一定的学历要求就是有一定的基础知识、基础能力和基础技能要求。

二、要有良好的道德品质和先进的理念

良好的道德品德包括政治思想品德、社会公德、职业道德和家庭美德，热爱后勤服务业，清正廉洁、爱岗敬业，多作贡献，做一个让企业放心的人。

三、要有合理的知识结构

能否胜任企业龙头的重任？除了要有良好的工作态度和工作精神之外，是否具有合理的知识结构很重要。应该说，职业经理人所需要的知识结构，也是营销部经理必须要了解的知识面。但必须要重点掌握下列有关知识点：

（1）什么是营销。
（2）营销的几大因素。
（3）客源。
（4）价格。
（5）成本。

四、要具备先进的理念

先进的理念包括法律意识、政策意识、人才意识、市场意识、竞争意识、服务意识、客户意识、合作意识、成本意识、利润意识、创新意识等。

五、需要具备的精神

（1）认真负责的精神。营销是酒店的龙头，是否有成效，直接关系到酒店的生存和发展。要做到热爱营销、专注营销、专业营销。

（2）吃苦耐劳精神，有的营销学家倡导狼性营销精神，其中内容之一就是好像狼一样，不管在什么气候的条件下，都要到外面去寻食（寻找客户），这也是勤奋精神和吃苦耐劳精神。

（3）团队精神。当今时代，要做好一件事情，没有团队精神是无法做好的。营销工作要做好，也一定要讲究分工合作，力争取得 $1+1>2$、$3\times3=9$ 的效果。

（4）创新精神。酒店是面向市场、面向客户。而市场是竞争的，在竞争的环境下要取胜，一定要及时采用新技术，一定要创新。如网络营销、微信营销、绿色营销、深度营销等就是创新。

六、需要具备的能力

（1）自信力。就是不管遇到什么困难和挫折，都要有自信心。

（2）执行力。就是落实力，即尽力实现酒店领导的战略意图和工作目标，努力贯彻落实酒店的有关规章制度。

（3）理解力。理解力包括对上级领导指示的理解力、对客户需求的理解力和对员工需求的理解力。

（4）影响力。主要指在酒店业的影响力和对客户的影响力，优秀的营销部经理，能以自己良好的人格魅力、丰富的知识和显著的营销业绩在业内外有很好的影响力。

（5）取悦力。即能赢得客户好感的能力。营销部人员通过自己良好的外表、修养和与客户良好的沟通等，不仅能获得客户良好的第一印象，而且可以较快取得客户信任，甚至可以与客户成为好朋友。

（6）坚持力。就是百折不挠、不达目的决不罢休的毅力。

（7）管理能力。管理能力包括决策、指挥、组织、协调和控制能力等。

（8）调查研究的能力。调查就是了解真实情况。调查研究一定要认真、细致和善于思考，通过多种来源的杂乱信息中，去粗取精、去伪存真，提炼出有价值的信息，从平凡中发现不平凡。

（9）培训能力。营销工作要做好，关键也是人才，是要有一个好的团队。这个好团队从哪里来？除了注意把好进口关之外，关键是组织和培训。营销部经理不仅要业务熟悉,而且要有培训能力。酒店的许多业务,具体也是靠各业务部门来进行培训。

(10) 分析能力。分析能力就是分析事物的各个方面,能通过错综复杂的现象,很快抓住事物的本质或主要矛盾的能力。市场经济是竞争的经济,有竞争就有假象,只有提高分析能力,我们才能不被假象所迷惑。另外,酒店营销是有规律的,当我们感到工作比较被动时,我们应该反思我们自己是否掌握了工作规律,这些都有待于我们的思考力和分析能力。

(11) 创新能力。没有创新就没有业绩的更好提高,也不会有人才的发展,故营销人员应该重视提高创新能力。

七、需要具备的技能

(1) 口头表达能力。营销人员的性格一般都是外向型的,营销人员的口头表达能力很重要,无论是建立良好的客户关系、洽谈业务等,都必须具有良好的口才和与人打交道的能力。

(2) 文字表达能力。无论是制定规章制度、写工作计划或工作总结等,都需要有较强的文字表达能力。基本要求是:一要通顺,二要意思表达清楚,三是不能有错别字。文字的正确表达也是酒店的良好形象之一。

(3) 驾车能力。由于营销人员要经常外出拜访老客户、开拓新客户等,故能自己驾车会方便工作。

(4) 外语能力。现在酒店与外国人打交道是很平常的事情,特别是星级酒店。故作为营销部经理,最好应该懂得常用的酒店英语,能与外国客人交流。

八、主要的工作方法

(1) 根据酒店对营销部的定编人数,物色好合适的人员组成营销部并搭配好领导班子(经理、主管、领班)。不同性质、不同位置、不同规模的酒店配备不同人数的营销人员,有的只有1到2人,有的达到十几人。

(2) 制定先进的、可操作性强的规章制度。规章制度应包括:营销部的地位和作用,营销部对市场细分和对本酒店客源的定位,客户发展战略,如何完成酒店下达的营销任务以及相应的奖惩办法,如何对待附近的竞争对手,等等。规章制度也应包括会议制度、每个岗位的岗位责任制和主要业务流程。规章制度不仅是营销部经理指导工作、检查工作、绩效考核的主要依据,而且应可以成为营销部对员工特别是新员工培训的教材。

规章制度一定要及时更新、与时俱进。一般最好每两年更新一次。

(3) 制定客户发展战略包括根据酒店的定位和历史客户资料等确定酒店的基本客户、重点客户和一般客户。对老客户要主动维护,也要不断开拓新客户。开拓新客户根据自己酒店的定位,一般是由近到远,不能舍近求远。

（4）将酒店的年度营销目标分解到每个营销人员（包括营销部经理本人），搞好分工合作，并对指标完成的进度给予监督检查。要明确任务完成了应如何奖励？任务没有完成又如何处罚？做到有根有据、奖罚分明。有些酒店对营销实行根据营销业绩按一定比例提成的制度，效果比较明显。

（5）要重视做好统计工作。营销部应该设有一个图形表示的进度表，这样对每年、每月的营销进度就有一个比较清晰和直观的了解。

除了要了解进度之外，还要了解客源的有关结构，如团队客和散客各占多少，其中国际客人和国内客人各占多少，老客户和新客户各占多少，团队客中会议团队、培训团队和旅行社团队等各占多少。

有的酒店营销部还负责会议等团队接待的组织工作，这些工作要做细做扎实，比如，会议团队的人数往往是容易出错的，要保持与客户联系人的密切联系，保证在某个时间期限内的人数准确。同时，要注意与客房部、前厅部、餐饮部、工程部等部门的协调配合（如可以设计一个表，表内明确团队的单位名称、人数、入住酒店的起始时间和离开的时间，客房是什么类型的房间？是否用餐？用餐形式是围餐还是自助餐？标准多少？结算方式和消费总金额等，并让酒店主管总经理和各有关部门负责人会签，这样一目了然），团队接待前最好能召开由主管总经理牵头的各有关部门协调会，减少扯皮和误会，保证接待工作万无一失。团队离开酒店前，要及时结账、准确结账并征求客户对酒店接待工作的意见和建议，以利于今后改进工作。事后要召开总结会。

（6）抓好培训。最好每周或每两周一次。培训内容可以是先进人物的学习，营销和接待技巧技能的学习，营销新理念的了解等，也可以结合实际工作来进行，如市场分析会、工作研讨会等。世界华人成功学权威陈安之先生的理念、"世界销售女神"徐鹤宁女士的经验、黄金销售法等，都是值得营销人员学习的。培训关键在于坚持不懈和讲究效果。

（7）建设特别能战斗的营销队伍十分重要，要有人才决定一切的意识，把好招聘关，同时，要关心员工、培养员工，让员工相对稳定并尽快成长并留住优秀员工。要实行物质和精神奖励相结合的激励办法，如将个人营销业绩与经济利益挂钩，及时开展评选优秀工作者活动等。让营销人员都有做金牌营销的志向和目标。

（8）注意建立客户档案、客史档案等并给予科学管理。有些团队是营销人员联系回来的，有些团队是自己找上门的。对于任何到过酒店消费的团队，其资料都要存档。资料包括有关团队的单位、联系电话、联系人、单位地址和性质（政府、企业、高校等）。

（9）定期召开例会，交流情况，检查进度，及时发现问题和解决问题。

（10）要处理好与周边酒店的关系，取长补短，实现双赢和共同发展。要多与同行交流、积极参加当地酒店协会组织的有关活动。

（11）给营销人员创造必要的工作条件，如配备先进的计算机和车辆等。

（12）及时学习和采用先进的营销理念和手段，如网络营销、绿色营销、微信营销、深度营销、积分制等。

九、身体条件

身体条件是工作的基础，作为营销人员，工作时间比较长，而且就餐时间也常常不定时，甚至有时要饱一顿饿一顿。因此，营销人一定要将身体健康放在第一位，平时要注意锻炼身体，有意识地培养吃苦耐劳的精神和能力。

第九节 后勤经营型人才的成长

经营就是努力让资产带来更快增值和更好回报的经济活动，经营的本质是积累和创造，就是从无到有、从小到大的发展过程，经营不顺就是亏本，经营失败就是破产。后勤经营就是后勤企业化发展，就是在充分利用现有后勤资源，通过提供优质后勤服务的同时获得合理的利润回报，从而实现企业自我发展，利润越来越多。后勤经营人才就是善于充分利用后勤服务市场这个巨大商机，充分利用后勤现有资源，在某方面或多方面为发展后勤经济做出突出贡献的人才。后勤经营人才也是后勤发展的创新人才，大力培养更多的后勤经营人才具有十分重要的战略意义。

一、后勤经营的重要意义

（1）盘活后勤资源。
（2）减轻单位经费负担。
（3）促进后勤进步。
（4）具有广阔的市场和光辉前景。

二、后勤经营人才成长的基本条件

1. 学历条件

建设现代后勤、现代服务业一定要对学历有一定的要求。

2. 专业证书

专业证书也是建设现代后勤的重要方面。对于许多后勤人才来说，学历不一定很高，但专业技能一定要标准、熟练甚至高超。

3. 素质条件

德才兼备是党和政府对人才的基本要求，德识才学体是人才素质的基本方面。其中品德、见识在后勤经营人才中具有更重要的意义。重要品德就是敬业和廉洁，绝对不能在经济等问题上犯错误。同时，要有眼光，善于辨别和捕捉商机。

非智力因素（如志向、兴趣、毅力等）也很重要。做好经营工作，首先是志向、勇气问题，其次才是本事问题。

要有良好的精神状态，吃苦耐劳、永不服输、永远进击。

要具有一般能力和特殊能力，一般能力指基本能力，如记忆力、表达能力、写作能力、学习能力、计算能力、总结能力等。特殊能力在这里主要指经营能力、创新能力。在不少老后勤员工中，工作勤勤恳恳、任劳任怨并取得一定的成绩，但写作能力、总结能力比较欠缺，故有些工作体会得不到及时总结和推广，丰富的实践经验无法提升到理论，这无疑对后勤行业的更快提高不利。

良好的知识结构和一专多能的技能也是综合素质的重要方面。

4. 工作经验

后勤经营人才要有多方面的经历，如酒店管理，即懂客房管理、前台管理、营销管理，也熟悉餐饮管理等，并最好有中外高星级酒店的工作经历，成为一专多能、经验丰富的高手。餐饮人才有多家名酒楼工作的经历等。

5. 思维条件

在一定条件下是思维决定一切，正确的思维可以更容易取得更好的成绩甚至突破性的成绩。创新驱动就是知识驱动、智慧驱动、新理念驱动。

三、后勤走向经营的基本条件和难点

后勤走向经营就是企业化发展。目前，后勤改制后企业化发展有模拟企业化发展和真正的企业化发展两种。不少单位的后勤社会化改革还是停留在模拟企业化发展阶段。真正的企业化发展必须要有法人资格和营业执照，必须要有资质（如二级物业公司就是一种资质）。

后勤经营的难点主要有：

（一）在客观上

1. 稳定的收入来源问题

后勤服务是有成本的，这些成本主要是员工工资、社会保险、生产资料（如运输工具、设备、消耗材料等）成本。要解决企业的收入问题，首先要解决"有活干"的问题，"有活干"并且价格合理，才能解决收入来源问题。后勤服务的需求应该是不少的，我们要通过"以优质服务、品牌服务来求得一线的认同，以认同求支持，以支持求发展"的途径，首先去争取单位内部后勤市场这些"活"，并通过竞争不断提高内部市场占有率。在这基础上积极创造条件向社会发展。如果收入问题没有解决好，越干越亏本，是难以自负盈亏、自我发展。

2. 必须妥善处理好正式编制员工中的老职工问题

正式编制员工，在高校称为事业编制员工，在政府机关称为机关编制人员。老职工的工资水平是历史形成的，由于身体、技能、年龄及工作态度等原因，使他们的实际贡献率有高有低，不一定与他的工资水平成正比。老职工的综合素质是参差不齐，不能说他们都好，也不能说他们都差。许多老职工都有光荣的历史，而且长期从事后勤工作，对后勤相当熟悉，许多后勤企业骨干也是老职工。他们当年也积极响应国家后勤社会化改革的号召，勇于走企业化发展道路，并且勤勤恳恳工作，我们应该理解他们，尊重他们，并继续充分发挥他们的作用，而不能把他们看成"包袱"，更不能让他们感到"干后勤吃亏"和"被人抛弃"等。老职工也应该自尊自强，为年轻的员工做出榜样，紧跟时代步伐，继续作出自己应有的贡献。要看到，后勤社会化是历史必由之路，我们只有顺应时代潮流，才能有所作为，而绝对不能再"等、靠、要"，更不能以"正式工"自居。对于老职工的工资成本问题，国家都有政策进行扶持。

高校等事业单位的后勤企业要正确看待事业编制员工，他们中间的优秀分子是后勤企业的中坚力量。今后后勤企业要做到持续发展、可控发展，仍应适当补充一定比例（如5%）的优秀事业编制员工到这些企业去，如清华大学等高校的做法，并让他们安心干，留得住，并充分发挥应有的作用。而没有一定的时间积累，是不可能在后勤战线大有作为。

3. 甲乙方关系问题

随着后勤社会化改革的不断深入，每个政府机关、高校等单位对后勤服务更多的是择优选择，是购买服务。甲方即代表单位行使具体购买服务等的主管部门（如高校后勤管理处、总务处等），乙方是后勤集团等，属于提供优质服务的企业化发展的机构之一。作为一所规模较大的高校，每年用于购买后勤服务的投入如果都交给后勤集团（一个乙方）去完成，该校后勤集团的生存和发展应该是没有问题的。问题是甲方要"择优选择"，学校需要的后勤服务可以选择后勤集团，也可以选择社会优质服务资源。这就产生了甲乙方之间的矛盾。如果后勤集团有足够的竞争力，本来这是没有问题的，后勤集团的服务应该是高校后勤服务的首选。但如果后勤集团一些实体资质不够，甲方没有选择它，而它一旦失去了校内市场就难以生存，这就产生问题了。比如某高校的年修缮工程投入有5000万元，但如果只给本校后勤集团修缮部门做300万元，其他都要通过招投标的方式来解决，那本校后勤集团有关修缮部门生存和发展的空间就窄了。要有效解决这个问题，需要学校主管领导给与协调，一方面是深入了解乙方为什么竞争力老是没有明显提升，如果是老职工等问题，甲方对乙方的扶持政策要更持久些。另一方面是乙方一定要抓紧时间提高自己的竞争力，长期依赖学校政策倾斜是不可能的。

4. 努力建设好员工队伍

员工队伍主要是企业编制员工队伍，是随着后勤社会化改革的深入直接从社会招聘的后勤员工。老职工陆续到龄退休后，企业编制员工逐步成为后勤事业的主体。这些人员的一部分年纪较轻、有一定文化和专业技术，有在社会相关行业特别是著名服务企业工作的经历和经验，比较了解市场经济和现代企业运作方式，其来源是多方面的，他们将成为后勤企业发展的主要依靠力量。对这些人的基本要求是遵纪守法,认真工作,有一定技能。对管理者的要求是不断提高其综合素质特别是要"德才兼备",其中"德"包括对企业的忠诚和可靠,"才"主要是专业技术水平。同时,适应所在单位后勤的特殊要求,如高校对后勤有"公益性"问题和"服务育人"的要求;行政机关对后勤有"保密性"要求等。另外,要与老职工友好合作,相互尊重,取长补短,做一个令领导放心、为企业做出更大贡献的好员工。

由鞠传进主编的《新时期中国高校后勤社会化改革的实践与探索》大型书籍,对高校后勤新的经营管理人员提出了殷切期望:

(1) 由外行变成内行。

(2) 练好两项基本功:一是学会做群众工作,要有亲和力,不说"外行话",学会以理服人。二是学会调查研究。

(3) 提高四种能力:一是动手做事能力,二是语言表达能力,三是文字表达能力,四是提高处理突发事故的应变能力。

(4) 后勤需要能干、能说、能写、能应变的全面发展的人才;用人单位既要看学历文凭,更注重实际能力。要有实战能力,干得一手好活。凡是员工会做的,自己都会做;员工不会做的,自己也会做。

(5) 切实体现先进性。一是政治上先进。二是业务上先进,代表先进生产力,多干活,多贡献,开展知识型服务,既能服务又能育人。三是与时俱进,不断创新,认真学习行业新知识、新技术、新经验。四是根据集体需要学习行业知识,谋求个人发展,要为集体所用。

(6) 确保在廉洁自律与政治安全方面不要出问题。

(7) 学会与"老职工"友好相处,共同合作。①

5. 体制机制

由于许多后勤企业是在事业单位、政府机关等转制后发展起来的,而且很多属于国有企业,不仅与社会的国有企业不同,而且与社会的民营企业更不同,肯定还有不少不完善的地方。因此,还要继续不断改革和完善。作为后勤经营人才,一方面要早日适应这种体制,另一方面要为不断构建更有活力的后勤保障体制而做出积极贡献。

6. 优势产品

后勤经营的关键是自己的服务优势,包括产品优势、成本优势、管理优势等。中国的高铁能迅速走向世界,很大程度上是因为掌握了核心技术,具有竞争优势。许多后勤服务的门槛比较低(如光是一级资质的物业公司在全国就有不少),真正有核心技术的很少,你能做别人往往也能做。这样就很难与其他优势企业竞争。后勤企业要在社会上有一席之地,一定要有优势产品、品牌产品,像麦当劳、海尔等企业那样。

---

① 鞠传进主编:《新时期中国高校后勤社会化改革的实践与探索》,中国致公出版社2009年版,第202页。

7. 服务产品价格

后勤服务是商品，价格是经营的一个主要条件，价格是由成本和供求关系所决定的。价格高了而性价比低，顾客不接受；价格低了企业又亏本。因此，确定合理的价格是企业生存和发展的基本条件。不追求利润的企业不是真正的企业，也无法发展。但对后勤企业特别是对高校的后勤企业必须讲究一定的公益性，又要获取合理的利润，又要讲究一定的公益性，故制定合理价格既重要也不容易，它要求企业利润更多的是通过有特色的优质产品以及通过千方百计降低成本去获得，是靠薄利多销、规模经济去获得。同时，对内对外应该有不同的价格。

8. 员工薪酬问题

许多员工是为谋生而工作，待遇高低是他们选择职业的最重要的条件之一，也是影响员工队伍稳定的重要因素。而后勤企业均有一个发展过程，由于种种原因，目前许多后勤企业职工的薪酬并不高，有的甚至只达到当地最低工资水平。由于待遇不高，也很难吸引到更有能力的员工或人才，并造成恶性循环。如珠海格力空调集团，要求他们的保安队伍全部是素质较高的退伍军人并且在待遇上有相应的体现，这在其他单位不一定能做到。所以，后勤企业一定要很重视员工的薪酬问题，并积极创造条件在不断提高企业效益的基础上不断提高员工的薪酬水平。除此之外，还要通过多种形式切实关心员工的其他切身利益问题。

9. 经营成本上升

由于物价上涨等因素，使企业经营成本明显上升，如对于餐饮业来说，食材成本、人工成本、场租、水电气费以及保险费用的增加，明显提高了经营成本，以致造成入不敷出，这是一些企业难以经营的重要原因。

（二）在主观上

1. 思想认识

后勤社会化是政府机关、高校、科研院所、军队等后勤管理体制的重大改革，在这个过程中，出现不同认识是不奇怪的。后勤社会化改革是否顺利进行，不仅取决于政府的决心和有效的推动力，也取决于各单位领导和广大后勤工作者对后勤社会化改革意义的认识。后勤社会化改革已经进行了十几年了，但对后勤社会化改革的必要性仍有许多不同认识。充分认识了这项改革重大意义的单位，后勤社会化改革就能不断深入并取得可喜成果，否则就步履艰难甚至退回到原有模式上。

2. 勇气

要成为后勤经营人才首先是要敢于去闯，敢于走企业化发展道路，甚至敢于走出社会。要善于经营首先要勇于经营。一是要在战略上藐视困难，不要怕"下海"，要敢于去创业，敢于去实践，要有当年毛泽东为了探索中国革命正确道路而敢于上井冈山和"敌军围困万千重，我自岿然不动"的气魄。许多成功的企业家当年还是"洗脚上田"

的农民或退伍转业军人。二是在战术上要重视困难,市场竞争是不讲情面的,优胜劣汰,如果没有自己的产品特色、服务特色,不能得到客户的认可和市场的接纳,经营就很难成功。但"办法总比困难多",当年广州市建地铁,也是遇到了很多困难,但广州市政府就是坚定不移,迎难而上,终于使广州市的地铁得到了大发展并且处在全国的先进行列。海尔集团董事长张瑞敏也曾说过:"没有疲软的市场,只有疲软的思想。"只要我们善于辩证地看问题,敢于逆势而上,只要我们敢于迎难而上,善于化"危"为"机",善于经营"小气候",是可以在各种"大气候"的条件下有所作为的。

3. 能力

由于当年旧体制下的后勤工作者是在"吃皇粮"的环境下工作的,不需要考虑市场,不需要考虑如何盘活资源。因此,经营能力比较欠缺并不奇怪。但这是暂时的,但旧体制下的许多后勤工作者也有不少长处,如对一线工作比较熟悉,与一线有千丝万缕的联系;

长期干后勤工作,在技术上有一定专长。只要善于学习,善于实践,经营能力是可以很快提高。

4. 团队

后勤企业发展是一项光荣的事业,也是一项艰巨的事业。这项事业不是靠一个人,而是靠一个团队。如果这个团队都能心往一处想,劲往一处使,就可以成就一番事业,否则就会步履艰难。缺乏一个好团队,主要是人为的。要形成好团队,关键是核心人物。核心人物本身要有本事,热爱后勤事业,并善于团结人、吸引人并用好用活每个人,做到"近者悦,远者来"。

发展后勤企业是走创新之路,其成功与否不是方向问题,而主要是勇气问题和政策问题。我国优质后勤服务资源还非常缺乏,后勤企业发展的前景非常广阔。大力发展后勤经济是后勤社会化改革的重要内容,是历史发展必然趋势,只要坚定不移往前走,并注意不断深化改革和"智勇双全",后勤经营很快就可以打开局面。时代呼唤着有更多的弄潮儿以张瑞敏、马云等优秀企业家为榜样,立志成为后勤企业家,在这方面努力闯出一条新路,创出一片新天地。如同是高校,北京大学万柳公寓和华中科技大学后勤集团等单位就很有成绩。

衡量经营成败的主要指标之一是经济指标,即营业收入、成本、税赋和利润。营业收入高,成本低,利润就高。税赋是一定的,但可以争取在一定时期的减免,特别是在创业初期。目前,国家实行的营业税改为增值税对中小企业发展有好处。营业收入关键是产品和服务的价格,要注意产品要符合客户的需求,有特色和较强的竞争力。在成本方面,由于许多服务业还是劳动密集型的,主要成本是人工成本,要搞好经营,没有人不行,但降低成本的主要潜力也在人。其他成本也很重要,如水、电、气成本,材料成本等。

根据上述分析,我们得出后勤企业发展的基本公式:

第七章 后勤人才的主要成长规律

$$\text{后勤企业发展} = (\text{收入}/\text{成本}) + \text{必要的条件}$$

这个公式告诉我们，后勤企业发展与收入成正比，与成本成反比，还要有必要的条件，如酒店需要一定的硬件设施，员工宿舍是物业等后勤企业必备的条件。其中：

$$\text{收入} = \text{规模} \times \text{多元化发展} \times \text{价格} \times \text{有特色的优质服务产品的数量}$$

优质服务产品包括硬件和软件两方面；多元化发展指一业为主，多种经营；规模指集团化发展甚至国际化发展。要注意先做精做专做成品牌，再争取做强做大。

要提高收入水平，一定要不断寻找和开发新的经济增长点，不断开发新的技术和产品。

$$\text{成本} = \text{人工成本} + \text{固定资产折旧} + \text{消耗材料成本} + \text{税金}$$

"饭店之王"希尔顿有一个重要思想，这就是"把饭店的每一寸土地都变成盈利空间"。如果我们每个单位的后勤工作者都能有这样的思想，努力盘活现有的人、财、物等后勤资源，并注入一些创新元素，一定会产生可观的经济效益和社会效益。

高校后勤社会化改革以来，一些高校后勤转制后走向了企业化，并提出了"以校内市场求生存，以校外市场求发展"，在有高校政策保护的条件下，一些后勤企业在校内市场是可以求生存的，但如果在创业初期不抓紧时间提高自己的竞争力，仅靠政策保护的企业不是真正的企业，也是不能长久的。真正可靠的经营之道是"以品牌服务求生存，以改革创新求发展"。另外，如果长期不是法人单位，仅靠校内市场是不能锻炼出真正企业，也很难促进后勤服务更快提高。

招投标是当今社会对一个工程项目达到和超过所规定金额的常用做法，一些企业（如物业公司、修缮工程公司和监理公司等）的发展关键是能拿到更多的大项目，而要拿到大项目必须要有一定的资质和业绩，而这些是必须长期积累并善于攻克一些难关。

后勤企业的发展有条件的应该快速发展但更要注意稳步发展、科学发展，而不要大起大落。稳步发展的主要含义就是营业收入和利润水平不断增长；科学发展的含义就是要注意人的素质的提高，注意建立健全规章制度，注意核心技术和创新等。

案例一

"蓝领专家"孔祥瑞

1. 简历

孔祥瑞，男，1959年出生，中共党员，高级工程师，现任天津港股份有限公司煤码头分公司操作一队队长兼党支部书记。先后在天津港一公司、六公司固机队做司机、任队长。孔祥瑞同志是伴随天津港建设发展而成长起来的新时期知识型产业工人，被誉为"蓝领专家"。

2. 主要贡献

他先后主持开展技术革新项目150多个，获多项国家专利，为企业创效近9600万元,成为人人敬佩的"知识型产业工人"。他始终坚持在实践中学习,将工作岗位当成课堂,把生产实践作为教材,将设备故障当作课题,把身边怀有一技之长的工友视为老师,努力攻克了一个又一个技术难关。他主持创新"门机主令器星形操作法",使门机每一次作业可节省时间15.8秒,当年创效1600万元;他主持的"门座式起重机中心集电器"技改项目,被授予国家级实用型发明专利。孔祥瑞在为企业创出经济效益的同时,也使他所在部门的机械设备使用管理跨入同行业全国领先、世界一流的水平他具有强烈的责任感和主人翁意识,全身心地投入到本职工作中,35年如一日,无怨无悔。如今,身教重于言教的孔祥瑞,不仅自己成为专家,而且还在天津港集团带出了一批年轻的技术能手,他用自己的成就证明了知识型工人的价值。2011年9月20日,在第三届全国道德模范评选中荣获全国敬业奉献模范称号。

孔祥瑞的特点是:坚持学习,坚持实践,坚持创新。从一名只有初中文凭的码头工人,成长为一名享誉全国的"蓝领专家"。

3. 名言

当代工人,只有有知识、有技能,才能有力量。

案例二

"熬"出你的特色与专长

青年导演徐宏辉从北京电影学院导演系毕业后,虽然曾有短片作品入围过大型电影赛事,但他的职业道路仍举步艰难。有一次,徐宏辉向他的老师、著名电影大师谢飞抱怨自己导演之路的艰苦处境时,谢飞这样说:"如今的大学就像是一家家的百货公司,毕业生就像是百货公司推出的香水,95%都是水,只有5%不同,那是各家秘方。人也是这样,95%的东西基本相似,差别就是其中很关键性的5%,包括人的养成特色、人的快乐痛苦欲望。香精要熬个5年、10年才加到香水里面去的;人也是一样,要经过成长锻炼,才有自己的味道,这种味道是独一无二的。去仔细寻找你的特色与专长,慢慢熬吧,如果你迫不及待,那就会随大流,混在一大堆里让人挑,你若冷静地接受各种洗礼,没准还能混个专柜呢。"徐宏辉听后,若有所思地点点头。

哈伦德·山德士原来喜欢律师,学过法律,又卖过保险、开过加油站,但都一事无成。一直熬到63岁时,他用105美元创办了一个小小的炸鸡店,却最终一鸣惊人。如今,肯德基已风靡世界。熬中有思索、有窥望、有碰撞、有突破,哈伦德·山德士熬出了"炸鸡"的特色与专长。

熬,是一种坚持、一种历练、一种毅力。不希望,熬中的酸甜苦辣有滋有味;不坠志气,熬中的跌曲折有情有致。冠军是熬出来的,"冬练三九,夏练三伏",才有拼搏的硬功夫；名角是熬出来的，"台上一分钟，台下十年功"，日积月累，才有德艺双馨的风采。

那么，如何才能熬成一个有特色与专长的人呢？

首先，要认清自己，找到自己的优势，确定自己的成长目标。唯有在最强的方面才会取得最大的进步，在你的优势方面，你才会最有求知欲、最具创造力，也最乐于学习新事物。

其次，对于自己看准的事情不轻易放弃，不随便离开自己的位置，就在那里一步一步地努力。熬得住，才有柳暗花明。

再次，要竭尽全力把自己的优势发挥到极致。把自己的优势发挥到极致的唯一途径就是不断地读书、学习和实践。有人说："世界上并不存在谁聪明谁不聪明的问题，而是存在哪一方面聪明以及怎样聪明的问题。"通过向书本学习，通过向一些名师学习，通过在实践中摸爬打滚，让自己聪明的那一方面变得更加聪明，把自己拿得出手的那一样做到极致，你不就具有特色和专长了吗？

最后，要把自己拿得出手的那一样和工作与生活相结合。只有把自己拿得出手的那一样和工作与生活相结合，帮助他人，服务大众，有益社会，个人劳动转化为社会劳动，你拿得出手的那一样才真正有价值和意义。换句话说，就是我们把自己拿得出手的那一样发挥作用，成就他人，有益社会，在成就他人有益社会的同时也成就自己，体现自身的价值，实现双赢。

第八章　努力成为创新型后勤人才

第一节　创新是时代的呼唤

我国已经进入了创新经济时代，党的十八大以来，党和政府多次强调要突出创新驱动，要营造大众创业、万众创新的燎原之势。建设现代后勤，不仅需要汗水，更需要眼光和智慧。后勤服务业要取得更好的经济效益和社会效益，要捷足先登、赶超世界先进水平，最重要、最根本的途径就是创新。后勤社会化改革本身就是一种重大的管理体制创新。

创新也是人才的本质特征。没有创新就不能算是人才。要早日进入人才的行列，就必须早日进入创新，早日取得创新性成果。

我国后勤服务业与国际先进水平相比仍有明显的差距，包括服务差距、利润差距等，最大的差距还是创新能力的差距特别是根据客户的新需求进行产品创新和服务创新能力的差距。

创新并不神秘，早在20世纪40年代，著名创造教育家陶行知就在他著名的《创造宣言》一文中明确指出，"处处是创造之地，天天是创造之时，人人是创造之人"。即各行各业都有创造，每时每刻都可以创造，人人都是创造的主人。日本发明学会会长丰泽风雄曾提出"一日一发明"的口号。创新的战场可能就在你的脚下，就在你的平凡工作岗位上，就在你所从事的后勤服务业里。"后勤"这个词是美国军队发明的，现已在世界广泛使用，这是创新；物业管理是对传统后勤服务的创新。你的工作成绩比别人好，比自己昨天的好是创新；刷新了某级别的记录是创新，改进了某个工序提高了工作效率也是创新。关键是要有自信心并作出扎扎实实的努力。后勤服务业仍有许多未解决好的问题和未开发好的领域，我们现在的很多做法，还是引进国外的（如后勤社会化等），不是自己原创的，后勤服务业的创新舞台非常宽广。

创新与学历没有必然的线性联系，不是学历高的才有创新。关键是要有上进心、要善于学习和思考，乐于解决实际问题。如发明飞机的美国莱特兄弟当时的学历也只是中专左右，成为当今华人首富之一的马云的学历也不是很高。

第二节　创新的基本知识

一、创新的定义

狭义的创新指企业创新，即发明创造加上第一次商业化应用。广义的创新指各行各业为推动事业取得突破性发展、赢得竞争优势所产生的各种新思想、新产品、新体制、新理论等。创新主要有根本性创新和渐进式创新。如发明飞机是根本性创新，对飞机进行不断改进是渐进式创新。

美国哈佛大学教授约瑟夫·熊彼特在 20 世纪初就第一个从经济学角度系统提出了创新理论，他认为，创新应包括下列五种情况：

（1）创造一种新产品。
（2）采用一种新的生产方法。
（3）开辟了一个新的市场。
（4）取得或控制了一种新的原材料或半制成品的供给来源。
（5）实现任何一种新的产业组织方式或企业重组。

创新与人的需求和欲望、市场、技术等都有着非常密切的关系。创新理念的产生又跟人的创新意识、创新思维、创新能力等有很大关系。在一定的条件下，是思维决定成败。甚至有这个的顺口溜："学历是铜牌，能力是银牌，人脉是金牌，思维是王牌。"

二、创新思维

思维就是大脑的思考，就是人认识世界的思考过程和理性认识过程。创造性思维是人类第一次产生新结果、达到新认识水平的思维。创造性思维具有新颖性、非重复性和超越性等三个本质属性。创造性思维主要有发散思维和集中思维、求同思维和求异思维、正向思维与逆向思维、概念思维与直觉思维等的灵活运用。唯物辩证法也是一种科学的思维，如化劣势为优势就是一种辩证思维。

创新思维是指一个人在思考和解决问题过程中，能站在与别人不同的角度观察，能提出与别人不同并能经得起实践检验的新观点、新思路和新方案，如毛泽东开辟的农村包围城市的革命道路，邓小平开拓的改革开放之路。创新思维就是优化组合多种思维方式从而取得具有新价值、新成果的综合思维。

创新意识也是一种怀疑的意识，是一种不安于现状的求新求精意识。

华人诺贝尔化学奖获得者朱棣文在谈到成功的经验时说："一个人要想取得成功，最重要的一点就是要学会用与别人不同的思维方式，别人忽略的思维方式来思考问题。"

作为知识创新的"新",一是顺着原有知识的思路往前推进一步。二是对原有的错误知识进行修正。三是开辟相对新的知识领域。因此,真正的创新素质是学习与创造的有机统一,一个不会学习的人,是不可能有大的发明创造的。

三、创新精神

要取得创新成果必须要有创新精神,主要有:
(1)"安、专、迷"的精神。
(2)敢于走前人没有走过道路的精神。
(3)敢于怀疑的精神。
(4)既异想天开又实事求是的精神。
(5)吃苦耐劳的精神。

其中"安、专、迷"就是安心本职,专心致志,迷恋至深,勇攀高峰。就是在心态上表现为"三心二意"(安心、专心、痴心;创意、乐意)。

"主一无适便是敬。"与"安、专、迷"的意思相近。即凡做一件事,便忠于一件事,将全副精力集中到这件事上头,心无旁骛,这便是敬。

四、创新能力

有创新能力的人,往往具备这些特点:自信、有激情、有事业心和责任心、有理性怀疑精神、勇于开拓、有毅力和善于学习。

善于学习包括:
(1)迅速学习的能力。
(2)迅速应用知识的能力。
(3)把主要精力用于阅读那些有助于实现创新目标的书籍上,即围绕创造目标进行学习。
(4)追踪最新知识,及时掌握时代发展的前沿动态和最新成果。
(5)坚持学习。

五、创新方法

创新成果 = 创新欲望 + 创新思维 + 创新方法

自主创新,方法先行。创新必须讲究技术创新方法,广义的创新方法包括科学思维、科学方法和科学工具。狭义的技术创新方法仅指创造技法。常用的创造技法就有100多种,如头脑风暴法、联想发明法、组合发明法和列举发明法等。如重组(不同组合)是创新,综合也是创新。美国阿波罗登月计划的实施没有一项新的技术,但这个工程是伟大的创新。将通讯、照相、网络等功能集中于手机上,将许多功能集中于家用电器上,这就是不同的组合,这也是创新。

另外，TRIZ法是一种很重要的创新理论和方法。它是苏联专家根里奇·阿奇舒勒等人归纳总结了几百万份发明专利所提炼出来的创新有效途径，已在世界范围内得到广泛应用并收到显著效果。各行各业正确应用它，可以明显提高创新效率。

要早日取得创新成果，还要善于捕捉机会，如抓住工作中的主要问题，预测这些矛盾和问题的发展趋势，把握解决问题的时机，在解决重点和棘手问题上多下功夫。历史已经证明，往往是困难越多，所蕴藏的创新机会也越多；困难越大，创新取得的成果就越大。正如我们常说的，危机，危机，在"危"中求"机"。如共产党当年独立领导武装斗争是"逼上梁山"的结果；锯是鲁班遇到很大工作压力的情况下触物产生灵感而发明出来的。

六、后勤服务业创新

（1）创新是企业活力之源。后勤企业要创新，一定要重视研究开发，特别是产品的研发和服务项目的研发，重视创新项目攻关的组织。珠海格力空调集团之所以能多年始终保持世界名牌的地位，一个重要原因就是他们很重视研发，还有一个格力空调研究院。后勤服务产品既然承认也是商品，也有一个研发问题，如何用最低的成本，满足宾客的多种需求。无论是餐饮服务、物业管理、水电管理还是酒店等都有很多问题亟须解决。中国后勤服务业要赶上和超过世界先进水平，一定要搞科研，一定要有核心技术。

（2）重视人才培养，重视创造良好的创新环境。

（3）创新的前提。创新的前提是继承，继承前人所创造的一切与后勤发展有关的文明成果。只有站在巨人的肩膀上，我们才能取得比前人更好的成就。

（4）创新的途径。

1）从宏观上来看，如后勤社会化改革是借鉴了西方发达国家的成功经验。物业管理也是从国外引进的。7天连锁酒店等经济型酒店的集团化发展是我国经济型酒店的创新。珠海横琴长隆海洋王国开业仅一年多就赢得了一千多万游客，这也是创新。

2）从微观上来看，在餐饮方面，自助式服务是创新；超市的出现是创新；中西烹饪理念和技术的融合是创新；在物业管理方面，提高环境卫生的机械化水平是创新，提高水电费计算的自动化水平是创新；家具的装配式和折叠式也是创新。在酒店方面，睡眠是人生的基本需求，也是客户住酒店的最基本需求之一。不少顾客都埋怨在酒店睡眠质量不好。如果我们的酒店，不仅能提供宾至如归的温馨环境，而且还能有提高睡眠质量的养生效果和医疗效果，相信会赢得更多的顾客甚至会高朋满座。晾衣架本来是很普通的，但智能晾衣架就是一种创新。

在服务业中，创造实践是很多的。后勤服务的特点之一是"繁杂"，如何化繁为简，化难为易，很需要创新。如现代物业管理是对传统后勤模式的创新。公共汽车的"无人售票"、民航登机手续的自我服务等，都是化繁为简的成功例子。

后勤不仅需要"节流"，而且也可以"开源"；后勤不仅是服务，在许多方面也可以经营；后勤服务不仅可以"自办"，也可以"购买"；等等。都是一种理念的创新。

好几年前，上海交通大学的校园里有这么一条醒目的标语，其大意是"把重复性劳动交给机器去干，把创造力留给人类"。我相信，这句话是符合时代发展趋势的，故同样也适用于后勤服务业。我们不可能取消简单劳动和重复劳动，但可以通过先进技术减轻劳动强度，提高工作效率并明显降低后勤服务业的人工成本。只要我们用心去研究、去思考，这个目标是不难实现的。

后勤创新的途径是很多的，如：

（1）移植是一种创新，如德国人将中国自动麻将机的原理应用到设计铺设高档砖石路面的机械。

（2）不同的组合是创新，如在酒店中，养生与酒店结合起来，情侣与客房结合起来，会议和酒店结合起来，游艇和酒店结合起来，教育和酒店结合起来，文化和食品结合起来，酒店、旅游、交通等组合起来，即上游产品和下游产品结合起来等。

（3）综合也是一种创新。随着酒店的发展，现代酒店远不仅是提供住宿和餐饮，而是综合性服务、一条龙服务甚至是综合性优惠服务。

（4）后勤企业发展与职业教育和文化结合起来，不仅提供低端产品，也有中高端产品，这也是创新。

（5）精神文明建设的创新。张思德、雷锋、时传祥等著名人物生前都是从事后勤服务工作的。他们所创造的跨越时空的精神文明财富，不仅受到了历届党和国家最高领导人的充分肯定，而且引导了几代人的健康成长，并成为当今社会主义核心价值观的重要内容。精神文明建设的创新永无止境，今天在后勤战线同样天地很广阔，那种为了全局胜利而甘当配角甚至牺牲个人的精神，那种"当人们把我们忘记了，我们的工作就做好了"的精神，那种追求环境美和内心美相统一的"最美后勤人"的精神，都是新时代精神文明建设的创新。苏州大学教服集团企业文化部主任毛波杰创造了《高校后勤物业三字经》包括"职业道德三字经"、"安保三字经"、"保洁三字经"和"维修三字经"，也是一种后勤文化的创新。有的大学餐厅将国家提出的"八荣八耻"的内容修改成为餐厅员工的"八荣八耻"，都是一种创新。

（6）创新的源泉。创新的源泉来自企业生存和发展的内在需求和竞争压力，来自市场的需求和客户的反馈意见，来自员工的合理化建议和研发人员的灵感，也来自企业家的独特理念以及技术的进步等。

在创新的源泉中，"早"和"奇"的理念很重要。创新本身就是"新颖"，"新"就是别人没有的，而你是领先的。要领先，就一定要早起步，只有"早"才能主动。如现在国际很多酒店品牌很大程度上是因为他们比别人更早起步、更早专一、更早有成果。"奇"就是别人没有想到的或是想到了但没有做到的，是独树一帜、独辟蹊径、与众不同。后勤服务店业创新的天地很广阔，关键是要去钻研。

（7）转型升级。后勤服务业一定要走转型升级之路，即由劳动密集型转向技术含量明显提高的技术——劳动密集型，由传统服务业转向现代服务业，主要通过不断提高技术水平、技能水平和管理水平来不断提高后勤服务产品的附加值和利润水平。

第三节　有效地创造实践成才规律

人才的本质特征是创造。创造不是凭空出现的，它是在创造所必需的基础上，由创造动机开始，进入创造情境，经过创造的艰苦奋斗，在原型或思想火花的启发作用下，豁然开朗实现的。

这个规律要求所有的培养人才的工作者，都要把是否具有创造性作为培养人才成败得失的最重要的衡量标准。即成才的根本特征是成才者取得了创造性成果和这个成果被社会所承认，从而为社会做出了较大贡献。"创造"和"贡献"是人才的核心。没有创造就没有人才的涌现。抓住了创造就抓住了成才的根本。

创新就是为本单位、为社会进步或科技发展所做的新颖性、突破性工作。创新和创造在许多领域是同义词或近义词。人才的本质特征也是创新，当今世界是创新争雄、能力本位的创新型经济。

第四节　努力树立后勤事业发展新思维

后勤服务业的竞争，从根本上说也是人才的竞争。后勤服务业的生存和发展取决于后勤领导者、管理者的意识和决策。如后勤部门原来是仅提供基础性、保障性服务的，也是一个管钱管物的权力很大的部门，在后勤社会化改革之前，有多少钱办多少事，有多少资源办多少事，仅仅是高校就有多少青年教师为了房子问题而流失。但后勤社会化改革以后，换一个思路，充分利用社会的优质条件其结果就大不相同了，甚至出现了后勤经济蓬勃发展的大好形势。

后勤服务业发展的新思维主要有：职业意识、商品意识、竞争意识、结构意识、潜力意识、良性循环意识、附加值意识、比较优势意识和技术立后勤意识。

一、职业意识

后勤不仅是一项光荣的事业，也是一个光彩的职业。这不仅因为后勤是各行各业所不可缺少的一部分，而且还因为在这个职业中，确实涌现出许多全国甚至世界著名的人物。后勤社会化改革以来，面对社会对优质后勤服务的巨大需求，这也为千千万万有志之士"顺势成才"提供了极好机会。"有为才有位"，要在后勤服务业有所作为，一定要首先尊重它，了解它，并进一步热爱它，为它的发展倾注更多的血汗甚至视其为自己成才的崇高事业。

二、商品意识

后勤服务也是商品,这已经被越来越多人所理解和认可。既然是商品,就有使用价值和价值的统一问题,就要讲究个人劳动价值尽快转化为社会劳动价值,其利润主要是由低于社会必要劳动时间的劳动价值所决定,这就要不断提高劳动生产率,不断降低各种成本。既然是商品,就要讲究产品适销对路,就要讲究不断开发新产品。

三、竞争意识

后勤经济是社会第三产业的重要组成部分。目前,后勤经济主要由三部分组成。一是在社会上发展起来的优质服务企业和引进的外资企业,如北京正点集团得利兴斯食品有限公司、丹田等一级物业公司等。二是在政府机关、高校等长期通过自办后勤所形成的优质后勤服务资源,这些后勤资源体制改革后变成法人单位走向市场,不仅为本系统本单位服务,也为社会服务。如上海交通大学后勤集团中具有法人资格的餐饮服务经济实体。三是在政府机关或高校等系统中,由于"老职工"的分流和安置问题,社会第三产业发展现状问题,一些系统或单位内的后勤特别是核心后勤不仅具有经济性,也具有政治性等问题,使一部分系统或单位仍保留一定比例的自办后勤的服务队伍,这些服务队伍尽管相当部分是模拟企业化发展,但处于"剥而不离"的非法人状态。随着时代的进步,这部分后勤经济实体会更多地被第一部分或第二部分后勤经济状态所替代。

后勤经济要发展得更好更快,一定要有竞争,做到优胜劣汰。而竞争目前主要是这三部分后勤经济力量之间的相互竞争。

四、结构意识

这里所指的结构不是建筑结构,而是指组成系统各要素的排列组合方式或比例。不同的结构形成不同的功能。

结构的概念在后勤管理中具有重要意义,以酒店为例。从宏观上有市场结构、酒店类型结构,从微观上有经营结构、客源结构、产品结构、价格结构、成本结构和员工结构等。其中酒店类型结构指一个城市、一个地区根据市场需求所确定的高、中、低档酒店的合适比例特别是高星级酒店的合适数量,不要盲目发展,只有合适发展才能有更高的投资回报率。客源结构指团队、散客的客源各占多大比例,团队客中会议团队、培训团队、旅行社团队等各占多少比例,国内旅客和国际旅客各占多少比例,国际旅客中主要国家的旅客各占多少比例,等等。价格结构指酒店有高、中、低等多种价格,产品结构包括客房结构和非客房结构。客房结构指酒店提供不同类型、不同档次的客房,这些结构的形成是根据市场需求。非客房结构包括酒店餐饮、娱乐、商场等客房之外所有有收入的产品。通过这个结构,可以看出酒店收入中客房等收入的比例情况。成本结构指构成酒店各种成本的比例情况。员工中的年龄结构、性别结构、文化程度结构、执业资格结构等都是很重要的。通过对这些结构的分析，可以看出很多问题并有利于改进工作。如有的酒店努力降低成本，要求其酒店的能耗成本控制在6%左右。

五、潜力意识

潜力就是潜在的、隐性的能力和力量；内在的没有发挥出来的力量或能力，也就是客观事物原本具备却由于多种原因而没有充分发挥出来的能力。如煤没有充分燃烧等。有科学家认为，人所发挥出来的能力只是如海上的冰山那样，大部分还隐藏在海平面的下面。教育的一个重要任务是充分发展人的潜力。对于后勤企业来说，潜力意识非常重要，如企业的收入潜力、成本潜力、利润潜力、员工的潜力等。如有的单体酒店认为其获利能力已经到"天花板"了，但一集团化发展，又可能有了新的更大的发展空间。人的潜力更是如此，一旦调动了员工的积极性（通过公平合理的待遇和人生引导等），员工可以为企业创造更多的财富。收益理论就认为酒店的业务按门市价乘以100%的客房出租率的积减去实际价格乘以实际客房出租率的积之差就是酒店客房的获利潜力。所以，树立潜力意识非常重要，我们要通过多种渠道，努力挖掘各种潜力，不断提高企业的经济效益和社会效益。

潜力意识还包括：企业不仅要合理满足宾客的显性需求，也要注意发现宾客的潜在需求。宾客的潜在需求，很可能就是后勤服务业新的经济增长点。甚至有行家认为，客人的需求，10%是显性需求，90%是隐性需求。当然，客人的需求不可能都能得到满足，但关键是对客人需求的态度，是否能做到尽心尽力、尽善尽美。后勤服务业的竞争，从某种角度来看就是对客户合理需求满足程度的竞争。

六、良性循环意识

后勤服务业是企业，必须做到良性循环才能做大做强。老子有一个著名的思想叫"无为而治"，马克思的再生产理论也要求商品生产必须实现良性循环，经济学有一个新名词，叫做"循环经济"。良性循环意识包括后勤企业经营的良性循环和后勤企业与社会的良性循环。后勤企业良性循环就是实现后勤企业产品顺利销售出去，后勤企业各部门密切配合，后勤企业经营至少不亏本并且利润逐年上升，企业员工稳定性好、工作积极性高并且综合素质逐步提升。我们看到，现实的后勤企业有的生存比较艰难。有的经济效益虽然可以但员工的流失率很高甚至恶性劳动纠纷频发。有的尽管经济效益好但是成了公安部门的重点监控对象甚至被停业整顿。在人才方面，因后勤企业经济效益不好，无法实现人才对合理报酬的愿望，造成人才的流失，而人才的流失又加剧了企业的经营困难，从而导致恶性循环……另外，后勤服务业有不少被称为"好客工业"、"无烟工业"，但这些企业所产生的"废物"必须与社会实现良性循环，故树立环保意识、低碳意识和绿色经济意识很重要。

七、高附加值意识

附加值就是产品在原有价值的基础上,通过有效劳动新创造的价值,是投入产出比较低的产品,其技术含量、文化价值等,比一般产品要高出很多,高附加值产品主要通过工艺、技术、服务、品牌等手段使产品得到较大增值。转型升级就是追求更高的高附加值。比如广东肇庆的端砚,在未加工之前,它只是一块石头,但加工成普通端砚后,它可以用于磨墨汁写毛笔字,但如果把它雕刻成具有文化含义的艺术作品,它就不仅仅有使用价值,而且还有欣赏价值甚至收藏价值,其价值就增加了很多倍。当今时代,写毛笔字的人已经是少了很多了,但为什么端砚的生意还是那么红火?我看看很多客人是冲着它的收藏价值来的。我们是否应该从中得到一点启迪。后勤服务业要健康发展,要大幅度提高利润率,一定要走以智取胜之路,一定要走事半功倍之路,一定要走高附加值之路。

走高附加值道路的途径很多,如提高物业、酒店等行业的机械化、自动化水平,不断研发后勤服务的新产品,不断提高后勤服务产品的文化价值等。如月饼是很常见的食品,也有很多品种,但中山大学学生第一饭堂将校徽、校训与月饼结合起来,就明显提高了其文化价值,也很受客户欢迎。

紧跟现代科技发展新潮流,尽可能早日采用现代科学技术,是后勤创新的广阔天地。如有专家预测,互联网和机器人革命有望成为第三次工业革命的一个切入点和重要增长点,中国将成为全球最大的机器人市场。人工智能机器人迅猛发展,家政服务机器人已经成为现实。我们要看到这些发展趋势,并及早谋划,争取主动。

八、比较优势意识

比较优势原是一个经济学和国际贸易名词,指如果一个国家在本国生产一种产品的机会成本(用其他产品来衡量)低于在其他国家生产该产品的机会成本的话,则这个国家在生产该种产品上就拥有比较优势。后将其含义引进到后勤社会化改革中来,如果自办后勤与社会优质服务资源相比较,自办后勤具有比较优势,则选择自办后勤,否则就选择"购买"社会优质服务资源。"比较"是全面比较,不仅比较经济,也比较安全、稳定等因素。

比较优势对后勤企业的发展也有重要意义。由于有些单位特别是规模较大的单位,在长期自办后勤的过程中已经形成了一定的技术优势和管理优势,将这些优势进一步完善就在社会上形成一定的比较优势,这些比较优势如果企业化发展,不仅为本单位服务,而且为社会服务,将很容易产生更大的经济效益。如果没有这些比较优势,就不一定选择企业化发展,后勤企业的发展一定要扬长避短。

价值工程在后勤的运用也有广阔的前景。"一线"需要后勤服务和管理这个功能,但也会考虑后勤成本的问题。一定会采用功能满足而成本最低的方式。

第八章　努力成为创新型后勤人才

九、技术立后勤意识

技术是人类为了满足自身的需求和愿望，遵循自然规律，在长期利用和改造自然的过程中所积累起来的知识、经验、技巧和手段，是人类利用自然改造自然的方法、技能和手段的总和。

西方国家的工农业生产，用人少、效率高，他们更多的是靠先进机械、靠自动化和先进的管理。技术立国是一些国家的基本国策。

要建设现代后勤，不能靠人海战术，而必须走技术立后勤的道路。

尽管我国人口多，但这不能成为我们满足于搞人海战术的理由。由于主要靠人力，我们才会遇到"用工荒"的问题；由于主要靠人力，利润率才难以提高。主要通过技术创新、管理创新努力追求更高的服务效率和工作效率，应该成为后勤每个员工的基本理念之一。

高校后勤社会化改革以来，许多高校的后勤走企业化发展道路，有的成功有的不成功。不成功有很多原因，但缺乏技术特别是缺乏核心技术从而缺乏竞争力是重要原因甚至是主要原因。一些餐厅引进了一二个名厨师就扭亏为盈了，企业的生存和发展就是靠产品能满足社会需求，如果产品没有技术含量，没有竞争力，是无法在市场经济中站稳脚跟的。

高校的后勤市场本来是很庞大并且很稳定的，但其服务一定要高质量、高水平才能占有一定份额，而高质量的背后一定是高技术、优管理。

要实现技术立后勤的发展战略，一定要对员工的学历和技能有一个基本要求，一定要形成尊重劳动、尊重知识、尊重技术、尊重创造的良好氛围，一定要重视搞研发并有相应的激励政策。我们一定要按照不断提高工作效率和工作效益的要求，不断应用和开发各种后勤新技术。

今天，不仅互联网和微信已经被广泛应用，而且"大数据"、"3D打印"、"智能化"、"机器人"等也已经登上历史舞台，后勤也要紧跟时代步伐，紧跟科学技术发展的潮流。不断提高后勤服务的科技含量、文化含量，使更多的后勤服务由低端走向中高端（如降低人工成本，提高机械化、信息化水平），从而也更好地提高后勤企业的收入水平和利润水平。

第五节　走特色发展之路

走特色发展之路，就是走创新之路，以特色取胜。通过重视研发、参与研发，不断提高技术含量，走高端服务业之路。并在这过程中让自己成长得更快更好。

后勤服务业最重要的指标就是服务指标和经济指标。服务指标就是客人的满意度，经济指标就是总收入和总利润。如何在竞争对手如云的条件下不断提高经济效益和社会效益？关键之一就是以特色吸引顾客。

特色就是与众不同、独辟蹊径，特色就是"眼球经济"的主要内容。"人无我有，人有我优，人优我精，人精我转"。我国的许多后勤服务业（如物业、餐饮等）是低端的、一般的过多，高端的、有特色的、能更好满足客户需求的仍偏少。如7天连锁酒店是一种把信息技术应用到酒店并千方百计压缩成本为重要特色的酒店。我们只有以一定范围的客户需求作为我们的特色之本并以特色立足，后勤服务业才能"任凭风浪起，稳坐钓鱼台"。

后勤服务创新的范围很广，不同的组合也是创新，如中餐和西餐的组合，客房与主题文化的组合，基本物业与延伸物业的组合，酒店上游产品和下游产品的组合等。其中上游产品是客户为什么要到酒店（如会议、展览、休闲等）消费，下游产品是客房、餐饮等。甚至有的产品与国际化结合起来、与文化结合起来也是一种创新，如荷兰风车、土耳其鱼疗池、巴厘风情池等。

其他行业的创新对酒店发展也应该有所启迪。如和平时期军工企业产品转民用产品；我国不少电影院曾有一段时期也是经营很困难，后来他们进行了改革，如将大影院调整为中影院或小影院，服务水平也有明显提高，从而赢得了很多观众，使影院的票房收入有了大幅度提高。而政府机关、高校、科研院所等系统，可建立一支自己最基本的后勤管理和服务队伍，掌握着核心后勤，其他后勤可尽可能利用社会的优质服务资源。一旦社会出现了较大的不稳定局面，后勤也可以从容应对。

第六节　走品牌发展之路

努力实现中国产品向中国品牌的转变，是经济发展新常态的重要内容。走品牌发展之路也是走创新之路。

品牌（Brand）是质量被消费者认可、给拥有者带来效益、受法律保护的一种无形资产，是难以替代、难以模仿、稀缺的、能给企业带来竞争优势的专用性资源和能力。他的载体是用以和其他竞争者的产品或劳务相区分的名称、术语、象征、记号或者设计及其组合。品牌是品质优异的核心体现。如中国的"海尔"、"格力"、"广之旅"、"御温泉"和美国的"麦当劳"等。广义的品牌不仅指优秀企业产品，也指各行各业的佼佼者，如北京大学等是名牌高校等。

与品牌紧密联系的有品牌名、品牌标志、品牌角色和商标等概念。

品牌具有很多特点，如品牌是专有的品牌，具有排他性；品牌是企业的无形资源，品牌拥有者可以凭借品牌的优势不断获取利益，可以利用品牌的市场开拓力不断扩张；品牌转化具有一定的风险及不确定性。

品牌的种类很多，如根据品牌知名度的辐射区域划分，可以将品牌分为地区品牌、国内品牌和国际品牌；根据品牌产品生产经营的不同环节划分，可以将品牌分为制造商品牌（如"奔驰"）和经营商品牌（如"王府井"）等。

品牌对企业发展的作用很大，品牌是企业有力的竞争武器，是企业争取更好经济效益的必由之路，品牌产品的价格均比一般产品的价格高出很多（如海尔家电，其价格一般比同等产品高；耐克运动鞋，比同等的李宁运动鞋等高出几百元）或价格基本不变但实际成本降低很多。企业要发展，关键是其产品要得到消费者的认可。品牌不仅是产品或企业核心价值的体现，质量和信誉的保证，更重要的是，品牌是消费者识别商品的分辨器。品牌的首要功能是在于可以方便消费者进行产品选择，缩短消费者的购买决策过程。选择知名的品牌，对于消费者而言无疑是一种省事、可靠又减少风险的方法。

由于品牌的重要性和内容广泛，甚至已经形成了专门的研究领域——品牌学。

我国后勤服务业要更好的发展，一定要走品牌发展之路。世界著名的洲际酒店、半岛酒店、希尔顿酒店等酒店集团也都是先有了品牌，再复制并集团化、国际化发展。他们不仅有单个品牌，而且是多元化品牌。品牌企业的创办之路，就是附加值高的企业发展之路，也是企业创新之路和企业人才的成长之路。

后勤企业如何向品牌进军？

一、思想上重视

后勤就是服务，后勤企业必须以服务求生存，但这还远远不够。今天我们必须更新这个观念，即我们只有树立了"以品牌服务求生存"、"以创新求发展"，后勤企业的发展才能稳固和持久，才能真正有竞争力。"企业是船，品牌是帆"，作为后勤企业，也只有具备品牌产品才能做强做大。我们要坚决破除"品牌高不可攀"等思想障碍，敢于向品牌进军，敢于向品牌挑战。

二、组织上落实

品牌服务的背后是人才。这些人才需要有一定的文化基础，但更需要安心后勤服务、热爱后勤企业、专心后勤事业以及具有强烈的品牌意识和创新意识。

要向品牌进军并争取早日有所突破，一定要加强领导，善于组织，选准主攻方向。我们要发扬"两弹一星"的精神，并让其在后勤服务业发扬光大。

三、重视学习和科学研究

任何品牌都要通过学习和研究、通过自主创新才可以实现。

（1）后勤是一门专业，一门学科，它的面很广，既有服务，也有管理和经营。要创服务品牌，一定要把学习放在很重要的位置上。要通过学习和培训让大家都树立品牌意识等。学习不仅要学习本行业的服务的标准化、规范化，而且要了解国内外本行业最先进的品牌情况。如酒店管理要学习锦江连锁酒店、假日酒店、希尔顿酒店和喜来登酒店等。

（2）要结合实际，科学定位，确定创品牌的主攻目标。

现代服务业就是高科技的服务业，由于后勤服务业的服务对象不同，应该在应用高科技方面走在服务业的前列。但创立后勤服务品牌要遵循"一切从实际出发"、"有所为有所不为"、"扬长避短"和"避实就虚"等原则，一定要很好考虑市场的需求和自己的长处短处，早日确定好创品牌的主攻目标，而不能面面俱到。

（3）目标确定之后，围绕这个目标努力开展研究和攻关。任何自主知识产权和核心技术的产生，任何品牌的产生都是思考的结果，独创的结果。格力空调企业依靠其研究院产生了众多的核心技术，这是他们能成为世界名牌的主要原因。

四、长期专心致志、坚持不懈

后勤服务品牌是通过长期的正确决策与优秀员工的服务培育出来的。一个品牌的成功需要一定时间的积累，有的品牌甚至已经有几十年上百年的积累，如"希尔顿"公司。我们不能因为品牌需要一定时间的积累和创新就望而却步。"汉庭"等连锁酒店在全国不是最早的酒店集团，但他们可以通过创新捷足先登成为名牌，关键是要敢于去创。而后勤服务业要早日形成品牌，一定要早起步、早创新才能早日有所突破。

案例一

价值工程

价值工程也称价值分析，是研究如何以最低的寿命周期成本，可靠地实现对象（产品、作业或服务等）的必要功能，而致力于功能分析的一种有组织的技术经济思想方法和管理技术。不论是新产品设计，还是老产品改进都离不开技术和经济的组合，价值工程正是抓住了这一关键，在使产品的功能达到最佳状态下，使产品的结构更合理，从而提高企业经济效益。

价值工程发展历史上的第一件事情是美国通用电器（GE）公司的石棉事件，第二次世界大战期间，美国市场原材料供应十分紧张，GE急需石棉板，但该产品的货源不稳定，价格昂贵，时任GE工程师的Miles开始针对这一问题研究材料代用问题，通过对公司使用石棉板的功能进行分析，发现其用途是铺设在给产品喷漆的车间地板上，以避免涂料沾污地板引起火灾，后来，Miles在市场上找到一种防火纸，这种纸同样可以起到以上作用，并且成本低，容易买到，取得很好的经济效益，这是最早的价值工程应用案例。

通过这个改善，Miles将其推广到企业其他的地方，对产品的功能、费用与价值进行深入的系统研究，提出了功能分析、功能定义、功能评价以及如何区分必要和不必要功能并消除后者的方法，最后形成了以最小成本提供必要功能，获得较大价值的科学方法，1947年研究成果以"价值分析"发表。

美国通用电气公司工程师 L. D. 迈尔斯在第二次世界大战后首先提出了购买的不是产品本身而是产品功能的概念，实现了同功能的不同材料之间的代用，进而发展成在保证产品功能前提下降低成本的技术经济分析方法。1947年他发表了《价值分析》一书，标志这门学科的正式诞生。

1954年，美国海军应用了这一方法，并改称为价值工程。由于它是节约资源、提高效用、降低成本的有效方法，因而引起了世界各国的普遍重视，50年代日本和联邦德国学习和引进了这一方法。1965年前后，日本开始广泛应用。中国于1979年引进，现已在机械、电气、化工、纺织、建材、冶金、物资等多种行业中应用。

以后，价值工程在工程设计和施工、产品研究开发、工业生产、企业管理等方面取得了长足的发展，产生了巨大的经济效益和社会效益。世界各国先后引起和应用推广，开展培训、教学和研究。价值工程也是一种提高后勤服务价值的重要的创造性活动。

案例二

品牌立国

丹麦人口只有500多万，是资源稀缺的小国，但它主要靠品牌而成为世界上最发达的国家之一。特别是其制造业历史悠久，高度发达，不仅世界品牌众多，"丹麦制造"更以独特设计和精湛品质闻名于世。标上"丹麦制造"的产品，在全球市场价值可平均提高30%；丹麦出口商品中50%为高档品牌。

丹麦品牌之所以在世界上占有一席之地而长盛不衰，众多享有国际盛誉的设计大师功不可没。如汉斯·维纳是丹麦最知名、影响力最大的设计师之一，"全世界最美丽的椅子"正是出自他手。

在激烈的市场竞争中，丹麦人比较喜欢采用独特的"利基战略"，即专注于某一个小而特别的领域，生产出优质产品——要么不做，要做就做到世界最好。

近年来，越来越多的丹麦制造企业，开始把生产转移到国外，从"丹麦制造"转向"丹麦设计，他国制造"，并迅速向"丹麦创造"转型。

未来丹麦将把品牌发展重点放在加强教育和产业之间的联系上，努力加强人力资源教育和提高人力资源质量。他们认为，只有不断创新，才能永远领先一步，才能保持优质品牌的竞争优势。

在发展教育方面，丹麦政府不遗余力。对于职业教育和终身教育也极为重视，对在职员工的再教育投入了巨大人力和财力，包括产业工人在内的丹麦员工受教育比例和程度都很高。

第九章 后勤人才宏观管理

各行各业从事后勤工作的队伍是一支数量可观的队伍。而社会服务业队伍更是一支庞大的产业大军。

后勤主要分为服务、管理和经营。从事后勤管理的人员每个单位都有，从事国家财政拨款的后勤服务人员在相当部分单位都还有，但人员规模已逐步减少。后勤社会化改革以后从事后勤经营的非国家财政拨款人员则明显增加。

后勤人才指各行各业从事后勤工作的人才和社会服务业为各行各业提供优质后勤服务的人才。他们是后勤队伍和社会服务业队伍的骨干和精英。也是国家人才队伍的重要组成部分。

宏观后勤人才管理就是国家和各省市主管部门根据国家人才强国战略有效实施的总体要求，结合后勤的实际，从后勤人才发展战略的制定、后勤各类人才需求的调查和预测、后勤服务业人才市场的建立和健全、后勤人才的培养和开发、党管人才等方面所做出的宏观决策、调控和管理，并营造良好的后勤人才成长环境，以满足后勤发展对人才的需求。

第一节 后勤服务业发展与各行各业发展要协调

后勤的重要性很明显，关键是真正提高认识并切实采取有效措施。

社会离不开餐饮、酒店、环境卫生、公共交通、物业管理、水电气管理这些基本的服务业，各行各业内部也离不开后勤服务和保障。我们称这两者之和为后勤服务业。只要后勤服务业运转不正常，单位或社会就有可能出乱子甚至瘫痪。仅是一个城市排水问题，2010年5月的一次特大暴雨，就使广州市上千辆小轿车被淹，相当部分车辆因无法修复而报废，从而造成重大损失。也仅仅是一个城市的排水问题，2012年7月北京市的一次特大暴雨就使几十人丧生。至于餐饮、酒店、环卫等，也不同程度存在着这样那样的问题。仓库、酒店的火灾几乎每年都发生，有些重大事故发生的直接原因是后勤人员问题。许多事例都说明了，我国后勤服务业的发展与各行各业发展不协调的状况还比较突出。

我国后勤服务业发展要与各行各业发展相协调，包括：

（1）社会服务业发展的规模要与当地经济社会发展相协调。

(2) 社会服务业内部的发展规模和结构要适应当地社会需求，多种档次的服务价格也要适应当地消费水平。

(3) 发展规模要与服务水平的提高相协调。

另外，餐饮、酒店、物业等服务业，还是一个容易波动的行业。不仅平时有淡季和旺季，如果遇到政治、经济、卫生等不稳定因素，会造成或大或小的损失。这些都很需要国家主管部门的宏观调控和指导。

第二节　后勤服务业发展与人才发展要协调

我国后勤服务业所存在的问题，关键还是人才。由于我国现代服务业起步较晚，发展却很迅速，人才储备明显不足。我国后勤服务业的经营者，很多都是半路出家，边干边学，没有接受过系统的后勤专业训练。我国各大中专学校所培养的后勤管理和服务专业的人才，也有一个成长过程。同时，由于受传统观念的影响，部分服务专业（餐饮、酒店等）的大中专毕业生并不安心服务行业工作，转行时有所闻。尽管这几年大学毕业生就业难的问题日趋突出，但后勤服务业所需要的还是以高技能人才为主，故缺人才的现象并没有明显的改观。大中专所培养的人才，从总量上来看也跟不上后勤服务业发展的速度。由于人才比较缺乏特别是高层次、高技能的人才比较缺乏，故后勤服务业之间相互挖人才的现象也不少见。后勤服务业人才的总供给与总需求之间还很不平衡。

大力培养后勤管理和服务的专业人才，早日满足后勤服务业快速发展对人才的需求，是宏观调控的重要任务之一。要更多的培养后勤服务业人才，必须采取有力措施，多管齐下：

(1) 对后勤要有一个正确的认识。不能认为后勤社会化改革就可以解决后勤的所有问题。各行各业都离不开后勤，都需要有一支基本的、可靠的和高水平的后勤服务和管理队伍。对待后勤不能讲起来重要，做起来不重要，或者出了问题就感到重要，不出问题就不重要。在一些单位，待遇最低的往往是一些后勤员工，生活条件最差的往往又是一些后勤员工。一些全国性的权威后勤刊物却是没有刊号的。这样的状况，很难让后勤工作者特别是后勤普通员工树立起工作的光荣感和责任感，也十分不利于后勤队伍建设。

(2) 要加强后勤的人力资源管理工作。要对政府机关、高校、科研院所等重要系统的后勤队伍现状进行一次全面深入的调查，如高校系统早已呼吁后勤队伍是"青黄不接，人才匮乏"。一些省份的机关后勤也有类似的情况。

(3) 后勤不仅有经济性，更有政治性。从某种意义上来说，他们是在为党和政府的形象而工作。不少后勤优秀干部是服从组织需要去后勤工作的，并且一干就干好几年甚至干一辈子。组织上要特别关心这些人的成长和切身利益，并制定一定的鼓励和倾斜政策，让他们不仅从思想上而且从切身体会上感到干后勤是很光荣的，而绝对不能造成"让雷锋吃亏"的氛围。特别是对于积极推进后勤社会化改革、勇于走企业化发展道路的先进后勤工作者，更要给予充分的鼓励。他们是在为单位创造财富，为国家节约经费。

（4）后勤工作者要早日走上专业化、正规化。对政府机关、高校、科研院所等重要行业或单位的后勤服务部门，不管是自办后勤的还是引进社会优质服务资源的，对其管理人员队伍和员工队伍的学历和资质要有基本的"硬件"要求，如管理人员的学历要达到大专以上，普通员工的学历要达到高中毕业或职业学校毕业以上，拥有"双证"要达到一定的比例，并经常检查落实。有这个要求和没这个要求，其结果是大不一样。高校教师队伍对学历的要求，不少高校十几年前就要求是博士毕业，狠抓了几年，情况就大不一样了。但我们不能要求对高校教师是博士毕业，但对高校后勤工作者的学历要求却很低，这如何体现"车之两轮"的重要性，如何适应建设现代后勤的需要？

上海早已在全国率先实行了"后勤管理师"制度，上海市政府还专门成立了上海后勤人才交流中心，足见上海对后勤人才的高度重视。

（5）现在有文化的人越来越多，但安心平凡工作，特别是愿意从事后勤等服务工作的人却没有同步增长，这是职业导向所出现的偏差问题，也是落后的传统观念带来的负面作用，需要政府给予宏观调控。我们要继续大力弘扬"工作无贵贱，行业无尊卑"的职业观，既根据市场需求也根据组织需求去选择行业和职业。后勤服务业本身就是一个有着巨大市场需求、发展前景很好的行业。

（6）大力培养高技能人才。目前，社会对高技能人才的需求仍然很大，现有的大学、职业技术学院和中专学校，有条件的要设置后勤管理和服务专业，如一些旅游学院和旅游学校设置的酒店管理专业。这些学校的毕业生，希望早日成为众多后勤服务业未来员工和管理人员的主要来源。有些企业甚至可以与有关学校合作进行合同定向培养。学历教育要把培养学生树立正确的前途观、价值观、职业观放在重要位置上，让学生从小树立远大理想，热爱专业、专注后勤服务业并立志为其奋斗终生。有关职业技术学院和中专学校等要采取有力措施解决好生源不足等实际问题。

（7）后勤也要面向现代化、面向世界。要鼓励更多的年轻人出国留学，特别是到有关后勤学科比较先进的国家留学，学成后尽量回国服务。

（8）我国人才发展的指导方针是："服务发展、人才优先、以用为本、创新机制、高端引领、整体开发"，后勤人才也要高端引领，即重点培养高层次人才和主干人才。要切实办好后勤院校，进一步完善后勤人才培养体系。

（9）后勤企业要适当吸收一批在校实习生。到后勤企业实习是学校培养后勤服务业专业人才的重要环节，不仅后勤企业应该热情支持和配合，而且在校实习生也是后勤服务业员工队伍的重要来源。尽管这些特殊员工是过渡性的，但由于他们有专业知识、年轻、肯干好学、用工成本低，部分实习生甚至将来会选择留在后勤企业，这些对于后勤企业来说都是有好处的。但由于他们不稳定，同时是学徒性质的，故人数比例要适当控制。

（10）加强在职培训。加强对在职员工的培训是有效解决后勤服务业人才不足的有效途径。企业教育化也是优秀企业的经验，即企业很需要人才，人才的培养不仅仅是学校的责任，企业也有培养人才的责任。只要坚持不懈地抓培训，坚持不懈地培养人才，后勤服务业的人才才能源源不断。国家有关主管部门要制定有关政策，规定至少后勤服务业总经理和各业务部经理都要持证上岗。不仅要有职业资格证，还最好也有专业技术证书。解放军后勤学院不仅为军内培养了许多后勤人才，也为地方培养了许多后勤人才；中山大学旅游学院开设了香格里拉酒店管理培训班多年；扬州商学院、广州市商务旅游学校等也坚持开设了餐饮专业许多年并形成了品牌，这些形式都很有利于后勤服务业在职人员的专业化和学历层次的提高。

（11）后勤工作者本身也有许多"后勤"问题，最突出的问题之一就是员工住宿问题。由于环卫、餐饮、保安等后勤员工的工作特点，他们必须要住在离工作岗位不远的地方，否则很影响工作。无论是自办后勤还是引进社会优质服务资源，这方面的要求都是一样的。故政府和各系统各单位必须将解决后勤员工的住宿问题作为一个很重要的问题来对待，并在政策上给予积极扶持，租金上给予最大的优惠。

党和政府高度重视职业教育问题。2014年6月，党和政府又召开了第三次全国职业教育工作会议，国务院颁发了《国务院关于加快发展现代职业教育的决定》，政府主管部门制定了"现代职业教育体系建设规划（2014—2020年）"，并提出了构建劳动者终身职业培训体系、基本消除劳动者无技能从业现象、不断创新具有中国特色的技能人才培养模式和崇尚一技之长的社会风气等重要思想和有效措施。这些措施只要能认真落实，后勤队伍素质将明显提高。

第三节 继续深化后勤社会化改革和推动现代服务业的更快发展

后勤社会化改革是一件大事、好事，但也是一件难事。尽管后勤社会化改革取得了巨大成绩，但仍存在许多不容忽视的问题，从全国范围来看，主要有：

（1）后勤服务体制还没有完全走出"单位制"、"小而全"的传统体制模式，旧的体制模式还没有完全突破。

（2）后勤服务机制还没有完全形成具有生机和活力的运行机制，行政化色彩还比较浓，许多后勤服务企业很难成为一个真正的企业。

（3）后勤服务方式还没有完全走出封闭型、自我服务型，后勤服务市场化、社会化程度还不高。

（4）后勤服务管理还缺乏创新意识，科学化、现代化管理水平还不高。

（5）后勤服务自我发展能力还不强，后勤服务社会化的经济基础还比较脆弱。

按照实事求是的原则，对于后勤社会化改革中所存在的问题要具体分析，有些是改革不深入、不彻底引起的，有些确实是经过实践检验原来的一些设想不科学所引起的。如对于高校发展来说，首先要确定后勤的范围，后勤有公务后勤、技术后勤和生活后勤之分，也有核心后勤和非核心后勤之分同时，我们不是为后勤社会化而社会化，高校后勤社会化只是一种为高校发展提供更好后勤服务的手段和途径，目的是更好促进高校事业的发展。而且其实际效果应以高校是否更满意作为衡量标准。充分利用社会优质服务资源为高校服务很正确，但完全否定自办后勤的作用也不妥。对于非核心后勤，放开市场引进社会优质资源没疑问，但也要看服务价格和可靠性。而对于核心后勤，就要慎重了。军队就不可能完全后勤社会化，一些机关、高校和企业也不可能完全后勤社会化，特别是一些规模较大的单位，单位内保持一定规模的后勤保障队伍还是必需的，至少在社会主义初级阶段是这样。

为了进一步推动后勤社会化改革，促进后勤服务业更快发展，笔者建议：

（1）正确总结新中国成立以来各个时期后勤发展的经验教训，扬之精华弃之糟粕，继续发扬好的传统和作风。

（2）政府要继续大力推动包括后勤社会化改革在内的全面改革，并明确后勤社会化改革的一些基本原则，如中国教育后勤协会提出的高校后勤社会化改革的原则是：

1）高校后勤改革必须强调学校对后勤领域的主导权和可控性。

2）高校后勤改革必须重视后勤实体建设，培育合格的准市场主体。

3）高校后勤改革必须重视后勤队伍建设，保障后勤干部员工的地位和价值。

4）高校后勤改革必须坚持"以学生为本"的工作理念。

5）高校后勤改革必须遵循渐进性原则，把握好改革目标、路径和节奏的关系。

6）高校后勤改革必须建立既适应市场机制，又体现教育公益性的后勤服务价格形成机制，创新后勤投入机制。

（3）一些系统或单位后勤社会化改革不能深入，其原因是什么药深入调查研究，找出原因所在并切实解决。

（4）大力推动第三产业的发展。

随着我国后勤社会化改革的不断深入和第三产业的更快发展，各行各业通过"购买"社会优质后勤服务资源的比例将继续不断提高，自然自办后勤的比例进一步降低。政府应该继续推动后勤社会化改革，并切实解决好后勤社会化过程中出现的许多实际问题。同时，要继续推动社会服务业的更快发展，这两者是相辅相成的。但积极推动后勤社会化改革不能成为放松后勤队伍建设的理由。

第四节　加强对后勤人才的宏观管理

　　加强对后勤人才的宏观管理，包括对后勤人才的流动管理和开发管理。
　　后勤服务业是一个员工流动率较高的行业（有的高达30%甚至更高），自然后勤人才的流动率也比较高，这是影响后勤服务业发展和后勤人才成长的一个突出问题。要有效解决好这个问题，社会必须引导后勤人才加强科学管理和有序流动。
　　（1）树立科学的人才流动观。所谓科学的人才流动，就是使人才流动要合理和有序。社会要引导人才流动不仅要考虑个人利益，也要兼顾企业利益和国家利益。各级政府要通过思想教育、政策引导特别是福利待遇等措施，引导人才向更合理更需要的地方流动。如对环卫等特殊行业，政府应通过实行更好的工资待遇去引导人才流动。
　　（2）不断完善服务业人才市场。人才市场是人才自愿进行劳动力使用权转让给购买者的现实和虚拟的场所。人才市场是劳动力市场的一个重要组成部分，人才市场具有合理配置人才资源、满足人才价值追求、实现供求基本平衡等作用。人才市场的发展趋势是现代化、规范化和服务型。但目前我国许多地区的人才市场仍有待进一步的规范。不少后勤服务业仍很难从人才市场上招聘到比较合适的人才。
　　（3）人才流动的档案管理。现在人才市场上招聘的应聘者，相当部分是没有档案的，用人单位只能从应聘者填写的简历中去了解应聘者，无法更真实、更准确地从应聘者的档案中去了解应聘者，容易产生用人失误。
　　（4）进一步完善招投标制度。需方通过招投标选择更合适的服务业，供方通过招投标找到更好的项目，这是当前社会许多行业的普遍做法。但有些招投标项目在一定的资质条件下往往就是价格竞争。如一些物业管理项目，招投标所竞争的价格如果是规范操作（如工资水平不低于当地最低工资标准并参加社会保险、医疗保险等）是很难维持的，但一些物业管理公司为了能争取中标，也就尽量压价了。这样的招投标方式，对需方固然感到节约了经费，但实际上并不真正有利于服务业的队伍建设和持续发展。物业管理在许多地方仍然是劳动密集型的，物业管理费大部分是人头费。物业管理费偏低绝对不利用提高队伍素质和提高行业吸引力。我们看到，一些物业公司的员工不少是年龄偏大的和文化水平偏低的，这种现象的背后是人工成本问题。
　　（5）建立诚信的人才流动制度。当前人才争夺导致的"我培他用"，为他人做"嫁衣裳"的事例很多，导致这一现象的深层原因就是经济社会中诚信缺失严重。没有诚信，一切公平公正交易行为就没有了基础，一个人没有诚信就不会坚守自己所做的承诺，更不会信守甚至履行人与人之间的契约。因此，对流动人才加强诚信教育，有助于构建合理有序的人才流动新机制，改善人才资源管理和开发。在澳大利亚等西方国家，很多人真正做到了"勿以恶小而为之"，其中之一就是他们有严格的奖惩制度。每个公民的身份证号码就是税务号码,也是诚信记录号码,如果驾车者不按规定停车,一经发现,将给予重罚。一经处罚将终身有"污点",而有污点的公民在许多方面都会受到限制。这样的体制让公民们的诚信度很高。

(6) 要让后勤人才看到奔头并努力上进。在后勤战线工作的员工,不少都是生活在社会最底层的劳动者,对于许多人来说,为"合理待遇"而奋斗是其基本的工作动力之一,待遇也是生活保障和人生价值的体现之一。西方国家如澳大利亚等,他们的垃圾清运工不需要什么思想政治工作就有不少人愿意干,其基本原因是这类工种的薪酬待遇都比很多行业要高。社会上曾出现千军万马参加公务员的考试,为什么?重要原因之一是公务员待遇比较稳定。但我们知道,国家鼓励更多的人走向企业,而企业待遇是随着岗位、工龄、学历、职称、效益的不同而不同。要为后勤服务业人才的发展设立"进步的阶梯",除了领班、主管、经理、总监、总经理这些阶梯之外,还要设立初、中、高级酒店管理师,初、中、高级餐厅服务技师等"阶梯"并与相应的待遇挂钩。对于后勤服务业来说,大量需要的是高技能人才,这些必须通过政策去引导。后勤服务业人才的待遇,应该尽量争取始终处于社会行业的中上水平。如果员工切切实实看到后勤服务业发展的前途,他们是不会随便流动的。

在后勤服务业,有不少年轻人特别是从农村出来的年轻人,他们处在人生最美好的时期,他们渴望掌握更多的知识和技能,渴望自己有一个更美好的人生,我们要热情关心他们,积极引导他们,并通过积极组织各类培训、文体等活动和职业技能大赛等途径来进一步培养他们,让他们的美好青春能为后勤事业作出更大贡献。中山大学后勤集团团委于2014年6月举行了一次别开生面的"微笑服务大赛",很多年轻员工踊跃参加,通过这个活动不仅提高了服务水平和技能,而且也发现了一些青年人才,并受到了社会专业部门的好评。

图为"微笑服务大赛"一等奖获得者、中山大学杏林阁餐厅楼面
主任李婷在才艺表演中的英姿

我国后勤服务业人才的培养，光靠大中专学校是远远不够的，必须多管齐下，建立社会的后勤服务业人才培养基地，如酒店人才培养基地、物业管理人才培养基地等。

大力加强高技能人才队伍建设是党和政府的一贯方针。我国体育运动员能在世界体坛上取得优异成绩，很大程度上归功于我国体育人才的培养体系，经常举办各层次、各系统的运动会（如省级运动会、农民运动会、羽毛球锦标赛等），是其中的重要形式之一。对于后勤服务业来说，技师技工都是一支很重要的队伍。这支队伍一定要经常训练、经常比赛才能提高。后勤服务业也应该积极组织多层次、多工种的职业技能大赛。并以国际标准作为比赛标准。其比赛成绩要与待遇挂钩。

由教育部主办的全国职业院校技能大赛每年举行一次

第五节　充分发挥行业协会的作用

行业协会是政府联系有关行业的纽带和桥梁（如酒店行业协会、教育后勤协会等），协会的宗旨是遵守国家的宪法、法律、法规和有关政策，遵守社会道德风尚，维护市场秩序和公平竞争，代表和维护所在地区行业的共同利益，维护会员的合法权益，在政府有关部门的指导下，为会员服务，为行业服务，在政府与会员之间发挥桥梁和纽带作用，为后勤服务业的健康发展做出积极贡献。政府应该重视抓好当地有关行业协会的工作，进一步充实力量、健全机构，在指导他们工作的同时，了解他们在工作的困难并及时帮助他们解决有关困难。

行业协会应该也是后勤人才社会承认的主要部门和宏观指导当地后勤服务业科学发展的主要部门。以中外酒店论坛和中国旅游饭店业协会共同创建的"中外酒店白金奖"，就是承认为酒店业做出突出贡献的酒店高级人才的一种好形式。由酒店行业协会组织的"酒店职业经理人"执业资格考试,也是提高酒店职业化、专业化水平的一种好措施。持证上岗在许多行业都早已实行,在后勤服务业更不应该落后。

后勤服务业落实党管人才的工作要求,除了本单位后勤人才由本单位负责管理之外,相当部分是通过行业协会去落实的。要充分发挥行业协会在后勤人才发展中的重要作用。比如,组织调查了解各后勤服务业的人才状况、人才结构和人才需求,在政治上、工作上、生活上多关心后勤人才的成长,要统一组织对后勤人才和所有员工的培训,统一组织对后勤专业人才职称的评定,引导更多的青年员工热爱后勤、终身为后勤业服务。要充分发挥后勤各类人才的作用,努力减少用非所学的现象,对一些经营比较好的后勤企业及时总结他们的经验,对一些亏损的后勤企业,可组织专家对其进行诊脉,提出改善经营的意见,帮助他们早日扭亏为盈等。要充分发挥高层次人才的作用。只要有决心有措施,中国的后勤服务业一定可以在不远的将来,赶上和超过世界服务业的先进水平。

除了协会之外,工会组织也很重要。许多技能大赛都是由省市工会统一组织的。

上述这些工作需要党和政府的关心和高度重视,充分发挥党管人才的重要作用。

第六节 高度重视后勤队伍建设和后勤研究

建设现代后勤,后勤人才和队伍建设是根本,无论是后勤企业发展,还是引进社会优质服务资源,在这个问题上是一样的。而当前这方面的问题仍然相当突出。要制定后勤人才发展战略,人才发展战略包括后勤人才的现状是什么,有什么紧缺人才和急需人才,未来若干年内后勤人才要达到什么水平才能适应建设现代后勤的要求,要达到这个目标必须采取什么措施,等等。

军队是很重视后勤军事训练,并把其看成是提高后勤战斗力和后勤保障力的根本途径,是培养后勤人才的关键环节。他们认为,后勤人才培养是军队后勤现代化建设中的重中之重。各行各业都应该向军队学习,高度重视后勤,高度重视后勤人才建设。

职业教育对于后勤员工建设具有战略地位。许多一线服务人员的学历要求不一定很高,但职业资格证书是必需的。人力资源管理部门要对各类后勤工作者有一个适应时代要求的基本门槛,对学历、专业资格证书等有一个基本的要求,并与国家职业教育发展规划结合起来,真正落实学历毕业证书和职业资格证书的对接,要规定拥有"双证"的员工在一定时期内达到多少比例,尽量减少无技能就业的现象,努力建设一支有学历、有证书、有能力、有业绩的后勤员工队伍,政府机关、高等院校的后勤在这方面应该走在社会的前列。

要加强对后勤的研究。目前后勤的科研力量与其地位很不相称。后勤理论包括后勤理论体系、后勤基础理论、后勤应用理论等。军队有多所后勤学院,如果他们有后勤研究所，也是重点研究军队后勤的。因此，国家应该从战略高度来考虑，在合适的高校设立后勤研究所和装备研究所，对后勤和装备的有关问题进行深入研究。我们期待在不远的将来，后勤方面的许多创新不是来自美国而是来自中国。后勤也有"跟跑者"向"兵行者"、"领跑者"转变的问题，后勤也有走自主创新道路的问题。

后勤企业要有效发展，关键是产品要有较强的竞争力，而没有研发就没有核心技术，没有品牌就无法实现高水平，更无法竞争。

案例一

上海打造全新后勤人才

从2004年开始，上海就实行了"高级后勤管理师职业资格证书"，这意味上海企事业单位有了第一批具有专业职称的"高级管家"。

据统计，上海企事业单位的后勤部门有从业人员50万名，其中管理人员约3万名。由于历史原因，后勤人员中的厨师、绿化工、财务人员都有相关的职业资格鉴定，而后勤管理人员却"无证可考"。

随着近年来后勤社会化的加速，后勤管理者的业务素质亟须提高。专家指出，上海要大力发展第三产业，后勤产业是不可缺少的一块内容，而现在上海后勤产业的一个致命伤就是缺乏既有经验又懂管理的"将才"，这个培训计划的推出，将有效缓解这一问题。

过去谈后勤很多人都认为就是"香烟屁股垃圾桶，搞搞卫生烧烧饭"，现在后勤服务已演变为集餐饮、绿化、物业、保洁、物流、保健、交通等诸多方面为一体的综合管理行业，成为保障企事业单位正常运转的独立部门，这就要求每个后勤管理者成为掌握管理学、经济学、会计学、心理学、计算机应用，甚至美学、营养学的复合型人才。

对后勤管理人员进行职业资格鉴定正在成为一种趋势，全市范围内的3000所中小学和所有38所大专院校中，将全面开展后勤管理师培训。全国许多省市也纷纷要求上海输出后勤管理师培训。

案例二

大力加强高技能人才队伍建设

习近平总书记近日在同全国劳动模范代表座谈时指出："工业强国是技师技工的大国，我们要有很强的技术工人队伍。"这深刻阐明了高技能人才在我国经济社会发展中的重要作用，充分体现了党和国家对高技能人才群体的尊重和关切。

高技能人才是我国推进现代化的生力军，创造社会财富和创新技术技能的重要力量。长期以来，我国高技能人才积极投身社会主义建设，通过自身掌握的高超技能，攻克了一道道技术难关,为我国经济社会发展做出了重大贡献。但毋庸讳言,目前社会上轻视技能劳动的传统观念依然存在,影响了人才从事技能劳动的积极性,造成高技能人才大量短缺。科技的进步、国家的昌盛、民族的振兴,既需要大批科学家、工程师,也需要群星璀璨的生产一线的高技能人才。因此,要充分认识高技能人才在推进创新驱动发展中的重要作用,抓紧培养造就一支门类齐全、技艺精湛的高技能人才队伍。

要大张旗鼓地宣传高技能人才的典型事迹、劳动价值和社会贡献,努力营造劳动光荣、崇尚技能、尊重高技能人才的良好社会氛围。要深入实施国家高技能人才振兴计划,完善以企业为主体、职业院校为基础,学校教育与企业培养紧密联系、政府推动与社会支持相结合的高技能人才培养体系,提高高技能人才培养能力。要大力开展职业技能竞赛,广泛开展企业岗位练兵技术比武活动,进一步突破学历、资历和身份限制,促使优秀高技能人才脱颖而出。要切实提高技能人才的待遇,既要给身怀绝技的高技能人才合理的薪酬,为社会树立一个劳动致富、技能致富的标杆,又要提升高技能人才的社会地位和职业荣誉感,让高技能人才干劲足、有奔头。广大高技能人才要胸怀远大理想,坚定技高一等行天下的决心和信心,干一行、爱一行、钻一行、精一行,自强不息,奋发进取,为国家强盛、民族复兴做出应有的贡献。

时代造就高技能人才,事业呼唤高技能人才。我们要努力营造有利于高技能人才成长的良好环境,让高技能人才进一步焕发劳动热情、释放创造潜能,为全面建成小康社会提供有力的人才支撑!

(摘自《中国人才》2013年7月刊,作者为任采文,本文略有删减)

第十章　后勤人才微观管理

后勤微观人才管理指后勤系统内部的人才管理。人力资源管理中的岗位设计、招聘、薪酬、绩效考核等方面的管理，属于人才微观管理的范畴。

后勤人才指素质较高并能以其创造性的劳动成果为后勤发展做出贡献的人。优秀的后勤服务、管理、经营人员以及技术人员等，都是后勤人才的范围。

如何对后勤人才进行管理呢？主要是发现人才、引进人才、培养人才、识别人才、使用人才、评价人才、留住人才和管理人才。

第一节　发现人才

人才是各项事业发展的关键。后勤事业要拥有更多的人才，首先要发现人才和识别人才，即要发现可以为后勤事业带来更大贡献、为企业带来更大利润的人，至少是工作骨干。

发现人才有几个基本原则和途径：

一、人才来自人民群众

历史唯物主义认为，人民是创造历史的主体，千千万万人民群众是人才的最主要来源。而高素质的群体是人才来源的重点，如大中专毕业生、各种竞赛中的优胜者等。

二、接触面宽

要发现人才，首先接触面要宽，要将"知人"放在很重要的位置上，了解他们的基本情况，了解他们的特点，了解他们的发展潜力。

发现人才首先是发现身边的人才。作为一个合格的领导，在身边不应该发生人才被埋没的现象。

接触面宽除了自己平时注意观察之外，虚心倾听同事和下级的意见也是拓宽接触面的重要途径。只有"多谋"才能更好地"善断"。

三、有一定标准和条件

后勤人才与"一线"人才是不同的，不同的用途需要不同条件的人才。但"德才兼备"的要求是一样的,只是侧重点不同。后勤工作特别强调有敬业精神、吃苦耐劳精神和踏实作风,有良好的身体条件和一定的技术专长等。

四、实践是发现人才的主要途径

发现人才主要通过实践。"疾风知劲草,日久见人心"这句话很说明这个道理。后勤的实践也很能锻炼人的品格和才能。

五、不拘一格

"金无足赤,人无完人"、"尺有所短,寸有所长",发现人才不是发现别的人才,而是发现他有利于后勤事业发展的长处和突出特点,而不能戴有色眼镜,更不能求全责备。如作为一个人,他能安心后勤工作并勤勤恳恳、任劳任怨,这就是长处了,至于他的脾气有时比较暴躁或文化水平偏低些,只要适应了工作需要,这些都是次要问题。如果因为某人曾与自己顶过嘴而将人拒之于门外,这就不是不拘一格了。

古今中外不拘一格发现人才、善待人才并取得成功的事例有很多。三国演义中刘备"三顾茅庐"请诸葛亮出山,曹操"唯才是举"多次重用从敌人阵营中过来的谋士。斯大林在保卫莫斯科的危急关头重用曾与自己意见不合的朱可夫元帅,毛泽东善待国民党俘虏为我所用,邓小平大胆启用了许多"有争议"的人才等。

六、发现人才的难点

1. 独具慧眼

别人看不到的人才,被你发现了。这要有强烈的人才意识。广州白云山制药厂,曾经将一些所谓的"劳改犯"视为人才并给予重用。

发现人才,包括发现一些不适合在后勤工作的人才。如我国著名数学家陈景润当年从厦门大学毕业后,原来分配当教师,后发现当教师不合适,被用人单位退了回去。厦门大学的有关领导了解陈景润,用他所长安排他去搞研究,从而使他的人生如虎添翼。"文革"十年,不少学有专长的知识分子被安排在后勤工作,这种浪费人才的做法后来党和政府给予了纠正。

2. 出以公心

发现人才一定要出以公心,才能比较客观地看到别人的优点和缺点。并做到用人之长,容人之短,甚至化"短"为"长"。

3. 多谋善断

发现人才不仅靠个人,也靠集体,做到个人与集体的有机结合,这样才能避免片面性和表面性。因此,发现人才一定要善于多谋。如毛泽东上井冈山之前认识袁文才、王佐等是他的助手推荐的结果。

第二节 引进人才

引进人才即招聘人才，其前提是先用好现有人才。人才既是第一资源，也是重要成本。当我们感到人才缺乏时，我们首先要问问自己，我用好了身边的人才了吗？

引进人才的前提是后勤本身的急需人才。引进人才就是把好人才的进口关，要设立必要的门槛即招聘条件。要通过多种渠道物色、吸引后勤所需要的各类人才。在后勤，通过引进一个人才而救活一个餐厅或一个企业的例子有很多。

引进人才关键是要有足够的吸引力。后勤需要很多各类人才，但如果没有足够的吸引力，很多人才不一定愿意来，来了也不一定能留得住。人才考虑具体工作单位往往一是待遇，二是事业平台，三是专业，四是感情，五是照顾家庭，六是年龄，等等。

后勤所需要的人才或准人才，主要通过下面几个渠道来引进：

一、行政调动

行政调动是政府通过行政手段将公务员系列、事业编制系列的人员调动到后勤工作，如高等院校将事业编制人员流动到后勤企业工作等。对于政府机关、高校、科研院所等，其后勤管理干部来源部分是通过行政手段调动的。国家对高层次人才的配偶、退伍转业军人等都有安置的任务，各有关单位也有接收的任务，故后勤岗位往往也是安置这些人员的重要渠道。但在后勤日益走向专业化、职业化、企业化的今天，后勤岗位也需要竞争上岗，后勤更需要有一定学历、有一定技术专长、能吃苦耐劳的高素质人才。

二、人才市场

人才市场是后勤服务业引进人才、招聘员工的基本渠道之一。在人才市场，一般可以招聘到有一定工作经验、有一定学历的员工，但这些员工是否是后勤服务业所需的人才，还需要一定时间的考察。社会上有一些在社会企业滚打多年、经验丰富又愿意在后勤服务业工作的人才，我们要善于吸引他们。

三、学校

包括高等院校、职业技术学院或旅游学校等中等专业学校。大中专毕业生是后勤服务业准人才的主要来源。现在一些高等院校设置了一些与后勤管理有关的专业如餐饮、酒店管理、土木工程等专业甚至这些院校本身就是后勤学院如解放军后勤工程学院等，这些院校或学科的毕业生有一定的理论基础，如果他能安心后勤服务业工作，热爱后勤服务业，经过一定时间的经验积累后，应该可以为后勤服务业的发展做出较大贡献。而职业技术学院、技工学校或其他中专学校的毕业生应该是后勤服务业员工的主要来源。

后勤服务业需要的人才多种多样，要能安心工作，积极钻研，就可以为后勤服务业的发展做出积极贡献。而作为后勤人才的成长来说，有多方面后勤工作岗位的经历是必要的。

四、亲戚朋友介绍

通过亲戚朋友的介绍来物色人才，是后勤引进人才的重要渠道。人才流动对于充分发挥人才作用、促进人才成长均具有重要意义。人才流动，也有通过朋友介绍而获得成功的。随着我国后勤服务业的快速发展，有不少后勤服务、管理和经营的人员是半路入行的（如退伍军人转业等）。真正专业毕业的很少。但他们边干边学，在后勤服务业滚打了多年，积累了丰富的经验。通过朋友介绍的人才，因有担保人，其含金量和可靠性会比较高。

五、其他渠道

如到境外招聘、海外招聘，通过网络招聘等。

引进人才也要有国际化的眼光，所招聘的人员不仅是本国籍的，也可以是外国籍的，特别是一些国际客源比较多的酒店宾馆。我们也可以大胆聘用一些有丰富专业知识和实践经验的外籍人员作为重要人才。

引进人才的重要条件是薪酬待遇水平，同时要善待员工，并充分发挥他们的作用。

第三节 培养人才

在现实工作中，通过人才市场等渠道招聘进来的人员，真正能称为合适人才的不一定很多。同时，由于待遇水平的参差不齐，就业观念的不同，使素质较高、能力较强的人才很多都往薪酬待遇更好的企业流动。对于很多单位来说，真正解决问题的人才更多的是要靠自己来培养。香格里拉酒店的发展理念是把培训摆在酒店发展的首位，常抓不懈，每年至少投资员工工资总额的2%用于员工的培训与发展，这是他们成为世界著名酒店集团的秘诀之一。许多世界著名的酒店集团不仅很重视员工的培训，而且有的还成立了酒店学院，这是值得后勤服务业学习和借鉴的。传统后勤服务业要走向现代后勤服务业，人员综合素质的提高是最重要的条件。

是否重视培训，关键是认识问题。万豪集团的信念是，员工是酒店最重要的资产，集团要为员工提供个人成长发展的环境。香格里拉集团的理念是，我们要努力创造一个既有利于员工事业发展，又有助于实现他们个人生活目标的环境。

培训对于当前有些城市后勤服务业员工流失率比较高的情况下，更具有重要意义。有些企业老总就胸有成竹地说，我不担心我们企业的员工流失，因为我们的培训系统，可以为企业源源不断地输送了人才。当然，培训是需要成本的，员工流失过大自然意味着企业付出的成本很大，故培训要跟其他方面结合起来，要很好分析员工流失的主要原因是什么并采取有效措施对症下药。经验证明，培训工作抓得好，只能有利于提高员工素质，有利于降低员工流失率。如果因为员工流失率高就不抓培训了，那就更容易导致恶性循环。

培训不能流于形式，要坚持不懈并讲究效果。同时，对员工的学习要有一定的压力和奖罚措施。如参加培训与考勤奖金结合起来，与取得执业资格证书或专业技术证书结合起来，与写心得体会结合起来，与业绩晋升结合起来等。

军队把后勤军事训练作为培养后勤人才的关键环节，并要求统一领导，分级负责；从严治训，强化养成；训战一致，训管一致；讲究科学，提高效益。并要求做到教材保障、器材保障、经费保障、场地保障、物资保障等。在军队后勤军事训练内容上，后勤基本理论训练内容向提高后勤人员整体理论素质与理论创新相结合的方向发展；后勤指挥训练内容向培养复合型后勤指挥人才与谋略型后勤参谋人才方向发展；后勤专业勤务训练内容，向提高各专业保障效益与培养多能型群体人才方向发展；后勤专业技术训练内容，向提高整体专业技术水平与培养专家型技术人才相结合方向发展；后勤防卫训练内容，向适应信息化战争防卫要求和科学防卫方向发展。军队对培养后勤人才的高度重视，值得各行各业很好借鉴。

中山大学等高校比较重视后勤人才的培养，如 2014 年就由中山大学党委组织部牵头组织了中山大学后勤系统干部综合素质培训班，中山大学党委书记郑德涛教授和主管后勤的副校长李善民教授亲自为后勤干部上课，这个培训班就后勤系统干部的成长与发展、如何进一步提高后勤管理服务的效能以及世界一流大学后勤服务的比较与借鉴等问题进行了深入的研讨。中山大学的做法，是高校系统重视后勤人才培养的一个缩影。

培养人才最重要的是内因和外因的密切配合，企业发展需要和个人努力目标相一致。

内因：就是员工一定要有做好工作、成为企业需要人才的愿望，并且为这个目标扎扎实实作出艰辛努力，人生的目标不能以待遇好坏作为唯一的指挥棒，而要以事业为重。马云在创立阿里巴巴最困难的时候，几乎是倾家荡产，但如果没有他的坚持，也就没有今天的阿里巴巴。作为员工不要过多埋怨企业不关心自己不培养自己，而应该多问问自己为企业做出了什么贡献。要根据企业的发展需要来设计自己，紧密结合工作需要来确定自己的成才目标，做到缺什么补什么，并保持一定的工作稳定性。任何企业都很难培养不稳定的员工和工作态度差的员工。

要鼓励每个员工特别是青年员工根据企业发展需要来设计自己，早日确定好自己的职业生涯规划，不断提高自己的学历水平、职称水平和技能水平，使个人与企业共同成长。企业也要积极创造条件帮助员工不断提高。

学习力是一个人的核心竞争力之一，一个人养成一个良好的学习习惯和珍惜时间的习惯非常重要。每个人每天的时间都是24小时，但人与人之间的人生差别往往就在于如何对待时间和如何利用时间，甚至有"成功关键在八小时以外"的说法。学历起点低没有关系，但如果满足于现状不努力上进就难以有更好的人生。任何人工作再忙都有空余的时间，只要弘扬雷锋的"钉子"精神，善于"挤"和"钻"，总可以找到时间学习。鲁迅也说过，时间就像海绵里的水，要挤总会有的。要分析自己每天的时间都花到哪里去了。后勤有一些员工，每天光是花在上下班的时间就有至少两个小时，加上中途休息时间，每天离开家里就有十几个小时，回到家里就很难再有什么学习的时间，如果稍微放松一下，时间很快就过去了。

实践是培养人才的基本途径，通过多种岗位的实际锻炼也是一种很重要的培养。后勤工作不是什么人都可以干好，关键要安心、用心、虚心和恒心。

外因：单位要积极为有上进心、愿意成为后勤人才的员工营造一个良好的成长环境，包括不断进行各种类型的培训，通过"请进来、走出去"的方式，让这些员工不仅早日成为专业化、职业化的员工，而且能早日取得创造性成果，为后勤服务业发展做出更大贡献。后勤单位应该每年都安排一定比例的资金用于人才培养和员工培训上。要制定人才短期和中长期培养计划，构建年龄结构、学历结构、技能结构合理的人才队伍梯队，首先要提升目前的员工队伍，通过持续不断的培训，努力打造一支特别能战斗的员工队伍。其次要根据单位或企业的人才现状和几年后人才年龄和需求变化进行人才预测，根据预测结果及早进行人才培养和人才储备，使人才培养工作走在事业发展的前面。

在现实生活中，有些后勤领导或企业经理认为"有钱就有人才"，这是很片面的。确实，由于有的后勤企业经济效益不是很好，很难用更高的待遇吸引优秀员工，甚至一些后勤企业普通员工的学历以初中高中的为主，年龄偏大的为主，而且大量的还是来自农村。影响单位领导对人才培养积极性的主要思想顾虑是员工不稳定，担心企业培养人才的精力花了，钱也花了，但人才培养了又离开了，人才培养是"为别人做嫁衣裳"。由于种种原因，使一些企业对培训不够重视，既没有对新员工进行岗前培训，也没有对老员工进行持续不断的在岗培训，离建设学习型企业的目标相差很远。由于没有培训，使员工的综合素质不能提高，也很难对企业有更好的贡献。其实，一些后勤企业对培训存在这样那样的思想顾虑是可以理解的，但没有必要。第一位万豪酒店集团中国籍总经理徐晓君认为："中国有两句老话：'有心栽花花不发，无心插柳柳成荫'，在酒店业的人才管理中却没有这回事，一家酒店不花心血培育其员工，它会很难在人力资源方面取得回报的。万豪集团相信的是'有心栽花花必发，无心插柳难成荫'。"确实，在当今双向选择和全员劳动合同的用工制度下，用人单位和劳动者本人都有更多的选择机会，而用人单位只有善待员工特别是优秀员工，才能吸引到更多的优秀员工。而培训员工是善待员工的重要方面。不通过培训，员工不了解企业的文化和发展前景，不了解如何才能更好地做好服务工作，也是很难与企业同心同德的。服务水平没有提高的现象发生在员工身上，根子应是在管理者身上。我国不少后勤服务业发展的现状是硬件和软件不协调，这种状况不利于我国后勤服务业获得更好的经济效益和社会效益并进而赶超世界先进水平。坚持不懈地对员工进行各种形式的培训，应该是当今后勤服务业加强软件建设的重要方面，也是后勤人才不断涌现的根本措施之一。我国对后勤人才的培养，应该有紧迫感，应该形成一个有效的培养人才网络，主要是大中专学校与用人单位密切配合，学校以学历教育为主、非学历教育为辅的教育性培养，企业以使用性培养为主。专业化、职业化是历史发展的趋势，光靠学校的培养是远远不能满足后勤服务业发展的需要。同时，学校培养的与后勤有关的专业毕业生，也不一定都长期在后勤服务业工作，大量的后勤人才往往是毕业于非后勤管理专业，故后勤人才的专业起点很重要，但主要是在工作中提高和创新。

要使后勤人才培养取得明显效果，要注意以下几方面：

1. 定向培养

后勤人才的种类很多，而有目标的积累才是最有效的积累。对后勤人才的培养，一定要选好对象并定向培养。通过长期努力，使人才脱颖而出。但外因毕竟只是条件，定向培养是否能成功，还要看培养对象的内因。

2. 交叉培养

交叉培养即多种岗位培养，一专多能。作为餐饮人才，不仅熟悉出品，也熟悉楼面；作为物业管理人才，不仅熟悉楼宇管理、环境卫生，也熟悉园林绿化和保安等；作为后勤管理人才，不仅能熟悉餐饮，也熟悉物业和酒店等，这样不仅明显节约了用工成本，而且对于后勤人才的快速成长是很有好处的。

3. 重点培养

后勤服务业中、高层次人才是后勤人才的重点。对后勤人才的培养，只有抓住重点才能事半功倍。对于后勤人才，要有合适的年龄结构、专业结构等，要有储备人才，特别是集团化发展的企业。重点培养的人才还要有不同种类后勤工作的经历，特别是有国外有关服务方面的经历（如先进的高星级酒店工作的经历）。

青年员工是后勤人才的后备军和后勤未来发展的希望，也应该是后勤人才培养的重点。尽管他们中的部分人员学历偏低，但要引导他们珍惜青春，鼓励他们积极进取，不断上进，充分利用业余时间不断提高学历水平和专业技能水平，适应建设现代后勤的需要，而千万不能虚度年华。单位领导应该为他们的成长积极创造条件。历史上不少伟人或成功人士主要都是自学成才的，我们应该以他们为榜样。后勤的人才建设也要打人民战争（全民皆兵），即不仅要依靠正规军，还要充分发挥地方军和民兵的作用。"卒子过河当车用"，小人物有时也会有大贡献。董存瑞、黄继光、邱少云等英雄，在成名之前也是小人物。我们只有把人才开发和人力资源开发有机结合起来，重点培养和一般培养紧密结合起来，我们才能形成浩浩荡荡的人才大军。

4. 狠抓落实

人才培养不能说起来重要，做起来次要，不能走过场，一定要狠抓落实，包括制定切实可行的年度、月度培训计划，注意丰富培训内容，改进培训方式，不断提高培训效果。每年培训经费支出的多少应该是衡量一个企业核心竞争力强弱的重要指标。有些先进企业每周甚至每天都有组织培训（早会），培训后还要求递交培训体会等，这都是很好的。我们只要发扬笨鸟先飞的精神并长期坚持不懈，一定会收到明显的效果。

培养人才一定要有超前意识，并要有一定的人才储备，这样才能争取主动。

第四节 识别人才

与发现人才一样，善于识别人才是领导者的基本功之一。使用人才的前提是识别人才，知人善任的前提是"知人"。人才资源是第一资源，人才资源信息是最重要的信息。人才信息中，最重要的是"德"与"才"，可靠性是企业选拔人才很重要的条件之一，一些民营企业对一些关键的岗位宁可使用亲戚，主要也是考虑可靠性问题。当今社会人才流动频繁，但档案等人才的基本资料不一定完备，社会对诚信体系的建立和完善还要有一个过程。因此，对人的了解更要有一个过程。白居易曾说过，"试玉要烧三日满，辨材要待七年期"。在复杂的社会现象面前，我们识别人才要注意发扬民主，注意不要被一些假象所迷惑甚至上当受骗，而是要透过现象看到本质。实践也是检验后勤人才的最好途径。我们不能放过一个坏人，但也不要冤枉一个好人，更不要埋没一个人才。我们不要让每个愿意为后勤事业作出积极贡献的"忠臣"吃亏。

识别人才有很多方法，不仅要看他的基本资料，如年龄、性别、籍贯、政治面目、学历、家庭、毕业院校和主要经历、主要成果等，而且要通过与本人面试交谈以及听听他的同事、朋友对他的评价等方式来了解，但最重要的是通过实践去考察。人无完人，一个人总有缺点和不足，有高峰往往就有深谷，我们一定要正确判断人才不足的性质，绝对不要求全责备，一定要有礼贤下士、海纳百川的胸怀。后勤人才，学历不一定很高，但以比较适用、能解决问题、作出贡献作为主要标准。三国演义中的刘备发现了诸葛亮并"三顾茅庐"，从而辅助他成就了一番事业。毛泽东在他的一生中，是有很多精彩的善于识别人才、使用人才的典故，他认为，看一个干部，不仅要看干部的一时一事，而且要看他的全部历史和全部工作，这是识别干部的主要方法。中国共产党及其所创立的人民军队能从无到有，从小到大，由弱到强，成功完成了新民主主义革命，创立了中华人民共和国，这些都与以毛泽东为主要代表的党的第一代集体领导善于知人善任和团结一切可以团结的人分不开的。今天，后勤服务业的发展也要很好学习毛泽东当年创建人民军队和新中国的眼光、毅力和用人艺术。

我国几千年的发展史上也有不少识别人才的经典论述。比较著名的有：

一、诸葛亮的"识人七法"

（1）问之以是非而观其志。
（2）穷之以辞辩而观其变。
（3）咨之以计谋而观其识。
（4）告之以难而观其勇。
（5）醉之以酒而观其性。
（6）临之以利而观其廉。
（7）期之以事而观其信。

二、《群书治要》中的观人之法

《群书治要》是唐代初期著名谏官魏徵等在贞观初年受命于唐太宗李世民（599—649年），以辑录前人著述作谏书，为唐太宗"治国安邦"，创建"贞观之治"提供警示的巨著，其主要特点是"博而要"。该书提出了一些重要的识人方法，如"三参"、"四慎"、"五仪"、"六验"、"七害"、"八征"和"九虑"等。

第五节 使用人才

当今社会，"人才不够用"、"人才不适用"和"人才没用好"的现象并存。而人才关键是使用，只有善于使用人才，人才的价值才能真正体现出来。高明的领导者，应该是"劳于用人，逸于治事"。善于选准人才，依职授权，合理放权，把那些具体的事务交给部下去做，自己腾出更多的时间精力去抓全局、议大事、解难题，营造"人人有事干，人人乐于干事"的氛围。

人才使用是将合适的人放在合适的岗位或舞台上，并通过激励等手段，使人才在实践活动中尽可能充分发挥其作用、实现其价值、提升其素质的活动过程。

我国人才发展战略的指导方针之一是"以用为本、服务发展"，"人尽其才"是先进社会制度的重要体现，也是国家兴旺发达的重要条件之一，领导者的主要职责之一也就是善于用人。只有善于使用人才，人才的价值才能充分发挥出来，并与人才引进、人才培养等形成良性循环。正确使用人才，就是要坚持正确的人才使用原则，掌握科学的人才使用方法，创造良好的人才使用条件，推动人才使用中的再开发。

一、人才使用的原则

人才使用的原则主要有党管人才、任人唯贤、尊重信任、竞争、激励等原则以及用其所长、用当其时、用其所愿、用给适位、用养并重等原则。在这里重点谈谈用其所长等原则。

（1）用其所长原则是指在使用人才时，按照人才才能的特长和能力来安排工作，使人才扬长避短，各尽其才，即知人善任、量才适用。只有坚持用人所长，才能够最广泛地发掘、任用人才。唐太宗曾说过："君子用人如器，各取所长，古之致治者，岂借才于异代乎？"这说明我国古代的领导者早已懂得用人所长的道理，不然就发掘不了人才，并可能埋没大量优秀人才。用人所长，把人才安排在最能发挥其作用的位置上，做到优势定位，适才适用，发挥人才的长处使人才各得其所，才能够真正推进事业的发展。

（2）用当其时原则是指使用人才一定要及时，特别是要在人才年富力强、精力充沛的年龄段。人误地一天，地误人仅一年。但如果耽误了人才使用，那就可能耽误了人才的一生，耽误了事业的发展。

（3）用其所愿原则是指使用人才之前最好先征求人才本人的意见，使个人意愿和后勤事业发展需要有机统一起来。兴趣是最好的老师，如果一项工作不仅是单位的需要，也是个人的兴趣，那人才的工作业绩将会如虎添翼。当然，作为人才个人，也要增强组织纪律观念，当企业需要和个人兴趣发生矛盾时，首先要服从企业需要，并在新的工作岗位上培养新的兴趣。

（4）用给适位原则是指人才一定要在合适的位置、合适的舞台上才能做出贡献。假如当年刘备不请诸葛亮出山，诸葛亮的一生也估计难有什么作为。遵义会议之后，党中央如果不把毛泽东放在合适的位置，他也不会为党作出巨大贡献。

（5）用养并重原则是指人才使用中不能只用才，更要爱才、护才和养才，做到培养和使用兼顾，以保持人才活力和潜能。

坚持人才用养并重的原则，既要靠领导重视，也要靠人才自身的努力。一方面人才自身要对再学习充满紧迫感，要认识到自己的知识、才能如果不更新不提高，不仅难以跟上时代发展的要求，还会成为时代的落伍者，甚至被社会发展所淘汰；另一方面对单位而言，人才使用最忌讳的是只使用不充电，全凭人才自我生长。

养才很重要，爱才护才也很重要。如在"文革"初期，周总理挺身而出，保护了很多国家优秀人才。在现实生活中，一些无中生有的流言蜚语也伤害了不少人，以致有"人言可畏"的感叹。作为领导，一定要对属下的人才有一个基本的估计，关心人才，信任人才，大胆使用人才，而不要随便怀疑甚至伤害一个人。

二、人才使用的特点

（1）层次性。人才使用的层次性，是指人才使用者根据人才的层次，授予一定的权力和责任，提供一定的条件，使每个层次的人才都能充分发挥自己的作用。一个高明的领导者用人，就在于能够进行层次性管理，大材大用，小材小用，做到人尽其才，才尽其用，这是人才使用的一大诀窍。因此，在人才使用中，我们应坚持两点论和重点论辩证统一的观点，既要客观全面地衡量和识别人才，又要肯定人才的主要方面，不求全责备。是什么层次的人才，就要把他安排在什么层次的位置上。同时，也应根据情况的变化，动态地使用人才，在使用人才的过程中提高人才的等级。了解和掌握人才使用的这一特点，单位在进行工作职位设计时应体现层次性的特点，也就是说在对某一工作职位的性质、内容、责任大小等进行合理分析的基础上，在人事安排上注意对人才分出层次、区分类别，选择和安排不同类型、资质和能力的人才，并推动人才的流动和晋升，以确保人才使用恰当到位。但在现实生活中，因唯学历、唯职称、唯身份而导致不能正确使用人才的现象仍并不少见。

（2）专业性。人才使用的专业性，是指要根据人才的专业、特长进行使用。现代科学出现了高度分化和高度综合的趋势，学科越分越细，愈分愈多。后勤服务业属于现代服务业，更多的是需要高技能人才。我们要求一个人知识面越宽越好，但更要求人才在某些领域越专越好，现代人才应是通才和专才的有机结合。我们不能要求酒店人才同时也是物理专家。因此，在人才使用上必须呈现专业性，即"术业有专攻"。用其所长就是用其最擅长的才能，而人的才能只能来源于特定专业（行业）领域的认识和实践。如经常从事后勤专业的认识和实践活动，就具有更有效从事该专业的才能。

（3）差异性。人才使用的差异性，是指按照人才在类型、等级等方面的差异进行合理使用。人才差异是客观存在的，由于人的经历不同，主观能动性不同，生理条件不同，不仅人的知识结构存在差异，人的性格也存在差异。有的人才是"杂家型"，有的人才是"专家型"，有的人才是属于既知识面较宽、又在某个专业方向有较深造诣的"复合型"人才。有的人才的性格是外向型的，有的人才是内向型的。总而言之，人才具有不同的能力与素质，领导者切不可不加区分，必须要有差异地使用人才，才能在不同岗位上发挥人才各自不同的作用。正如清代诗人顾嗣协所形容的："骏马能历险，犁田不如牛；坚车能载物，渡河不如舟。舍长以求短，智者难为谋。生材贵适用，慎勿多苛求。"努力用活用好每个员工是领导者做好工作的基本原则和艺术之一。培养一个后勤人才特别是后勤企业家不容易，要鼓励他们大胆实践、勇于创新。在实践中挫折和失败是难免的，作为领导要理解和容忍，并不断总结经验教训，而绝对不能"急功近利"。另外，人才是可以为企业创造较大价值的人，但往往是有一定主见甚至是不一定很听话的人。"人才有用不好用，奴才好用不中用"。优点突出的人往往缺点也突出。我们不能以是否听话作为衡量人才的主要标准。《西游记》中唐僧、孙悟空、沙僧和猪八戒都各有长短，其中孙悟空的突出"缺点"更是让唐僧多次不能容忍，但缺少了孙悟空绝对不能"成事"，缺少了谁也不是一部完整的《西游记》。

（4）发展性。发展，是指事物由小到大、由弱到强、由低到高、由旧到新的运动变化过程。人才使用的发展性，是指根据人才的动态发展变化予以使用，并在使用的过程中使其价值得到进一步显现和提升。人才使用既要对人才已发现的才能合理利用，还要对潜在的才能进行合理挖掘和开发。同时，人才的发展既要有个体的发展，也要有整体的发展,即后勤各类人才的协调发展。

三、人才使用的正确理念

(1) 任人唯贤,其反面是任人唯亲。
(2) 选贤用能,其反面是论资排辈。
(3) 用人所长,其反面是求全责备。

努力盘活用好现有的人才资源,切实避免现有人才的流失、闲置和浪费,给人才提供更多机会,使更多的人才实现自身价值。这是后勤服务业发展的迫切需要。要做到这一点,不断优化人才发展环境是十分重要的。

人才发展的活力既取决于机制又离不开人才环境的优化。人才环境主要包括经济环境、生活环境和心理环境,即是否有鼓励人人都作贡献,人人都能成才,大家相互理解和支持的氛围和良好的激励机制。

四、人才使用的方法

(1) 目标激励法。目标激励法是指通过联系和协调人才个体目标与组织目标,激发人才产生内在需要,从而调动人才的积极性。在人才使用中运用目标激励法,应注意协调人才个体目标与组织目标的一致性。人才个体目标体现人才的内在需求和动机,组织目标体现了社会发展的需要和方向。当只有人才个体目标与组织目标相一致时,人才的行为才能产生积极效果,否则人才的行为将产生零价值甚至负价值。同时,在人才使用中运用目标激励法,也应注意调整目标的战略性与阶段性。一方面,战略性目标体现了人才个体目标与组织目标的一致性,它能够持久地激发人才的积极性;另一方面,人才可能因战略性目标完成艰难或遥不可及而放弃,因此,应运用阶段性目标的可及性充分调动人才的积极性,增强对战略性目标的持久努力。在人才使用中,只有把二者相结合,目标激励法才能合理地发挥应有的作用。

(2) 考评鞭策法。考评鞭策法是指依据一定的目标,按照一定的程序,通过评估人才绩效和对比,刺激人才不断进取的方法。运用考评鞭策法,首先要注意被考评人才的类型或层次,也就是说人才绩效的比较要在同类型或同层次人才中进行,不仅具有合理的可比性,考评的结果不会出现偏差,而且能产生更好的鞭策作用。其次,人才绩效的考评应全面、客观、准确,考评的目标和程序应客观性强、便于操作,可信度强,确保考核结论的准确性,易于被人才接受。最后,运用考评鞭策法应选择良好的时机。考评对比产生的否定性结果容易引起人才的心理变化,尤其是产生负面情绪。因此,在实际考评鞭策中,实施者应选择良好的时机与把握好"度",充分考虑人才的感受和承受力。

(3) 情感感染法。情感感染法是指通过对人才给予充分的尊重、关怀和信任,增强他们的凝聚力和向心力,从而发挥他们潜能的方法。运用情感感染法,主要是充分尊重关心人才。马斯洛的需要层次理论认为人的需要有七个由低到高的层次：生理需要、安全需要、社会交往需要、尊重需要、求知需要、审美需要和自我实现需要。前两个为低级需要，后五个为高级需要。低级需要从外界使人满足，高级需要从内部使人满足。这七种需要愈到上层，满足的百分比愈少。管理者要针对人才的高层需要，以及在不同时期各种需要的迫切程度不同，从物质上、情感上和其他要求上关心人才，尊重人才，给予人才充分的能力发挥的良好外在和内在环境，更好的激发人才的主动性和创造性。情感感染法中管理者特别注意的是要与人才处于平等交流的地位，才能真正取得人才对管理者及其管理的认同。

（4）环境优化法。环境优化法是指通过改造和优化环境，培育积极的物质条件、精神条件、工作条件，从而挖掘和发挥人才潜能的方法。人才使用中运用环境优化法，主要包括以下两个方面：

第一，创造和优化人才使用的硬件环境。包括物质条件和良好的组织环境。组织环境的优化对人才完成工作任务有决定性的作用。一个单位是否具有合理的机构设置、合理的人才组合、科学的规章制度、较高的管理水平、良好的工作作风等，是人才完成任务、创造价值的组织保障。

第二，培育良好的软环境。良好的软环境主要是在人才周围培育和形成一种良好的、融洽的人际氛围。传统的用人条件，如论资排辈、拉帮结派、讲关系论人情等僵化和不良的风气严重地压抑了人才的积极性、主动性和创造性。为此，管理者要创造"能者上，庸者下，平者撤"的公平竞争环境，在人才内部培育良好的人际关系，才能使人才的智慧、潜力、效益得到充分发挥。

五、人才使用的条件

外部条件对人才的工作情绪、工作效率、创造力和自身成长有很大影响，也是吸引人才的重要因素。作为部门和单位，应当尽可能地为人才创造良好宽松的物质条件、精神条件和制度条件，让人才在享有较好条件的基础上，使他们人尽其才，才尽其用。

（1）物质条件。人才使用的物质条件是指，在人才使用时，使用者尽量为人才发挥才能创造良好的生活条件和工作条件。人才使用，就是为了使人才产生效益，创造物质和精神财富。人才使用的前提是必须为人才创设一个良好的物质条件，有了良好的物质条件，人才才能更好地发挥作用。

良好的物质条件除了生活条件和工作条件之外，还应当包括优化组合发挥人才团队优势，即人才优化组合、优势互补、结构合理的人才群体产生的整体效能因素。人才在使用过程中，也存在人才整体结构合理、力量搭配科学、才能性格气质等诸多因素互补的问题。这一问题是否得到重视和处理得好坏，不仅影响人才个体作用的发挥，还会影响到由于个体组合而产生的大于个体作用总和的整体效能的发挥。一个人才的能力和作用是有限的，但因才施用、合理组合，形成人才群体的最佳结构，就能产生 $3 \times 3 = 9$ 的最佳优势。

(2) 精神条件。精神条件是指在人才使用中要营造一种尊重人才、理解人才、正确对待人才的良好氛围。

第一，创设满足人才精神需求的有利条件。对于绝大部分人才来说，对成就的追求，对他们的超常劳动能得到社会理解和认同的渴望，远远大于他们对金钱的需求。这就要求领导层创设良好条件，打造有利于人才的成长和脱颖而出的良好平台，设计科学合理的人才考核评价体系，使人才的劳动成果能得到社会和单位的及时认可，满足人才的精神需求。

第二，创造良好的人事环境。要有良好的工作氛围，大家在一起共事，目标是一致的，只有充分发挥团队作用才能更快取得成果。人才群体愉悦可以出战斗力。因此，领导者应该努力在单位创造一个互助互爱、互谅互让、真诚相待的好风气。

第三，善于调动人才的积极性、主动性和创造性。一个人的精力总是有限的，要想在某一专业工作上做出特殊贡献，必然就要放弃对众多专业知识、众多爱好的追求，甚至"把别人喝咖啡的时间都用在了工作上"。同时，要想在任何领域都取得很大成绩是不可能的，我们只能在某方面、某几方面有专长。所以，在人才使用中，对人才不求全责备，选用专业人才不能要求其"万事通"，要用其所长，避其所短，善于发现和肯定人才的闪光点，并最大限度发挥其积极性、主动性和创造性。

(3) 制度条件。人才使用的制度条件是指，使用者为人才使用创设的有利于保障、激励人才发挥才能的规范条件，包括建立健全科学的人才管理体制。有专家指出，人才现象的背后是制度问题，后勤人才和社会人才一样，能否人才辈出，关键在于是否有合理的制度。党的十八大以来，习近平总书记也多次指出，改革只有进行时，没有完成时。改革就是改革不适应生产力发展的生产关系和上层建筑，改革出活力，出效益。只有不断改革现有的不合理的制度，才能进一步激发人才的活力。

改善制度条件包括加大人才政策扶持力度和完善机制建设，建立健全人才法律、法规等。

第六节　评价人才

正确评价人才很重要，甚至被誉为人才发挥作用的"指挥棒"。人力资源管理将其称为"绩效考核"。评价人才的基本原则主要有：

一、实事求是

要做到实事求是评价人才，就要做到客观、全面和历史的评价。

1. 客观性

客观性是唯物主义的基本要求。客观就是一个人的能力和业绩是客观存在的，这些业绩不会因为某些人的主观臆想、感情用事和以偏概全而被否定。在现实生活中，不能客观评价一个人的现象也不少见。客观性的反面是主观性。

2. 全面性

全面性就是要坚持全面看待一个人，不要犯"盲人摸象"的错误。不仅要看一个人的一时一事，而且要看这个人的全部历史和全部工作。历史上许多鲜活例子说明，全面性的反面是片面性。

3. 历史性

历史性就是评价一个人要放在当时的历史条件去看，不能以现在的眼光去评价当时的人。如对于孔子的评价，孔子能在几千年前就提出了许多很深刻的思想是很不简单的，但不能要求他每句话在今天看来都是对的。对于从旧社会过来的知识分子的评价，对于民国历史的评价，对于中外一切历史遗产的评价也是如此。历史性的反面就是割断历史。

二、看主流，不求全责备

"金无足赤，人无完人"，在现实生活中，没有一个人是"完人"，只不过有些人的优点多些，有些人的缺点多些。对于人的评价，主要是看主流，看成绩，看贡献，看是否符合历史发展方向。对于不足，如果不是本质问题，原则问题，就不必很认真甚至可以忽略不计。有些"诺贝尔奖"获得者还曾被看作精神病患者，陈景润在数学方面很有天才，但在不少方面却是"很不胜任"甚至笑话百出。如果过于"求全责备"，很可能身边就没有一个可用的人。特别是在后勤，愿意在后勤工作并且愿意干好工作，这本身就是优点，但在干工作的过程中，出现了一些小差错或与某人闹过别扭，我们要善意提出批评，但不干工作本身就是最大的缺点。当然，作为一名后勤人才，一定要严格要求自己，希望自己的优点更多，缺点更少，要正确对待各种批评意见，不要计较对方的态度，只要他说得对，我们就改正。陈毅元帅说过，"一喜有错误，痛改便光明。难得是诤友，当面敢批评"，能当面听到批评意见应该是好事。

三、看发展，不论资排辈

年轻人是后勤未来的希望，但年轻人是成长阶段，会有许多不成熟言行但不要紧，只要他是愿意做好工作的，积极向上的，我们就要肯定，并热情帮助他扶持他，而千万不要"论资排辈"，这样会影响人的一生。著名物理学家爱因斯坦童年时因为发育迟缓，三岁时还不会说话。上小学时，成绩也并不理想，经常遭到老师的处罚和同学们的嘲笑。上中学后，他除了数学和物理之外，历史、地理和语文成绩都很差，以致遭到学校给予的退学处分。如果是"求全责备"和"论资排辈"，爱因斯坦肯定早就被埋没。

四、减少误解

误解就是不能正确评价人才。误解就是本来人才是在做好事，却误解他表现不好甚至在干坏事，使人才感到"委屈"，感到"吃力不讨好"、"多一事不如少一事"，并由此工作积极性受到压抑。

在现实生活中，误解的现象是大量存在的。如动不动就扣上"动机不纯"、"不务正业"等帽子，并由此压抑了很多人的工作积极性和创造性。凡是人才，都是愿意做贡献的人，但往往很多重要贡献是在业余时间干的，许多发明创造也往往不是在本职工作上取得的，如自行车的轮胎是一个医生发明的，著名的《国富论》作者亚当·斯密当时只是海关的一名工作人员。"有心栽花花不开，无心插柳柳成行"的事情是时有发生的。对于领导者要有珍惜人才的意识，对于勤奋努力但有非议的人，对于敢于直言的人，对于曾顶撞自己的人都不要那么随便下结论，而要冷静分析，深入调查，甚至亲自与本人交谈。有时真理不一定掌握在自己手里。

作为一个领导者，要始终做到客观、全面地评价一个人是不容易的，他必须出于公心，必须善于透过现象看到本质，对待人才必须要有一个基本的信任度，对一些非议要重证据，注意调查研究和分析，少些简单粗暴，更不能以权势压人和打击报复。只要我们都能做到比较客观全面地评价一个人，多鼓励、多支持、少责备，人才的正能量就会发挥得更好，甚至形成"近者悦，远者来"的可喜局面。

随着科学技术的发展，评价人才（绩效考核和测评）已经逐步走向科学化，不仅定性也尽可能定量，对"德能勤绩廉"这几方面通过上下左右来考评是常用的考评方法，在军队里还创造了"军事后勤人才评价模型"等。

第七节　留住人才

一、人才流动的意义

人才流动是指人才在工作领域、行业、工作单位的转移以及人才在工作岗位和职位的变动。人才流动有目的（如实现个人更大价值）、途径或手段（发生位置变动等）。有的人才流动是组织行为，有的人才流动是个人行为。人才流动作为人才运动过程的一种普遍现象，是社会发展的必然结果。

1. 人才流动的类型主要有

（1）行政和市场主导型的人才流动。行政主导型的人才流动，就是在政府部门（组织）指导下采取行政手段，影响或者促使人才资源流动或者调整。

市场主导型的人才流动，是指人才流动在市场机制条件下推动人才资源的流动和调整。这一人才流动形式具有统一、开放、竞争、有序的市场特征。

（2）合理和不合理的人才流动。合理的人才流动，就是有利于社会进步、对于社会发展具有促进作用的人才流动。

不合理的人才流动，是指导致社会倒退、落后甚至衰退的人才流动。

（3）系统内部、跨地区和跨单位人才流动。系统内部调动，就是系统内部的人才流动。跨单位人才流动也称为系统外人才流动。

2. 人才流动的主要原因有

（1）人才流动的价值追求。人才流动的价值追求主要有社会价值、个人价值。

第一，人才流动的社会价值追求，是指人才通过流动而满足社会或他人物质的、精神的需要所作出的贡献和承担的责任。从某种意义上来说，追求社会价值的人才流动的目的就是为了承担更多的社会责任，如"为振兴中华做出更大贡献"、"追求人类的幸福"等。

第二，个人价值的追求。所谓个人价值追求，就是在一定社会条件下个人利益得到实现、个人需要得到满足。人才流动是个人价值追求的手段或途径，也是人才价值追求的最终目的。然而，个人价值的追求因人而异，有的人追求"名"和"利"，也有人更为看重事业的成功而实现人才流动等。

第三，追求个人价值和社会价值的统一。个人价值和社会价值也不是截然分开的，有些人才解决好两地分居问题等，是为了更好地实现社会价值。社会价值是由无数的个人价值所组成的。社会价值和个人价值之间是相互依存、相互促进的辩证统一关系。正如习近平总书记指出的那样，"中国梦"归根到底是人民的梦。

（2）人才环境流动。人才环境流动指人才因受环境影响而形成的流动。主要分为两类：

第一，外部环境吸引。指优越的经济社会、环境、居住、配偶、子女等环境对人才的吸引。地区间的经济收入差异和社会发展程度的差异，生活环境优越与否、居住环境是否优越以及配偶就业、子女入学等对人才流动有极大的吸引力，但外因只是人才流动的条件。

第二，内部环境吸引。指对人才自身发展有影响的环境。吸引人才流动的内部环境有个人发展前景问题、单位人际关系等。个人发展空间大小是人才最终选择流动的关键因素，内因是人才流动的根据和主因。

3. 人才流动的原则

人才流动的原则主要有：

（1）人尽其才、才尽其用原则。

（2）计划与市场相结合原则。

（3）统筹与兼顾性原则。

4. 人才流动的效应

（1）人才流动的正面效应。

第一，对个人发展的影响。合理的人才流动对个人有以下影响。一是合理的人才流动能激发人才的积极性与创造力。适当的轮岗可以增加人才的工作接触面、思想敏锐性和工作创造性。人的一生就是在不断开辟新工作领域的实践中，来激发和保持自己的创造力的。二是合理的人才流动能刺激人才提高自身素质。

第二，对社会发展的影响。合理的人才流动除了对个人产生正面影响外，也会对社会产生积极影响。合理的人才流动，不仅使用非所学现象明显减少，人才的后顾之忧减少，而且符合个人的兴趣、愿望和能力的工作使组织目标和个人目标比较统一，更能激发人的潜能的充分发挥。

（2）人才流动的负面效应。并不是一切人才流动都有利于人才积极性和创造性的发挥，有利于社会组织目标的实现，也不是一切人才流动对社会人才的开发使用都产生积极影响。实际上，人才流动对经济社会发展和后勤服务业的发展也有一定的负面影响。

第一，不少员工依据"不同待遇"等的指挥棒，从待遇低的单位流动到待遇高的单位，从西部流动到东部，从农村流动到城市，从国内流动到国外，从后勤服务业流动到非后勤服务业。

第二，不少后勤人才的外流，不仅流失了人才本身，还使招聘人才、培养人才的费用和心血付之东流。

第三，不少后勤人才的外流，导致某些商业秘密流失或客户资料的流失。

因此，我们在鼓励人才流动的同时，要在制度上、政策上趋利避害，引导人才健康流动。要引导人才将尊重个人愿望和兴趣与服从组织需要和社会需要结合起来，鼓励人才到社会最需要的地方去锻炼成长，千方百计坚决留住核心人才，同时坚决保护好后勤企业的商业秘密。

二、留住人才的意义

在鼓励人才的合理流动和双向选择的用工制度下，留住人才对后勤服务业发展具有十分重要的意义。

比尔·盖茨曾说过，如果微软公司的最高领导层中有 2 到 3 人辞职离去，微软公司就面临倒闭的危险。它充分说明了人才对于企业的关键作用。特别是近几年社会上出现的"用工荒"等现象，人才争夺战愈演愈烈，后勤服务业留住人才具有更重要的现实意义。

影响后勤人才稳定的主要因素是什么呢？

1. 待遇

薪酬待遇确实是影响后勤人才稳定的重要条件，但不是唯一条件。人才是德才兼

第十章 后勤人才微观管理

备、有突出才能并能为企业带来比普通员工更大效益的人，是属于企业的稀缺资源，也是同行业争夺的重点。按照优质优价、多劳多得的原则，对于这些人才，在经济上给予更高的待遇是很有必要的。如果企业有条件提高待遇而不提高待遇，或在分配上不公平合理，是很容易造成"伤人心"而导致人才流失。

但作为人才本人也要讲究对企业的忠诚度，提倡主人翁精神，爱企业如家、与企业共荣辱。把待遇作为人生事业发展的唯一指挥棒是不明智的。创业往往是艰苦的，甚至要作出自我牺牲。马克思当年为了创立马克思主义这新的学说宁可跟燕妮一起过上很贫困的生活。青年毛泽东立志救中国是"身无半文，心忧天下"，他的一生取得了很大成就，晚年的他仍保持着艰苦朴素的作风。李嘉诚等著名企业家一生赚了很多钱，但他们一直保持着勤俭的习惯。今天，作为现代服务业的重要组成部分的后勤服务业的发展也要学习和发扬这种为事业而献身和永远艰苦奋斗的精神。

2. 事业平台

人才的奋斗不仅仅是为了待遇的提高，生活的改善。更重要的是实现自我价值，成就一番事业。事业心特别强、愿意接受具有挑战性的工作是许多卓越人才的共同特点。如马来西亚著名华侨企业家林梧桐先生不仅创办了云顶酒店，而且年事已高还在为酒店业不懈奋斗。希尔顿、霍英东等著名人物都是一生都在为事业而奋斗。只有体现了替代度低，别人解决不了的问题你可以解决的才能，才能体现人才的特色。如对于濒于倒闭的企业你能扭亏为盈。对于前任业绩一般的后勤企业你能干出特色。作为后勤服务业的领导者，一定要为后勤人才的发展提供合适的岗位，搭建合适的平台，并根据其才能的发展及时压更重的担子。

3. 信任和尊重

人才需要奋斗，也需要关心和激励。对于人才成长来说，关键是领导的信任、关心、尊重以及有一个良好的成长环境。

信任对于人才成长来说非常重要，"用人不疑，疑人不用"，"文革"对很多老干部和知识分子都采取了不信任的态度，给国家造成了巨大的损失。仅仅是"陈毅是一个好同志"这句话，就像在寒冬里有一股春风温暖了许多老干部的心。在现实生活中，因一些捉风捕影、无中生有的议论，就伤害了很多人。对人才一定要信任，也要严格要求和必要的监督，对他们的突出不足要善意提出批评。要通过制度管人才，做到既有信任鼓励也有监督，既要勤政也要廉洁，既要愿意干事，又要干净做事。

关心对于人才成长来说也是很重要的。关心主要是工作上的关心、生活上的关心和政治上的关心。工作上的关心主要是对其工作条件的关心，工作业绩的关心，职业生涯发展的指引等。生活上的关心主要是对其身体的关心，对福利的关心和对其家庭的关心。政治上的关心主要是对其加入工会组织或加入党组织的关心。

尊重后勤员工是稳定后勤队伍、充分调动后勤员工工作积极性的重要方面。当我们感到后勤工作没有做好或后勤企业没有发展好时，最好不要简单批评，而应该深入了解情况。世界的主要劳动者是由工人、农民和知识分子所组成,由脑力劳动者和体力劳动者所组成。无论社会如何进步,我们都不可能取消简单劳动、体力劳动和重复劳动,不可能取消目前这方面的劳动仍相对比较多的后勤工作。因此,尊重后勤、尊重一切劳动者是我们应有的修养和文明。暨南大学对合同职工(企业编制员工)管理非常重视,曾多次召开过该校合同职工先进集体和先进个人表彰大会,校领导亲自为他们颁奖,许多合同职工对领导的关心非常感动竟在颁奖大会上流下了眼泪。在一年一度的"环卫节"上,中山大学的校领导或总务处领导和后勤集团的领导都亲自上门慰问环卫员工,让环卫员工感到很温暖,这都充分说明了尊重的巨大作用。

良好的成长环境是综合性的,有良好的工作条件、良好的待遇不一定能有好的工作成果,还要有正确的引导,并容忍失败。后勤人才与其他企业家一样,要取得创新性成果需要有一个过程,需要各方面的积极配合。

有一个良好的工作环境和生活环境,应该人才的稳定性会明显提高,但也不是绝对的。一定比例的人才流动(大概在5%)对于后勤企业不断更新人才队伍应该是好事。人才的不稳定甚至要执意离开这个单位应该有一个过程,如工作注意力不集中,请假过多,牢骚话较多等。对于所发现的不稳定苗头,要及时采取措施,如直接或间接跟人才本人沟通,了解他的真实想法,并分析这些想法哪些是因对单位不满所引起的。是人才一定要再三挽留。如再三挽留不成功之后,在人才离开单位之前要很好听取他对单位工作的意见和建议,以便单位及时改进工作。也欢迎准备离开单位的人才有机会多回单位指导。"人为知己者死","良禽择木而栖,贤臣择主而仕",如果你身边的人才能认可你并且愿意为此而奋斗终生,你留住人才的政策就成功。

只有珍惜人才、善待员工才能留住人才。要通过"事业留人、感情留人、待遇留人"等,千方百计稳定有用的人才特别是核心人才。企业人才主要不是看他的学历而是看他的品德、能力和业绩。美国心理学家马斯洛认为,人的需求分为生理需求、安全的需求、交往的需求、尊重的需求和自我实现的需求。自我价值实现的需求可以理解为是对事业的追求,尊重的需求可以理解为是心理的需求,生理的需求可以理解为对收入等基本的需求。在当今双向选择的用工制度下,在许多后勤服务业待遇不是很高的条件下,要留住有用人才,一定要多在"事业留人、感情留人"上做文章,多做暖人心的工作。"领导把我当牛看,我把自己当人看;领导把我当人看,我把自己当牛看",要真正做到"以人为本",努力维护员工的合法权益。当我们感到人才流失严重的时候,我们应该很好问问自己,我们对手下的员工关心得如何?了解得如何?他们不愿意留在这个单位工作的主要原因是什么?有些企业每年都有不少恶性劳动纠纷的发生,并由此造成不应有的经济损失和形象损失。这样的人才环境,怎么可能会留住人才呢?

一些单位后勤人才的流失也与住宿条件太差等有很大关系。

另外,制度管人是现代管理的基本方法之一,要做好后勤服务业的人才工作和人力资源管理工作,一定要建立健全有关规章制度并切实加以落实。如考勤制度、岗位责任制等。

公正、合理的薪酬分配制度对稳定队伍、激励员工作用很大，要给予高度重视。在实际工作中，不同工同酬、不按劳分配、不奖罚分明、干好干坏都一样等都是不利于调动员工工作积极性并在实际工作中造成很多消极后果，管理混乱的后果是有更多的人才流失。

改革开放初期，广东"逃港"、"逃澳"的现象仍相当严重，邓小平知道后没有将其"上纲上线"，而是一针见血地指出，这是我们的政策有问题。改革开放以来，正是因为有了正确的路线和合理的政策，才有了今天的大好局面。今天，后勤服务业也要通过制定合理的政策来吸引人才和稳定人才。

"水能载舟也可覆舟"，人是生产力中最活跃的因素，我们不仅要发挥单个人才的作用，更要发挥群体人才和全部员工的作用。而没有满意的员工就不会有满意的服务。人的潜力是很大的，如果将人心理顺了，其能量是不可估量的。理顺人心就是要让后勤员工（人才）看到前途，看到奔头，开心工作，越干越起劲。

第八节　管理人才

管理人才就是引导人才健康成长并充分发挥作用，而不要"出事"。在现实中，因为"贪"而落马的各类干部并不少，不仅给国家带来了很大损失，对个人也是一件很遗憾的事。后勤是管钱管物的单位，更应该警钟长鸣。

管理人才是党管人才的重要内容。

"用人不疑，疑人不用"，这句话是鼓励领导充分发挥下属的作用。但现实告诉我们，如果我们不经常对下属进行教育和有效管理，并进行必要的监控，就是对人才的不负责任。

管理人才的基本途径是教育、制度和监督。

一、教育

教育包括自我教育、组织教育、群众教育和现实教育。

1. 自我教育

自我教育是人才成长的基本途径。"手莫伸，伸手必被捉"，这是陈毅元帅著名的自警句。"戒贪、戒懒、戒虚"是许多领导干部的座右铭。

与许多西方国家相比，中国的政治思想教育所花的时间已经不少，但"落马"的干部仍时有所闻，这说明良好的外因没有通过他们的内因起到作用。

2. 组织教育

"党管人才"是我国的基本人才制度，组织是引导人才健康成长的主要引路人，要充分发挥党政工团妇组织的重要作用，多管齐下，引导更多的后勤人树立"人人皆可成才，人人尽展其才"的理念，走立志成才、岗位成才的道路，组成浩浩荡荡的成才大军，同时，用好现有的人才。许多"落马"后勤干部的深刻教训之一就是不珍惜组织教育，如党员不参加组织生活等。

3. 群众教育

"群众的眼睛是雪亮的"，后勤工作与人民群众息息相关，人民群众对后勤人才的优缺点往往都比较清楚，人民群众不仅是后勤人才成长的肥沃土壤，也是监督人才的重要力量，许多大案要案都是通过群众举报才发现的。

4. 现实教育

实践是人才成长的主要途径，调查研究是干部成长的重要工作方法，现实教育是最有效的教育。人们对中国特色社会主义的认可，主要是通过现实来认识的。改革开放以后，大大解放了人们的思想，就是通过对外开放，看到了我国与许多国家之间在生产力诸方面的巨大差距，也激励我们更加奋发图强。

二、制度

制度是保证人才健康成长的基本管理方法，制度应包括考察、制约等内容，内部控制制度就是一个较好的制度，尤其要注意建立廉洁自律的长效机制。如军队制定了《中国人民解放军基层后勤管理条例》、《中国人民解放军后勤装备条例》等。

三、监督

监督人才是必需的，监督人才就是爱护人才。作为后勤人才，组织重用你，群众拥护你，这本来是好事，但一定要谦虚，一定要虚心接受组织和群众的监督，防微杜渐，做一个让党和人民放心的后勤工作者，否则也可能会走向反面。

苏州大学教服集团毛波杰博士提出的后勤职业经理人应该具有"四事"：即"想干事、能干事、干成事、不出事"等特点，应该成为新时代后勤工作者的要求。

案例一

良匠无弃材　明主无弃士

得人者得天下，失人者失天下，知人善任才能成就大事业。用人高手刘邦不拘一格选拔人才，特别注重人才的多元性特点：攻城略地用韩信、出谋划策用张良、管理内政用萧何、六用陈平奇计化险为夷，最终以弱胜强打败项羽，建立大汉基业。

唐太宗李世民也非常注重人才的多元性特点并存。他明确提出："吾为官择人，惟才是与。苟或不才，虽亲不用，如其有才，虽仇不弃。"唐太宗尤其欣赏魏徵耿直的性格和出色的才干，摒弃前嫌，给予重用。魏徵后来也成为对唐太宗进谏最多的大臣，前后论及 200 余事。通过总结历代兴亡盛衰的经验教训，影响和造就了唐太宗的政治作为和帝王风范。

唐太宗用人，是根据实际需要而变化的，没有亲疏之别。这种用人之道，无疑可使大量的人才聚集在他周围。他对各种类型的人才，还善于因材使用，不责备求全。他还说："智者取其智，愚者取其力，勇者取其威，怯者取其慎，无智愚勇怯，兼而用之。故良匠无弃材，明主无弃士，勿以一恶忘其善，勿以小瑕掩其功。"对人各取其长，当然可使各类人都发挥作用。故用才者只有胸怀大局，注重人才的多元化特点并存，避免千人一面，才能迎来"百家争鸣，百花齐放"的人才繁盛景象。

案例二

职业教育撑起"瑞士制造"

说起"瑞士制造"，人们立刻会联想起走时精准的瑞士钟表和功能齐全的瑞士军刀。是什么支撑着高质量、高信誉的"瑞士制造"呢？其中一个重要的因素是，瑞士具有完善而高效的职业教育体系。

瑞士资源贫乏、国土狭小，在艰难的历史阵痛中，瑞士人认识到，在一无原料二无能源的情况下，只有靠高素质的能工巧匠创造产品的高附加值，才能使国家具有国际竞争力。目前，瑞士 95% 的原料和能源以及 65% 的消费品靠进口，经过加工，其中 70%～90% 的产品被增值高达几倍甚至几十倍在国际市场上出售。

瑞士各界很早就对"高素质劳动力即国家的核心竞争力"达成共识。1848 年，瑞士联邦宪法确立了职业教育的地位，明确联邦政府和公有企业有资助职业教育的责任。

在瑞士，与职业学校合作是企业求之不得的事情。学生实习不仅是免费的，还可以从企业得到一定补贴。校企合作令学校、企业、学生共同获益，真正实现了职业教育与就业市场的"无缝对接"。

瑞士中等职业教育、高等职业教育和普通教育衔接通畅，兼容性强。学生可从自身条件出发，灵活选择升学道路和发展方向。

在瑞士国民的人才观中，经过严格的实践培训，具有一技之长，能够满足工作岗位需求的人就是人才，并不是只有接受过高等教育才是人才。而高学历的"屈尊低就"是一种教育资源浪费。

（摘自《中国教育报》2014 年 4 月 9 日版，本文有删减）

第十一章 后勤人才与谋略

第一节 谋略的定义、作用和种类

一、定义

谋略就是在各领域解决繁杂问题、取得胜利的计谋策略。其实质是通过运用智慧，发挥主观能动性，自觉地驾驭斗争局势，掌握主动权，以达到克敌制胜的目的。

二、作用

后勤服务是一种保障性服务，如何少花钱多办事，需要讲究谋略。后勤管理牵涉面很广，如何做到有效管理也需要讲究谋略。后勤企业是经营型服务，是后勤经济的一部分，如何在竞争中生存和发展更需要讲究谋略。有竞争就有谋略。我国现代后勤服务业起步虽晚，但发展很快。要在不远的将来，后来居上，赶上和超过世界先进水平，也必须讲究谋略。

《孙子兵法》已经明确告诉我们，"上兵伐谋"、"不战而屈人之兵"。当我们在经营上遇到各种各样难题时，甚至感到束手无策时，多是谋略水平不够所致。任何企业或个人的发展，要取得成功，必须首先要树立"以智取胜"的理念，善于用谋。马云利用互联网技术超过了李嘉诚成为华人的首富，也是"以智取胜"的典型。

三、谋略的种类

（1）政治上的谋略称为政略，军事上的谋略称为韬略。
（2）从横向上来分为政治谋略、军事谋略、经济谋略、文化谋略、外交谋略、人生谋略、经营谋略等。
（3）从纵向上来分为宏观谋略和微观谋略。
（4）从时间上来分为长远谋略、近期谋略和眼前谋略。
（5）从层次上来分为国家谋略、组织谋略和个人谋略。

第二节 中外谋略的部分历史

一、中国

1. 部分中国古代谋略精华

中国自古以来就是一个讲究谋略的国家,其著名人物如群星璀璨,并且留下了大量的智谋典籍,如《论语》、《孙子兵法》、《孟子》、《老子》、《三国志》和《三国演义》、《三十六计》、《易经》、《战国策》等。中国古代谋略的特点是军事、政治谋略占有重要地位,如孔子、孙子、老子等的思想,刘邦和项羽的谋略,等等。但经济、科技、文化等方面的谋略显得不足,并由此影响到中国后来的发展。

孔子被誉为世界文化巨人,他的高明的治国之道、教育谋略、人生哲理等至今闪烁着光辉,甚至1988年在法国举行的世界诺贝尔奖获得者大会上,所发表的《巴黎宣言》中有这样一句话:"人类如果要在二十一世纪继续生存下去,必须回过头到2540年去吸取孔子的智慧。"作为后勤服务业,孔子的思想也有很多值得我们继承和发扬,比如:

(1) "有朋自远方来,不亦乐乎"。中国具有悠久的好客传统,酒店、餐饮就是好客企业。有客就有财,有客就有信息,有客就有活力。要服务业有客,就首先必须"好"、热情欢迎,并提供周到服务。

(2) "和"。"和"即"以和为贵",中国的传统文化是和气生财,多一个朋友多一条路。我们的朋友遍天下等。现代服务业很讲究建立良好的客户关系和人脉关系,甚至有行家指出,酒店经营者与顾客、员工、供应商乃至竞争者组成战略联盟是在21世纪生存和发展的关键策略等,这些精神与"和"是一脉相承的。

(3) "人无远虑必有近忧"。"远虑"就是战略,就是对事业发展进行全局性、长远性的谋划。后勤服务业的发展首先是"战略决定成败",在这基础上才是"细节决定成败"。

(4) "中庸之道"。"中庸之道"是孔子的重要思想。如果把"中庸"理解为合适、恰当,不左不右、不偏不倚,那是对的。后勤服务讲究合适,既不要过度服务,也不要不及服务,一切以宾客的需要为前提。但如果把"中庸"理解为不敢冒尖、不敢创新,那就值得商榷了。

其他如"欲速则不达"、"只见小利则大事不成"、"小不忍则乱大谋"、"工欲善其事必先利其器"和"做任何事情都不要功亏一篑"等重要思想也是很重要的。

但孔子也有一些思想在今天看来是欠妥的。如:"劳心者治人,劳力者治于人。"如果我们把"劳心者"看成是脑力劳动者,把"劳力者"看成是体力劳动者。体力劳动不仅是社会存在的基础，也是保持人体健康的重要条件。目前许多后勤工作，对于体力还是有相当的要求。但没有劳心者，社会就不能更快进步，社会更多地依靠"劳心者"是历史发展的必然趋势，但不能因此成为不尊重体力劳动的理由。"尊重劳动"是社会主义核心价值观的重要内容，马克思设想的共产主义，消灭"三大差别"是重要条件，"三大差别"之一就是体力劳动者和脑力劳动者的差别，现代的后勤工作很多都要求既能从事脑力劳动，也能从事体力劳动，"能文能武"。现在很多劳动方式，脑力劳动和体力劳动已经没有很明显的界限，脑力劳动中有体力劳动，体力劳动中有脑力劳动。如科学家攀登科学高峰，不仅要求有较强的脑力，而且要求有较强的体力，只不过是以脑力劳动方式为主。许多平凡劳动，如电工等，经常要到室外作业，不仅对体力有更高的要求，对技术也有严格要求。

轻视平凡劳动，轻视体力劳动，轻视做好小事，缺乏吃苦耐劳精神，见异思迁，急于求成，是当今一些年轻人的弊病，也是很难在后勤服务业有所作为。习近平总书记于2015年4月28日在庆祝"五一"国际劳动节暨表彰全国劳动模范和先进工作者大会上的讲话中，代表党中央阐述了劳动光荣、创造伟大的深刻思想。他说："劳动是人类的本质活动，劳动光荣，创造伟大是对人类文明进步规律的重要诠释。正是因为劳动创造，我们拥有了历史的辉煌；也正是因为劳动创造，我们拥有了今天的成就。""在我们社会主义国家，一切劳动，无论是体力劳动还是脑力劳动，都值得尊重和鼓励；一切创造，无论是个人创造还是集体创造，也都值得尊重和鼓励。"习近平总书记的这番话，应该成为每个公民特别是每个青年人的座右铭。

老子也有很多精辟思想，如"无为而治"就是一个很高的境界。我们有些后勤企业，整天很忙乱，繁杂事也很多，不是水管破裂，就是下水道堵塞；不是空调制冷效果差，就是墙壁霉点太多了。这样的管理离"无为而治"相差太远了，也不会有好的经济效益。后勤工作本身会有很多繁杂事，我们一方面不惧怕繁杂事，另一方面不能认为这是"天经地义"的，而是要想办法如何才能"化繁为简"。如餐厅传菜是一个必要的环节，但日本寿司就创造了自动化送菜线，即"产品"放在自动送菜线上，由顾客自由选择。

2. **部分近代谋略精华（1840—1949）**

中国是世界四大文明古国之一，曾经在多方面遥遥领先于西方许多国家。但主要由于长期实行封建制度和中国传统文化的消极因素等原因，大体从明朝中期（郑和下西洋结束后）由于闭关锁国、夜郎自大就渐渐发展缓慢并逐步落后于工业文明兴起的英国、美国等西方国家了。特别是从1840年第一次鸦片战争以后，中国逐步沦为半殖民地半封建的国家，在这过程中，腐败的清朝政府与西方列强签订了许多不平等条约，不仅被割让了大片国土，而且赔款达到几亿两白银。特别是1894—1895年的甲午战争，中国败给日本并与日本签订了十分屈辱的《马关条约》，中国的国力由此加速走向衰败。1937年7月7日开始的日本全面侵华战争，妄图在三个月内灭亡中国，尽管中国经过长达八年的抗战最终取得了胜利,但也使中国遭受了3500万人的伤亡和超过5000亿美元的巨大财产损失。

以孙中山为代表的先进中国人为了拯救中国,提出了"振兴中华"的口号,并且成功进行了辛亥革命,推翻了清朝统治,为中国的进步打开了闸门。晚年他提出了联俄、联共、扶助农工的三大政策,并且认为三大政策是实行三民主义的唯一方法,再三呼吁"革命尚未成功,同志仍需努力"、"和平、奋斗、救中国",他的遗嘱是"必须唤起民众,及联合世界上以平等待我之民族,共同奋斗"。

孙中山不仅是革命的先行者,而且也是现代化建设的先行者。孙中山先生写下的著名《建国大纲》,为我国近代化和现代化描绘了蓝图。他亲手创办的黄埔军校和中山大学(原广东大学),对振兴中华具有很重要的意义。他提出的很多正确思想,对今天我国的现代化建设仍有很重要的借鉴作用。孙中山提出的"人尽其才、物尽其用、货畅其流"和"世界潮流,浩浩荡荡,顺之者昌,逆之者亡"等思想对后勤服务业发展具有重要指导意义。

蒋介石是中国近、现代史上的一位很重要的人物。特别是在抗日战争期间,国共两党携手合作赢得了近代以来第一次反抗外敌入侵的完全胜利,并成为中华民族由衰败走向复兴的起点。另外,民国时期所发展的后勤管理理论,也是中华民族所创立的后勤理论的重要组成部分。

新民主主义革命时期(1919—1949)是中国谋略历史上的一个高潮期。中国共产党从最初只有几十名党员,并经过多次严重挫折,仍能不断发展壮大。中国共产党所创建的军队从秋收起义攻打长沙失败后创建井冈山革命根据地之前只剩下900多人,到后来不断发展壮大并创建了中华人民共和国,创造了对中华民族振兴具有永久意义的"井冈山精神"、"长征精神"和"延安精神"等,其许多成功谋略值得我们很好尊重和借鉴。

在这个时期,留下了许多经典谋略著作,特别是《毛泽东选集》1~4卷、《周恩来选集》上册和《孙中山全集》等。

3. 部分现代谋略精华(1949—现在)

新中国成立以后特别是改革开放以来至今天,又是中国谋略历史的又一个高潮期。

新中国诞生以后,毛泽东主席就告诫全党,要求共产党员务必继续保持谦虚谨慎、不骄不躁的作风,继续保持艰苦奋斗的作风。经过了60多年的检验,共产党领导中国人民不仅医治了战争的创伤,在朝鲜战场上打败了武装到牙齿的以美国为首的多国部队,成为世界上战斗力最强的军队之一。成功走上了社会主义道路之后,继续在探索中不断前进,既取得了显著成绩,也遭受过严重挫折。党的十一届三中全会以后,中国共产党实事求是地纠正了自己的错误,坚定不移地走中国特色社会主义道路,仅仅用了30多年,就一跃成为世界第二大经济体,并且继续为实现中华民族伟大复兴的"中国梦"而奋斗。中国的现代服务业也在这过程中得到了长足发展。"中国模式"令世界刮目相看。

中国后勤事业的发展与国家现代化发展的大局息息相关。在这个时期，也留下了许多经典谋略著作和后勤精辟思想，特别是《周恩来选集》下册、《邓小平文选》、《江泽民文选》和胡锦涛、习近平的有关著作或讲话等。

中国后勤服务业的发展应该从中国的谋略历史中很好吸取养分，这就是如何能做到"从无到有，从小到大，由弱到强"。关键是思想上政治上的路线正确与否。

4. 西方国家的主要谋略

尽管西方国家的古代文明史比中国晚了很多年，但西方国家的现代文明史却比中国早了很多年。西方国家有很多谋略是值得我们学习和借鉴的。由于篇幅问题，我们不可能很详细介绍。但有几点是必须清楚认识的：

（1）西方的主要谋略思想有理性精神、法律制度、宗教信仰、利益至上、开拓意识等。

（2）影响世界历史进程的第一次工业革命是发生在英国，第二、第三次工业革命是发生在美国。而美国是哥伦布发现新大陆以后于1776年建国的，至今才近240年的历史。

（3）影响人类历史进程的伟大科学家、经济学家和企业家，都是来自英国、美国等西方国家。如牛顿、法拉第、爱迪生、爱因斯坦、亚当·斯密、比尔·盖茨等，经济学、管理学、人力资源管理学等众多学科以及后勤概念的提出、《理论后勤学》的创立、物业管理等也是主要来自于西方国家。

（4）近代世界上先后领导过世界潮流的10个国家，即意大利、西班牙、葡萄牙、荷兰、英国、德国、法国、俄国、日本和美国。这些国家有许多仍是当今世界上最强大的国家。我们要很好学习他们的谋略。

（5）日本与中国一衣带水，是中国的主要邻国，它的国土只有37.8万平方公里，人口1.29亿，但目前仍是世界上最发达的国家之一。日本在中国面前曾扮演过学生、朋友、老师和敌人甚至是最凶恶敌人等多重角色。日本原来是中国的学生，1868年日本明治维新成功后，迅速走向了现代化。并最终走上了军国主义道路。日本当时跟美国较量是用航空母舰和飞机等，是工业国之间的较量。而中国当时的国力只能主要跟日本打游击战、运动战和少量的阵地战。1945年日本战败后在废墟上经过了30多年的努力，又重新崛起成为世界强国之一，先后成为世界第二、第三大经济体。中国一直到几乎抗战胜利70年后才有航空母舰。我们应该很好承认我们还有很多不足，中国在高度警惕日本军国主义复活和毋忘国耻的同时，确实仍要继续很好学习日本"技术立国"、"创新立国"和在资源贫乏的条件下成为世界强国等谋略。

（6）美国于1776年才建国，但它不仅在国民生产总值上长期领跑世界、在科学技术方面领跑世界（很多诺贝尔科学奖主要被美籍科学家所获得），在高等教育方面领跑世界（世界一流大学很多是在美国），在后勤服务业方面也领跑世界。如美国的酒店管理在世界上处于前列,"后勤"一词是美国的创造,后勤社会化我们更多的是借鉴美国的模式。所以,我们特别要很好学习美国的谋略。

(7) 面对中国和西方国家曾有的巨大差距,有些知识分子曾提出了"全盘西化"的主张,这是片面的,也是行不通的。实践是检验真理的唯一标准。马克思主义况且要与中国的实际相结合,中国革命才能成功,在中国的现代化进程中,西方国家的谋略精华也要结合中国的实际才能开花结果。对后勤服务业也是如此。

(8) 西方国家都很重视学习中国的谋略精华。如《孙子兵法》和《三国演义》等。我们绝对不能妄自菲薄、顾此失彼。在虚心学习西方谋略思想的同时,也要很好继承中国丰富的谋略思想。达到中西交融、取长补短、才能发展得更好。

中国近代服务业的出现并不晚,尽管由于种种原因,我国现代服务业的起步是晚些,但只要方向正确,谋略正确,加上有先进的政治制度,我们是可以做到捷足先登、后来居上,我们对追赶世界服务业先进水平要始终充满信心并且扎扎实实作出不懈努力。

第三节 谋略的一般规律

任何事物的发展都是有规律的,谋略也不例外。

一、奇正相生律

战不过攻守,法不过奇正。奇正相生,变化无穷。所有谋略无非就是奇正变换的结果。"奇"和"正"互相转化,可以衍生出无穷无尽的谋略来。"奇正相生"是一条重要的谋略规律,而且是一条"母规律"。

正确理解"奇正相生",需把握以下几层意思:

(1) 以正为本。
(2) 以奇制胜。
(3) 奇正相生。

以奇制胜包括:

俗禁时犯,求奇时;
险中求胜,求奇地;
跳出常规,求奇法;
超常用器,求奇技。

以"奇"达到出其不意,攻其不备。

用"兵"之法,贵在不复。

把握"奇正相生"规律,活用奇正相生法,是现代经营者和决策者必须掌握的艺术。

民国初年，贵州茅台酒还不被世人所了解。茅台酒商人在一次参加万国博览会，眼看博览会就要结束了，来光顾茅台酒的客商还很少。在这危急关头，茅台酒商人灵机一动，当着许多客商的面将一瓶茅台酒摔在地上，结果茅台酒芳香四溢，酒惊四方，马上引来了许多客商。从此，茅台酒才很快被世人所了解。

二、利害相衡律

谋划谋略的过程，实际上也是权衡利害、趋利避害的过程。围绕利害去出谋划策，是谋略的一个基本规律。孙子早说过："智者之虑，必杂于利害，杂于利而务可信，杂于害而患可解。"他告诫统帅："主不可怒而兴师，将不可愠而致战"，"合于利则动，不合于利则止。"美国人认为，没有永恒的朋友，也没有永恒的敌人，有的只是永恒的国家利益。可见，权衡利害是一切谋略家运筹和决策的基本原则。利害相衡，就是决策者从总体上权衡利害，两利相权从其重，两害相衡趋其轻。

要真正运用好这个规律，需要把握以下几点：

（1）善于抵制诱惑，警惕陷阱。真正的谋略家都懂得控制自己的欲望，保持理智。如美人计、贪小便宜甚至经济犯罪等。

（2）敢于牺牲和放弃。毛泽东为中国革命的胜利牺牲了6位亲人。"西安事变"爆发后，张学良扣押了蒋介石，当时共产党内群情激奋，主张枪毙蒋介石的人大有人在，但为了抗日救国大业，共产党最后理智地主张在蒋介石答应共同抗日后，"西安事变"和平解决，从而促成了抗日民族统一战线的形成。

（3）不做无谓的牺牲，正确判断什么是大利，什么是大害。在现实生活中，这些例子是很多的，抗日战争初期，国民党片面抗战，死守城市，结果伤亡很惨重。而共产党的战略战术是"打得赢就打，打不赢就跑"，"以消灭敌人的有生力量为主，不要舍不得那些坛坛罐罐"。毛泽东在著名的《论持久战》中提出了"保存自己、消灭敌人"的辩证思想。他认为，保存自己是为了消灭敌人，而只有大量地消灭敌人，才能有效地保存自己。今天，这类事仍不断发生，如身体与工作的矛盾，只有身体好才能工作好，而只有工作好身体好才有价值。那种只顾工作不顾身体是不对的（无谓牺牲），只顾身体不顾工作也是不对的。又比如，有勇无谋甚至为一些小事造成无谓牺牲的事比比皆是。

（4）打好利害牌。这里的关键是打好国家的利害牌还是个人的利害牌。雷锋一生中所做的事情都是小事，但都是有利国家有利人民的好事。有的人凡事从个人立场出发，甚至为了个人利益不惜出卖党的利益，如叛徒等。

三、刚柔相济律

一般而言，"刚"指刚强、勇敢、敢碰硬，多带有攻击性质；柔指柔弱、退却、重策略，多带有防御性质。

诸葛亮指出:"纯柔纯弱,其势必削;纯刚纯强,其势必亡;不柔不刚,合道之常。"

高明的谋略者无不善于运用"刚"和"柔",刚柔兼备,以柔助刚,刚柔互补。刚柔相济,实际上是把握好"度"的问题。

四、长短互补律

长短互补包含两层意思:

时间上的长短互补,即深谋远虑与急中生智相结合;

手段上的长短互补,即长处与短处要有机配合,如:

(1) 扬己之长补己之短。

(2) 扬己之长避己之短。

(3) 以己之长击敌之短。

(4) 避敌之长击敌之短。

(5) 以己之短诱敌之长。

(6) 扬己之短抑己之长等。

在敌我双方长短问题的谋略上,可以演绎出许许多多威武雄壮的活剧来。

每个后勤实体如酒店都有自己的长处和短处,有的酒店位置好,但客房数少或停车位置少。有的酒店环境好但离商业区又比较远。如何扬长避短、将酒店经营得更好,需要酒店职业经理人的谋略。

五、优劣互换律

谋略就是追求自己从劣势转化为优势,实现"优劣互换"。

优与劣不是绝对的,强弱只具有相对性,某一方面的强不等于所有方面都强。

优与劣的转换必须具备一定的条件:

(1) 主观能动性的发挥。

(2) 各种有利条件的创造。

(3) 正确的战略战术。

"优劣互换"是一个主观能动的过程,积小胜为大胜,是实现优劣互换的主要手段。

六、攻防互助律

进攻和防御是竞争的最基本的两种方式。攻中有防,防中有攻。仅有进攻或仅有防御都是不妥的。进攻是防守的转机,防守是进攻的手段。

攻防互助规律主要包含三层意思:

(1) 以攻助防,积极防御。进攻往往是最好的防御。

（2）以防助攻。当己方的总体实力优于敌方而采取攻势时，有时可以辅以守势，从而更有利于达到自己的核心目的。

（3）攻防互换。在现代竞争中，谁获取了主动权，谁就有可能取得胜利。进攻是一种主动式的手段，防御是一种被动式的手段，但防御者如果敢于采取积极的攻势行动，寓攻于防，就能变被动为主动，变不利为有利，达到防御的真正目的。

只有采取"以攻为守"、"攻守互寓"的策略，才能即使自己不败，又能获胜。

在后勤企业经营中，维护老客户是"守"，开拓新客户是"攻"。维护现有"地盘"是"守"，集团化发展、开拓新领域是"攻"。

七、虚实互换律

"实"指与实际相符，"虚"指与实际不符。在实际的竞争中，"兵不厌诈"的现象是很多的，即双方采取欺骗的手段，隐瞒真相或真实目的。如《孙子兵法》中所说："能而示之不能，用而示之不用"，像"声东击西"、"瞒天过海"等，都是现象和本质的不一致，需要决策者根据所掌握的信息去辨别真假、区别虚实。同时，正确运用虚实互换律，达到迷惑对方，给对方造成错觉从而赢得胜利的目的。

第四节　谋略的原则和运筹

一、谋略的原则

就谋略本身而言，它是没有阶级性的。我们在学习和运用谋略时，一定要坚持这样的原则，对党和国家、对人民、对朋友、对同事用正谋。既要堂堂正正用谋，又要时时处处提防阴谋。当前一些地方受骗的人不少，其中一个重要原因就是没有任何警惕性。

谋略的原则主要有：以正治国、以奇制胜、经商以信、交友以诚、重大贱小、尊阳鄙阴、顺势应势、先谋后动。

人类的发展史，就是一部谋略的创造史和实践史。今天，我们要实现后勤服务业和中华民族的更大发展，也必须谋略为先。

谋略不是阴谋，口蜜腹剑、口是心非、两面三刀、阳奉阴违等，这些是阴谋家惯用的伎俩。如"语录不离手，万岁不离口，当面说好听，背后下毒手"。

谋略是工具，与善恶无关，但却与用谋者的立场、目的有关，它更注重客观效果。

如何判断是阳谋还是阴谋，正确用谋有哪些标准呢？

1. 政策标准

施计用谋要符合历史发展规律，符合时代发展需要，符合社会主义道德水准，严格区分两类不同性质的矛盾。

2. 有利标准

在政策、法令允许的范围内，以最小的代价，花最少的精力，冒最小的风险，取得最佳的效益，为国为民，无利不谋，这是正确用谋的出发点和原动力。

二、谋略的运筹

谋略的运用千古不同局，谋略的运筹因时、因地、因人而异，有着鲜明的个性特性。即使同一谋略，由于时间、地点和对象的不同，内容和形式也大不一样，所取得的实际效果也差别很大。这就是谋略运筹的独特性、复杂性和绝密性。党的思想路线是一切从实际出发，实事求是，理论联系实际，主观符合客观。谋略也必须一切从实际出发。

三、谋略运筹的主要规律

1. 科学的观察

（1）高明巧妙的观察方法。

（2）细致入微的观察方式。

（3）洞察现象的观察技巧。

高明的谋略者必须做到观察入微，能够一叶知秋，一斑知豹，后勤的主动性和及时性往往体现在这些方面。谁看得细、看得深，谁就能够制定出高明的谋略。

要善于识别假象。假象是正确谋略的一大障碍。当我们在做出决策时，我们首先要核实，我们做出决策的情报依据准确真实吗？

具备了高明的观察事物的方法，研究谋略、制定谋略就可以见常人所未见，闻常人所未闻。

2. 科学的思辨

科学的思辨方法，主要是指辩证方法和创新方法，要提高谋略能力，就必须真正掌握唯物辩证法，并提高创造性思维的能力。

（1）多角度思考。逆向思维和侧向思维往往可以看到别人所看不到的现象，解决别人解决不了的问题。如法拉第认为，电能产生磁，那磁是否可以产生电？根据这个思路，他经过了多年的实验，终于有了重大发现。

（2）主动灵活。灵活性是与主动性联系在一起的。只有灵活才能主动，主动也给灵活创造了更多的条件。当年红军是"有什么条件打什么仗"，所以争取了主动。党的十一届三中全会以后，党领导全国人民坚决把工作重心转移到经济建设上来，解放思想，一切以实践作为检验真理的唯一标准，充分肯定了"时间就是金钱，效率就是生命"的口号，实行了灵活的政策策略，如大包干等。有力促进了生产力的发展。

（3）分析矛盾。分析矛盾是辩证思维的基本功。分析矛盾就是分析现实生活中的众多矛盾，哪些是主要矛盾，哪些是次要矛盾。为什么说当年的"西安事变"要和平解决，因为当时主要矛盾已经由阶级矛盾转化为民族矛盾，我们的共同敌人是日本帝国主义而不是蒋介石。

（4）权衡利害。唯物辩证法认为，事物矛盾的双方在一定条件下都会向对方转化。弱可以变强，强也可变弱。穷可以变富，富也可变穷。后勤服务业的发展也是如此。我们一定要权衡利弊，因势利导，使事物的变化朝着有利于我们的方向发展。

3. 科学的预见

预测的艺术在谋略中显得尤其重要。

古人云："凡事预则立，不预则废"，"为之于未有，治之于未乱"。预测艺术的高明与否，直接关系到谋略水平的高低，关系到事业的成败。要提高预测艺术，就必须做到：

（1）全面深刻地把握客观事实。
（2）丰富的理论素养。
（3）着眼长远问题。
（4）预想多种可能。

4. 产生高明的谋略方法

掌握了科学的观察方法、思维方法和预见方法，再制定谋略，就有了想出超过常人的奇谋妙计的客观基础。高明的谋略方法，不是按照常理、常规、常法推导出来的东西，而是相反。如《三国演义》中的赤壁之战。

（1）非常规。谋略的运筹者需要反常用谋，勇于谋别人所未谋，出别人所不意，走别人熟悉的路，成功的概率是很小的。名牌大学生去养猪种菜，曾引起非议，但不少大学生就在这些领域干出成绩，如暨南大学硕士研究生陈海斌等。

（2）非常理。谋略中的一般原理为天下人所熟知，谋略者很容易形成思维定势，但如果反其道而行之，则常常可以出好谋略。如兴建酒店，按照传统理念，位置是非常重要的，但现在有些酒店，却建在生态环境很好的山上（如马来西亚的云顶酒店），一样取得了很好的效益。

（3）非逻辑。谋略的方法不仅有正常的逻辑推理方法，还有非逻辑方法。非逻辑的谋略方法包括形象思维、灵感和直觉。

四、提高谋略水平的途径

谋略修养有一定的套路和方法，掌握了这些基本套路和方法，再加上勤于思考、善于运用，每个人都可以成为本行业的谋略家。

提高谋略水平的方法主要有：

1. 练识

练识，就是练学识。没有学识谈不上谋略水平，只有学识多才能生成智慧和谋略，如"田忌赛马"中的孙膑。

2. 练胆

提高谋略水平，胆量非常重要。因为谋划任何事物，都有一定风险。如果没有承担风险的勇气，就不可能有好的谋略。

（1）敢于决断。

（2）敢于冒险。

（3）敢于承担责任。

胆量来自于深思熟虑，来自于多谋善断。

卓越的领导者应有主见，敢于力排众议，当机立断。要有自信心，自己主谋的事情，敢于拍板立案。要善于权衡利弊，扬长避短，正确处理眼前与长远、局部与全局的利害关系。要有强烈的责任感，有胆有识，敢于冒必要的风险。要有坚强的毅力，不管是在艰难困苦之中，还是在发生重大变故之时，都能冷静思考，果断处事，勇往直前。

3. 练心

这里所讲的"心"指胸怀、气量、思维品质。要提高谋略水平，练心是绝对必要的。练心的总体要求是心要宽、要细。前提要求是心理素质过硬，心理品质良好。练心要做到：

（1）塑造宏大胸怀。

（2）培养缜密思维。

（3）锻炼心理素质。

（4）加强心理修养。

4. 练眼

眼光深远对于一个谋略者来说十分重要。眼光深远，观察事物的角度不同，得出的结论也不一样。要想提高谋略水平，不妨像老中医那样去观察事物（"望、闻、问、切"），并且做到：

（1）提高洞察能力。

（2）掌握思维技巧。

5. 练思

（1）培养辩证的、唯物的思维方法，思考问题坚持客观是第一位的，不能猜测、想当然，不要犯主观主义的错误。同时，思维是辩证的，一切都在运动和变化，矛盾的双方在一定条件下向对立面转化。

（2）大胆想象。一个有作为的谋略者，应该把进取作为最重要的目标。有进取精神才会有谋略的动力。

第五节 《孙子兵法》的主要谋略思想

一、简介

《孙子兵法》一直被尊为"兵学圣典"和享有"世界古代第一奇书"和顶尖韬略的雅誉。在当代社会,其影响更是扩大到政治、经济等众多领域。所以,《孙子兵法》不仅是兵家制胜的宝典,也是商家竞争的秘笈。《孙子兵法》中的许多谋略思想,对后勤服务业的发展和后勤人才的成长同样具有深刻的指导意义。

《孙子兵法》共13篇,6074个字。它们分别是:始计篇、作战篇、谋攻篇、军形篇、兵势篇、虚实篇、军争篇、九变篇、行军篇、地形篇、九地篇、火攻篇、用间篇。

二、《孙子兵法》谋略思想的精华

1. 知
(1) 知己知彼,百战不殆。
(2) 没有知识,没有见识,不了解双方的实力,无法打赢战争。
(3) 只要有"知",才能技高一筹。

2. 全
"全"是《孙子兵法》的核心思想,即用最小的代价,换取最大的胜利,就是"全利"的目标,就是"全胜"的策略。

3. 先
"先"是主动的含义,凡事必须争取主动,"先算、先行、先动、先发制人","先"在军事上有两层含义:
(1) 在战前先造成有利的态势。
(2) 要比敌人抢先居于有利的态势。
要达到这样的目的,就不仅要先知,而且还要有先行(行动)。

4. 善
其含义主要有:
(1) "擅长"或"善于"。
(2) "美好"或"完美"。
完美的名将应该是,不仅让自己处于不败之地,而且还要想方设法地找到任何可能导致敌人失败的机会。只有遵循制胜的规律,才能成为胜败的主宰者。

以求"知"为起点,通过求"先"与求"全"的手段,最后达到求"善"的自高理想境界,这是《孙子兵法》所留给我们的竞争文化的精髓。

第六节 《三国演义》的主要谋略思想

一、简介

《三国演义》是明朝罗贯中根据《三国志》和民间的一些材料所写的长篇历史演义小说。《三国演义》所叙述的,以东汉末年汉献帝登基后的公元190年为起点,以魏为晋所篡以及吴被晋所灭后的公元280年止近100年的时间里,汉朝所发生的群雄争斗并逐步形成魏、蜀、吴三国鼎立以及它们最后走向衰败的故事。

三国时代是"英雄造时势,时势造英雄"的时代,也是谋略取胜的时代。《三国演义》被誉为"灵活而远大的谋略学",是我们学习谋略的重要教科书之一。

二、主要谋略思想

《三国演义》中丰富的谋略事例,实际上很多是活用《孙子兵法》和《三十六计》等谋略思想并有所创新。

1. 重视谋略

无论是曹操还是诸葛亮等,都在不同场合告诫他们的下属要重视谋略,善于用谋,正确决策,并以身作则。

2. 重视人才

不能取胜是因为身边没有人才,特别是没有天下奇才。如司马徽对刘备说,你之所以至今尚无落脚之地,之所以未成大事,在于你左右没有贤人辅佐,没有经纶济世之才。

3. 要善于用人,唯才是举,知人善任

如曹操非常重用投降的关羽,诸葛亮大胆使用降将姜维,等等。

4. 用好人才,讲究用人艺术。

(1) 用人之长。

(2) 人才不是超人,不是完人。

有效的激励,包括通过"赏"、"功名"、"容"、"情"和"道"的激励等。

职能(职位和才能)相称,量才使用。

三、曹操的人才观

在《三国演义》中,曹操的人才观特别突出。曹操成就大业的三步中都没有离开人才。第一步,找到一块根据地,拥有自己的军队。第二步,挟天子以令诸侯,取得政治上的优势。第三步,在官渡之战中战胜了袁绍,统一了北方。

"争天下必先争人"，三下求贤令便可看出曹操对人才的渴求。在建安十五年（210）春第一次发布的《求贤令》中，他指出"唯才是举，吾得而用之"。曹操认为，用一贤人则群贤毕至，见贤思齐就蔚然成风，反之必众叛亲离，事业受损。

官渡之战打败袁绍，手下的亲信搜集到战前本营中一些人因怕打不赢而写给袁绍的欲降信，下属问如何处理。谁知曹操看也不看，让人一把火烧掉。曹操认为，"当绍之强，孤亦不能自保，况他人乎？"曹操以他气度如虹的肚量，使所有人大为宽心，也凝聚了众将之心，实际上也起到了难以估量的正能量作用。曹操如此宽宏大度，谋臣武将怎能不肝脑涂地，以死相报呢？

"善用人者能成事，能成事者必用人。"综观曹胜袁败的演变过程，可以看出，袁绍与曹操虽然都是在汉末乱世中崛起的人物，但袁绍心胸狭窄，刚愎自用，"外宽内忌，好谋无决"，而曹操广开进贤之路，广纳天下英才，以宽广的眼界对事，以宽阔的胸怀对人，"引才引心、留才留根"，方能长久地赢得人心。作为一个领导者来说，气量比才干更重要，有才干者为人所用，有气量者才能用人，才能海纳百川。

正是因为曹操这种人才观念，其帐下才会"谋臣如雨，猛将如云"。截至曹操去世前，他的谋士共102人。曹操的文臣武将的数量在三国中是最多的，因此曹魏政权的力量也是最强大的。

第七节　"三十六计"和谋略

"三十六计"最早见于《南齐书·王敬则传》，其中部分"计"是根据《孙子兵法》中讲的"诡道"原理延伸出来的计策。

"三十六计"共六套计，每套六种计。六套计分别是胜战计、敌战计、攻战计、混合计、并战计和败战计。

1. **胜战计**

瞒天过海、围魏救赵、借刀杀人、以逸待劳、趁火打劫、声东击西。

2. **敌战计**

无中生有、暗度陈仓、隔岸观火、笑里藏刀、李代桃僵、顺手牵羊。

3. **攻战计**

打草惊蛇、借尸还魂、调虎离山、欲擒故纵、抛砖引玉、擒贼擒王。

4. **混战计**

釜底抽薪、浑水摸鱼、金蝉脱壳、关门捉贼、远交近攻、假虞伐虢。

5. **并战计**

偷梁换柱、指桑骂槐、假痴不癫、上屋抽梯、树上开花、反客为主。

6. 败战计

美人计、空城计、反间计、苦肉计、连环计、走为上计。

对三十六计关键是熟悉它和灵活运用，如《三国演义》就综合运用了美人计、空城计、反间计、苦肉计、连环计、走为上计、欲擒故纵、擒贼擒王等多个计谋。"田忌赛马"的故事就出在"李代桃僵"这个计谋里。原来田忌将军和齐王赛马，逢战必败，经孙膑指点后，对出场马的先后次序进行了调整，就取得了三战二胜的结果。同样的条件，不同的组合就会产生截然相反的结局。这样的谋略对后勤服务业的发展同样具有启迪作用。

第八节 古今中外部分经典谋略

一、毛泽东的军事谋略

以毛泽东为代表的我国老一辈无产阶级革命家、军事家共同创造的毛泽东军事谋略思想，其内容之丰富、论述之深刻、运用之绝妙、成功之巨大，是古今中外军事家所无法比拟的。毛泽东军事谋略思想是辩证唯物主义在革命战争中的运用，是中外传统军事谋略的继承和发展，是中国传统军事谋略艺术发展的崭新阶段。

不仅毛泽东军事谋略思想对后勤服务业发展有重要指导作用，其政治谋略思想和经济谋略思想等，均有重要的启迪作用。如毛泽东的《实践论》、《矛盾论》、《中国革命战争的战略问题》等均为很多企业家所推崇。

后勤经济也是特殊的"战争"。在以现代化建设为中心的今天，后勤服务业要更好更快的发展，应该很好从毛泽东军事等谋略思想中吸取丰富的养分，打败各种各样"强大的敌人"。

二、邓小平现代化谋略思想

邓小平的现代化谋略思想，对我国的现代化发展具有根本的指导作用，自然对后勤服务业发展有着重要的指导作用。其主要内容有：

（1）解放思想、实事求是，坚持和发展毛泽东思想。

（2）社会主义的根本任务是发展生产力。

（3）面向现代化、面向世界、面向未来。

（4）把马克思主义的普遍真理与中国建设的具体实践相结合，走自己的路，建设有中国特色的社会主义。

（5）中国只要不走社会主义道路，就会死路一条。

（6）坚持四项基本原则是立国之本，改革开放是强国之路。

（7）社会主义的本质是解放和发展生产力，消灭剥削，消除两极分化，实现共同富裕。

（8）要警惕右，但主要是防左。

中国的现代服务业真正是从改革开放才起步的，尽管有很大发展，但离世界先进水平相比还有很大差距。只要我们明确方向，并坚定不移干下去，中国后勤服务业的现代化一定可以早日实现。

三、古代商业部分谋略精华

知地取胜，择地生财；
时贱而买，时贵而卖；
见端知末，预测生财；
薄利多销，无敢居贵；
雕红刻翠，留连顾客；
以义为利，趋义避财；
长袖善舞，多钱善贾；
奇计胜兵，奇谋生财；
居安思危，处盈虑方；
择人任势，用人以诚。

这些秘诀对后勤服务业的发展也很有启迪作用。如酒店是很讲究位置的，"知地、择地"对于酒店来说就是寻找最好的位置。

四、中国近代企业家的部分谋略

近代中国涌现出许多民族企业家，他们怀着"实业救国"的理想，在狭缝中谋求生存和发展，为民族工业的发展做出了突出贡献，其中最著名的有：张之洞（1837—1909）、胡雪岩（1823—1885）、张謇（1853—1926）、荣宗敬（1873—1938）、荣德生（1875—1952）、盛宣怀（1844—1916）、王炽（1836—1903）、穆藕初（1876—1943）、范旭东（1883—1945）、卢作孚（1893—1952）、乔致庸（1818—1907）、刘鸿生（1888—1956）、陈光甫（1881—1976）、唐廷枢（1832—1892）等。他们中有的被誉为一代钱王，有的被誉为中国商富，有的被誉为一代商圣，有的被誉为最优秀的银行家，等等。其中王炽还被当年英国《泰晤士报》评选的19世纪10年代世界首富中排名第四。另外，华侨企业家也是很重要的方面，其典型人物有中国第一位华侨百万富翁陈芳（1825—1906）、被誉为华侨的一面旗帜的陈嘉庚（1874—1961）等。

后勤企业也是企业，后勤经济也要讲究赚钱，企业家的追求是相通的，就是民族实业的振兴，追求利润的最大化。中国近代企业家的谋略，无疑对于我们有重要的启迪作用。

五、国外企业家的部分谋略精华

资本主义首先是在西方国家发展起来，现在世界上经济、科技最发达的国家也主要集中在西方国家。西方国家（包括日本）企业家们的谋略精华，是人类的共同财富。其部分典型人物有：

（1）集官、商于一人的铁路总裁——斯坦福。

（2）世界上最大钢铁王国的缔造者——安德鲁·卡内基。

（3）蜚声全球的波音飞机公司拓荒者——威廉·波音。

（4）美国计算机软件之王——比尔·盖茨。

（5）美国石油大王——约翰·D. 洛克菲勒。

（6）日本三菱工业的舵手——岩崎弥太郎。

（7）日本经营天才——坪内寿夫。

（8）勇于创新的索尼公司创始人——井深大。

（9）日本汽车工业的先驱——丰田喜一郎。

（10）苹果集团联合创始人——史蒂夫·乔布斯。

（11）被誉为日本"四大经营之圣"的松下幸之助、本田宗一郎、盛田昭夫、稻盛和夫。

六、现代企业家的部分谋略精华

中华民族能否真正自立于世界民族之林，很大程度上取决于中国企业家的状况、取决于中国企业能否更多地进入世界500强企业。

华人现代企业家的部分典型人物有：

（1）李嘉诚连续多年稳居全球华人首富的宝座，他是当代最成功、最杰出的商人之一。

（2）张瑞敏（1949— ）

男，汉族，山东省莱州市人，高级经济师。1995年获中国科技大学工商管理硕士学位，现任海尔集团董事局主席兼首席执行官。是改革开放后在中国本土成长起来的优秀企业家。

（3）王永庆（1917—2008）

台湾台北人，祖籍福建泉州。生于台湾。台湾著名企业家，被誉为台湾的"经营之神"。

（4）马云（1964— ）

马云，中国著名企业家，阿里巴巴集团、淘宝网、支付宝的创始人，2014年9月19日，马云所创立的阿里巴巴正式在纽交所挂牌交易，马云也成为华人新的首富。

他山之石，可以攻玉。后勤人才应该很好地从众多杰出企业家身上汲取养分，以他们为榜样，努力创造后勤服务业更辉煌的未来。

第九节　谋略在后勤人才中的应用

谋略在后勤人才中的应用主要是对后勤服务、管理和经营的谋略和对自己人生的谋略。

一、后勤管理的谋略

后勤是各行各业不可缺少的一部分，随着我国服务业的更快发展，后勤服务将更多依托购买服务。后勤管理的比重将越来越突出。如何选择和监管好优质社会服务资源，如何能做到管好用好后勤资源、努力建设现代后勤，都是后勤管理的重要职责。如中国人民大学后勤社会化改革采用"有所为有所不为"的谋略，核心后勤仍然"自办"，教工住房等充分利用社会优质服务资源，从而取得很好的成效。

二、后勤经营的谋略

（1）商场如战场。我们也可以说，后勤也是国之大事，不可不察。既然是国之大事，就要重视它、热爱它、钻研它并终身为其而奋斗。

（2）知己知彼，百战不殆。在后勤服务业，"彼"指市场、客户和竞争者等，"己"指自己的产品和服务。我们后勤服务业的产品越能满足客户的需要，有更多的客户愿意到自己企业消费，就是"打胜仗"。在这里，竞争者不是你死我活的敌人，而是合作者和共赢者。7天连锁酒店的理念是"从不竞争"，特别是从不通过降价来竞争。我们应该主要通过服务产品的特色和品牌服务来赢得客户。"彼"也应该包括对国际服务业发展趋势的了解，对国际先进服务业特点的了解，了解我们的差距，了解他们的优势，并通过我们的努力，尽快缩小这个差距。

（3）没有"知"就没有"胜"，所以，要努力在"知"方面下功夫。要努力学习后勤服务、管理和经营的知识，很好掌握后勤经济发展规律。在名校学习（如在境外或发达国家学习），在名企业学习（如在香港名酒店实习），通过实践来学习，这是许多人才的成长规律。

（4）"兵无常势，水无常形；能因敌变化而取胜者，谓之神"。我们把这个"敌"看作市场。根据市场变化和用户需求的变化而变化的服务和经营，才能不断取得更好的业绩。当今后勤服务业，标准化、个性化、精细化的服务，集团化、多元化发展已经是逐步普及了，但我们有一些后勤的服务仍停留在一般化方面。如果我们的后勤企业不是紧跟客户的需求变化而变化，我们就有被淘汰的危险。

（5）"以奇制胜"、"攻其不备，出其不意"就是要创新才能制胜。深圳兆能源股份公司董事长郭方宁当年怀揣 200 元从家乡广东梅州下深圳，曾在工厂做过瓷器，在酒店做过保安。他为一些酒店餐厅供应家乡的瓷器很受酒店欢迎，一些客户问，酒店除了瓷器之外，还需要很多用品，为什么你不做酒店用品供应呢？市场的需求促使他成为深圳许多酒店的用品供应商，并逐渐发展成为我国酒店用品供应的领航人之一。今天，他的志向是创办酒店用品的沃尔玛。他的成长经历和所取得的业绩，是创新的生动例子。创新并不神秘，创新就在我们身边。而市场需求是创新的重要源泉。他说："做企业与做人一样，有多大的胸怀，就能获得多大的成功。"

物流业与后勤息息相关。江苏镇江高新区的惠龙易通国际物流股份有限公司从 2003 年起专注于发展物流电商，创造了物流发展新的商业模式，并努力把惠龙易通打造成国内生产资料领域顶尖的物流电商平台。

（6）重视做好情报工作。《孙子兵法》认为，知彼太重要了，只有知彼，才能取得胜利。知彼的投入越大，作战的成本越小。甚至要求很优秀的人来充当情报人员。这个"彼"包括市场、客户需求和竞争者等。既要千方百计知彼，又要防止对方的"知彼"，所以要做好保密工作，并提高员工的忠诚度，同时要防止自己内部出现各类"间"。

（7）"人无远虑，必有近忧"、"不谋全局者，不足以谋一域"。后勤服务业的发展首先不能犯战略的错误。以什么特色立店？以什么品牌立店？如何定位？是多元化发展还是专一型发展？这些都是战略问题、方向问题。

三、后勤人才的人生谋略

人生谋略就是对自己一生的谋划和设计，做到少犯错误，多取得成就，无悔自己的人生，努力实现人生价值的最大化和为社会贡献的最大化。后勤人才的成长也必须讲究人生谋略。

1. 中外文化中的部分人生谋略

（1）有志者事竟成。

（2）一年之计在于春，一日之计在于晨，一生之计在于勤（青）。

（3）有志之人立常志，无志之人常立志。

（4）以兴趣始，以毅力终。

（5）三百六十行，行行出状元。

（6）与其花许多时间和精力去凿许多浅井，不如花同样时间和精力去凿一口深井。

（7）心向往之必专注之，心向往之必成功之。

（8）志、识、恒；安、专、迷。

2. 先贤们的人生感悟：

如果我们选择了最能为人类幸福而劳动的职业，那么，我们就不会为它的重担所压倒，因为这是为人类幸福所做的牺牲。

在科学的道路上是没有平坦的大道,只有不畏艰苦沿着陡峭山路攀登的人才有希望到达光辉的顶点。

——卡尔·马克思

天将降大任于斯人也,必先苦其心志,劳其筋骨,饿其体肤,困乏其身,行拂乱其所为,所以动心忍性,增益其所不能。

——孟子

世界是你们的,也是我们的,但是归根结底是你们的。你们青年人朝气蓬勃,正在兴旺时期,好像早晨八九点钟的太阳,希望寄托在你们身上。

…………

世界是属于你们的,中国的前途是属于你们的。

——毛泽东

手莫伸,伸手必被捉。党和人民在监督,万目睽睽难逃脱。

…………

人的一生要开好三种会:入党通表会、民主生活会和追悼会。

——陈毅

人最宝贵的是生命,生命属于人只有一次。人的一生应该这样度过,当他回首往事的时候,不会因为碌碌无为、虚度年华而悔恨,也不会因为为人卑劣、生活庸俗而愧疚。这样,在临终的时候,他就能够说:"我已把自己整个的生命和全部的精力献给了世界上最壮丽的事业——为人类的解放而奋斗。……因此,必须赶紧生活,因为不幸的疾病或什么悲惨的意外随时都可以让生命突然结束。"

——尼古拉·奥斯特洛夫斯基

有人把美好的青春比作人生的花季,当你还是一朵花的时候,就必须好好掌握,好好珍惜,好好充实。不是每朵花都能结果,更不是每朵花都能结出硕果,能否结果主要靠内因条件。花开毕竟有一定的时限,花落也是必然的结局。惟其如此,花季才显得可贵。当你还是一朵花的时候,如果忘记了自己的责任,哪怕是最美的一朵花,也只能是昙花一现。花是如此,人生又何尝不是如此?

在浪漫的花季里,请你千万别扮演一个匆匆的过客。游戏人生就如落花流水……

——作家岑桑

青春永远是美好的,可是,真正的青春只属于力争上游的人,忘我劳动的人,永远谦虚的人。

…………

党需要我去堵枪眼,我就去做黄继光;党需要我去烧木炭,我就去做张思德。

…………

一个人的作用对于革命事业来说,就如一架机器上的一颗螺丝钉。机器由于有许许多多螺丝钉的连结和固定,才成了一个坚实的整体,才能运转自如,发挥它巨大的工作能力，螺丝钉虽小，其作用是不可估量的，我愿永远做一个螺丝钉。螺丝钉要经常保养和清洗才不会生锈。人的思想也是这样，要经常检查才不会出毛病。

——雷锋

人生的道路虽然漫长，但紧要处常常只有几步，特别是当人年青的时候。

——作家柳青

聪明出于勤奋，天才在于积累。

——华罗庚

成功秘诀公式：$A = X + Y + Z$

其中 A 代表成功，X 代表艰苦的努力，Y 代表正确的方法，Z 代表少说空话。

只要熟练掌握并能够自如地运用这个公式，成功就会近在眼前。其中 Z 是最重要的，若想成功，就要少说空话，多做实事。

——爱因斯坦

人生在世，事业为重。一息尚存，绝不松劲。

——吴玉章

3. 哈佛大学对学生人生谋略的要求

（1）真正的精英并不是天才，都是要付出更多努力的人。

（2）觉得为时已晚的时候，恰恰是最早的时候。

（3）勿将今日之事拖到明日。

（4）学习时的苦痛是暂时的，未学到的痛苦是终生的。

（5）学习不是缺乏时间，而是缺乏努力。

（6）幸福或许不排名次，但成功必排名次。

（7）学习并不是人生的全部。但既然连人生的一部分也无法征服，还能做什么呢？

（8）只有比别人更早、更勤奋地努力，才能尝到成功的滋味。

（9）谁也不能随随便便成功，它来自彻底的自我管理和毅力。

（10）征服学习是每个人的口号。要想变得强大就需要学习得更多。

4. 后勤人才应有的谋略

什么是后勤人才美好的人生？为后勤服务业的进步事业做出尽可能大的贡献的人生就是美好的人生。

其主要关节点是打好基础、胜任工作、少犯错误、取得尽可能大的成就。具体是：

第一，打好基础包括以下方面。

（1）德智体全面发展。

（2）智力因素和非智力因素协调发展。

（3）尽可能到国内外后勤服务、管理和商学等学科最好的学校就读、扎扎实实学到更多的后勤服务、管理和经营的知识和技能并取得毕业文凭。

(4) 有服务业职业资格证书或专业技术职称证书。

(5) 有在多类服务企业特别是高级别企业工作过的经历。如酒店最好要有在中外多个高星级酒店工作过的经历。厨师要有在多个名酒楼工作过的经验。

(6) 要有立志为后勤服务业做出较大贡献的志气、见识和毅力，并抓住机遇。

第二，胜任工作。

(1) 人才成长的基础是胜任工作。首先要认真做好当前的工作，甘愿从最基层的工作做起，有后勤服务管理中多个岗位或多类企业工作的经历，并敢于承担重担。

(2) 努力掌握后勤人才应该掌握的知识和技能，如计算机、英语、驾车技术等是每人都必须掌握的。每个工种不同，专业技能要求也不同。努力掌握后勤服务管理的规律，努力成为能独当一面的重要骨干甚至行家。并发现后勤服务管理中的不足，积极思考如何改进它。

第三，少犯错误。

在人的一生中，错误是难免的，但我们要求尽量少犯些，特别是不犯方向性错误、道德品质的错误等。人的一生是要通过正反两方面的锻炼才能成熟，毛泽东的伟大不在于他不犯错误，而是尽可能不犯重复性的错误。

人生的错误主要有几种：

(1) 损公肥私的错误，许多经济罪犯属于这一类。

(2) 违反社会主义道德品质的错误。

(3) 人生选择的政治方向性的错误。如同是黄埔军校毕业的学生，本身不缺乏才华，但立场不同，其结果就大不一样。林彪一生本来功劳很大，但最后却走上叛党叛国的道路。

(4) 探索过程中的错误。如一些早期的中国共产党主要领导人，本身是信仰马克思主义、忠于共产国际的，但没有注意结合中国的国情，"唯书、唯上、不唯实"，从而给党的事业造成了很大的损失。各行各业都有规律可循，注意实事求是，注意坚持民主集中制，注意坚持正确的思想路线，我们就可以少犯这类错误。

(5) 虚度年华的错误。不珍惜青春，虚度年华，这是人生最大的错误。"少壮不努力，老大徒伤悲"，今天，一些后勤老职工年龄偏大、文化水平偏低但技能单一甚至无技能，以致不能跟上时代的步伐。这既有当年的外因条件，更重要的是主观能动性。新时代的后勤年轻人一定要珍惜青春，珍惜时间，努力提高自己的学历水平，努力掌握更多的与工作有关的知识和技能，尽力提高自己的核心竞争力，立志做一个单位最需要、最受欢迎的人，使自己的人生步伐走得更好。

(6) 工作失职的错误。因工作马虎或业务不熟悉而给单位造成很大损失的。

(7) 违法的错误。如"黄赌毒"等错误。

(8) 其他的错误，如忽视体育锻炼和身体健康，造成英年早逝；职业选择的错误，如有些人频繁跳槽，见异思迁，最后一事无成；错失许多机会，造成落伍；因不谨慎所造成的错误,如车祸等意外事故;等等。

第四,取得成就。

人才就是比一般人有更大业绩的人。而成就大是建立在错误少的基础上。在德智体全面发展、智力因素和非智力因素协调发展的基础上,在某领域尽早取得创造性成果,是取得更大成就的基本途径。

(1) 要尽快进入创新。创造性实践对于人才成长来说,具有第一位的决定性意义。没有创造性实践和成果,就没有人才及其发展,人的发展则永远停留在一般人群的发展水平上。对后勤管理和服务的任何改进都可以看成是创新。如从微观上来看,酒店明显改善客人的睡眠效果是创新,不断降低成本是创新,扭亏为盈是创新,就是今天的工作比昨天的工作有明显进步也是创新。从宏观上来看,坚持后勤社会化改革方向坚持改革是创新,大力发展后勤经济也是创新。创新有一般创新和根本性创新。后勤企业的创新结果主要通过利润水平的提高来衡量。

(2) 取得创新成果要及时总结、发表论文甚至申请专利。

(3) 社会主管部门要对后勤人才的成果及时给予审定和承认,让后勤人才尽快成长。

(4) 人才不断努力,由低层次人才向高层次人才发展,甚至成为杰出人才。

(5) 后勤人才成长的过程就如同爬山一样,需要长期艰苦奋斗,甚至爬得越高越艰难。但最重要的是方向和努力,是热爱后勤业,并愿意终身为后勤业奋斗。在这个基础上,大胆实践、积极思考、发现问题、不断创新。

案例一

不贪事 不怕事 不误事

成功,需要仰望星空,更需要脚踏实地,需要让梦想腾飞,更需要使目标着地。不贪事、不怕事、不误事,犹如支撑人生的三个基座,看似起点很低、要求不高,实则意蕴深远、厚实有力,长久坚持下去,就能助推事业,铸造辉煌。

不贪事,就是要量力而行、适可而止。贪欲如火,不竭则燎原。贪事容易使人蒙蔽双眼,错估力量,高定目标,铺大摊子。不贪事,就可以保证在一段时间内以最集中的火力、最有效的方法做最正确的事,就能出效益、出精品、出特色。不贪事不等于不做事,而是要选好目标,聚集力量,一点一滴打基础,一招一式促落实,干一项成一项,成一项强一项。

不怕事,就是要勇于担当、敢于负责。不怕事,需要坚定信仰。信仰是人生的灯塔,人有了信仰以后,才能耐守奋斗目标,定准前进方向,增加知难而进的动力。不怕事,需要过硬本领支撑。不怕事,需要制度建设保障。精神状态的优化,精神力量的激发,不仅需要个体的自觉,更要靠制度发挥催化剂、生长剂的作用。生活的经历一再告诉我们，困难似弹簧，你弱它就强，你强它就弱，只有不怕事，才能走向成功。

不误事，就是要尽好本职、守好本分。以怎样的态度对待工作，不同事业心和责任心的人会有不同的追求。不误事，就是一种不事张扬的人生态度，就是一种牢记使命、敬畏岗位的责任自觉，它反映精神境界、体现修养觉悟。不误事，关键在于落实。"空谈误国，实干兴邦"，这是千百年来人们从历史经验教训中总结出来的一个重要结论。不落实，再超前的理念也只能是白纸一张；不落实，再崇高的理想也只能是镜中花、水中月。

案例二

把握好机会

莫言是我国第一个获得诺贝尔文学奖的本土作家，能在文学上有此建树，与他当年把握住求学机会不无关系。

莫言年少时在家乡小学念书，因"文革"而中止学业，在农村劳动多年。后来参军当兵，因擅长写作，部队为他争取到一个考大学的机会，但他当时文化底子相当薄弱，别说是考大学，就是考高中都相当困难。莫言想，这是最好的机会，或许也是最后的机会，错过这个机会，自己可能一辈子都无法参加高考。于是，莫言抱着破釜沉舟的心态，利用一切时间疯狂地拼命补课，终于在短时间内突击提高了学习成绩，并顺利考进了解放军艺术学院，从此开始了人生另一种创作天地。

工作和生活中，我们会碰到各种各样的机会，有些还能影响和改变个人一生的处境，许多人因各种理由错失机会而碌碌无为。面对稍纵即逝的机会，不能有半点犹豫，要果断坚定，卷起袖子，立即行动，竭尽全力地去拼搏，才能成就不平凡的自我。

第十二章 后勤与装备的著名人物和成长特点

第一节 国外部分著名后勤与装备人物

一、亨利·诺尔曼·白求恩（Dr. Henry Norman Bethune，1890—1939）

加拿大共产党员，国际主义战士，著名胸外科医师，加拿大安大略省格雷文赫斯特镇人，出身于牧师家庭。青年时代，当过轮船侍者、伐木工、小学教员、记者。1916年毕业于多伦多大学医学院，获学士学位。曾在欧美一些国家观摩、实习，在英国和加拿大担任过上尉军医、外科主任。1922年被录取为英国皇家外科医学会会员。1933年被聘为加拿大联邦和地方政府卫生部门的顾问。1935年被选为美国胸外科学会会员、理事。他的胸外科医术在加拿大、英国和美国医学界享有盛名。

为了帮助中国人民的抗日战争，突破重重阻挠，不远万里，于1938年初来到延安，同年6月进入晋察冀抗日根据地，带领流动医疗队活跃在山西、河北两省。他总是不顾危险，亲临前线，就地施行医疗手术，从而大大减少了伤病员的死亡，挽救了许多战士的生命。同时，他还帮助八路军医护人员提高医疗水平，为部队培养了一批合格的医护工作者。为减少伤员的痛苦和残废，他把手术台设在离火线最近的地方。11月底，率医疗队到山西雁北进行战地救治，两昼夜连续做了71次手术。他对工作极其的负责任，对同志对人民极其的热忱，从而赢得了根据地的干部、战士和老乡的尊敬和爱戴。1939年10月下旬，在涞源县摩天岭战斗中抢救伤员时左手中指被手术刀割破，后给一个外科传染病伤员做手术时不幸感染"破伤风"，仍不顾伤痛，坚决要求去战地救护。他说："你们不要拿我当古董，要拿我当一挺机关枪使用。"随即跟医疗队到了前线。终因伤势恶化，转为败血症，医治无效，于11月12日凌晨在河北省唐县黄石口村逝世，终年49岁。17日，晋察冀边区党、政、军领导机关和驻地群众为他举行了隆重的葬礼。12月1日,延安各界举行追悼大会,毛泽东亲笔写了挽词:"学习白求恩同志的国际精神,学习他的牺牲精神,责任心与工作热忱。"后来又撰写了著名的《纪念白求恩》一文,号召每一个共产党员要学习白求恩同志对工作极端负责任,对同志极端热忱和毫不利己,专门利人的共产主义精神,做一个有益于人民的人。

为了永远纪念白求恩,党和政府不仅建立了"白求恩纪念馆",而且建立了多所以白求恩名字命名的医院或医学院,如石家庄白求恩国际和平医院、吉林大学白求恩医学院等。

二、柯棣华(1910—1942)

1910年10月10日出生于印度孟买省绍拉普尔镇。1936年,在格兰特医学院毕业,获得医学学士学位。印度人民的苦难和反抗殖民统治的斗争,使柯棣华自小养成了积极追求真理、勇于反抗不合理压迫的坚强性格。1937年7月,中国抗日战争爆发后,柯棣华响应印度国民大会的号召,放弃报考英国皇家医学院的机会,志愿报名参加印度援华医疗队,远涉重洋,来华援助抗战。1938年9月,抵达中国,先在武汉、重庆等国统区工作,后拒绝国民党要员的劝阻,到达延安,为抗日军民服务。1940年6月,来到晋察冀边区,任白求恩学校外科教员和白求恩国际和平医院第一任院长,在晋察冀留下了数不清的动人故事,被边区军民誉为"第二个白求恩"。他忘我地投身于中国人民的抗日斗争之中,始终和边区军民同甘共苦、并肩战斗;他积极参加战地救护,致力于八路军的医疗工作,对伤员关怀备至、体贴入微;他和当地人民亲如一家,为老百姓疗伤治病,从不收取报酬,人们亲切地称他"老柯";他关心政治,注重学习,踊跃参加党的整风运动,并光荣加入了中国共产党。艰苦的环境、繁重的工作,使他积劳成疾,终因疾病反复发作,抢救无效,于1942年12月9日凌晨6时15分在唐县葛公村逝世,年仅32岁。

柯棣华是一个伟大的国际主义战士,为了中国人民的民族解放,他鞠躬尽瘁,死而后已,兢兢业业,忘我工作,献出了自己宝贵的生命,为中国人民抗战的胜利做出了卓越的贡献。

为了永远纪念柯棣华,党和政府也在唐县建立了"柯棣华纪念馆"。

三、康拉德·希尔顿

希尔顿(Hilton,Konrad 1887—1979),美国旅馆业巨头,人称旅店帝王。

(1)简历:1887年生于美国新墨西哥州,希尔顿的父亲格斯·希尔顿,幼年随全家从挪威移民到美国。1887年圣诞节那一天,康拉德·希尔顿降生在新墨西哥州圣·安东尼奥希尔顿酒店镇一间堆满杂货的土坯房里。

希尔顿的事业受家庭影响很大,在第一次世界大战期间曾服过兵役,并被派往欧洲战场,战争结束后退伍,并开始正式经营旅馆业。

(2)特点:从5000美元起家。

(3)经营旅馆业的座右铭是:"你今天对客人微笑了吗?"

(4)成就:美国希尔顿饭店创立于1919年,在不到90年的时间里,从一家饭店扩展到100多家,遍布世界五大洲的各大城市,成为全球最大规模的饭店之一。

四、劳伦斯·德路斯·迈尔斯(1904—1985)

美国通用电气公司设计工程师和采购负责人,1947年创立了著名的价值工程理论。

L. D. 迈尔斯(Lawrence. D. Miles)是在美国内布拉斯加州的一个农场长大的。在那里,他自然而然地形成了对成本问题的关心。他的口头语是"我们必须精打细算"。在他获得内布拉斯加大学电气工程学位之前,他当过银行出纳、教师和中学校长。20世纪40年代初,第二次世界大战使美国的军事工业空前膨胀,市场上材料供应十分紧张,给企业生产带来很大困难。为了解决材料短缺的问题,美国通用电气公司派迈尔斯去负责采购部门的工作。迈尔斯通过采购符合使用功能的替代品,明显降低了成本,出色完成了采购任务。在这个过程中他认为各种材料或物品各有其功能,是用来满足某种需要的,用户采购是采购物品的功能而不是物品本身,只要满足这些功能,其成本可以尽可能降低,或成本不变功能明显提高等。

价值、功能与成本的关系是:价值=功能/成本

这个公式告诉我们,提高价值有多种途径,主要有:

(1)功能提高而成本降低。

(2)功能提高而成本不变。

(3)功能的提高超过成本的提高。

(4)功能达到消费者的要求而成本降低。

(5)功能下降而成本更大幅度降低。

迈尔斯还提出了有效进行价值分析的13条原则:

(1)收集一切有用的成本数据。

(2)使用最可靠的情报资料。

(3)将重要的公差换算成费用来进行研究。

(4) 请教有关专家，扩大专业知识。
(5) 尽量利用专业企业的产品。
(6) 利用和购买专业化企业的生产技术。
(7) 采用专门生产工艺。
(8) 尽量采用标准化。
(9) 批判创新提高。
(10) 发挥真正的创造性。
(11) 找出障碍克服障碍。
(12) 避免一般化概念化。
(13) 以"我是否这样花自己的钱"作为判断标准。

1947年，他发表了《价值分析》一书，标志着这门学科正式诞生。

价值工程的主要特点是：

(1) 把用户的利益放在首位。
(2) 以功能分析为核心。
(3) 以提高其技术经济效益为目的。
(4) 把技术与经济工作相结合。
(5) 通过有组织的活动。
(6) 采取系统的工作方法。

五、哈兰德·桑德斯（1890—1980）

桑德斯（Colonel Saunders）是肯德基（KFC）的创始人，发明了著名的"肯德基炸鸡"，开创了"肯德基快餐连锁"业务。肯德基是世界最大的炸鸡快餐连锁企业，在世界各地拥有超过33000多家的餐厅，以桑德斯形象设计的肯德基标志，已成为世界上最出色、最易识别的品牌之一。他用一只鸡，改变了人们的饮食世界。

桑德斯的一生是一个传奇,他干过各种各样的工作,但在 40 岁的时候才在餐饮业上找到了自己事业的起点,然后历经挫折,在 66 岁的时候又东山再起,重新创造了另一个辉煌,有了他的"特许经营",今天的肯德基才会是全球最大的炸鸡连锁集团。炸鸡配料虽然越来越多,但永远都是在那个最经典的 11 种原料基础之上而形成的。

桑德斯成功秘诀有:穿梭于各城市及餐厅,经常在车中休息,靠自己的炸鸡生活,并相信他的秘密配方终有一天桑德斯会得到回馈。他的毅力与信心终于给他带来了巨大的回馈!

虽然桑德斯不曾公开他的配方,但他曾公开他的成功秘诀:

(1) 不放弃。
(2) 经常相信你自己。
(3) 要忍耐。
(4) 要持正面想法。
(5) 66 岁再创业也不晚。
(6) 坦然面对第 1009 次失败。
(7) 人们因闲散而生锈者比精疲力竭者多,如果我因闲散而生锈过,我会下地狱。

六、贝聿铭(1917—)

出生于中国广州,祖籍苏州,美籍华人建筑大师。

贝聿铭曾先后在麻省理工学院和哈佛大学就读建筑学。贝聿铭作品以公共建筑、文教建筑为主,被归类为现代主义建筑,善用钢材、混凝土、玻璃与石材,善于将艺术与建筑融合。

他的代表建筑有美国华盛顿特区国家艺廊东厢、法国巴黎卢浮宫扩建工程。被誉为"现代建筑大师"。贝聿铭也荣获了 1979 年美国建筑学会金奖,1981 年法国建筑学金奖等。

七、田中耕一和岛津公司

田中耕一(1959—),日本科学家。1959 年出生于日本富山市,1983 年获日本东北大学学士学位,现任职于京都市岛津公司,为该公司研发工程师,分析测量事业部生命科学商务中心、生命科学研究所主任。在研制质谱仪等先进分析仪器的过程中发明了"对生物大分子的质谱分析法",由此获得了 2002 年的诺贝尔化学奖。田中耕一的得奖是一个传奇。

田中耕一所在的日本岛津公司的前身是岛津制作所,自 1875 年创业以来,始终继承创始人岛津源藏的创业宗旨"以科学技术向社会做贡献",并以此为公司宗旨,不断钻研领先时

代、满足社会需求的科学技术，为社会开发生产具有高附加值的产品。在分析测试仪器、医疗仪器、航空产业机械等领域，以光技术、X 射线技术、图像处理技术这三大核心技术为基础不断推陈出新，满足更加广泛的市场需求，使岛津的高科技产品在全世界都享有很高的评价。如今，岛津公司又在生命科学、环境保护等领域里不断钻研新技术，开发新产品，为世界范围内的广大用户不断提供更多的具有划时代意义的产品。

岛津公司发展的历史，是对科学技术执著追求的历史，是以开拓精神不断向科学技术挑战的发展史。这一点可以从岛津自创业以来开发出的大量的科学仪器中得到证实。

1877 年第一代岛津源藏成功地放飞了载人氢气球。1896 年伦琴博士发现 X 射线之后仅仅过了几个月，第二代岛津源藏与京都大学的村冈教授一起成功地拍摄了 X 光片。1909 年又开发出医疗用 X 光机。正是由于这些功绩，1930 年第二代岛津源藏被正式选为日本的十大发明家，直到 1951 年去世，他共取得了 178 多件发明。

第二节　国内部分著名后勤与装备人物

一、鲁班（公元前 507 年—公元前 444 年）

鲁班，汉族，东周鲁国（今山东曲阜）人，因为他是鲁国人，故又称鲁班。是我国古代（春秋战国时期）的一位出色的发明家，包括锯、刨子、墨斗等许多木工工具、云梯等古代兵器、石磨等农业机具、雨伞等日常用品等均是鲁班或鲁班的妻子发明的。鲁班被视为技艺高超工匠的化身，更被土木工匠尊为祖师。

鲁班出身于工匠世家，从小就跟随家里人参加过许多土木建筑工程劳动，逐渐掌握了生产劳动的技能，积累了丰富的实践经验。许多木工工具的发明使当时工匠们从原始繁重的劳动中解放出来，劳动效率成倍提高，土木工艺出现了崭新的面貌。鲁班的名字不仅是古代劳动人民智慧的象征，而且一直鼓舞着中国人民自强不息、开拓创新。

"中国建筑工程鲁班奖"由国家建设部在 1987 年设立，用于表彰国家优质工程。

第十二章 后勤与装备的著名人物和成长特点

二、张思德（1915—1944）

四川仪陇人，共产主义战士，全心全意为人民服务的典范。1933年12月参加红军，不久加入共青团。1937年10月，加入中国共产党。在一次反六路围攻的战斗中，他右腿先后两次负伤仍强忍剧痛，冲入敌阵，缴获了敌人两挺机枪。在长征途中，他曾两度经过人迹罕到的雪山、草地，历尽千辛万苦。1944年，组织上派他到安塞县烧木炭。9月5日，他正在炭窑内工作时，炭窑突然崩塌，不幸牺牲。

为了悼念张思德，中央机关和中央警卫团在延安凤凰山下枣园沟口的操场上为张思德举行追悼大会。毛泽东参加了追悼会，亲笔题写了"向为人民利益而牺牲的张思德同志致敬"的挽词，并发表了《为人民服务》的演讲，高度赞扬了张思德完全、彻底为人民服务的思想境界和革命精神。

三、雷锋（1940—1962）

中国人民解放军战士、伟大的共产主义战士，生前为工程兵某部运输连四班班长，他服从党的需要，干一行，爱一行，专一行，在平凡工作中做出了不平凡的成绩。只要是对人民有利的事，他都心甘情愿地去做；他曾多次立功，被誉为"全心全意为人民服务的楷模"。"雷锋精神"激励着一代又一代人学习。毛泽东同志于1963年3月5日亲笔题词"向雷锋同志学习"，我国把3月5日定为学雷锋纪念日。党和政府多届领导人均为学习雷锋题过词或发表过讲话。如习近平总书记指出，雷锋、郭明义、罗阳身上所具有信念的能量、大爱的胸怀、忘我的精神、进取的锐气，正是我们民族精神的最好写照，他们都是我们"民族的脊梁"。

四、时传祥（1915—1975）

时传祥出生在一个贫苦农民家庭。他14岁逃荒流落到北京一家私人粪场，受生活所迫当了掏粪工。新中国成立后给了他做人的尊严，工人阶级当家做主使他扬眉吐气，他对党充满感激。他用一颗朴实的心记住了一个通俗的道理：掏粪也是社会主义建设事业的一部分。他把掏粪当成十分光荣的劳动，以身作则，以苦为乐，不分内外分，任劳任怨，满腔热情，全心全意为人民服务。并教育他的后代也要热爱环卫工作。他以"工作无贵贱，行业无尊卑；宁愿一人脏，换来万人净"的职业道德观，教育影响一代又一代青年人特别是环卫工人努力做好本行业工作。

时传祥的可贵之处在于，他认识到为人民服务没有高低贵贱之分，都是光荣的，并发自内心地做好在一些人眼中认为是低贱的工作。党和政府对清洁工人的关心，也是他干好工作的重要动力。毛泽东、刘少奇、周恩来、朱德等中央领导都曾亲切接见时传祥，鼓励他做好这一与人民日常生活息息相关的工作。

更难能可贵的是，不仅他干了一辈子环卫工作，而且他的儿子和孙辈也继承了他的事业。

在国家走向现代化的今天，环卫工作依然十分重要。只要存在着社会分工，行业之间就必然存在着差异，也仍然会存在着苦、累、脏的工作，这些工作同样要有人去从事。时传祥曾说过："北京城如果一个月没有人去掏粪，粪便就会流得满大街都是。你也愿意上重工业，我也愿意上重工业，不行啊，总得有人清理粪便呀！"没有每天环卫工人的辛勤工作，"美丽中国"就只是一句空话。因此，时传祥"一人脏换来万家净"的精神是永存的。"宁愿吃尽千般苦，换来百姓夸政府"，成为新时代许多环卫工人的崇高思想境界。

为了永远弘扬以全心全意为人民服务的服务精神，勤劳朴实、自强不息的民族精神和爱岗敬业、吃苦耐劳的奉献精神为主要内容的"时传祥精神"。党和政府在时传祥的家乡建设了"时传祥纪念馆"。有关电影制片厂还专门摄制了故事片《时传祥》。

五、张秉贵（1918—1987）

全国著名劳动模范，他在平凡的售货员岗位上练就了令人称奇的"一抓准"、"一口清"技艺和"一团火"的服务精神，成为新中国商业战线上的一面旗帜，张秉贵多次被授予全国劳动模范、优秀共产党员的称号。是2009年中共中央宣传部等11个部门联合组织评选的"100位新中国成立以来感动中国人物"之一。党和国家领导人陈云同志专门为其题词："一团火"精神光耀神州。江泽民同志也为其题词：发扬一团火精神，全心全意为人民服务。

六、朱伯儒（1937— ）

广东茂名高州荷村人，模范军人，被誉为"20世纪80年代新雷锋"。

1953年参加工作，在广东茂名垦殖所工作，先后任通信员、统计员，被评为劳动模范。1955年参加中国人民解放军。1962年毕业于空军航空学校。1969年加入中国共产党。历任空军航空兵空中通信员、团参谋、空军油库股长、副主任。长期刻苦学习马列主义、毛泽东著作。廉洁奉公，以雷锋为榜样为人民群众多做好事，接济过40多名生活困难的群众和战士。关心教育青年，走上正道。先后21次立功受奖。被群众誉为"八十年代新雷锋"。1983年任武汉军区空军后勤部副部长，随后到空军指挥学院和国防大学深造。1983年7月7日，中央军委发布命令，授予朱伯儒同志"学习雷锋的光荣标兵"荣誉称号。国家和军队领导人分别题词，予以赞扬。后任成都军区空军政治部副主任。是第六届全国人大代表。1988年被授予少将军衔，1993年初，调任广州军区空军副政委（正军职），一直到退休。

朱伯儒认为："雷锋精神是不可能过时的，只要人类在不断地向前发展，它将永远激励着人们前进。因为它具有先进性，是永恒的时代精神。"

众多党和国家领导人为朱伯儒题词：

人民公仆　模范党员

——叶剑英　1983年6月

向朱伯儒同志学习，为争取党风和社会风气进一步好转而努力。

——陈云　1983年7月7日

学习朱伯儒同志，做共产主义思想的坚定实践者。

——杨尚昆　1983年4月

像朱伯儒同志那样，热爱祖国，热爱人民，团结一心，建设四化。

——李先念　1983年6月18日

学习朱伯儒同志，做雷锋式的共产主义战士。

——徐向前　1983年3月

向朱伯儒同志学习。

——聂荣臻　1983年3月12日

学习朱伯儒高尚的共产党员品质。

——邓颖超　1983年6月18日

学习朱伯儒同志热心为人民服务的共产主义精神。

——彭真　1983年7月

七、徐虎

徐虎，全国劳动模范、全国优秀共产党员。出生于1950年，其父亲是工人，母亲是菜农，1975年参加工作。徐虎同志在平凡的水电修理工的岗位上，从点滴做起，长期积极主动为居民排忧解难，全心全意为人民服务，他以平凡的工作，折射出耀眼的时代光芒，他以一颗金子般的心，赢得了人民群众的称赞和社会的认可，激励着人们崇尚先进，敬业爱岗。从1989年开始连续五届被评为全国劳动模范，被誉为20世纪90年代的"活雷锋"。

1997年作为党员代表出席党的十五大，受到时任中共中央总书记江泽民的亲切接见，并为他题词："为人民服务，点滴做起，贵在坚持。"

徐虎同志所体现出来的"辛苦我一人，方便千万家"的时代精神，是后勤人应永远弘扬的。

八、李素丽

1962年出生，中共党员，北方交通大学本科毕业，公交"李素丽服务热线"负责人。曾任北京市公交总公司公汽一公司第一运营分公司21路公共汽车售票员。她自1981年参加工作后，在平凡的岗位上，把"全心全意为人民服务"作为自己的座右铭，真诚、热情地为乘客服务，被誉为"老人的拐杖，盲人的眼睛，外地人的向导，病人的护士，群众的贴心人"。

她认真学习英语、哑语，并努力钻研心理学、语言学，利用业余时间走访、熟悉不同地理环境，潜心研究各种乘客心理和要求，有针对性地为不同乘客提供满意周到的服务。她曾获"全国'三八'红旗手"等荣誉称号。

李素丽的名言：为人民服务没有终点站。

九、吴孟超（1922— ）

2005年度国家最高科学技术奖获得者，2011年度感动中国人物，著名肝胆外科专家。1922年生于福建省闽清县，马来西亚归侨，1949年毕业于同济大学医学院。擅长疾病肝胆疾病的各种外科手术治疗，尤其擅长肝癌、肝血管瘤等疾病的外科手术治疗，被誉为"中国肝胆外科之父"。中国科学院院士，一级教授，博士生导师。2011年5月，中国将17606号小行星命名为"吴孟超星"。

2011年8月，中宣部、教育部、科技部、卫生部和解放军总政

第十二章 后勤与装备的著名人物和成长特点

治部联合印发《关于开展向吴孟超同志学习活动的决定》。

《决定》说，中国科学院院士、第二军医大学东方肝胆外科医院院长吴孟超，从医68年来，始终视党和人民的利益高于一切，全身心地投入医疗卫生事业，以为党的事业不懈奋斗的模范行动和无私奉献的崇高品德，奏响了一曲壮美的人生乐章，树立了一座不朽的精神丰碑。他始终把献身医学科学作为人生理想，创立了我国肝胆外科的学科体系，先后取得30多项重大医学成果，主刀完成包括我国第一台中肝叶切除术在内的14000多台肝脏手术，先后获得国家和军队科技进步奖21项，荣获2005年度"国家最高科学技术奖"。他热忱救死扶伤，年近九旬仍然坚持亲自上台手术，用全部精力践行一名医务工作者的仁爱情怀，被患者誉为"白求恩式的好大夫"。他胸怀宽广，甘为人梯，共培养出250多名肝胆外科优秀人才，为我国肝脏疾病的诊断准确率、手术成功率和术后存活率达到世界领先水平作出重大贡献，被中央军委授予"模范医学专家"荣誉称号。吴孟超同志是我国医学科学工作者的杰出代表，是爱党爱国爱民的光辉典范，是践行当代革命军人核心价值观的楷模。

十、吴斌（1965—2012）

第四届全国道德模范，被誉为"最美司机"。

出生于杭州的吴斌从2003年进入杭州长运客运二公司担任班车驾驶员，从事交通运输工作9年，从未发生过任何事故。2012年5月29日他像往常一样驾驶大客车，当车行驶在沪宜高速上时，被迎面飞来的制动毂残片砸碎前窗玻璃后刺入腹部致肝脏破裂及肋骨多处骨折。在这危急关头，他强忍着剧烈的疼痛将车辆缓缓停下，拉上手刹、开启双闪灯，以一名职业驾驶员的高度敬业精神，完成一系列完整的安全停车措施。之后，他又以惊人的毅力，从驾驶室艰难地站起来告知车上旅客注意安全和报警，然后打开车门，安全疏散旅客。当做完这些以后，耗尽了最后一丝力气的他，瘫坐在座位上。后被送往中国人民解放军无锡101医院抢救，因伤势过重抢救无效死亡，年仅48岁。

十一、蔡平

男，1955年11月生，现任苏州大学园林植物与观赏园艺专业教授、硕士生导师。是我国知名的园艺专家之一。

其主要研究方向：①园林建筑与植物保护；②昆虫分类与系统发育；③园艺植物栽培与植保。

中国园艺学会、中国昆虫学会和中国植保学会会员，曾任安徽省园艺学会副理事长、中国园艺学会理事、安徽省昆虫学会常务理事、安徽省农作物品种和审定委员会委员，现任江苏省昆虫学会理事、江苏省园艺学会理事、苏州市农学会常务理事；发表论文百余篇、著作和教材20多本。

其简历是：

1974年12月—1978年2月，安徽省六安县城南区宝丰寺公社大观山知青林场务农。

1978年3月—1982年1月，安徽农学院园艺系学习。

1982年1月—2002年4月，安徽农业大学园艺系任教，历任园艺系主任助理、副系主任、系主任。

其中：1986年9月—1988年7月，安徽农学院研究生班学习。

1993年9月—1998年7月，浙江大学（原浙江农业大学）学习。

2002年5月至今在苏州大学任教，曾任苏州大学农业科学与技术学院园艺系主任，苏州大学城市科学学院城市园林与园艺系主任。

第三节　军队后勤部分著名领导人

一、杨立三（1900—1954）

中国人民解放军总后勤部部长，国家食品工业部部长。中国人民解放军后勤工作的创始人和卓越领导人之一，被公认为军事财务专家。

湖南省长沙县人，1900年11月18日出生于长沙郊区一个佃农家庭。11岁入私塾、小学读书，半耕半读。1920年投入湘军当文书，任过团司务长和军需官。1922年潜回家乡，1925年加入国民党，并秘密组织农会。参加农民运动讲习所，聆听过毛泽东的演讲。1927年9月参加湘赣边界秋收起义，长征途中，他带头组成担架队，把重病的周恩来抬出草地，后来自己也病倒了。到达陕北后，历任军需保管处处长、红军总医院院长、兵站部部长兼政委。

抗日战争期间，历任军委总后勤部副部长、部长兼政委，八路军前方总指挥部副参谋长、后勤部部长兼政委，一二九师勤务部长兼政委，边区政府财委主任、冀南银行董事长等职，千方百计筹措粮款，开展生产自救，组织武器装备和生活物资的生产，为抗日战争的胜利提供了有力的后勤保障和财政支持。1939年，朱德、彭德怀打电报给毛泽东，要求派他到前线八路军总部主持后勤工作。他坚决贯彻发展生产、保障供给的财经工作总方针，为保证军需民食、实现收支平衡做了艰苦而有效的工作。1944年，他和滕代远提出了八路军生产节约运动著名的"滕杨方案"，明确提出"生产有分工，劳动有报酬，公私两利"的方针，调动了部队生产节约的积极性。

解放战争期间，历任中共晋冀鲁豫中央局常委兼经济部长、总后勤部部长、中央军委总后勤部部长兼华北后勤部外线司令、华北财经办事处副主任等职，为解放战争的全面胜利提供了可靠的后勤保障和财经支持。他卓有成效地领导了人民军队的军工生产，并到山东与第三野战军共同部署了淮海战役的后勤工作。在全军后勤工作会议上，曾受到军委副主席周恩来的表彰。

中华人民共和国成立以后，历任中国人民解放军总后勤部部长、中央人民政府食品工业部部长、全国财经委员会委员、中国人民解放军财务部部长等职，为加强改进和健全全军后勤、财务工作而努力奋斗，废寝忘食，积劳成疾。1954年秋，因患脑癌无法坚持工作，才服从组织决定去莫斯科治疗。1954年11月28日病逝于克里姆林宫医院，终年54岁。骨灰运抵北京。1954年12月5日和6日，国防部为杨立三举行了隆重的吊唁活动。12月7日上午开追悼会。主祭人周恩来总理并作了长篇讲话，而在新街口外总政文工团排演场到西郊的八宝山的路上，出现了一支感人的送葬队伍。周恩来等党和国家及军队的领导人亲自在前面执绋引棺送灵。走在右边最前头执绋的是周恩来，随后是彭真、陈叔通副委员长及吴玉章、徐特立等同志，这是文官队；在左边最前头执绋的是彭德怀，随后是贺龙、陈毅、聂荣臻、叶剑英等将帅，这是武官队。到八宝山后，周恩来眼含热泪与杨立三作了最后的告别，了却了他为杨立三抬棺送葬的心愿，谱写了一首共和国将帅之间生死情的感人新曲。

二、洪学智（1913—2006）

中国共产党的优秀党员，无产阶级革命家、军事家，我军现代后勤工作的开拓者，曾两次出任中国人民解放军总后勤部部长。1955年和1988年两次被授予上将军衔等。

1913年出生于安徽金寨一个贫苦农民的家庭里。1928年冬，参加中共地下农民武装，同年5月加入中国共产党。土地革命战争时期，洪学智同志参加了创建鄂豫皖革命根据地，在长期革命战争中，不仅参加了许多著名战役，战功赫赫，而且为人民军队的后勤做了许多工作，如1935年7月，在红四方面军奉命接应中央红军，组织筹措了大批军需物资，受到刘少奇等中央领导的赞扬。在军队后勤方面尤其突出的是，1950年10月参加抗美援朝，任中国人民志愿军副司令员，协助彭德怀司令员指挥志愿军入朝作战。他服从组织安排，分工负责司令部、特种兵和后勤工作，他不仅参与领导指挥了第一至五次战役和其他历次重大战役，提出了许多重要的建议和谋略，并在保证志愿军首脑机关的安全方面做了大量工作，受到彭德怀司令员的高度赞许。1951年6月，兼任志愿军后勤司令部司令员，领导志愿军后勤指战员浴血奋战，在没有制空权和频繁遭受洪水袭击的情况下，建立起了"打不断、炸不烂、冲不垮"的钢铁运输线，粉碎了美军策划的"绞杀战"，保障了前线作战的物资供应，为夺取战争胜利起了重要作用。在战争中积累了一系列现代战争后勤保障经验，已成为我军后勤工作的宝贵财富。

抗美援朝战争结束后，1954年2月，洪学智同志被任命为总后勤部副部长。1955年被授予上将军衔。1956年12月，任总后勤部部长、党委书记。面对后勤工作现代化正规化建设的新形势，他从国家和军队的实际出发，在理顺后勤体制、健全组织机构、完善标准制度等方面采取了一系列重大举措，使我军后勤建设在正规化的道路上迈进了一大步。他组织领导全军后勤创建了具有中国特色的军队后勤保障体系，是我军现代后勤工作的奠基人和开拓者。

1977年8月，在党的十一届一中全会上洪学智同志当选为中央军委委员，9月任国务院国防工业办公室主任。他带领军工战线广大干部职工，拨乱反正，全面整顿，恢复生产秩序。他严抓武器生产质量关，保证了部队自卫反击作战的武器装备供应。他在狠抓常规武器和尖端武器研制的同时，大力推进民用产品开发生产，使军工企业走上了"军民结合，平战结合，以军为主，以民养军"的正确发展道路，为国防工业的现代化建设作出了积极贡献。

1980年1月，洪学智同志再次出任总后勤部部长，后又任中央军委副秘书长、总后勤部部长兼政委。他坚决贯彻党的十一届三中全会的路线方针政策，努力清除"文化大革命"对后勤工作造成的严重破坏，迅速消除了总后系统的派性，妥善解决了"文化大革命"遗留问题，使全军后勤工作很快步入正常建设轨道。他努力探索新形势下后勤工作的特点和规律，提出了后勤工作必须"适应现代战争要求，适应我军革命化现代化正规化建设要求"的指导思想。他要求全军后勤人员必须树立"全局观念、战备观念、群众观念、政策纪律观念和勤俭节约观念"，成为全军后勤指战员做好新时期后勤工作的行动准则。他坚决贯彻中央军委关于军队建设指导思想实行战略性转变和裁军百万的战略决策，提出"钱少要把事情办好，人少要把工作做好"，科学合理地确定军费投向投量，在供需矛盾十分突出的困难情况下，保证了军队建设各项工作的需要。他积极稳妥地推进后勤改革，实行统供与专供相结合的保障体制，建立健全战略、战役、战术供应管理体系。他倡导"勤俭建军、艰苦奋斗"的方针，大搞农副业生产，弥补军费不足，并在全军实施"斤半加四两"的副食标准，明显提高了部队的生活水准。他积极推进各项后勤基本建设，亲自组织领导进行边海防、仓库、营房、医院、财务大调查、大整顿、大建设，很快改变了全军后勤面貌，受到中央军委多次赞扬，在全军指战员中产生了巨大影响。他励精图治，锐意进取，不断开创后勤工作新局面，有力地促进了我军后勤革命化现代化正规化建设。

洪学智关于军队后勤方面的论述等详见《洪学智后勤文选》和《洪学智回忆录》等。

三、黄克诚（1902—1986）

湖南永兴人。1925年加入中国共产党，中国无产阶级革命家、军事家，中国人民解放军高级将领，党、国家和军队的卓越领导人。1955年9月被授予大将军衔和一级八一勋章、一级独立自由勋章、一级解放勋章。曾任中国人民解放军副总参谋长、国防部副部长等职。

在后勤方面，1947年8月，任东北民主联军副司令员兼后勤司令员、政委，主持东北民主联军后勤工作。1952—1956年，任人民解放军副总参谋长兼总后勤部部长、政委，主持建立人民解放军后勤工作的规章制度，提倡顾全大局，反对浪费，勤俭建军，为保证抗美援朝和国防建设的后勤供应作出了贡献。其在后勤方面的贡献详见《黄克诚军事文选》、《黄克诚自述》和《黄克诚大将》等书。

四、苏焕清

苏焕清同志担任中国人民解放军后勤部门高级领导职务，主管或兼管综合协调、财务、军需、物资、营房及车辆管理等业务，为我军后勤业务建设和发展做出了贡献，1955 年被授予少将军衔。

苏焕清是安徽霍山人。1928 年加入中国共产主义青年团。同年参加中国工农红军。1930 年加入中国共产党。历任红四方面军后方医院政委、中央军委总政治部巡视员。参加了鄂豫皖苏区反"围剿"和长征。1936 年入陕北红军大学学习。后任八路军 115 师 344 旅副官主任，新四军第三师后勤部部长，东北民主联军总部供给部部长、第四野战军供给部部长。参加了辽沈、平津等战役。新中国成立后，任东北军区后勤部副部长。1957 年毕业于后勤学院。后任总后勤部营房部部长、管理局局长、副参谋长。

五、周玉成

原名周长久，又名周鸿礼。1904 年 4 月 30 日生于湖南省祁阳县大桥弯乡新村一个贫苦农民家庭。1928 年 2 月加入中国共产党。同年 7 月在彭德怀、滕代远领导下参加平江起义，任红 5 军第 13 师 1 团 2 连司务长，12 月随红 5 军主力到达井冈山。后任红 5 军 2 大队大队长、红 4 军第 5 纵队司令部副官主任、红 8 军第 4 师 1 团团长，参加了保卫井冈山革命根据地和巩固扩大湘鄂赣苏区的斗争。1930 年起任红 8 军第 4 师经理处处长，红 3 军团第 6 师供给部部长、军团供给部部长，参加了中央苏区第一至第五次反"围剿"作战和长征。到陕北后，任陕甘军区供给部部长兼红 29 军供给部部长，陕甘宁省军事部供给部部长，红军前敌总指挥部供给部副部长。抗日战争时期，先后任八路军总指挥部兵站部副部长，八路军前方指挥部供给部部长、八路军后勤部供给部部长，长期参与领导八路军的物资供应、生产自救和反"扫荡"作战的后勤保障工作，并为完善部队的后勤供给制度、培养后勤干部、组织管理部队的被装和军需生产等做出重要贡献。1948 年 12 月，在全军后勤工作会议上，针对一些同志不安心后勤工作。周恩来说："老同志要带好头，首先是二杨（杨立三和杨至诚），二周（周玉成和周文龙），责无旁贷。你们不搞后勤谁搞啊！"这是对他和其他同志在军队后勤战线所做工作的肯定。

1948 年 4 月起任中央军委总后勤部驻南线司令部副司令员兼邯郸办事处主任，参与组织淮海战役和南下部队的物资供应工作。新中国成立后，任华北军区后勤部财务部部长，总后勤部财务部部长。1950 年 11 月起任总后勤部油料部部长，东北军区后勤部副部长、财务部部长，沈阳军区后勤部部长。1960 年 11 月至 1965 年 5 月任人民解放军总后勤部副部长。是第三、第四届全国政协委员。1955年被授予中国人民解放军中将军衔,并荣获一级八一勋章等,1971年12月9日于西安逝世。

六、周文龙(1909—2003)

湖南浏阳人,1930年7月参加中国工农红军。1932年春加入中国共产党。在红三军团先后任八军四师司令部书记、总指挥部秘书。1932年冬,担任红一方面军红二十一军军部管理科科长。1933年6月部队缩编后,改任红三军团第五师师部参谋。参加了中央革命根据地第一至第五次反"围剿"作战。1934年10月参加中央红军长征。1935年2月,改任第十三团管理主任。9月,担任红军陕甘支队第二纵队司令部管理科科长。1936年6月入红军大学第一期学习。同年12月毕业留校工作,担任校务部副部长。1938年春,任抗日军政大学校务部部长。很好地完成了抗大的物资保障任务。1940年3月,调任八路军(十八集团军)前方总部供给部副部长。1942年2月,改任前总供给部政治委员兼后勤政治部主任。1943年秋,担任前总后勤部副部长兼供给部政治委员。协助部长杨立三领导了八路军前方的后勤工作建设和保障工作,坚持敌后抗日游击战争。解放战争时期,1945年冬担任晋冀鲁豫军区后勤部部长。1946年6月改任军区供给部部长兼政治委员。1948年5月任华北军区后勤部供给部部长。参与领导组织晋冀鲁豫野战军的作战物资供应和平津战役的后勤保障工作。1949年7月,任华北军区后勤部部长兼中国人民解放军总后勤部参谋主任。中华人民共和国成立后,长期担任华北军区后勤部部长兼政治委员。1957年9月调任国务院石油工业部副部长。参与组织开发大庆油田的工程会战。1978年冬,担任中国人民解放军总后勤部顾问等职。曾荣获二级八一勋章、一级独立自由勋章、一级解放勋章。1988年7月被授予一级红星功勋荣誉章。

七、杨至诚(1903—1967)

贵州省三穗县人,侗族人。中国人民解放军后勤工作的开拓者和重要领导人,中国人民解放军高级将领。1955授予上将军衔和一级八一勋章、一级独立自由勋章、一级解放勋章。曾被誉为红军"大管家"。

贵州省三穗县人。1926年入黄埔军校学习,同年加入中国共产主义青年团,1927年转入中国共产党。曾任国民革命军第二十军连指导员。参加了南昌起义和湘南起义。土地革命战争时期,任中国工农红军第四军二十八团一营连长,井冈山留守处主任,红四军、红十二军副官长,红军大学校务部部

第十二章 后勤与装备的著名人物和成长特点

长,红军总兵站站长,军委总供给部部长兼政治委员,军委先遣工作团主任,红一方面军后勤部部长,黄河两延卫戍司令员。参加了长征。抗日战争时期,任中国人民抗日军政大学校务部部长。1938年赴苏联入伏龙芝军事学院学习。1946年回国。解放战争时期,任东北民主联军总后勤部政治委员,东北人民解放军军需部部长,华中军区军需部部长。中华人民共和国成立后,任中南财经委员会委员,中南军政委员会轻工业部部长,中南军区后勤部部长,中南军区第一副参谋长,中国人民解放军武装力量监察部副部长,军事科学院副院长兼院务部部长,高等军事学院副院长。1955年被授予上将军衔。是第二、第三届国防委员会委员,第三届全国人民代表大会常务委员会委员。

1929年4月,红四军在福建长汀进行整编,朱德任军长,毛泽东任党代表,杨至成被任命为红四军副官长,直接在毛泽东、朱德的领导下,开始了漫长的军队后勤领导工作,开始从事他为之奋斗一生的军队后勤工作。

从南昌起义开始到转战井冈山根据地,长期的对敌斗争使杨至成深深地体会到了军队后勤工作的重要性和紧迫性。当时,创建中的井冈山革命根据地人口少,经济落后,红军兵力薄弱,装备差,红军为了打退国民党蒋介石、各省军阀和地方反动武装的不断封锁和进剿而付出了血的代价。就在杨至成任井冈山留守处主任后,面对根据地内粮食紧缺、弹药紧张、医药卫生用品贫乏的严峻形势,他就已意识到后勤物资保障是取得胜利的关键因素之一。在担任红四军副官长后,他首先就筹款建立了一个临时被服厂,带领工人们夜以继日地赶制了4000多套军装,这是红四军第一次穿上统一的军装。

从1930年4月到1933年1月,杨至成担任红十二军副官长、红军总兵站站长、中央革命军事委员会总供给部部长兼政委,统管全军的被服、粮秣、饮食、财务、武器弹药、医疗卫生用品等后勤物资的采购、生产和供给。在这一时期,随着革命根据地的不断扩大,红军数量日渐增加,加之根据地的地方财政和人民群众的生活十分困难,难以保障红军部队的需求。对此,毛泽东十分重视军队后勤工作,指出:地方财政收入除了可以加重对剥削阶级的征收外,还应努力进行经济建设,发展生产,打破封锁,增加收入。杨至成根据毛泽东的指示精神,依靠群众,自力更生,白手起家,因地制宜,兴办了一批后勤工厂,同时加强对工人的政治思想教育,调动其生产积极性,建立健全各项规章制度,提高生产效率和产品质量,使根据地的军工企业蒸蒸日上。通过已经建成的几条运输补给系统,源源不断地将后勤支援物资运往前线,将伤病员运送回后方进行治疗。这些卓有成效的后勤保障工作,有力地支援了前线战斗,为第一次至第四次反"围剿"斗争取得胜利作出了重要的贡献。

1934年10月,杨至成随中央红军参加长征。遵义会议后,杨至成任军委先遣工作团主任,担负起打通前进道路和筹集粮食物资供给后续部队的重任。他率工作团的同志,深入少数民族地区,调查研究,搜集信息,耐心细致地做当地人民群众的思想工作,千方百计地筹集粮食、物资、弹药、药品等供给部队,使红军能顺利地通过少数民族地区,为红军四渡赤水、抢渡大渡河、爬雪山、过草地提供了尽可能的物资保障。

长征到达陕北后,杨至成先后任中国工农红军陕甘支队后勤部长、红一方面军后勤部长。后勤物资的保证使东征战役和西征战役取得了胜利。1937年6月,杨至成任黄河两延卫戍司令员,担负起了建设陕甘宁边区与保卫党中央的重担。

1938年6月,根据党中央的决定,长期带病坚持工作的杨至成和一批同志到苏联治病、学习,先后在共产国际远东局党校、苏联陆军大学(即伏龙芝军事学院)进行理论上和军事上的深造,系统地学习了《联共(布)党史》、《政治经济学》、《西方近现代史》及战略学、战役学、战术学、后方勤务学等,还参观、考察苏联的社会主义建设,使他从内心感到要建设一支正规化的高素质的军队,就必须有高素质的人才,而要培养高素质的人才,就必须要有正规化的高水平的培训基地,军事院校就是重要的基础设施。他在笔记中写道:我国是一个贫穷落后的农业国家,革命胜利后要进行社会主义建设,没有先进的、有规模的工业,是绝对不行的。这对长期从事后勤工作的他来说是一种理论上的升华,对他以后继续从事后勤工作和军事教育工作打下了坚实的基础,也增强了他对中国革命必胜的信心。

1946年1月,赴苏学习达八年之久的杨至成回国,先后担任东北民主联军后勤部政委、东北人民解放军军需部部长。为适应解放战争时期以运动战、阵地战、攻坚战为主,战争规模大、后勤战略物资消耗量大的特点,杨至成认为,没有充足可靠的、源源不断的后勤战略物资作保障,就无法保证战争的胜利。他狠抓后勤建设和后方基地的发展,建立了一大批军工企业。他还经常深入前线,进行调查研究,并把自己长期搞后勤工作的经验及留苏学习的理论同战争实际相结合,逐步向后勤工作的现代化、正规化目标迈进。充足的后勤战略物资的保障为辽沈战役及东北解放战争的胜利提供了物质保证,为此,在参加1948年12月在河北省平山县西柏坡召开的全军后勤工作会议上,杨至成领导下的军需生产工作受到毛泽东、周恩来、朱德同志的高度评价。

东北解放后,东北野战军(四野)入关,先后进行了平津战役和进军中南的战斗。杨至成先后任华中军区军需生产部部长、中南军政委员会委员、财经委员会委员、轻工业部部长、中南军区后勤部部长等职,建立了几十个军需工厂、仓库、医院和学校,帮助地方接收、巩固和筹建了几十家工厂企业,保证了军队的后勤供应,支援了全国的解放战争,为中南六省后来的剿匪建政和抗美援朝战争的后勤供给创造了物质条件。在抗美援朝的三年中,仅中南军区后勤部就先后为中国人民志愿军抽调组建后勤保障机构50多个、50000多人,同时调运各种军需物资27万多吨,为抗美援朝战争的胜利作出了突出的贡献。

八、张震（1914— ）

湖南省平江县人，中国共产党党员，中国人民解放军高级将领，上将军衔。

中华人民共和国成立后，曾任中国人民解放军第24军代军长兼政治委员，中国人民解放军军事学院院长，武汉军区副司令员，中国人民解放军总后勤部部长，中国人民解放军副总参谋长，中国人民解放军国防大学校长，中央军委副主席等职。为第五届全国人民代表大会代表，中国共产党第十一届中央委员会候补委员，第十二届中央委员。1955年被授予中将军衔。荣获二级"八一勋章"、一级"独立自由勋章"、一级"解放勋章"。1988年授予上将军衔。

张震的儿子和女婿中，有四个少将，一个上将。其中四长子张小阳少将，曾任总后勤部军事交通运输部副部长。从而成就了中国人民解放军军史上第一对"父子上将"。

九、张宗逊（1908—1998）

陕西渭南人，1926年入黄埔军校第五期学习，同年由中国社会主义青年团转入中国共产党；革命战争年代，张宗逊历任中国工农红军第十二军军长、瑞金红军大学校长、第四方面军第四军参谋长、红军大学参谋长、中央军委一局局长、八路军120师358旅旅长、吕梁军区司令员兼政委、西北野战军副司令员、第一野战军副司令员兼西北军区副司令员等职；中华人民共和国成立后，历任中国人民解放军副总参谋长、训练总监部副部长、济南军区副司令员、总后勤部部长，1955年被授予上将军衔，1978年退休；1998年去世。

张宗逊同志之子张又侠（1950—），1968年参军，早年服役于成都军区；1979年担任某集团军连长参加对越作战，战后被提为团长；1984年中越边境冲突时率团开赴老山作战，后升任副师长、师长；20世纪90年代升任成都军区某集团军副军长、军长，1997年晋升少将，2005年升任北京军区副司令员；2007年晋升中将军衔并被提升为沈阳军区司令员，成为当时七大军区司令员中唯一具有实战经历的将领；2011年晋升上将军衔，从而成就了中国人民解放军军史上第二对"父子上将"；2012年10月25日，出任中国人民解放军总装备部部长。

十、廖锡龙

男，汉族，1940年6月生，贵州思南人，1963年2月入党，1959年1月入伍，解放军军事学院基本系毕业，大专学历，上将军衔。现任中共中央军事委员会委员，中华人民共和国中央军事委员会委员，2002年任解放军总后勤部部长。

十一、赵克石

男,1947年11月生,河北高阳人。1968年1月参加中国人民解放军。2005年7月晋升中将军衔。2010年7月晋升上将军衔。中共第十七届中央委员。2012年10月,任总后勤部部长。2013年3月任中华人民共和国中央军事委员会委员。

第四节　高校后勤部分著名领导人

一、新时代部分著名高校后勤领导人

1. 朱宝铜

教育部发展规划司后勤改革处处长,长期从事高校后勤领导工作,为高校后勤建设特别是为推进高校后勤社会化改革作出了突出贡献。其中《新时期中国高校后勤社会化改革的实践与探索》(上下册)一书等,是朱宝铜和许多全国高校后勤专家的历史性贡献。

2. 王富

早期在北京大学团委、党委学生工作部工作。1989年从北京大学调到国家教育委员会条件装备司,担任高校后勤管理处处长、副司长,负责学校后勤管理处、校办产业管理处、图书情报管理处工作,并负责司办公室工作,兼司书记。1998年条件装备司被撤销后,担任教育部教学仪器研究所书记、所长。现任中国教育装备行业协会会长、教育部关心下一代工作委员会常务副主任、教育部巡视专员、国家督学、研究员、教授、国务院特殊津贴专家。

3. 程天权

男,1946年3月生,汉族,上海市人,中共党员,教授,博士生导师。主要从事中国当代政治、中国高等教育、中国法制史等领域的教学和研究,主编了《中国民法史》、《法律基础》等著作。曾在不同层次参与、组织了一些专题发展对策研究,主持和筹划"中国发展研究"、"上海21世纪研究"等专题研究活动,研究报告呈送中央及有关部门,并被采用。曾在美国、日本、韩

国、澳大利亚、瑞士、俄罗斯、波兰等国进行学术或工作访问，在多个国际会议中任中方主席。原中国人民大学党委书记，现任中国教育后勤协会会长。

4. 张柳华

男，汉族，浙江东阳人。1953年5月出生，1974年入党，1978年浙江大学化学系本科毕业，中国政法大学诉讼法研究生，硕士。曾任中共中国政法大学委员会委员、常委、副校长，兼任中国高等教育学会常务理事、中国教育后勤协会常务副会长、原中国高等教育学会后勤管理分会副理事长、理事长。历任国家教委条件装备司物资处处长、设备与后勤处处长、高校后勤处处长、教育部发展规划司高校后勤改革处处长。

5. 龚守相

华中科技大学后勤集团总经理，中国烹饪协会副理事长等。他所领导的华中科技大学后勤集团是全国高校后勤社会化改革的一面旗帜。

6. 黎玖高

中国人民大学经济学院副教授、校长助理、后勤集团总经理。主要研究领域：市场价格理论、证券市场研究。近年来，出版多部著作和教材，发表各类文章和学术论文数十篇。其中《现代大学后勤管理理论与实践》一书2010年6月由经济科学出版社出版。

7. 鞠传进

北京大学副校长兼总务长。

1980年6月至1981年8月，山东省烟台地区重点体校教员。

1981年9月至1985年7月，北京体育大学运动学专业学生。

1985年8月至1993年6月，北京大学体育教研室教师。

1993年6月至1995年4月，北京大学体育教研部副主任。

1995年4月至1997年4月，北京大学体育教研部主任。

1997年4月至2003年4月，北京大学校长助理（其间，1997年9月至2001年7月，北京大学心理学系学习，获硕士学位。1998年7月至1999年6月，兼任北京大学总务长。1999年7月至2001年2月，兼任北京大学总务部、基建工程部部长，兼任海淀区综合治理委员会副主任）。

2003年4月至2013年3月，北京大学党委常委、副校长兼总务长。

2013年3月26日，中华人民共和国教育部办公厅巡视员。

8. 唐志成

男，中共党员，四川师范大学副教授，原四川师范大学副校长，原四川师范大学文理学院院长等。

曾任全国高校学生思想政治工作研究会副理事长、全国高教学会理事、全国高校后勤管理研究会常务副理事长、四川省晏阳初研究会常务副理事长（法人）、四川省高校保卫消防协会理事长等。有专著《后勤管理与后勤研究》（四川人民出版社）、主编《德高义重的田家炳》（四川人民出版社），在《中国高校后勤社会化改革的理论与实践》（新华出版社）一书中任副主编。

9. 许征

中共党员，博士，副研究员。历任复旦大学外文系党总支副书记，共青团复旦大学委员会书记，校长办公室副主任、主任，校长助理。兼任复旦大学校务委员会秘书长、校董事会秘书长。美国耶鲁大学、澳大利亚麦克里大学访问学者。参与策划并负责实施首届"上海论坛"、庆祝复旦大学建校100周年大会等多项重大活动。出版学术专著《全球化时代的中国治理——中国应对东亚金融危机的政治分析》，并发表多篇论文。曾获上海市"新长征突击手"、上海市"优秀思想工作者"等称号，并获复旦大学"校长奖"、赴美国匹兹堡大学"海上大学"专项奖教金等奖励。现任复旦大学副校长并主管复旦大学后勤工作，中国教育后勤协会副会长等。

二、历史上部分著名高校后勤领导人

许多高校的后勤领导者，综合素质都很高，但他们无条件服从组织安排，愉快走上高校后勤领导岗位，并在这个岗位上一干就干了几年、十几年甚至几十年，从而为我国高校的健康发展作出了独特的、不可磨灭的贡献。下面以中山大学为例。

1. 戈平

男，1915年12月出生于山西省襄陵县，中共党员，原中山大学总务长。1937年参加革命，新中国成立后供职于中国人民大学和中山大学，1983年离休（国12级），是我国高校老一辈后勤领导干部的突出代表之一。

（1）简历

1937年1月参加革命，参加过抗日战争、解放战争和开国大典。1950年初参与中国人民大学筹建，曾任职校长办公室主任、档案馆馆长（兼）、工会副主席（兼）、农场场长等，直接在原人大校长吴玉章、常务副校长胡锡奎、副校长李培之等革命前辈手下共事。1952年当选北京市人大代表，1954年6月，被评为国13级干部（副司局级）。

1962年初，在高校实行校长、教务长、总务长三长负责制中，当时的中央高教部部长杨秀峰亲自点将让戈平到中山大学任总务长。从北京到广州工作，虽有不少困难，但戈平毫无二话服从调动，在这岗位上尽职尽责，直到1983年离休。

（2）工作特色

来到广州中山大学履职，与原先的工作性质虽有相近，但涉及面多有不同，不但局面很快打开，各项工作开展有效，进展可喜，颇得上下认可。他的"法宝"是：品质交友，诚意相待，全力投入。

作为全校后勤服务和保障性质的总务工作，主要面对基层，总务长下辖的科级部门计有：财务科、事务科、膳食科、设备科、基建科、修缮科、园林科、水电科（含安装、维修）、卫生院、幼儿园、农场、水厂、车队、机械厂、木工厂，等等。改革开放后，为适应发展，财务、基建、设备、事务（即总务）等均改为处级建制。可以说学校的一草一木、一砖一屋，校园里的每一个角落以及学生食宿、教学设备、教工生活、高级知识分子照顾、学校建设，等等，事无巨细，都在总务长的职责范畴之内。

从北京刚到广州，中山大学党委书记冯乃超即与戈平谈工作，讲到总务长要深入基层、关心群众、关心知识分子，特别强调了对高级知识分子的爱护和照顾，对他们的生活给予主动关心，让他们能够安心、顺心。

为了做好总务工作，戈平首先摸清和了解了学校教职员工的基本情况，列出各种名单和数字，记在本子上，尤其是对教授级、知名教授等家庭情况，包括资质、任职、年龄、居住、人口、健康等都有了解，做到心中有数。还利用各种工作和闲暇机会，与干部、教师、工人以及高级知识分子广交朋友。事实上，虽然戈平仅读过初中便参加了工作，以后投身时代洪流，但因为参加革命后，曾在多位革命老前辈身边共事，在他们身上汲取了精神营养，因此虚心求教交友，上下打成一片，在高知如云的大学里，他与众多教授关系融洽，不少知名教授都是家中常客。

总务工作，其实上联领导，下系所有教职员工。因为其工作性质及涵盖计有三大块：行政、校园、生活，在所有各部门中，工人比例最多。因此，与工人的关系，往往成为戈平八小时以外的重要内容（其实每天从早到晚走，上班时间远超八小时）。到各个学生饭堂和教工食堂、园林、杂工、工厂、车队、卫生院、家属区走走看看，听听来自底层的意见和诉求，既是工作的延续，又广交了各方朋友。务实的作风、诚恳的态度、解决问题的诚意、第一手的材料，令工作顺手，许多问题和困难得以及时处理和妥善解决。虽然大大占用了业余时间，甚至回到家里也因为有不停的电话而难有余暇及安稳饭，但先人后己，在当时觉得极为正常。

不管何时，校园的大小事务，戈平总会记在本子上，记在心里，出现问题随时到场。比如校园内的大小基建工程，是否按时做完，会否影响人车通行。台风将临，会想到有没有做足预防措施。当台风到来时,别人都在往家里赶,他却顶着风去察看有无发生意外,路树、电杆是否被刮倒及有无造成阻塞。

清正、廉洁,是戈平长期养成的习惯。自身清廉,从不会想到用手中的一些权利荫及自己和家人。相反,因为与普通员工的平等关系,不但对学校困难户的情况了然于心,而且主动伸出援手,从自己的收入里尽可能地解燃眉之急,皆视为平常事,甚至常常是一年半载后受援者还钱时,他已不记得有此事发生过。对下属工人,会关心他们的恋爱、婚姻、住房,也会受邀参加简朴的婚礼,真正是不管老年中年青年,都能打成一片。几十年养成的博闻强记的特质,让他几乎对全校的教职员工都能叫上名字,对下属干部、工人则连配偶名字、子女情况都能如数家珍。

戈平参加"四清"运动时曾任中山大学工作团副团长,面对一些过左的做法,他注意把握政策尺度,区分走邪路与正当的集市贸易、社员家庭副业的不同性质,甄别贪污盗窃与小偷小摸、利用封建迷信害人与落后的封建迷信行为习惯的界限,等等,在自己的工作岗位上,防止了清查扩大化倾向的蔓延。这也如同在中国人民大学任农场场长时,对数十名被打成"右派"的知识分子和干部,本着实事求是态度和良心本性,对他们的生活、劳动,均给予关心体贴,这些都体现出戈平一以贯之的实事求是的务实作风。

戈平1965年在中山大学北门

"文革"前曾被中山大学广大师生员工投票选举,以绝大多数票当选为海珠区人大代表。"文革"后重新恢复人民代表选举制度后,再次以高票当选为海珠区人大代表,戈平不辜负大家的信任,积极行使人大代表职权,积极反映选民呼声,密切了学校师生员工与政府的关系。

(3)部分业绩

1)鉴于建立校园新秩序之需,作为后勤保障的重要一环,是对教学科研仪器设备管理进入规范化、标准化轨道,当时在这方面并无更多现成指引,唯有与有关部门及基层领导一起,从实际出发,勤于摸索,勇于实践,逐步摸到了一些门道,获得了一些经验,得到国家高教部的肯定和推介。

2)1960年代初的中大,没有完整的围墙,只是断断续续地有一些篱笆或铁丝网,不均匀地分布着。为了让校园有更良好的秩序,也为了让校园更美观亮丽,成为名副其实的康乐园,在听取和征求了多方意见和建议后,在资金紧缺、任务繁重的条件下,得到学校领导和高教部的支持,在保证质量的前提下,分三年终将方圆逾一平方公里校园面积的中山大学围墙及各式风格的校门建成红墙绿瓦,特色典雅,与老岭南大学建筑浑然一体,从此成了广州中山大学的标识和标志,此项工作的出色完成,深得大家的赞语和称道。历经几十年,此围墙仍整体牢固,风格不变,红墙绿瓦依然。

3）20世纪60年代初的中大校园，除了正门中轴线的主路是柏油路之外，水泥路还少，许多都是不宽又不太平整的红砖路，更有一些沙土路，既不便于车辆通行，骑车和步行者也感到不便。为此，戈平先做调查和实地了解，定下了让水泥路遍布校园的基本思路，然后按通行流量分阶段实施，到了"文革"前已基本实现了不仅校园内可通汽车的路都是水泥路，而且也让一些住宅区也铺上水泥小路，还适当保留一些僻静的红砖小径，以便让传统特色得以延续。

4）"文革"后期，戈平从"五七干校"回到中大，任后勤组副组长、组长，随即恢复总务长职务。十年动乱，百废待兴，学校亟须将整个管理秩序恢复起来。戈平很快投入到"老行当"中，没日没夜地操劳着。除了校务工作外，当时一个严峻的"老大难"问题摆在面前，即教职员工的住房问题，"文革"期间外来人口涌入，住房总人数骤增。而十几年中，基本没有新建以家庭为单元的住房，住房问题，极大影响着教工的日常生活及工作积极性。在资金不能满足的情况下，总务部门只能以调房、挤住、混居、改装等临时方法解决眼前急需。同时积极申请、筹措资金（那时尚无商品房之说），新建楼房也提上日程。在此期间，戈平每天每时都要面对的是困难申诉、住房请求，缺房户、困难户陡然增多，调房、安居各自都有理由，许多教工上班不便去办公室反映情况，便会堵截戈平于下班路上，或径直登门造访，一时间，一拨拨，门庭若市，"家不像家"，倒有点像"信访接待室"了。在这种现实面前，戈平一是以极大的同情心表示理解，二是对情况进行实地了解、比较，与总务处一起研究讨论，排查列序，并详细分析一件件具体个案，最后拿出合理的解决方案，那时的调房往往是迁一户即牵动多户，将解释工作做在前，才能适时、妥帖。为了从根本上解决教职员工的住房实际困难，新建楼房走入议事日程后，更需为资金、建材、选址、结构、设计、楼层、施工等诸多事项的逐件落实而日夜奔忙。忙碌数年，兴建起"文革"后第一批简朴红砖楼房，以解燃眉之急。以后，又陆续规划、新建、改造一批住房，逐渐地困难户到家中造访的明显减少。

为了适应学校大发展的需要，戈平和他的同事们还为学校的征地做了大量工作。

5）改革开放后，为了适应中山大学快速发展的需要，建立一座与时代发展相适应的新型图书馆摆上了工作日程。戈平亲自参与了前期的准备，包括资金申请、地点选址、规模形制、工程预算、施工方案，等等。为了做到心中有数，他专程与相关同志一起到北京考察了首都图书馆、在京多所大学图书馆及中央党校图书馆等，并结合自身实际，提出了实用、美观、不张扬、不落伍的基本思路。最后经批准，地址选在校中心区林木扶疏的马岗顶，与老图书馆相邻，成为当时国内高校新图书馆的佼佼者，从而书写了新时期中山大学后勤的漂亮一笔。戈平离休当年，逾一万多平方米的中山大学新图书馆（一期工程）落成。

多年的总务长岗位，因戈平的为人品质、工作能力以及全副身心的投入，使得中山大学总务工作卓有成效，中山大学校园也在全国高校中享有盛誉。

（4）励言铭志（诗选）

1）为政不必多言，当官首要清廉。公仆方为本色，劝君不能弄权。

2）正正派派为人，清清白白生活。认认真真做事，老老实实处世。

2. 魏聪桂

（1）简历

魏聪桂，男，1936年10月出生，广东五华人，中共党员，研究员。1958年9月至1963年7月在中山大学生物系读书，毕业后留校。1970年8月至1980年12月先后任中山大学革命委员会教育革命组副组长、教务处负责人兼党支部书记。1980年12月至1990年9月，任中山大学昆虫学研究所副所长兼直属党支部书记。1990年9月至1991年10月，任中山大学科技开发与企业管理委员会主任兼党支部书记，1991年10月至1995年7月，任中山大学校党委常委、副校长并主管中山大学后勤工作，1997年4月退休。退休后继续为高校老有所为事业做出了突出贡献，5次被中山大学评为"优秀共产党员"。

（2）后勤方面的主要业绩

在担任中山大学科技开发与企业管理委员会主任期间，就直接管理了学校宾馆、招待所、餐厅和校办企业等部门。在担任副校长并主抓后勤工作期间，魏聪桂同志能服从组织安排，虚心学习，积极工作，团结同志，为中山大学的健康发展在后勤保障方面做了大量工作。当时的情况是，学校在后勤方面仍面临着不少困难，甚至许多地方几乎要房没房（教工住房欠账太多），要电没电（很难满足安装空调的要求，甚至用电风扇也超负荷），要气没气（液化石油气要到茂名等地运回来），要水（干净水）没水，要钱没钱（为争取更多的土地兴建教学楼和教工住宅等，尽管广州市政府已答应用最优惠的价格照顾中山大学，但学校仍没钱买校园周边的土地）。他上任后，通过勤奋工作、注意调查研究、团结同志，充分调动各方面积极性等方面，使这种状况得到了明显改观。特别突出的是，他和学校领导班子一起，为争取教育部、省市政府和校友对中山大学发展的大力支持做了大量工作，如岭南学院建筑群、熊德龙学生活动中心、曾宪梓堂和方润华楼（离退休人员活动中心）等建筑工程的启动，甚至借钱买地，千方百计解决教工住房问题（如西区208套住房的兴建等），通过集资的办法解决校园电力扩容问题等均倾注了许多心血。同时，他还把握机会、果断决策，为实现企业与高等学术中心（冼为坚堂）的长期合作做出了重要贡献。

（3）工作理念

后勤就是要全心全意为学校的教学科研中心工作服务，为广大教职员工和学生服务。

干后勤工作就是要用心、要有情，要设身处地、将心比心去处理问题。

（4）主要工作方法

1）定规矩（规章制度），发动大家一起干，并层层负责。

2）对工作要求很严格，要求后勤干部职工绝对不能谋私。

3）不准外人到家里谈业务。

4）处处以身作则，事事严格要求自己。

（5）格言

1）诚实、勤奋、勇攀高峰。

2）坚持公正、讲真话，干实事。

3）多做好事多积德。

4）私心重的人几乎都没有好结果。

5）工作要么不做，要做就争取做到最好。

3. 刘美南

1949 年 1 月出生，籍贯湖南省益阳市，1970 年 1 月参加工作。1975 年 4 月加入中国共产党。1965 年 9 月至 1969 年 12 月在湖南省水电学校水文专业学习。1970 年 1 月至 1972 年 8 月在湖南水文总站任技术员。1972 年 9 月至 1975 年 12 月在中山大学地理系读本科。1976 年起在中山大学地理系先后任助教、讲师，1992 年任副教授。1989 年任地理系党总支副书记，1990 年任地理系副系主任，1991 年任地环学院行政副院长。1995 年 7 月至 1999 年 8 月任中山大学副校长。1999 年 8 月连任中山大学副校长，2001 年 10 月至 2007 年 7 月任中山大学党委副书记、纪委书记和校工会主席。2005 年起担任中山大学新华学院党委书记。

刘美南在担任中山大学副校长期间，主管中山大学后勤工作。他能经常深入实际调查研究，虚心向后勤干部职工学习，尊重、关心、爱护后勤干部职工，与广大后勤干部职工一道面对学校当时还比较严峻的缺水、缺电、缺气、缺房、缺电话、缺经费的状况，想了很多办法，如组织完成了中山大学南校区双回路环校电扩容工程；南校区东、中、西区的供水扩容改造工程；西区生活区直供水工程和生活供气工程建设；新建了约 2500 套双职工住房，加建改造了 816 套教师住房并实施了住房制度改革。累计新建了约 25 万平方米的教学科研等用房、学生宿舍和教工住房；完成了南校区步进制电话交换机更换为程控数字电话交换机的改造工程，并参与了珠海新校区的规划和建设等工作，为中山大学后勤工作做了许多好事实事，在中山大学师生员工中留下了深刻的印象。特别是他亲自领导了中山大学后勤社会化改革的起步阶段，为中山大学后勤社会化改革作出了开创性的贡献。

4. 喻世友

男，汉族，1956 年 3 月出生，湖北黄陂人，中共党员，硕士研究生学历，经济学教授。

1975年5月参加工作,1979年4月加入中国共产党;1975—1978年任武汉照相机快门厂团委副书记;1982年毕业于华中理工大学自然辩证法专业并留校在社会科学系任助教;1984—1987年华中理工大学西方经济学硕士研究生;1987—1995年任华中理工大学经济系副教授、系副主任;1995年6月调入中山大学岭南学院任教,1997年9月晋升教授,1998—2001年任岭南学院副院长;2000年12月任财务与国资管理处
处长,2001年10月任校长助理;2004年2月任中山大学副校长、党委常委;2009年1月任中山大学党委副书记、副校长;2012年3月任中山大学纪委书记;2013年任中山大学南方学院党委书记兼院长。

喻世友同志担任中山大学副校长并主管中山大学后勤工作长达近10年,在这期间为中山大学的后勤建设做出了许多重要贡献。他积极推动中山大学后勤社会化改革,积极支持中山大学后勤集团的发展,妥善处理好甲乙方之间的关系,并确立了中山大学大后勤的概念。中山大学珠海校区、东校区这些新校区的后勤服务大部分引进社会优质服务资源即以社会化管理模式为主;根据中山大学的历史情况,南校区和北校区这些旧校区则基本委托学校后勤集团管理即以企业化管理模式为主。同时,积极引进竞争机制,后勤集团和社会优质服务企业在多个校区相互竞争,共同发展。他提出,作为中山大学这样的"巨型大学",一定要有一支校长可以掌控的、忠诚的、高素质的后勤服务基本队伍。他为有效改善校园环境特别是车辆管理提出了很多重要意见。他很关心后勤建设,每年春节一定要到一线慰问后勤员工,他经常倾听甲乙方单位的意见并提出了许多正确的指导意见,他为中山大学后勤建设倾注了许多心血。曾有一段时间,不少高校后勤社会化改革处于徘徊状态,他领导中山大学后勤坚定不移地走改革创新的道路,后勤集团坚定不移地走企业化发展道路。今天,中山大学后勤有多个单位受到国家教育部或广东省教育厅的表彰,与他当年的努力和所打下的基础是分不开的。

第五节 历史上部分著名器材行家

器材即装备包括研制、生产、供应、管理和维护等。长期以来,我国各条战线都有一批这方面的行家。他们热爱器材工作,甘当无名英雄,为不断提高器材的供应水平、管理水平和技术水平等而不懈努力,下面以中山大学为例。

中山大学设备和实验室管理部门是一个优秀的群体,他们中间曾涌现出多个在全国或广东省高校中有重要影响的器材行家,如教育部世界银行贷款专家组领导成员、实验室大型精密贵重仪器专家、教授级高级工程师区炳燊处长;从20世纪50年代末到80

第十二章 后勤与装备的著名人物和成长特点

年代，长期主持中山大学实验室建设、为中山大学的装备工作做出过重要贡献并在全国高校同行中享有较高声誉的喻德明副处长；长期从事化学试剂、玻璃仪器供应和管理工作的曾定球科长；精于维修精密天平等仪器的庄冠发工程师等。在众多先进人物中，严文正同志是一个突出代表。

严文正同志原是中山大学设备处设备科科长，副处级干部。1933年8月出生，广东开平人，华南联合大学统计专业毕业，严文正同志在中山大学工作了40多年，曾在中山大学图书馆等部门工作过，从1958年开始到中山大学设备处设备科工作一直到1993年退休。在长达35年的时间里，他爱岗敬业，勤勤恳恳，廉洁奉公，无私奉献，不断钻研业务，不仅为中山大学的技术物资供应和管理以及实验室建设做了大量工作，而且培养了不少器材方面的人才。接近退休年龄，他还不辞辛劳，积极参与了教育部世界银行贷款进口仪器中山大学转运站的工作，积极支持用计算机管理仓库等技术物资供应业务。他的奉献精神和全心全意为教学科研服务的精神，不仅赢得了学校领导和服务对象以及器材供应单位的一致好评，也在广东省高校同行以及当年的教育部技术装备司中享有较好的声誉。1977年10月与教育部众多会议的代表曾受到叶剑英、邓小平等党和国家最高领导人的亲切接见。进入新世纪以后又荣获了由中山大学党委书记郑德涛教授亲自颁奖的"中山大学卓越服务奖"。

1993年退休后至今20多年的时间里，他能继续老有所为，充分发挥他在书法和文学等方面的专长，不仅为建设中山大学书法协会付出了大量心血，而且继续为中山大学做出新的贡献。

今天，当严文正同志回首往事时，他百感交集，他说：

"人才、教材、器材是高等院校的三个最重要的组成部分。这三样东西犹如宝鼎的三足撑起一个学校。人才是指优秀的教师和优秀的学生，教材是课本、老师编写的讲义和学校图书馆的藏书，器材是实验室的仪器设备、实验材料。

"20世纪五六十年代和'文革'期间的高校技术物资供应和实验室建设，这条战线的工作人员是如何艰难创业的，现在年纪不大的人估计很难理解。

"当时的实验室建设，主要困难一是经费紧张，二是物资匮乏。当时人穷，学校也穷。为了维持实验室的正常运转，恨不得一个硬币掰开两个用，就那么一点点经费，各系、各实验室都争着要。真是顾此失彼，左支右绌！

"物资匮乏是当时物资工作者的另一个大问题，一个偌大的学校申请买室内用的电线只批准购买100米！实验用的一些细钢丝绳跑遍上海各部门都说没有，最后只在一个旧货店里买到一扎；一个500毫升的石英烧杯要800元，而当时一个刚毕业的助教的月工资是61.50元。另外，电容电阻都要去上海买。

"另外，当时教育部直属36所院校的技术物资工作者，从处长到工人都是搬运工，要经常到市内有关物资仓库、港口码头提货，把仪器设备运送到实验室，从购买、提货到装卸等一手包办。由于长期辛劳，甚至有设备科科长如果不患腰肌劳损的就是不合格的说法!

"后勤物资,任何社会活动都不可或缺。战争,自古就有"三军未动,粮草先行"之说;三国演义中的马谡不知后勤厉害,以致兵败身死;拿破仑攻打俄国,也因后勤物资无以为继,几乎全军覆没。高校如果没有实验室和器材,那么就与教堂差别不大了。"

最后,他寄语新一代装备人员要热爱本职工作,不断提高我国高校装备的供应水平、管理水平和技术水平,以适应建设世界一流大学或高水平大学的需要,同时任何时候都要勤政廉洁。

中山大学器材方面的优秀群体,是全国众多器材行家的一个缩影。

第六节 部分著名后勤专家或突出人才

一、王宗喜(1942—)

王宗喜教授,江苏丰县人。1967年毕业于北京石油学院,长期从事物流教学科研工作,现为解放军后勤指挥学院博士生导师、少将。我国著名军事物流专家,军事仓储学创始人,军事物流学奠基人。

先后发表论文150余篇,出版著作和教材10多部,创办全军首个军事物流工程实验室。兼任中国物流学会副会长,中国物流与采购联合会应急物流专业委员会主任,国务院应急管理专家,国务院学位委员会军事学科评议组成员,中国机械工程学会理事等职,1992年起享受政府特殊津贴。

他创造性地提出了"应急物流"、"物流场理论"、"军地物流一体化"、"物流矢量理论"、"快乐物流"等先进物流理论。主要著作有《军事仓储学》、《军事物流概论》、《仓储论》、《军地物流一体化》、《漫话军事物流》、《军事物流学》。

二、邵维正

解放军后勤指挥学院政策理论教研室教授,专业技术少将。1935年9月8日生于江苏省常州,祖籍浙江黄岩,1965年毕业于长沙政治学院,专业技术三级。1951年入伍,曾参加抗美援朝战争,1978年被调入解放军后勤学院从事中共党史教学。1994年7月授予专业技术少将军衔。被誉为"一代名师"。

三、郝万禄

后勤指挥学院财务审计教研室主任、教授、博士生导师。长期从事现代经济理论、国防经济学、军人收入分配制度等方面的研究。发表学术论文 130 余篇，出版专著、教材 25 部，完成国家级研究课题 10 项，获奖科研成果 25 项。先后被评为"全军优秀教师"、"军队院校育才奖金奖"，享受政府特殊津贴。

从 1984 年地方大学毕业入伍算起，郝万禄已经在军校的讲台上耕耘了 20 多年。从中国科学院硕士，到国防大学博士，再到北京大学应用经济学博士后。

主要专著：《中国军队福利制度研究》、《中国军人收入分配制度研究》等。

四、刘才凤

四川梁平人，1949 年参加中国人民解放军。曾任排长、武汉军区后勤部助理员。1959 年毕业于解放军后勤学院军需系，后留校任教员。1961 年加入中国共产党。从事战役及战略后勤基础理论的教学和研究工作。主编有《战役后方勤务总则》、《战略后勤学》等。

五、唐武文

解放军后勤学院教授，博士生导师，孙子兵法与现代军事后勤研究专家。他始终秉持"后勤工作重在传承"的教育理念，在三尺讲台上辛勤耕耘数十载，指导的博士论文入选全国、全军百篇优秀博士论文，填补了全军中级指挥院校在此领域的空白。

六、李同敬

解放军后勤指挥学院作战后勤指挥实验室主任，教授，研究生导师，专业技术大校军衔。长期组织研发作战后勤指挥模拟训练系统、后勤指挥作业系统、后勤保障辅助决策系统等信息化建设工程。曾获军队科学技术进步奖一等奖 2 项，二、三等奖 9 项，"十五"全军后勤重大科技成果奖 2 项。享受军队优秀专业技术人才一类岗位津贴、国务院政府特殊津贴。

七、董尉勤

董尉勤教授是甘肃省后勤管理研究会秘书长，原系甘肃省机械科学研究院副院长，甘肃省农业机械化所副所长，高级经济师。在担任省机械科学研究院副院长时，负责单位的后勤工作，从此就与机关后勤结下了不解之缘，是我国机关后勤方面的著名专家。

八、薛沛建

上海市教育委员会原副主任薛沛建教授所著的《美国大学后勤管理——中美大学后勤管理比较研究》和主编《高校后勤社会化全球视野》等著作，对我国高校了解美国等发达国家的后勤管理体制、积极推进高校后勤社会化起了很重要的作用。

九、毛波杰

苏州大学教服集团企业文化部主任，博士。毛波杰虽然学历高，但他多年来热爱后勤、钻研后勤，提出了不少很有创新的见解，如创造了《高校后勤物业三字经》等，还在《中国后勤》杂志、高校后勤信息网等媒体发表了关于高校后勤方面的论文数十篇，受到了同行们的好评。

十、郑静

女，长期从事后勤信息化工程顶层设计、应用推广和机制研究工作，为推进后勤信息化建设作出了突出贡献，先后承担重点科研项目10余项，获国家科技进步一等奖1项、三等奖6项，发表论文20余篇，编写译著2部、专著1部，被评为全国"三八"红旗手，并荣获第十八届中国科协求是杰出青年实用工程奖等。

第七节 部分基层优秀后勤工作者

一、兰州石化公司劳动模范、三联公司司机班班长苟国瑞

苟国瑞是三联工程运输公司司机班班长，共产党员。他所在的班有28人，32台车，长年负责兰州石化东厂区的工业垃圾、检维修垃圾、工程建筑垃圾以及六个物业小区生活垃圾的清运工作。他从一名普通的司机锻炼成长为一个善于管理的好班长，荣获了许多荣誉，2007年荣获"中国石油先进班组"称号。他的工作体会是，勤奋＋执着＝业绩。他的特点是，时刻为工作着想，时刻为安全着想，时刻为他人着想。他在班里推行"五动"工作法，即理想鼓动树信心、学习拉动提素质、制动推动强执行、警示制动保安全、真情感动暖人心。他以身作则，出车多、干活多、加班多、吃苦多是常有的事。

二、北京京煤集团有限责任公司总医院机修班班长刘克勤

学历高中毕业，36年如一日，在平凡的岗位上默默地奉献。勤勤恳恳，任劳任怨，兢兢业业，求实严谨，爱岗如家，不求回报，勤于思考，勇于创新。从1985年开始，

他连续17年被选为局级先进生产者，连续多年被评为集团公司的优秀共产党员称号，还被评为北京市爱国立功标兵等。

他忠诚于现在的事业，专注于眼前的工作，而看淡名利。他在担任班长以来，给班组制定了"三勤"、"四及时"制度。"三勤"就是"勤检查、勤维护、勤保养"；"四及时"就是"急事、难事、险事、重事"都要及时处理。他每天按照工作的轻、重、缓、急合理安排工作，班组除了要完成平时的日常维修外，还要做好临床随时可能发生问题的处置工作。

三、中山大学水电管理中心工程与维修部部长龙柱良

男，1954年5月出生，中共党员，高中学历，1972年8月参加工作，2014年被评为中山大学优秀共产党员。

（1）简历

1972年至1985年3月在广东省输变电工程公司工作，1985年4月至今在中山大学水电管理中心工作。在长达42年的工作时间里，特别是在中山大学工作期间，工作认真，任劳任怨，在平凡工作中做出了不平凡的成绩。

（2）主要业绩

1）紧急任务冲在前

水电工程维修，经常会有紧急任务，但龙柱良同志都能勇挑重担。比如：2004年6月初的一天凌晨三时许，雷雨交加，得知中山大学出版社附近的一个电缆头绝缘层被雷电击穿导致电缆短路烧坏部分线路，进而影响到第一教学楼的正常供电后，立刻带领维修部的员工赶到事故现场进行抢修。经过3个多小时的奋战，终于赶在当天学校上班前抢修完毕，保证了学校教学科研工作的正常进行。

2011年9月2日（周五）晚上至深夜，分别两次冒着大雨赶到中区一配电房内，查找当时紫荆园旧留学生楼停电的原因，并恢复了正常的供电。不料次日上午10点多，同样事故再次发生。龙柱良和同事们再次赶到事故现场，沿着地下线路耐心检查，终于发现了事故原因所在，立即进行抢修，很快恢复了正常的供电。

2）平凡工作认真负责

在中山大学电路电气设备维护保养的岗位上，龙柱良同志连续工作了27年。而在这27年的时间，每年的夏季用电高峰期，也是电气设施容易出问题的时期。每到这个时期，尽管配电房内的温度高达40℃，但该同志却总是坚持每天在配电房里认真地检查每一路开关的运行状况，确保每一路开关都处在正常状态。正是该同志数十年如一日的坚守岗位、认真负责，才有了中山大学良好的用电环境与后勤保障。

四、宋穗斌

女，1977年1月生，1996年参加工作，公共管理学硕士，中共党员，现为中山大学总务处北校区后勤办副主任兼北校区后勤办党支部书记。

（1）简历

先后就读于广东省电子技术学校、广东工业大学和华南师范大学等。

1996年7月至2002年4月，先后在原中山医科大学电话总机、维修中心、水电中心、洗涤中心等单位工作

2002年5月至2013年8月，中山大学总务处北校区后勤办科员。

2013年9月至今，任中山大学总务处北校区后勤办副主任。

（2）主要特点

有较高的政治素养，在日常工作中严格要求自己，廉洁自律，较好起到了共产党员的先锋模范作用。对后勤服务管理工作较为熟悉，具有一定的实践经验和管理水平；她勤奋好学，通过业余时间不断学习理论专业知识，不断提高自身综合素质；对做好本职工作有想法、有计划，服务意识、全局观念强；工作主动性强，敢于承担，办事效率高，任劳任怨；为人谦虚、细致，与同事关系融洽。后勤工作任务繁杂，她能充分利用工作时间，将各类工作有条不紊地高效完成，得到了服务对象和有关校区各学院有关负责人的肯定和认可。多次年度考评中被评为校级优秀。

（3）主要业绩

1）作为办公室主任的助手，协助制定北校区后勤服务工作计划和规划，能较好地领会领导的工作意图，做好领导的参谋，多为领导排忧解难。

2）作为总务处物业管理制度编制小组负责人之一，在做好日常工作的同时，按要求认真做好制度的建设工作。利用业余时间，与组员紧密沟通，通过查阅资料、调研等形式为制度建设提供依据。同时，借东、北校区物业合同到期的契机，对物业管理工作进行梳理、细化，认真编制北校区新一期物业管理方案并核算成本，对物业管理考核细则进行修订，为下一步规范物业管理工作打下了坚实的基础。

3）通过规范制度、摸清家底、加强沟通、做好计划等途径，出色地完成好各项管理工作特别是学生宿舍管理工作，使该项工作进一步规范化和科学化。

（4）人生准则

踏踏实实地做人，勤勤恳恳地工作，快快乐乐地生活。

第八节　部分优秀后勤服务经营者

一、申彦

申彦是北京师范大学珠海分校国际学术交流中心（京华苑宾馆）总经理，1972年出生，江苏省泰州地区姜堰市人，1992年扬州商学院（后合并到扬州大学）烹饪专业毕业。

在申总的领导下，该酒店很重视员工队伍建设，该酒店每年都不定期地通过"请进来、走出去"等多种方式，不断加强对员工的培训特别是对中层干部的培训，对新员工必须经过岗前培训，并鼓励员工积极考取各种与酒店工作有关的执业资格证书或专业技术证书。

该酒店现员工队伍的年龄结构大部分都在35～42岁。专业技术结构：现有员工有专业证书的达到30%，其中酒店管理专业证书的有5%。学历结构：本科毕业以上的达到3%，中专、大专毕业的达到7%，高中毕业的达到18%。

该酒店对员工的福利比较好，工资在同行业中达中上水平。由于该酒店善待员工，员工的流失率比较低，在该酒店工作三年以上的员工达到60%以上，其他员工的流失率每年不到6%。员工的工作积极性普遍比较高，并与酒店的业绩形成了良性循环。

申总的职业体会是：

（1）从事酒店业一定要热爱酒店业，专心酒店业，钻研酒店业才能有所成就。对于有志从事酒店业工作的年轻人来说，一定要对酒店有兴趣并且好学、肯钻研，才能更快成长为能对酒店业发展做出重要贡献的酒店人才。

（2）高校酒店是高校的窗口，代表了高校的形象。高校酒店必须依托高校的优势，以为高校教学科研服务为主，这是与社会酒店以利为主的最大不同。服务水平社会酒店能做到的，我们必须做到，而且我们作为高校国际交流中心，在科学管理、优质服务等方面要比社会酒店做得更好，努力为高校争光。

（3）高校酒店企业文化是高校文化和酒店文化的融合，我们必须紧紧依托北京师范大学这所名校的文化优势。

（4）要搞好酒店，关键是要有一个好的助手和好团队。要建设一支好的员工队伍，留住优秀员工，就必须在感情交流、加强培训、发展机会、合理待遇等方面多下功夫。

（5）授之以鱼不如授之以渔。不断加强员工队伍建设对于提高酒店核心竞争力是很重要的。我们不担心员工不稳定，如果怕人才流失，就不是高校酒店。

（6）经营酒店一定要做到"常用常新、天天靓丽"，投入是为了更大的产出。钱是赚回来的，不是省回来的。该花的钱一定要花，关系处理得好，节约和花钱并不矛盾。

（7）高校酒店人才必须比较专业，有责任心和自我牺牲精神。

二、呼格吉乐

男，1982年12月出生，籍贯内蒙古兴安盟，蒙古族，中共党员，本科学历，高级中式烹调师，现为中山大学南校区学生第一饭堂经理兼中山大学饮食服务中心主任助理，2014年被评为中山大学优秀共产党员。

（1）简历

2006年7月由中山大学政务学院毕业后，到中山大学后勤集团饮食服务中心工作，先后任行政文员，南校区学生第五饭堂、南校区清真餐厅、位于从化市的中山大学南方学院第三饭堂、东校区学四饭堂副经理或经理，从2012年4月到现在任南校区学生第一饭堂经理。

（2）主要业绩

长期工作认真负责，用心做好本职工作，全心全意为学校师生提供餐饮服务，所领导的南校区学生第一饭堂2013年营业额比2011年增幅85.71%；2013年饭堂员工人月均收入较2011年增幅53%，并做到合法用工，为所在饭堂所有员工购买了社会保险。

在日常工作中通过落实食品卫生安全管理体系，严把食品卫生关，为师生提供安全优质的饮食服务。

在食堂推行优质多元的菜式品种和套餐，树立品牌，受到广大师生好评。

在工作中能积极学习，创新服务，体现中山大学品位：

1）学习校外餐饮单位外卖单菜式搭配，并结合饭堂自身菜式特色和校内师生需求，推出送餐服务。饭堂外卖受到广大师生好评，现饭堂与学校各单位建立了长期良好的送餐服务关系。

2）2013年1月为方便在校教职工，推出"盆满钵满"系列盆菜，受到教职工喜爱和好评；当月累积出售2000多盆，仅除夕一日便出售了500多盆菜。

3）2013年8月至今为迎中秋，食堂精心制作，推出了"中大月饼"，受到广泛好评，也取得了可喜的经济效益。

4）实行网络订餐。

5）组成饭堂科研小组，不断对有关菜式进行开发和创新。

（3）主要荣誉

1）2010年和2012年荣获后勤集团"优秀管理者"。

2）2007年荣获中山大学"食品卫生先进个人"。

3）2008 年、2009 年、2011 年和 2013 年被评为后勤集团"先进个人"。

4）所在饭堂于 2012 年和 2013 年连续两年荣获后勤集团"先进集体"。

（4）职业感想

只要用心服务，就会在后勤工作中有所作为。

第十三章 部分后勤改革先进单位和后勤发展趋势

第一节 全国部分后勤改革先进单位

一、国家农业部机关服务局

"没有最好，只有更好"、"精益求精、追求卓越、以人为本、服务第一"。农业部机关服务局大力推进职业化、专业化、标准化和精细化建设，在深化改革、创新机制、加强管理等方面迈出新步伐，有效地提升了服务质量和水平。为农业部中心工作和"三农"事业提供了有力支撑和保障。

二、中国科学院行政管理局

中国科学院行政管理局始建于1955年，是中国科学院直属事业单位。目前负责承担中国科学院京区行政后勤服务和公共事务管理工作。现设有6个机关处室、1个直属单位、8个二级企业单位。

近年来，该管理局进一步深化改革，使全局的产业发展壮大、服务范围逐年扩大，服务品质提升，在中国科学院后勤服务改革中发挥着重要的引领与主导作用。

目前，全局的事业发展已形成了置业物业产业、学前教育产业和科学文化传播产业三大主业方向，并启动了高新技术产业服务平台建设。其中该局所属的北京科住物业管理有限公司年营业收入已超过亿元，是具有国家一级物业管理资质的综合型、专业化的大型物业管理企业。

三、中央党校后勤服务中心

中央党校作为全国最高级别党员干部培训基地，做好师生员工的服务保障工作，政治性、政策性强，服务保障要求高。

中央党校后勤服务中心职责范围涵盖党校学员餐饮、住宿、交通、园林、维修、动力、医院、社区及物业监管。该中心为创建"一流学府"提供"一流服务"，努力做到"五有五无"，即：有标准、有特色、有标兵、有技能、有操守；责任无遗漏、管理无死角、空间无盲区、岗位无投诉、个人无失职。

第十三章 部分后勤改革先进单位和后勤发展趋势

该中心要求无论做什么事情，都要以一流的标准要求自己。并实行社会资源与党校资源优势互补、融为一体的党校后勤保障格局，努力在后勤服务社会化、后勤管理企业化、后勤保障规范化和后勤队伍专业化方面进行了积极探索。

该中心注重以全员培训、知识竞赛、服务技能大比武为载体，通过开展"树典型、树标兵、人人争当技术能手"活动，全面提升后勤队伍素质。

四、中国工商银行银达服务中心

银达服务中心作为中国工商银行总行机关后勤体制改革后成立的专业服务企业，不但经历了改革洗礼，也打造出了一直适应市场化竞争、适应主业需求的团队。与时俱进，切合实际地提出了"四句话、八个字"：牢记一个宗旨——服务，抓住一个根本——管理，明确一个方向——创新，坚持一个作风——务实。在不断深化的改革创新中继续贯彻"外塑形象有所为，内强素质增效益"的经营服务理念，继续坚持服务主体的基本宗旨，在改革创新中打造适合机关服务需求和社会化市场竞争的后勤服务企业团队。

五、中国气象局服务中心

中国气象局机关服务中心在做好为一线服务的基础上，产业经营效益显著，他们紧紧围绕"业务保障、职工服务、项目建设、产业经营、科学管理"等五项中心工作，求真务实，扎实工作，园区重点项目建设、房管工作、平安绿色园区建设、后勤保障服务等都取得了显著成效，产业经营效益实现了好成绩。荣获"全国气象部门综合考评优秀单位"。

六、电信科学技术研究院的大唐物业

电信科学技术研究院后勤整体转制十几年，在集约化、社会化和企业化的道路上越走越宽广。

电信科学技术研究院是原邮电部直属事业单位，于2000年完成事业单位的转制，正式成立大唐电信科技产业集团，对后勤资源整合成立了服务类企业——大唐物业。他们通过整体转制，构建现代企业管理体系和打造行业品牌等途径，坚定不移走后勤管理企业化、服务商品化、经营市场化的道路，取得了明显的经济效益和社会效益，大唐物业也在竞争中成为全国物业管理企业一级资质，并成为中国物业管理协会常务理事单位。

七、云南省农业科学院后勤

农业科研后勤部门是保障农业科研这个主体正常运行和发展壮大的重要服务组织。云南省农业科学院后勤部门通过坚持以人为本、提高后勤队伍综合素质，不断深化改革、完善后勤保障机制，提升服务职能的定位和争取必要的政策支持等途径，牢牢抓住

为核心主业科研服务这个主题，转变观念，拓展服务领域，规范服务水平，讲求服务质量，调整服务结构，转变保障方式，不仅较好地满足了公益性科研院所发展的需要，而且内外并举，有的行业甚至逐步以外为主，走向市场，形成内外互动，从而实现了农业科研后勤改革的跨越式发展。

八、中国石油华油北京服务总公司

该公司分离转制20余年，综合服务满意率达到98%，经营收入提高20多倍。许多高校也积极推动后勤管理体制改革，在努力盘活原有后勤资源的同时，积极引进社会优质的服务资源，取得了明显的效果。

九、北京正点集团得利兴斯食品有限公司

毗邻北京上地经济信息开发区和中关村科技园，有一座占地面积10000平方米，建筑面积4500平方米，大型现代厨具设备上百套，集营养套餐、包装食品、速冻食品、半成品配送于一体的大型现代化中央厨房。这里，就是北京正点集团得利兴斯食品有限公司的餐饮食品基地。

该公司于2000年成立，是一家专业从事单位食堂承包、团膳服务、快餐配送及餐饮人员培训、输出一体化的综合性服务企业。公司适应市场经济发展及机关企事业单位社会化后勤保障的需要，专业从事机关、部队、学校、医院、企事业单位食堂餐饮管理保障和单位团膳配送服务。

公司现代化的管理手段，完善的质量管理体系，责任之上、服务为先的企业精神，不仅使企业在市场经济的潮流中得以稳步发展壮大，也赢得更多单位团体的信任。公司以团膳配送、食堂承包、委托管理等形式，为解放军总参三部机关食堂、解放军302医院综合服务楼食堂、国家行政学院省部级干部餐厅、中国科学院机关餐厅、清华大学附属中学、北师大二附中、石家庄一中、衡水市第五中学等多家部队、机关、学校、医院、企事业单位从事餐饮团膳服务保障，取得了良好的经济效益和社会效益。公司连续九年被北京市教委评为先进生产单位。

十、中快餐饮集团

中快餐饮集团是专业经营高校、工厂、医院、机关等企事业单位食堂餐饮的大型连锁企业集团，总部在深圳市。1999年，中快餐饮集团抓住高校后勤社会化改革的契机，由快餐店转向食堂连锁经营。

中快餐饮集团秉承"团结拼搏，争创一流"的企业精神，经过十几年的不懈努力，已在江西、湖南、广东、浙江、上海、江苏、安徽、河南、湖北、福建、山西、陕西、河北、天津、四川、山东、黑龙江、北京等省市注册了公司，并建有中快餐饮集团商学院、物资配送中心，在众多合作单位中拥有良好的口碑，赢得了社会各界的广泛赞誉。

中快餐饮集团是中国烹饪协会理事会会员，先后荣获"中国团膳著名品牌企业"、"全国高校后勤服务优秀企业"等荣誉称号。2003年，时任江西省省委书记、现任国家公安部部长孟建柱，考察南昌大学中快餐饮经营的学生食堂时给予了高度评价，并与公司食堂员工合影留念；2011年5月13日，教育部副部长鲁昕考察中快餐饮经营的安徽大学食堂，对中快餐饮集团的工作业绩给予了表扬；2011年9月23日，中央军委童世平上将视察中快餐饮集团经营的湖南国防科学技术大学学生食堂，对食堂的经营管理工作给予充分的肯定和表扬。

中快餐饮集团在多年的经营实践中总结出了一套科学高效的管理模式，包括股权激励、技术创新、竞争上岗、末位淘汰制等，与南昌大学签订了合作协议共同开发营养快餐，同烹饪学院联合成立了专业人才培训基地等。

十一、珠海市葆力物业管理有限公司

珠海葆力物业管理有限公司成立于1992年11月10日，是珠海市最早成立的从事物业管理的专业化公司之一，为国家物业管理一级资质企业。

20多年来，公司利用特区优势，积极引进港澳台先进的物业管理经验，逐步成为珠海特区物业管理行业中规模最大、业务最齐全、声誉最突出的优势企业集团之一。

该公司在海内外有多个分公司并有多家下属公司。

十二、珠海丹田物业管理公司

珠海丹田物业管理有限公司是国家一级物业管理资质企业，成立于1997年，主要从事高校、高尚住宅、公寓、写字楼及大型商场的物业管理服务，在全国范围内服务30余所大学，是全国最具实力的大学园区物业管理企业之一。是中国物业管理协会会员单位、广东省物业管理协会理事单位。

十三、《全国高校后勤优秀服务企业名录》

由中国高等教育学会后勤管理分会2011年主编的《全国高校后勤优秀服务企业名录》，介绍了全国100多家社会优秀服务企业。

第二节　高校系统后勤社会化改革呈现多种模式

一、北京大学

北京大学后勤社会化改革和后勤优质服务有许多亮点，如北京大学餐饮中心和北京大学特殊用房管理中心属下的北大万柳公寓等。

北京大学餐饮中心是北京大学后勤服务实体,承担着全校近50000人日常就餐的服务与管理工作,下辖六个职能部室、十一个食堂(餐厅),现有员工1000余人,系北京高校伙食专业委员会主任单位、北京高校伙食联合采购中心主任单位和中国烹饪协会团体会员。

餐饮中心管理技术力量雄厚,管理团队中45%以上管理干部具有大学及以上学历。在硬件设施建设上率先从日本引进两条全自动米饭生产线等自动生产设备,实现了部分主副食产品生产的集约化和自动化。

北大餐饮形成了突出学生伙食,坚持特色经营,多档次、多方式的格局,基本伙食、风味餐厅、快餐厅、宴会厅、西餐厅、咖啡厅等供餐方式,每天有400多个正餐品种为广大师生提供丰富、方便的餐饮服务。

在大力推进高校后勤社会化的进程中,北大餐饮中心奋勇争先,以全新模式探索高校餐饮社会化,输出引进并举,高校餐饮行业监管的课题研究也稳步实施,受到各级教育主管部门的高度认可。

北京大学万柳公寓始建于2002年,总建筑面积10万多平方米,可入住各类人员几千人,但离北京大学有一定距离。起初一些关系没有理顺,多头管理,所出现的矛盾比较多,在2006年之前,学校每年要向公寓拨2000万元运行费,其结果却是学生"宁要北大一张床,不要万柳一间房"。从2007年开始,学校决定该公寓企业化管理,市场化运作,对外经营,对内服务,完善成本核算、收租还贷的运行体系,学校不在给予经费投入。改革后取得了明显的成效,公寓满负荷运行,形成了地上地下房屋资源全部启用、无一闲置的良好局面,并每年上交给学校4000多万元,从而实现了经济效益和社会效益的"双丰收"。

二、中国人民大学

中国人民大学是我国著名高校之一,该校的后勤社会化改革也是高校后勤社会化改革的一个突出代表,也在该校的发展进程中做出了自己的历史性贡献。该校后勤社会化改革始终坚持高校后勤的教育属性,围绕学校的奋斗目标和工作思路,按照"有所为、有所不为"的指导方针稳步推进。2001年学校组建了后勤集团,与行政系统规范分离,模拟企业化运作,走内涵发展道路。通过多年艰辛而不懈的努力,该校从主体上实现了教职工住房社会化,并将相关的服务外化,由社会承担,实现了当年李岚清副总理提出的"要把高校后勤的一部分剥离出去"的目标。该校教职工的住房问题基本解决,现在住在校内的已经很少了。用社会化方式解决教职工住房,是中国人民大学后勤剥离的最主要成绩。

通过努力,该校基本打造了一个精干高效的后勤实体。学校一方面牢牢把握住后勤保障的核心领域和关键环节,另一方面在非核心领域和非关键环节主动开放市场,有选择地引进社会力量参与后勤服务,同时加强对引进社会力量的监管和引导。一方面要

"外化"，譬如把教师住房"外化"到社会上去，另一方面是把社会上的资源"内化"到学校里，让社会企业参与进来，特别是餐饮，要把社会上的企业"内化"到学校内部来。这样就逐步形成了多主体共存、有序竞争、稳定和谐的后勤服务保障体系，摸索出了一条适合该校办学要求、具有该校特色的后勤发展之路，为该校"十年基础、十年腾飞"战略的实施提供了有力的支撑。

在改革过程中，中国人民大学高度重视后勤干部配备和队伍建设，提出"后勤队伍和教师队伍、行政管理队伍同等重要，是学校建设发展的三支重要力量"。学校选派得力干部，充实后勤集团领导班子，对他们充分信任、放手使用，保持长期稳定、不折腾，让他们有职有权、安心工作、站稳脚跟。同时结合实际需要，调整后勤组织结构，调整用工策略，开展全员竞聘，精简人员，规范用工管理，早做决断，及时解决历史遗留的问题，最大限度地避免了用工风险等。现在，后勤事业发展了，服务质量提高了，后勤运行成本降低了，学生是直接受益者，学校是最大受益者。

通过高校后勤社会化改革，他们深深体会到，大学要实现其教学科研、人才培养、社会服务、对外交流等目标，离不开强有力的后勤保障与支撑。高校后勤肩负"服务育人、管理育人、环境育人"的特殊使命，承担一定的维护校园稳定的政治责任，因此既要积极应对市场变化，又要充分体现公益性，维护学生的权益。

在建设中国特色社会主义市场经济的大背景下，高校后勤还应当体现中国特色。不管是引进社会企业参与校园后勤服务，还是高校自办后勤，后勤改革都必须保证要体现其公益性，都应当把社会效益放在首位，都要强调高校对后勤领域的主导权。这个主导权不是不走社会化道路，不是不要市场机制，而恰恰是在社会化过程中更要充分发挥自办后勤在维护校园稳定中的主导能力和基础地位，保证高校对后勤领域具有可控性。

三、河北大学

赫达实业有限公司成立于 2002 年 12 月，是河北大学后勤集团在与学校规范剥离的基础上，改组成立的具有独立法人资格和全面实现现代化企业管理的新型高校后勤社会化产业集团。其服务领域涵盖了学生公寓管理、餐饮服务、水电暖供应、绿化保洁、物业管理、建筑安装、卫生医疗、幼儿教育、网络服务、汽车驾驶培训、房地产开发、文印、休闲娱乐和商品营销等 14 大经营项目，为河北大学近 30000 名师生提供着食、住、行、娱乐等全方位服务。

河北大学后勤集团现分为四个子公司：河北赫达实业有限公司、河北大学后勤集团后勤服务公司、保定赫达餐饮有限公司、河北大学后勤集团医学部后勤服务公司。

河北大学 90 余年的人文积淀孕育了赫达公司海纳百川的博大胸怀和锐意进取的时代精神，如朝阳般蓬勃的赫达实业紧紧围绕学校改革的整体思路，始终以"服务高于利润、创新推动发展"为企业经营理念，始终坚持经济效益和社会效益兼顾的双赢战略，始终以实现公司发展的产业化、集约化和社会化为目标，在短短的几年内，实现了高校后勤规范剥离、彻底转制、快速发展的三大跨越，由当初的一个制约高校快速发展的"瓶颈"部门迅速发展为"为学校发展提供强大后勤支撑"的全国高校后勤知名企业，赢得了国家教育部、省委省政府以及社会各界的广泛赞誉。

四、上海交通大学

上海交通大学后勤集团成立于2000年3月，是在高校后勤社会化改革大潮中，为适应上海交通大学的迅速发展、按照服务需求、遵循市场规律，以原有后勤服务人员为基本团队，由学校行政事业后勤脱胎而来。集团目前拥有7个专业服务中心、4个法人企业，共有员工2000余名，为上海交通大学各校区提供餐饮、绿化保洁、交通运输、物业管理、医疗保健、输配电管理、房屋修缮、水电急修、宾馆会务、幼儿教育等生活后勤服务。在市场化运作过程中，针对学校特点，上海交大后勤集团逐步实现了对经营与服务板块的划分，于2001年工商注册成立上海交大教育服务产业投资管理集团公司。

面向校内市场，上海交大后勤集团始终坚持姓"教"本质，努力为学校"上水平创一流"提供优质服务，克服困难，顾全大局，维护学校利益和学校荣誉，努力做到学校有所呼、后勤有所应，学校有所需、后勤有所为。面向社会市场，上海交大教育服务产业投资管理集团公司通过市场化的资本运作，实现对外拓展，突破校内市场及传统高校后勤服务概念，进入社会市场，涉足房产、咨询等全新的服务领域。"一企两制"的实体建设，使上海交大后勤既保持了公益特色，又从社会市场上获得了持续发展的不竭动力。

多年来，上海交大后勤集团立足学校，面向社会，坚持走集约化、行业化、专业化的内涵式发展之路。改革管理体制，转换运行机制，调整重组二级公司产业结构；积极进行标准化建设，导入ISO质量管理体系和上海市教委高校后勤管理评估体系，克服在管理及生产、服务中的随意性，不断提升服务水平与经营管理水平；在夯实专业基础的同时，重视资质建设，创建交大后勤品牌，拓展校外市场，实现校内外市场互动。先后以多种形式承包了上海外贸学院、上海应用技术学院、东海学院、杉达大学、浦东中芯国际公司、浦东软件园、通用汽车公司、上海市工会管理学院、宋庆龄故居等单位的后勤服务业务。

目前，上海交大后勤集团已发展成为一个融投资管理与服务经营为一体以及多行业、多领域而又谙熟高校教学科研规律，具有独立运行机制和服务特色的新型高校后勤服务实体。

根据高校后勤社会化改革的总体目标，按照上海交通大学创一流大学的整体要求，积极探索在市场经济条件下、为学校发展提供有力后勤保障的同时实现自身发展的成功之路。通过行业化、专业化、集约化建设，赶超社会服务业，建立为教学科研所需、以校园市场为主、具有姓"教"特色、拥有自身品牌、独立生存于社会的新型服务企业。

五、苏州大学

苏州大学的苏州苏大教育服务投资发展集团（简称苏大教服集团）是苏州大学贯彻国务院关于高校后勤社会化改革的精神，通过明晰产权，在苏州大学后勤集团的基础上组建起来具有教育属性的法人企业。公司于 2004 年 8 月注册成立，2006 年 2 月成立苏大教服（集团）公司，集团目前下设 7 个管理部门、1 个后勤服务实体和 9 个子公司，拥有各类人员 5000 余人。公司经营服务范围涉及：后勤综合管理与服务、物业管理、餐饮服务、接待服务、建筑维修、电子网络、空调工程、商贸超市、运输旅游、驾驶培训等行业。

近年来，苏大教服集团以苏州大学后勤服务市场为依托，锐意进取、开拓创新，建立完善了内部运行机制和服务保障体系；通过高校后勤改革，集团广纳贤才，优化人员结构，规范内部管理，严格贯彻 ISO 9001:2000、ISO 14000、HACCP 国际标准，强化服务意识，大力推进了高校后勤服务集约化、专业化、科学化的进程。同时，集团积极开拓社会市场，努力打造优质后勤服务品牌，逐步形成了以高校后勤服务、现代物业管理和食堂餐饮配供为主题、建筑、商贸、科教为辅助的多元化产业群，得到了健康稳步的发展。

六、浙江大学

浙江大学后勤集团（杭州浙大同力后勤集团有限公司，以下简称"后勤集团"）是在高校后勤社会化改革中成长起来的一家融经营、管理、服务、投资为一体的多行业、多领域、跨地区的高校后勤现代企业集团，注册资本 8000 万元，旗下拥有餐饮服务、酒店管理、商贸零售、物业管理、水电安装、建筑维修、园林绿化、幼儿教育、邮政通信、接待会务、设备采购、教育图书、彩色印刷、汽车驾培和汽车维修等行业的 13 个专业化法人公司。

自 1993 年全国第一家成立高校后勤服务公司以来，后勤集团秉持"以服务求生存，以管理求效益，以品牌求发展"的企业理念，不断推进社会化改革和现代化建设，顺利实现了从传统后勤服务产业向现代后勤服务产业的跨越，后勤集团下属各公司的专业化、现代化、品牌化建设取得了可喜成绩，企业综合实力和竞争力大大增强。其中，饮食服务中心在全国餐饮行业中首家通过 ISO 22000 食品安全管理体系；求是物业公司是全国高校首批取得国家一级资质的物业管理企业；园林建设公司是一家国家园林绿化二级资质企业；同力水电安装建设公司是一家国家机电安装二级、装饰装修二级资质企业；三新建筑工程公司是一家国家装饰装修二级资质企业；求是招标代理公司是一家取得浙江省政府采购代理机构乙级资质的企业；幼教服务中心下属各分园均为浙江省甲级幼儿园、省级示范性幼儿园和国家级绿色幼儿园。

多年来，后勤集团始终围绕学校中心任务，根据浙江大学建设具有世界先进水平的一流大学的总体要求，以创建全国一流的高校后勤服务为目标，不断改善服务设施，提高服务质量，为学校教学科研和师生员工提供了坚实可靠的后勤保障。在不断巩固校内市场的基础上，后勤集团还积极服务于社会，输出管理和品牌，在社会上树立了高校后勤良好的企业形象。近几年来，先后承担了浙江中医药大学、浙江大学城市学院、宁波理工学院、华为科技、数源科技、浙医一院、浙江正和造船公司等近50家高等学府及知名企事业单位的后勤服务保障工作，形成了多领域渗透、多产业发展、多元化投资的新格局，并已经在所涉足的行业中创造出了"浙大后勤"的品牌，初步形成了一批具有比较优势的产业集群。

作为自1988年在全国高校率先进行后勤社会化改革的先驱，浙大后勤集团改革发展取得的丰硕成果为全国高校后勤社会化改革提供了宝贵的经验，连续四次参加全国高校后勤社会化改革工作会议并发言交流，浙大后勤社会化改革走过的道路一度被称为"浙大模式"。2006年，作为高校后勤实体，后勤集团首次被推选为中国高教学会后勤管理分会秘书长单位。站在历史发展的新起点上，后勤集团5000多名员工将积极奉行"同心协力，和谐共赢"的企业文化信念，坚定目标，振奋精神，顽强拼搏，扎实工作，为打造专业化、人文化、品牌化的和谐发展的高校后勤现代企业集团而努力奋斗！

七、陕西师范大学

陕西师范大学后勤集团成立于1999年6月18日，是高校后勤社会化改革中由原总务处成建制分离出来的后勤服务组织。后勤集团直接接受学校后勤副校长的领导，与新组建的后勤管理处成为平级等立的甲乙方关系。后勤集团为乙方，向学校提供各类后勤服务和保障，接受甲方（后勤管理处）的后勤服务监督和后勤服务部分项目（供水、供电、供暖、校园环卫、学生公寓）的费用结算。

后勤集团对原全民所有制后勤职工实行"老人老办法"的过渡措施，退休前的在职工作阶段，个人档案存放在学校，但学校不承担其工资和福利待遇，全部由后勤集团自主管理，遇国家工资调整，只是对其档案工资表数字调整，到了法定退休年龄，方可进入学校退休职工行列，享受其相应待遇。

后勤集团经过三年过渡期之后，2002年6月开始完全"断奶"运行。

集团目前员工总数1600多人，其中原内部后勤人员276人。集团下设4个部室、13个中心、4个公司共计21个部门。4个部室是指集团办公室（含长安办公室）、人力资源部、财务部、计算机网络部；13个中心是指电力供应中心、水暖供应中心、饮食服务中心、学术活动中心、电讯网络中心、物流中心、车辆管理中心、校园管理中心、学生社区中心、物业管理中心、长安饮食服务中心、长安学生社区中心、长安物业中心；4个公司是指西安师苑后勤服务公司、西安华安建筑工程公司、西安大众文化旅游公司、西安阳光信息工程公司。

后勤集团遵循"优质服务求生存、拓展业务求发展"的宗旨，积极探索符合西部

第十三章 部分后勤改革先进单位和后勤发展趋势

高校校情的后勤社会化改革道路。一方面牢牢占领校内服务市场，建设好自己的"根据地"，另一方面积极、大胆向外拓展，不断壮大自己的经济实力。西安师苑后勤服务公司托管的七个托管院校是指西安陆军学院餐饮部、西安政治学院餐饮部、西安武警工程技术学院餐饮部、导弹学院餐饮部、空军领航学员餐饮部、西北工业大学软件学院、西安交通学校餐饮部。

陕西师范大学后勤第二集团成立于2011年7月11日，是学校根据《陕西师范大学深化后勤社会化改革方案》陕师党发〔2011〕16号文件精神，将原陕西师范大学后勤集团按照业务属性拆分后重新组建成立的。目前承担着学校外事服务、宾馆接待、商贸服务、学术会议服务、通讯服务、校内维修工程等经营性服务业务，是学校后勤服务的重要组成部分。

集团由行政部、财务部两个机关部室以及事业发展中心、商务中心、学术活动中心、通讯与信息服务中心和华安建筑安装工程公司等五个经营性服务实体组成。

集团始终遵循"为学校教育事业而存在"的价值理念和"师生至上，服务第一"的服务宗旨，以"诚信、敬业、科学、创新"的集团精神为灵魂，牢记"不为委屈动摇，不以利欲熏心"的处世信念，按照"优质服务求生存，诚信经营保市场，科学管理出效益，创新思维促发展"的经营方针和精益求精，追求卓越，为学校发展和师生员工生活提供高效、优质的后勤服务的质量方针，努力实践"老师满意、同学满意、学校满意、员工满意"的"四满意"工作目标，强调保障，强化服务，突出经营，通过不断深化内部体制改革，从而不断增强集团建设发展的动力和活力，努力把后勤第二集团建设成具有可持续发展能力的专业化服务团体，为学校事业发展做出应有的贡献。

八、华中科技大学

华中科技大学位于武汉市，华中科技大学后勤集团自1998年实施后勤社会化改革以来，坚持后勤社会化改革不动摇并取得明显的经济效益和社会效益，改革亮点很多，是全国高校后勤社会化改革的一面旗帜。如学校的基础建设学校投资3亿元，后勤集团筹资4亿多元，累计投资7亿多元用于学生公寓和食堂修建、校园环境治理、水电改造工程等基础建设，有效地改善了学校的校园环境和师生员工的生活质量。目前学校绿化率达到90%以上，学生饭堂就餐率始终保持在95%以上，教工饭堂就餐率始终保持在75%以上。

九、四川大学

四川大学后勤集团成立于2001年5月30日，集团下设"四室三部"管理机构（集团办公室、党委办公室、江安办公室、工会办公室、财务部、人力资源部、监督部）、11个专业化中心（公司）及4个代管单位（校医院、幼儿园），在岗员工3000

余人，离退休职工 1000 余人。服务范围主要包括：学生餐饮服务、学生宿舍管理服务、校园物业管理、公用教室服务、水电气管理服务、学生浴室开水、教育超市、宾馆酒店服务、建筑安装维修、医疗卫生保健、幼儿教育等。

后勤集团成立后始终坚持"三服务、两育人"宗旨，在改革中求发展，在发展中求创新，取得了显著成绩。员工观念明显转变，管理水平、服务质量不断提高，校园环境和后勤服务条件明显改善，学校和师生满意率逐年攀升，集团综合经济实绩明显增强，对学校的贡献逐年增加，具有四川大学特色的新型后勤保障体系初步形成，集团的管理水平走在了全省高校的前列，在国内同行中也有较大影响。后勤集团连续被评为四川省高校后勤社会化改革先进单位，还先后获得全国高校后勤社会化改革先进集体、四川省教育工委先进基层党组织、四川省首家"园林式学校"、四川省绿化先进单位、四川大学先进集体、四川大学校庆工作突出贡献奖、四川大学本科教学评估工作突出贡献奖等。

后勤集团以创新的观念、创新的机制、创新的管理推进学校后勤服务工作。集团模拟企业运作，全面实行目标管理和目标量化考核。坚持开展优质服务，实行承诺服务，积极为师生办实事办好事。集团开通了 24 小时服务投诉热线，建立了后勤接待制度，设立了后勤集团网站、BBS 后勤信箱等，加强与师生的沟通。集团出资设立了"温暖助学金"资助贫困学生，还创新地面向全校本科生、研究生招聘学生总经理助理参与集团的管理服务工作，培养锻炼学生的社会实践能力。

集团饮食管理服务中心、学生宿舍物业管理中心、校园物业管理中心、北苑宾馆、红瓦宾馆、水电中心锅炉站、川亚公司等先后通过了 ISO 9001 质量管理体系认证，食品卫生分级量化 A 级和四川省高校标准化食堂达标名列全省第一，水电气管理服务中心获成都市节水节能先进集体，新校区物业管理达到成都市"市优"标准，3 所幼儿园先后成为成都市示范性幼儿园。

后勤集团重视企业文化建设，确立了"团结、敬业、拼搏、创新"的集团精神，"师生满意、学校满意、群众满意"的服务宗旨，"以改革求发展、以服务求生存、以管理求效益、以贡献求支持"的集团理念。集团企业文化活动丰富多彩，举办了大型歌咏比赛、文艺汇演、双十佳员工评比表彰等活动，参加学校文体比赛也获得了优异成绩，多次获得学校职工运动会团体总分第一名、学校歌咏比赛特等奖等，增强了集团的凝聚力，展示了后勤集团新形象。

在学校党政的正确领导下，在主管校领导的直接指导下，在集团领导班子同心同德、正确决策下，在全体干部员工讲政治、顾大局、爱岗敬业、努力拼搏的大好形势下，后勤集团将总结经验，发扬成绩，与时俱进，开拓创新，深化改革，锐意进取，为构建与学校建设中国一流研究型综合大学相匹配的新型后勤服务保障体系而努力奋斗。

十、西南大学

西南大学后勤集团在该校党政领导的领导下,坚持"姓教"的属性,坚持"三服务,两育人"宗旨,以"自主经营、独立核算、自负盈亏"的按现代企业模式促进改革深化,走出了一条可持续发展之路。

有为才有位的用人制度和多劳多得、奖勤罚懒的分配制度,激发了职工的积极性和创造性。年年有定位、有创新、有重点、有突破,一年一大步,步步上台阶。实施了煤改气清洁能源工程、草坪工程、大道改造、电缆下地、灯饰工程、节能工程、集中加工配送工程。在重庆市高校标准化食堂评比中排名第一,市教委授牌表彰。后勤集团连续十年被表彰为重庆市高校后勤社会化改革工作先进集体。2005年和2011年都被评为"全国高等院校后勤工作先进集体"。

"师生至上、服务第一"的理念、"团结、务实、敬业、创新"的团训、"我们是光荣后勤人"的团歌,彰显独具西南大学特色的后勤集团企业文化。

在高校后勤社会化改革的春风吹拂下,学校后勤事业焕发出勃勃生机,将"以标准化食堂、学生公寓、教育超市建设为突破口,强化校园环境建设,带动其他各项工作稳步推进"作为后勤改革的突破口,坚持"以优质服务促进改革深化,走可持续发展之路"的改革方向,明确提出了后勤社会化改革的指导思想和工作目标:坚持方向,借势乘势,因校制宜,迈大步,保稳定,基本建成具有自身特色的高效率的后勤保障体系。后勤集团坚持"师生至上、服务第一"的宗旨和"团结、务实、敬业、创新"的企业精神,形成了独具特色的企业文化,拥有企业的团训、团徽和团歌,实行企业化管理,为学校的教学、科研和发展建设提供坚强有力的后勤保障。我校的后勤社会化改革每年有定位、有创新、有重点、有突破,一年一大步,步步上台阶。实施了煤改气清洁能源工程、草坪工程、大道改造、电缆下地、灯饰工程。在建筑工程建设中,从设计开始就灌输了面向世界、面向未来的理念,采用了欧式建筑风格,立面经典,凝重稳固,成为学校一道靓丽的风景线。在重庆市高校标准化食堂评比中排名第一,市教委授牌表彰。学校连续三次被表彰为重庆市高校后勤社会化改革工作先进单位。在第四届和第五届中国美食节上,连获名宴最高奖"金鼎奖"。2005年被评为"全国高等院校后勤工作先进集体"。

后勤集团设有行政办公室、计划财务部、人力资源部和质量安全检查部,下辖膳食服务中心、学生宿舍管理服务中心、商贸服务中心、运输及驾驶培训中心、物业管理中心、工程维修中心、动力服务中心、接待服务中心(含桂园宾馆、桂园酒楼和接待中心)和卓立建筑工程有限公司,现有正式职工279人,聘用员工950人,研究生以上文凭6人,本科文凭13人,副高职5人,中级职称17人,初级专业技术人员11人。管理学生宿舍62幢10504间学生寝室,房屋总面积为394035平方米,共有学生食堂11个,面积超过50000 m^2。全校各学生园区都布有经营网点,共有157个门店和10个超市，营业面积约 5000 平方米。

十一、厦门大学

厦门大学后勤集团是厦门大学为贯彻落实国家有关深化高校后勤社会化改革的精神而组建的高校后勤服务企业。后勤集团按照行业分工设置下属经营服务实体，成为专业化生产、企业化管理、规模化运作、规范化操作、集约化经营、社会化服务的后勤联合体。

（1）服务宗旨：为教学、科研、师生员工生活服务，为学校实现"国内外知名的高水平的研究型大学"的奋斗目标提供高水平的后勤保障服务。

（2）运行机制：以学校后勤保障服务和后勤资产经营为纽带，以服务收费为特征，依照行业的内在规律和经营特点，进行系统有效的服务管理，实现后勤经营服务管理一体化。后勤集团是学校的后勤经营实体，还不是独立的企业法人，实行总经理负责制。后勤集团将根据国家有关后勤社会化改革的部署，择时依法注册。资产与后勤事务管理处与后勤集团的关系是学校与为其服务的企业之间的关系，是以契约为主要依据的甲乙方关系。

（3）建立现代企业制度的要求，建立"按需设岗、以岗定责、以岗定酬、公开招聘、竞争上岗"的用人制度；实行"统一调度、集中管理、分级分类核算"的财务管理模式；实行"服务目标"和"经济目标"的经营双责任制度等。

厦门大学后勤集团以学校为依托，将充分利用国家对高校后勤社会化改革的优惠政策和学校对后勤集团的支持与扶持，合理调配资源，寻找新的经济增长点，拓宽经营服务业务范围，实现后勤产业规模发展，快速发展，确保学校资产的保值和增值，成为立足学校，面向社会，具有较强经济实力和较高水平的高校后勤集团。

十二、中山大学

中山大学后勤部门主要有总务处、基建处、房地产管理处、保卫处和后勤集团，设备与实验室管理处的有关科室（如装备科）等属于技术后勤。

（一）总务处

中山大学总务处是 2014 年广东省教育厅被表彰的先进集体之一。

中山大学总务处是学校后勤服务保障工作管理机构，现有编制近 50 人。现总务处履行对学校水、电、气、道路、园林、学生公寓、食堂及爱卫工作等的契约管理、规划预算、监督协调等职能。

总务处职能转变是后勤社会化改革形成"小机关，大实体"格局的成果，并与后勤集团一起成为学校后勤服务的甲乙方单位。2000 年 9 月中山大学珠海校区落成使用，后勤社会化一步到位，由总务处派出机构——珠海校区后勤办履行后勤管理职能。2004

年9月中山大学东校区在广州大学城投入使用,园林绿化、物业管理、治安保卫工作捆绑,全部实行社会化管理,后勤改革有了新的突破。

近几年来,总务处重点加强后勤基础建设,完成水电扩容任务,确保国家试验室运转、学科建设的发展以及图书馆等公共服务体系的正常用电需求;为遏制水电浪费现象,将改革水电的使用管理方式,实施水电定额管理办法;对学生宿舍、食堂等基础设施加大投入,改善学生用餐环境及住宿条件;协调推进了教工住宅物业管理、校园违章建筑拆除等难度大的工作。整治美化了校园环境。对松园湖、西湖、竹园、马岗顶、校医院西侧、理工学院等地进行大规模的整治、改造、绿化。为学校发展提供强有力的后勤保障基础,改善了广大师生员工的学习、工作和生活环境。并在转变管理职能和运行模式的过程中,找到了一条符合校情、符合市场经济体制和高等教育规律的改革新路子。

目前的组织机构有:综合管理科、维修工程管理中心、后勤服务管理中心、水电和节能管理中心等。

(二)后勤集团

中山大学后勤集团(广州市中大发展集团有限公司)是我国高校后勤社会化改革的先进单位之一。

该集团成立于2001年6月6日,现有员工2400余人,年产值4亿多元人民币。

集团实行董事会领导下的总经理负责制,接受监事会的监督。董事会和监事会成员由中山大学派出。集团实行集中管理、二级核算、分类分级、统一对外、鼓励发展的管理体制,财务按照统一政策、专家指导、规范管理、独立运作、外部监督的管理体制运行。

集团下属五大总公司:饮食服务总公司、物业服务总公司、接待服务总公司、商贸服务总公司、工程服务总公司,共有下属单位30多个,服务内容涵盖餐饮、旅业、物业管理、商业、通讯、交通运输、建筑维修及装饰工程、水电安装工程、园林绿化工程、工程监理、建筑设计、环境卫生等。

中山大学后勤集团成立以后,按照"三年打基础,三年上台阶,三年大发展"的思路,克服了许多困难,坚定不移地走企业化发展的道路,取得了可喜的成绩。

十三、华南理工大学

华南理工大学后勤产业集团于1999年9月正式成立,是华南理工大学直属的服务经营单位,其全部资产归学校所有,是华南理工大学实施高校后勤企业化改革后设立的,具体负责学校的后勤保障服务工作,为全校师生员工提供优质的后勤服务。

华南理工大学后勤产业集团本着立足学校,逐步面向社会的服务经营宗旨,以有利于支撑学校高水平大学建设与发展为原则,以为高水平大学教学、科研和广大师生服务为方向，积极为学校师生创造良好的学习和生活环境，为华南理工大学面向21世纪、建设高水平大学做出贡献。

集团现有员工1600多人，其中学校事业编制职工133人。集团进行了与企业化管理相配套的人事管理制度、工资制度、财务制度、经营管理制度和方式等一系列的改革，全面实施独立核算的企业化管理运作。

集团将继续立足学校，始终坚持以有利于支撑我校高水平大学建设与发展为原则，以为高水平大学教学、科研和广大师生服务为方向，以建立具有中国特色的高校后勤保障监督管理体系，实现校区服务与社会第三产业协调发展为目标，努力创造出具有中国特色的一流后勤保障服务体系。

该集团本部机构有集团办公室、监控部、财务中心。属下实体有九个中心，它们分别是：饮食服务中心、水电及维修服务中心、校园服务中心、修建服务中心、交通服务中心、商业服务中心、公寓管理中心、接待服务中心、国际学术中心等。

十四、海南大学

新的海南大学是2007年8月由原华南热带农业大学与原海南大学合并而成的海南省综合性大学，是教育部与海南省人民政府共建的大学。2007年9月，海南大学后勤集团成立，实行总经理负责制。

海南大学后勤集团负责海甸校区、儋州校区2个校区的后勤服务、管理、经营工作。负责经营、管理学校后勤资产并确保资产保值、增值，以及校园日常管理，食堂经营和食品卫生安全，保障全校用水用电、学校公用房屋（含教室）的维护及日常管理、住宅区和学生生活区的物业管理、校园绿化规划、交通工具的管理和使用等，其他全校性后勤服务工作。

后勤集团坚持机制创新，根据后勤服务特点、专业化的服务要求和学校的有关原则，分别在两个校区设置了：

（1）海甸校区设置了集团办公室、学生区物业管理中心、教学区物业管理中心、住宅区物业管理中心（海南海大物业管理中心）、饮食服务中心、水电服务中心、校园服务中心、商务服务中心、海南海大修建装饰工程中心、海南大学幼儿园等。

（2）儋州校区设置了校区办公室，下设综合事务部、饮食服务中心、物业服务中心、市场管理办公室、商业服务中心、水电服务中心、招待所。

集团注册成立了具有独立法人资格的海南海大修建装饰工程中心、海南海大物业管理中心和海大儋州校区商贸公司，形成市场化的竞争格局。

后勤集团成立以来，先后荣获"全国高校后勤工作先进单位"、"全国高等院校伙食工作先进单位"等多项殊荣；成功托管海南政法职业学院物业管理服务、海南省委党校物业管理服务，取得了很好的效果。

后勤集团始终坚持"三服务，两育人"的服务宗旨，按照"您满意，我高兴"的质量方针，建设"和谐后勤，科技后勤，诚信后勤，开放后勤"的企业文化，努力实现"做稳、做实、做强"的战略目标，团结奋进，励精图治，不断深化内部管理体制和运行机制的改革，为推进海南大学建设提供一流、全面的后勤服务，为学校的发展作出积极的贡献。

十五、《全国后勤优秀高校风采集》

由中国高等教育学会后勤管理分会 2011 年主编的《全国后勤优秀高校风采集》，详细介绍了在后勤社会化改革和后勤服务方面成就比较突出的一些高校。

第三节　军队部分后勤改革先进单位

一、北京军区总医院

军队后勤保障社会化，是借助社会的优质服务资源，来做好军队的后勤保障工作，是走投入较少、效益较高的国防和军队现代化建设路子的必然选择，是全面建设现代后勤的大势所趋。北京军区总医院，自 2011 年接受总部赋予的保障社会化整体推进试点任务以来，瞄准重点、难点、热点问题，围绕工作机制、运行模式、配套措施、平战衔接、效益评估等方面展开了深入研究和实践，迈出了军民融合后勤保障的新步伐并取得了丰硕成果。2011 年 12 月，被北京军区评为保障社会化先进单位。截至 2012 年底，医院已完成了营房维保、锅炉供暖、污水处理、电梯及空调运行维保、消防、绿化、卫生被服洗涤、保洁、保安、停车管理、餐饮等社会化保障项目的整体推进任务，实践的效果是无论是经费的投入、人力资源的投入，都比以前的自我保障模式有较大幅度的减少，而保障的服务质量和满意度却在不断提升。他们体会到，后勤保障社会化改革，是现代化后勤建设的一盘大棋，是全面建设现代后勤的有效举措。在改革工作中，各级、各部门都要以服从大局为重。

二、北京军区 252 医院

"排长队"、"门难找"、"上下跑"，这是不少患者对医院门诊就医不满意的反映。北京军区 252 医院在党的群众路线教育实践活动中，进一步端正"以病人为中心"的理念，采取启动"银行卡自助挂号系统"、调整专科诊室布局、安排专职导医员等多项措施，优化就医流程，方便患者就医，较好地解决了官兵和群众门诊就医的老大难问题。

第四节 中国后勤现代化的发展趋势

一、未来军事后勤的特点

1. 立体补给

未来战争的突出特点是综合性的立体战争,即地面(水面)、地下(水下)、空中以及前方、后方同时或交叉进行的战争。根据这个特点必须建立立体后勤保障体系。立体保障具有高度的综合保障能力和快速保障能力。

2. 现代科学技术将更广泛应用于军事

如信息化水平将显著提高,运输工具将大大更新。

3. 后勤在未来战争中的地位将重于作战,其作用将大于前方

(1) 未来战争是打技术,后勤的技术保障能力将决定军队的作战能力。

(2) 未来战争是打物资消耗的战争,后勤的补给能力强弱将决定军队的持续作战能力的大小。

(3) 未来战争具有大规模杀伤性,后勤的卫生保障能力将决定军队的生存力。

(4) 未来战争的结构将发生重大变革,用于后勤的人力和装备将大于前方。

4. 军队在后勤学科建设和后勤人才培养上继续走在社会的前列

二、未来高校后勤和科研院所后勤的特点

(1) 国家对科教兴国更加重视,对科技创新更加重视。必然对高校后勤和科研院所后勤提出更高要求。

(2) 更开放、更有活力的新型后勤保障体系已经建立并不断完善,后勤保障水平明显提高,后勤负担明显降低。

(3) 现代科学技术和管理将更广泛应用于高校后勤,高校后勤依托高校优势将在后勤理论创新、技术创新等方面有更多突破。

(4) 高校等后勤企业得到了更大发展。

(5) 军事后勤和高校后勤相互借鉴、相互促进。

三、未来企业后勤的特点

(1) 企业后勤"重要利润源泉"的重要作用得到了进一步的重视。

(2) 新型后勤保障体系更加完善,后勤保障效益明显提高。

(3) 后勤理论建设、队伍建设和改革创新有新的突破。

(4) 企业后勤、军事后勤、政府机关后勤和高校后勤相互借鉴、共同发展。

四、中国后勤现代化发展趋势

（1）争取到 2020 年，基本建成新型后勤保障体系。它包括保障体制向一体化推进，保障方式向社会化拓展，保障手段向精细化、信息化迈进，后勤管理向科学化转变等，努力建设现代后勤。

（2）随着社会第三产业（包括原有系统内后勤转制后发展起来的企业）的更快发展，政府机关、高校、企业等自办后勤的比例会明显降低，选择先进后勤、购买更优质后勤服务的比例会越来越高。但从总体上来看，由于后勤不仅具有经济性，也有政治性等特点，一些重要的系统和单位仍会保留一定比例的自办后勤，特别是这些系统或单位的核心后勤和具有品牌优势的后勤服务。自办后勤的比例高低，很大程度上取决于社会第三产业的发展水平。

（3）一些单位原有的后勤资源模拟企业化发展但没有注册成为法人和建立现代企业制度或仍然保持旧体制的后勤模式，如果没有抓紧时间提高自己的后勤服务竞争力。随着这些单位后勤"老员工"的陆续到龄退休或分流，按照"优胜劣汰"的发展规律，这些单位的后勤服务将会被更优质、更先进和价格适宜的后勤服务资源所替代。

（4）后勤服务业努力提高机械化、自动化、信息化水平，提高人的现代化和管理科学化水平是必然趋势。建设现代后勤也必须要积极转型升级，紧跟世界科技潮流，逐步采用机器人等现代科技。科技在后勤方面的贡献率将越来越高，后勤服务的附加值将越来越大。后勤服务业由劳动密集型向劳动—技术密集型转变，许多后勤服务由低端向中高端转变，用人数量逐步减少，工作效率明显提高。

（5）面向现代化，面向世界一流，及时跟踪世界后勤发展潮流。

（6）各行各业的后勤任何时候都是很重要的，新型后勤保障体系建立以后，许多单位的后勤职能转化为以管理为主，编制内后勤工作者明显减少但更加精干，而后勤服务和保障的模式则多种多样，后勤经济更加蓬勃发展。但不管如何发展，后勤要不断适应一线要求的性质不会改变，建设现代后勤的关键仍然是人才也不会改变。不断改革创新、不断解放和发展后勤生产力、不断提高现代化水平成为社会永恒的课题，中国的后勤发展也逐步处在世界的先进行列，由"跟随者"转变为"领跑者"。

结　束　语

　　后勤是任何事业的重要基础，从《孙子兵法》的"军无辎重则亡，无粮食则亡，无委积则亡"，到第二次世界大战初期间"后勤"概念的提出；从红军创建初期给养和伤病员问题的艰难解决到抗美援朝胜利70%的功劳归于后勤。从改革开放初期后勤问题堆积如山，邓小平自告奋勇要当科技人员的后勤部长，到现代战争往往是后勤战争。一个人的成长也是如此，一个人要想在事业上取得更多成就，一个重要条件是他必须把更多的时间用在事业上，而要做到这一点，他必须要有良好的家庭环境和后勤保障。所以，各行各业的后勤工作是永远存在的。如果我们重视它、不断建设好它，社会就稳定，各项事业就顺利发展。否则，轻则造成工作损失，重则引起社会动荡。就军队来说，如果没有后勤保障，就根本不可能打胜仗。当今世界，国与国的竞争不仅是科学技术的竞争，也是后勤保障的竞争、经济实力的竞争。

　　后勤原有的职能是"服务、保障、管理"，后勤社会化改革以来，明显解放了后勤生产力，政府机关、高校、科研院所、军队和企业等的后勤呈现出崭新的面貌，"经营"也成为后勤的重要职能，后勤不仅需要节流，也可以开源，后勤经济蓬勃发展，有的还成为社会第三产业的一部分，这是十分可喜的。但后勤经济不管如何发展，后勤服务不管如何充分利用社会优质资源，后勤服务与社会第三产业是不完全相同的。不论在什么情况下，千方百计为"一线"提供优质服务和有力保障，是后勤最基本最重要的职能。

　　后勤工作曾被一些人认为是简单的、无技术的、任何人都可以干的工作，这显然是很片面的。其实，后勤不仅是一个重要专业、重要职业，也是一个重要学科和重要产业，后勤还有很多未开发的领域，后勤必须早日走向专业化和正规化，这是历史发展的必然趋势。而实现后勤现代化的关键是人才，后勤非常需要多种多样层次不同的专业人才，而创新人才和企业家是目前后勤服务业的发展最紧缺的。

　　后勤和一线工作只是分工不同，没有贵贱之分，但"有为才有位"。广大后勤工作者要自尊、自爱、自强，不断提高自身的综合素质，不断提高工作效率，不断提高后勤现代化水平，努力创造一流业绩并争取走在时代的前列。

　　努力建设现代后勤和大力发展现代服务业都是党和政府的号召，也是实现"中国梦"的重要组成部分。殷切期望一线和后勤"车之两轮，鸟之两翼"能相互尊重、配合默契、永远协调，也衷心期盼现代后勤与现代服务业能优势互补、相互促进、比翼齐飞。后勤是一个广阔的天地，在那里是可以大有作为的。

参 考 文 献

[1] 毛泽东选集（1-4卷）[M]．北京：人民出版社，1991．
[2] 邓小平文选（1-3卷）[M]．北京：人民出版社，1993．
[3] 江泽民文选（1-3卷）[M]．北京：人民出版社，2006．
[4] 洪学智后勤文选（上、中、下卷）[M]．北京：金盾出版社，2001．
[5] 王通讯．人才发展战略论[M]．北京：中国人事出版社，2013．
[6] 郑其绪，等．微观人才学[M]．北京：党建读物出版社，2013．
[7] 赵永乐，等．宏观人才学[M]．北京：党建读物出版社，2013．
[8] 叶忠海，等．新编人才学通论[M]．北京：党建读物出版社，2013．
[9] 罗洪铁，等．人才学原理[M]．北京：人民出版社，2013．
[10] 高路．人才[M]．北京：中国青年出版社，2013．
[11] （美）乔治·塞勒斯·索普．理论后勤学——战争准备的科学[M]．北京：解放军出版社，2005．
[12] 鞠传进．新时期中国高校后勤社会化改革的实践与探索（上下册）[M]．北京：中国致公出版社，2009．
[13] 薛沛建．美国大学后勤管理——中美大学后勤管理比较研究[M]．北京：北京师范大学出版社，2000．
[14] 薛沛建．高校后勤社会化全球视野[M]．上海：华东师范大学出版社，2000．
[15] 北京高校后勤研究会．高校后勤人力资源开发与管理实务[M]．北京：北京交通大学出版社，2008．
[16] 刘湘玉．普通高校后勤管理研究[M]．南京：南京大学出版社，2006．
[17] 中国人民解放军华北军区后勤史（上下册）[M]．北京：金盾出版社，2002．
[18] 黎玖高．现代大学后勤管理理论与实践[M]．北京：经济科学出版社，2010．
[19] 黄永胜，武原红．现代高校新型餐饮服务体系——理论与实证研究[M]．北京：北京理工大学出版社，2013．
[20] 吴树青，等．政治经济学（资本主义部分）[M]．北京：中国经济出版社，1993．
[21] 吴树青，等．政治经济学（社会主义部分）[M]．北京：中国经济出版社，1993．

[22] 柴宇球. 智与谋——谋略学精要 [M]. 北京：中国当代出版社，2007.
[23] 成长春. 赢得未来——高校核心竞争力研究 [M]. 北京：人民出版社，2006.
[24] 张卫良. 大学核心竞争力理论与实践研究 [M]. 北京：中国海洋大学出版社，2006.
[25] MBA研究中心组编. 全球十大商学院 [M]. 北京：企业管理出版社，1998.
[26] 夏洪胜. 企业后勤管理 [M]. 北京：经济管理出版社，2014.
[27] 曹其明，等. 后勤学引论 [M]. 长沙：湖南大学出版社，1997.
[28] 曹延泽. 军队后勤建设学 [M]. 北京：国防大学出版社，2009.
[29] 曲清贵. 后勤领导力 [M]. 成都：四川大学出版社，2010.
[30] 陈军平. 高等学校后勤餐饮服务管理 [M]. 石家庄：河北大学出版社，2009.
[31] 施德东. 高校后勤企业品牌经营与文化管理 [M]. 北京：中国社会科学出版社，2009.
[32] 侯建设. 高校后勤精细化管理 [M]. 北京：西南交通大学出版社，2009.
[33] 崔向华. 中外军事名言集——论军事后勤与军事装备 [M]. 北京：国防大学出版社，2007.
[34] 苏书岩. 军队后勤军事训练学 [M]. 北京：军事科学出版社，2006.
[35] 陈卫平. 国防后勤学 [M]. 北京：军事科学出版社，2012.
[36] 王玲. 现代企业后勤学 [M]. 北京：经济科学出版社，2000.
[37] 刘胜俊. 军事后勤学简论 [M]. 北京：解放军出版社，1987.
[38] 张燕. 我的人生哲学——马云献给年轻人的12堂人生智慧课 [M]. 北京：北京联合出版公司，2013.
[39] 狄振鹏. 经营就是抓指标 [M]. 北京：机械工业出版社，2014.
[40] （美）埃里克·布莱恩约弗森，等. 第二次机器革命 [M]. 北京：中信出版社，2014.
[41] 施德东. 高校后勤企业品牌经营与文化管理 [M]. 北京：中国社会科学出版社，2009.
[42] 石健. 香港饮食年鉴（2012至2014）[M]. 香港：香港饮食天地出版社，2014.
[43] 舒正平，等. 军事装备维修保障学 [M]. 北京：国防工业出版社，2013.
[44] 宋太亮，等. 装备大保障观总论 [M]. 北京：国防工业出版社，2014.
[45] 彭光谦，等. 外国军事名著选粹 [M]. 北京：军事科学出版社，2000.
[46] 王道伟，等. 军事后勤——战争胜败的强力杠杆 [M]. 北京：蓝天出版社，2011.
[47] 兰黄明，等. 后勤战 [M]. 哈尔滨：黑龙江人民出版社，1998.

后 记

我出生在中山大学一名教授的家庭里,受到家庭和环境的影响,从小就有攀登科学高峰的理想,由于家里有保姆,生活条件相对比较优越,故对后勤并不了解,甚至有些看不起。但没想到,我后来的人生却使我与"后勤"几乎是结缘了一辈子。

1973年我高中毕业后上山下乡5年,到了广东省博罗县杨村柑橘场,在那里我不仅干过许多农活,对我国农业有了深刻的认识,而且还干过两年的司务长,为广大职工的柴米油盐等操过不少心,甚至为了改善他们的生活而种过菜、养过猪、到几十里路去买过柴火,开始体验到"后勤"的重要性和改善人们生活的艰辛,后来才知道,那时的国民经济相当困难。

1979年根据国家政策回城以后,我先在中山大学设备处一干就干了20余年,这一经历使我对技术后勤工作和实验室工作的重要性有了深刻的认识;2000年,我又到了人事处工作,具体所管理的人员部分也与后勤有关。2004年,我校后勤社会化改革启动后不久,组织上又把我调到即将成立的后勤集团党委,后又到了后勤集团属下的多个实体,亲自体验后勤改制走向企业化的酸甜苦辣,一干又是10余年。这些经历都对我深入了解后勤工作的重要性特别是后勤经营的内在规律、后勤社会化改革的要点、难点等有了很大帮助。

在人事处工作期间,我有幸师从我国著名人才学家王通讯研究员,比较系统地学习了人才学的基本理论,之后无论工作岗位如何变化,我都一直坚持业余从事人才学研究,并曾在中山大学为本科生开设了人才学系列公共选修课多门。我的经历使我既熟悉人才学的有关理论又熟悉后勤,特别是高校后勤的现状,加上我原来的经济学、管理学、创新学等方面的理论基础,为我从事后勤与装备人才学的研究打下良好的基础。

在研究的过程中,我不仅深深感到后勤工作的重要性和后勤人才的紧缺性,也深深感到后勤与装备人才学仍是一门有待开发的新领域。后勤与装备人才学是后勤学、装备学与人才学的交叉学科。后勤的重要性很明显,古有"兵马未到,粮草先行",近代有"战略、战术、后勤"是军事的三大基本分支,今有"现代战争往往就是先打后勤"。当今社会,不仅各行各业都离不开后勤,甚至每家每户也离不开后勤。但与许多学科相比,我们对后勤学的研究较少,对后勤人才的研究更少。由此,后勤领域的许多创新均来自国外,如物业管理、后勤社会化等。现代服务业尽管与后勤服务有密切联系但是有区别的。今天,伟大的"中国梦"如果没有现代后勤的支撑也是很难实现的。我相信,对后勤人才的深入研究,对于我们进一步推动后勤社会化改革,促进现代服务业的发展，进一步加快现代后勤的建设步伐，会有启迪作用。

我深深感谢原国家人事部中国人事科学研究院院长王通讯研究员、华东师范大学叶忠海教授、西南大学罗洪铁教授等全国著名的人才学家多年来对我的指导和鼓励。本书第一章、第六章、第八章和第十二章的部分内容，也主要来源于由罗洪铁、周琪主编的《人才学原理》（人民出版社2013年版）的有关章节，有关章案例的部分内容，来自《中国人才》杂志、《中国组织人事报》的有关内容，在此向他们表示衷心感谢。

在本书写作过程中，得到了中国行政管理学会后勤管理工作委员会、中国教育后勤协会、广东省教育厅、广东省教育后勤协会、中山大学管理学院、中山大学总务处、中山大学后勤集团党委和后勤集团等单位或个人的大力支持，在此一并表示感谢。

我的家人和许多朋友对我的写作给予了很大的支持和帮助，特别是87岁高龄的岳母卢济珍高级工程师还经常鼓励和帮助我，使我受到很大教育；我的老同学、广东电视台记者郭际生还为我提供了一些很有价值的材料，在此也一并致谢。

由于客观条件的限制，所研究的内容会挂一漏万，并且不少资料也主要来源于高校，仅起抛砖引玉的作用。

附录一　国家职业资格证书《后勤管理师》（上海）

后勤管理师，即在机关、事业、企业单位中，从事餐饮、绿化、环境卫生、物业管理等工作，并承担管理职能的专业人员。

一、职业名称

后勤管理师。

二、职业定义

略。

三、主要工作内容

本职业主要从事的工作包括：
（1）职工食堂（餐厅）管理。
（2）菜肴制作管理。
（3）面点制作管理。
（4）后勤财务管理。
（5）后勤服务质量管理。
（6）单位虫害防制。
（7）环境保洁管理。
（8）单位绿化养护管理。
（9）单位房屋管理。
（10）后勤设施设备管理。
（11）食疗药膳知识的推广与应用。
（12）HACCP 的推广和应用。
（13）食堂设计布局。
（14）单位绿化工程管理。
（15）插花、盆景的布置与养护。
（16）后勤服务社会化改革的研究、探索和实践等。

四、职业等级

本职业共设两个等级：四级（中级）、三级（高级），已面向社会开展培训与鉴定。

五、申报条件

参照《上海市职业技能鉴定申报条件》(2009年版)。

六、培训对象

(1) 企事业单位从事行政后勤管理的总监、经理、主管、助理和一般工作人员。

(2) 专业从事后勤外包的工作人员。

(3) 专业从事后勤管理,包括餐饮、绿化、保洁、物业管理等工作,有该专业经验的处长、科长(经理、主任)、管理员。

(4) 专业从事物业管理的工作人员。

(5) 其他有志于从事行政后勤管理的社会人员。

七、报考条件

报考级别	报考条件
中级后勤管理师	高中及以上学历
	取得相关职业五级(初级)证书
高级后勤管理师	大专及以上学历
	取得《中级后勤管理师》证书满2年

八、鉴定方式

四级、三级采用知识考试和技能考核两种方式,理论考核采用闭卷机考,技能考核采用笔试考核,成绩皆达60分及以上者为合格。理论知识或操作技能不及格者可按规定分别补考。

九、具体内容

(一) 后勤管理师(综合性管理)

(1) 后勤战略规划管理。
(2) 后勤设施、设备管理。
(3) 后勤教育、培训管理。
(4) 后勤科研基础、学术管理。
(5) 后勤行政管理。
(6) 后勤劳动人事管理。

(7) 后勤综合计划管理。
(8) 后勤自动化系统管理。

(二) 后勤管理师（专业性管理）

(1) 后勤经费、财务管理。
(2) 后勤物资管理。
(3) 后勤卫生管理。
(4) 后勤交通运输管理。
(5) 后勤物业管理。

(三) 后勤管理师（基础性工作）

(1) 后勤日常统计与信息管理。
(2) 后勤法制建设管理。
(3) 后勤队伍建设与管理。

附录二 国内主要的后勤行业管理组织、协会和联盟

一、军队

(一) 中国人民解放军总后勤部

总后勤部的主要机构设置：司令部、政治部、财务部、军需部、卫生部、军械部、军事交通部、车船部、油料部、物资部、基建营房部、军需生产部、管理局等13个部局。

总后勤部是负责军队后勤专业勤务和后勤保障工作的最高统帅机关，始建于土地革命战争时期。

(二) 中国人民解放军总装备部

于1998年4月成立，全面负责全军武器装备建设的集中统一领导，促进国防和军队现代化建设。国防科技和武器装备发展是衡量国防实力的重要标志，对一个国家、一支军队来说极为重要。总装备部的成立，体现了国家对军队武器装备管理和改进的高度重视。

二、政府机关和国有企业

中国行政管理学会后勤管理工作委员会。

三、高校

(1) 教育部发展规划司后勤改革处（原教育部条件装备司的一部分）。
(2) 中国教育后勤协会和下设的伙食、学生公寓、物业等多个专业委员会。
(3) 中国教育装备行业协会（中国教学仪器设备行业协会）。
(4) 中国高校酒店联盟。
(5) 中国高校节能联盟。

四、社会

(1) 中国旅游饭店协会。
(2) 中国饭店协会。
(3) 中国酒店用品行业协会。
(4) 中国餐饮行业协会。

(5) 中国物业管理协会。
(6) 中国技师协会。
(7) 中国监理协会。
(8) 中国建筑业协会。

附录三　与后勤有关的部分著名大专院校

一、国内

中国人民解放军后勤学院

中国人民解放军后勤指挥学院

中国人民解放军后勤工程学院

空军后勤学院

海军后勤学院

武警后勤学院

北方交通大学

江苏扬州商学院

华南理工大学建筑学院

华南农业大学园艺学院

广东财经大学

广东省科技干部学院

各省市有物流、餐饮、医学、护理、酒店、物业、园艺、会计、经济、管理、商学、建筑、土木工程、信息技术等专业的大中专院校和职业院校等。

二、国外

1. 美国陆军后勤管理学校

美国陆军后勤管理学校是美国培训陆军后勤管理人员的学校。该校是美国陆军器材部所属5所正规学校之一，也是5所中最大的一所，创建于1954年，校址在弗吉尼亚州利堡。

该校有教员470人。其中70名军人，400名文职人员。学校共开设66门课程（其中8门在现场讲授），各门课程的授课时间长短不一，最短的两天半，最长的19周。设置的课程内容包括总部一级供应部门的各项管理和物资器材使用过程各方面的问题，例如：系统分析、财务、通信、内部人事关系等。在物资器材筹措方面，设有初、高级课程，讲授研制、试验、鉴定和采购管理知识。除此之外，学校还开设物资器材维修保养、后方维修、物资统计管理、国防后勤学、环境保护与管理，以及物资处理等课程。

该校的教育计划原则上是以后勤管理人员必须掌握的全部军事后勤知识为基本内容，并结合如何改进军事后勤保障计划和后勤管理工作。学校要求每个学员通过学习系统地了解军事后勤学方面的知识,掌握行政和管理技术以及在后勤管理工作中需要应用的现代分析技术。该校的核心课程是 19 周的后勤行政管理课,它能使管理人员较深入地学习后勤知识,为他们担任后勤管理职务奠定基础,提高处理问题和分析问题的能力。该校还开设有:为期 18 周的系统工程和系统分析基础课、12 周的研究与发展课、6 周的计算机管理课。1993 年起,该校又开设了后勤军官诸兵种高级课程,旨在培养连级后勤军官。这一课程学制 20 周,分为 3 个阶段,其中包括 7 周的核心课程、8 周的多职能后勤课程和 5 周在兵种勤务学校讲授的有关课程。在该校某些专业毕业的学员可参加佛罗里达工学院的硕士考试,合格者,可获得该学院的硕士学位。陆军后勤管理学校的招生对象是中级后勤军官;他们通常是初级学校(如陆军勤务学校等)毕业,并在后勤部门或后勤保障部队工作一段时间后来该校进修的。预期通过有效的教育、研究、上课和资料查阅,提高学员制定军事后勤计划和实施后勤管理的水平。该校的选修课程较多,是全部课程中的重要组成部分,像大多数地方院校一样,这些选修课程不是由学员任意选择,而是按专业划分。该校在教学中使用电子计算机解决后勤管理问题。

该校还设 3 个研究室,即:后勤研究室、物资统计管理研究室和物资采购研究室。这些研究室针对在部队后勤系统中所出现的问题进行研究,并力求解决。同时,也对后勤方针政策等重大问题进行研究,并向后勤部队提供咨询服务工作。该校还出版后勤理论性刊物《陆军后勤》杂志。该杂志是美陆军唯一的一本后勤专业杂志,具有一定的权威性和政策性。另外,还进行一些国防后勤研究的情报交流。该校采取短期轮训方式,每期通常为半年左右,每年有 4000 多名学员从这里毕业,自 1954 年建校以来,已毕业学员 20 余万人。

2. 美国军物流管理学院

始建于 1954 年,位于美国弗吉尼亚州的堡李,是美国陆军诸兵种合成部队司令部下属的学校之一。美国军物流管理学院主要从事物流科学、管理学和美国国防部人员、其他联邦机构和外国政府的信息采集管理专业的开发。另外,学院还提供研究和咨询服务,使材料准备就绪,从而改善了采集和物流管理的质量。学院在最初成立时,肩负的使命是开办 12 周的军事供应管理课程。自 1954 年 7 月 1 日正式开班以来,学院的课程一直赢得良好的声誉。如今,美国军物流管理学院已拥有 38 间教室,每年可以教授 65 门课程,学校每年毕业的士兵和平民学生将近 3500 人。美国军物流管理学院在物流教育方面已经拥有了 52 年的丰富经验,主要开设的课程有:军队信息采集、安装物流、联合/跨国物流、物流行业/领导者开发、物流-其他、跨国物流、操作管理/系统分析、支撑物流等。

3. 全球十大商学院

全球十大商学院是美国哈佛大学商学院、美国斯坦福大学商学院、美国麻省理工学院斯隆商学院、美国西北大学凯洛格商学院、美国芝加哥大学商学院、美国密歇根大学商学院、美国宾夕法尼亚大学沃顿商学院、英国曼彻斯特商学院、荷兰鹿特丹商学院和法国 INSEAD 商学院。

据统计,世界 500 强公司的 68000 名高级主管中,有 70% 毕业于这十所商学院。由此可见这些商学院对于世界经济的重要作用。

只有接受一流教育才能更好地成就一流事业,后勤经济的发展也是如此。

附录四　全国职业院校技能大赛

全国职业院校技能大赛是中华人民共和国教育部发起,联合国务院有关部门、行业和地方共同举办的一项年度全国性职业教育学生竞赛活动。为充分展示职业教育改革发展的丰硕成果,集中展现职业院校师生的风采,努力营造全社会关心、支持职业教育发展的良好氛围,促进职业院校与行业企业的产教结合,更好地为中国经济建设和社会发展服务。是专业覆盖面最广、参赛选手最多、社会影响最大、联合主办部门最全的国家级职业院校技能赛事。

附录五　国务院《物流业发展中长期规划（2014—2020年）》的目录内容

国务院于 2014 年 9 月 12 日印发的《物流业发展中长期规划（2014—2020 年）》的目录内容：

一、发展现状与面临的形势

(1) 发展现状。
(2) 面临的形势。

二、总体要求

(1) 指导思想。
(2) 主要原则。
(3) 发展目标。

三、发展重点

(1) 着力降低物流成本。
(2) 着力提升物流企业规模化、集约化水平。
(3) 着力加强物流基础设施网络建设。

四、主要任务

(1) 大力提升物流社会化、专业化水平。
(2) 进一步加强物流信息化建设。
(3) 推进物流技术装备现代化。
(4) 加强物流标准化建设。
(5) 推进区域物流协调发展。
(6) 积极推动国际物流发展。
(7) 大力发展绿色物流。

五、重点工程

(1) 多式联运工程。
(2) 物流园区工程。

(3) 农产品物流工程。
(4) 制造业物流与供应链管理工程。
(5) 资源型产品物流工程。
(6) 城乡物流配送工程。
(7) 电子商务物流工程。
(8) 物流标准化工程。
(9) 物流信息平台工程。
(10) 物流新技术开发应用工程。
(11) 再生资源回收物流工程。
(12) 应急物流工程。

六、保障措施

(1) 深化改革开放。
(2) 完善法规制度。
(3) 规范市场秩序。
(4) 加强安全监管。
(5) 完善扶持政策。
(6) 拓宽投资融资渠道。
(7) 加强统计工作。
(8) 强化理论研究和人才培养。
(9) 发挥行业协会作用。

七、组织实施

略。